Ullstein Sachbuch

ÜBER DAS BUCH:

Im Osmanischen Reich hatten die Armenier jahrhundertelang ihre Identität bewahrt. Der junge türkische Nationalismus – ein Produkt des Zerfalls
eines Vielvölkerstaates – sieht zu Beginn unseres Jahrhunderts in der Existenz der Armenier ein Problem. 1915 löst er dieses Problem durch Völkermord: Fast drei Viertel der zwei Millionen Armenier werden getötet. Dies
ereignet sich mitten im Ersten Weltkrieg in einem Land, das an der Seite
Deutschlands und Österreichs kämpft. Seitdem hat sich ein Schleier des
Vergessens über den ersten systematischen Völkermord in unserem Jahrhundert gesenkt.
Ternon hat die Tatsachen über die Lage der Armenier unter der türkischen
Herrschaft zusammengetragen. Er schildert ihre vom Christentum ge-
prägte Kultur, ihre soziale und wirtschaftliche Position im Lande, stellt die
strategische Schlüssellage ihrer Heimat dar. Der Autor arbeitet die Entstehung des türkischen Nationalismus heraus und verfolgt die Entwicklung
des Konflikts zwischen Jungtürken und Armeniern bis zu ihrem entsetzlichen Höhepunkt: Die Armenier wurden schließlich systematisch aus ihrer
angestammten Heimat vertrieben und in der Wüste ihrem Schicksal überlassen.

DER AUTOR:

Yves Ternon wurde 1932 in Saint-Moandé geboren. Er hat mehrere Untersu-
chungen vorgelegt, die sich mit dem Mißbrauch der Medizin in der Zeit des
Nationalsozialismus beschäftigen. Ternon lebt heute als Chirurg in Paris.

Yves Ternon

Tabu Armenien

Geschichte eines Völkermordes

Ullstein Sachbuch

Ullstein Sachbuch
Ullstein Buch Nr. 34543
im Verlag Ullstein GmbH,
Frankfurt/M – Berlin
Titel der französischen Originalausgabe:
Les Armeniéns – Histoire d'un génocide
Übersetzt von Rudolf Ernst

Ungekürzte, um ein Vorwort für das
Taschenbuch erweiterte Ausgabe

Umschlagentwurf:
Hansbernd Lindemann
Unter Verwendung eines Fotos
vom Ullstein Bilderdienst
© 1977 by Editions du Seuil
© der deutschen Erstausgabe
1981 by Verlag Ullstein GmbH,
Frankfurt/M – Berlin
Printed in Germany 1988
Druck und Verarbeitung:
Clausen & Bosse, Leck
ISBN 3 548 34543 3

Dezember 1988

CIP-Titelaufnahme
der Deutschen Bibliothek

Ternon, Yves:
Tabu Armenien: Geschichte e.
Völkermordes / Yves Ternon.
[Übers. von Rudolf Ernst]. – Ungekürzte,
um e. Vorw. für d. Taschenbuch erw.
Ausg. – Frankfurt/M; Berlin:
Ullstein, 1988
    (Ullstein-Buch; Nr. 34543:
    Ullstein-Sachbuch)
    Einheitssacht.: Les Armeniéns <dt.>
    ISBN 3-548-34543-3

NE: GT

Inhaltsverzeichnis

Vorwort zur Taschenbuchausgabe 1988

Jedes Volk hat ein kollektives Gedächtnis; Lügen wecken nur seine Erinnerungen und schärfen sein Bewußtsein. Bei Erscheinen dieses Buches 1977 in Frankreich begann man sich gerade erneut mit der armenischen Frage zu beschäftigen. Daß die Türkei den Völkermord an den Armeniern noch immer abstritt, traf dabei den Nerv eines Volkes, das sich weigert, vermeintlich vollendete Tatsachen zu akzeptieren und das Vergessenwerden hinzunehmen. Ein Dialog schien ausgeschlossen, die Waffen hatten das Wort. Eine Serie terroristischer Anschläge verschiedener armenischer Untergrundorganisationen rückte das weitgehend verdrängte Problem wieder in das Bewußtsein der Weltöffentlichkeit, die zwischen Verständnis und Mißbilligung schwankte. Die Aktionen sollten die Aufmerksamkeit auf Armenien richten; das Ziel wurde ohne Zweifel erreicht. Doch der Terrorismus ist ein fragwürdiges Kampfmittel und folgt seinen eigenen Regeln. Die westlichen Länder ergriffen Gegenmaßnahmen; mehrere der für die Attentate Verantwortlichen wurden festgenommen. Die radikalste Organisation, die ASALA, wurde vom Ausland aus von palästinensischen Extremisten gesteuert und zielte auf eine Eskalation ab. Nach dem Attentat in Orly (1983) war dann eine Umkehr nicht mehr möglich, das Anliegen der Armenier drohte endgültig in Mißkredit zu geraten; selbst die Auslandsarmenier erhoben gegen das Vorgehen der ASALA Protest.

Dennoch führten die gewaltsamen Aktionen zur Wiederaufnahme verschiedener diplomatischer Aktivitäten. Als ersten Schritt verlangten die armenischen Vertreter die offizielle Bestätigung des Völkermordes. So stellte das »Ständige Tribunal für Völkerrecht« nach Anhörung von Fachhistorikern auf einer Tagung in Paris im April 1984 fest, daß die armenischen Bewohner des Osmanischen Reiches 1915 Opfer eines von der jungtürkischen Regierung angeordneten Völkermordes geworden sind. Im August 1985 beendete die Menschenrechtskommission der UNO eine seit 1973 andauernde, schier endlose Diskussion und verabschiedete eine Resolution gegen Völkermord, in der auch der Holocaust an den Armeniern erwähnt wird. Nach einer langen Debatte, deren Ausgang mehrfach ungewiß schien, erkannte schließlich auch das Europäische Parlament am 18. Juni 1987 den Völkermord an den Armeniern als historische Tatsache an und forderte die Türkei auf, die Vorgänge nicht länger abzustreiten.

Diese klare, unzweideutige Stellungnahme beseitigte auch die letzten Zweifel an der Glaubwürdigkeit jener historischen Fakten, die als Beweis für den Vorwurf des verbrecherischen Völkermords vorgebracht worden waren. Die veränderten Umstände zwangen die türkische Regierung, ihr traditionelles Schweigen zu brechen und sich durch eine erneute Auseinandersetzung mit dem Fall Armenien zu rechtfertigen. Die Universität Ankara wurde mit der Gegenpropaganda beauftragt; das Thema betreffende Veröffentlichungen von Jungtürken aus der Zeit zwischen 1917 und 1919 erschienen in Neuauflage. Die Autoren dieser Publikationen beschränkten sich nicht nur darauf, den Völkermord an den Armeniern zu bestreiten, sondern warfen den Armeniern vor, ein Massaker an den Türken verübt zu haben. Kurz gesagt unternahm die türkische Regierung den groß angelegten Versuch, die Geschichte umzuschreiben. Auch wenn diese Bemühungen zu absurden Ergebnissen führten, zeugten sie doch von genügend politischem Realismus, sich angesichts des Kräfteverhältnisses zwischen Türken und Armeniern nicht als Beschuldigter zur Rechenschaft ziehen zu lassen. Tatsächlich würde ein Eingeständnis des Völkermordes durch die Türkei bedeuten, den Armeniern – die als Volk systematischen Verwüstungen, Massenmorden, Vertreibungen aus den angestammten Siedlungsgebieten und schweren wirtschaftlichen Verlusten ausgesetzt waren – materielle und territoriale Entschädigungsforderungen zugestehen zu müssen. Da das armenische Volk im Sinne des internationalen Rechts jedoch kein selbständiges Rechtssubjekt ist, verfügt es über keine Möglichkeit, vor einer internationalen Instanz seine Forderungen geltend zu machen. Mit dieser Argumentation ist es der Türkei gelungen, alle Ansprüche auf moralische und materielle Wiedergutmachung abzuschmettern. Der türkische Staat besteht auch weiterhin darauf, unbestreitbare historische Tatsachen auf zynische Weise zu leugnen.

Die türkische Politik des Abstreitens aber hat nicht verhindern können, daß die historische Forschung wieder in Gang kam. Ihre verfälschende Version der geschichtlichen Ereignisse versuchten die türkischen Historiker dabei mit verschiedenen Dokumenten zu stützen. Die Vorlage gefälschten Materials zieht zwangsläufig eine kritische Überprüfung der Dokumente nach sich. Dennoch ist die türkische Methode der Geschichtsfälschung ausgesprochen wirkungsvoll, weil sie sich auf ein Vertuschungsmanöver stützen kann, das bereits integraler Bestandteil des historischen Verbrechens war. Die türkische Regierung öffnet gegenwärtig nur zögernd ihre Archive, hat sich aber verpflichtet, Forschern künftig auf breiterer Ebene Zugang zu verschaffen. Dabei werden mit Sicherheit schriftliche Beweise für jene Ereignisse ans Tageslicht kommen, die angeblich nie stattgefunden haben. Tatsächlich sind während der verbrecherischen Ereignisse sämtliche geheimen Unterlagen von den Jungtürken vernichtet und an ihrer Stelle Dokumente über nie ergangene Befehle archiviert worden: So wurde etwa das Massaker als ›Bevölkerungsumsiedlung‹ bezeichnet; andere erhaltene Dokumente beziehen sich auf angebliche Schutzmaßnahmen oder frei erfundene Neuansiedlungspläne. Zwischen den skeptischen, an ein genaues Quellenstudium gewohnten Geschichtswissenschaftlern aus dem Westen und türkischen Historikern, die im Dienst eines diktatorischen Staates stehen, der Fälschungen benutzt oder gar selbst herstellen läßt, kann es darum keinen Dialog geben – für die wissenschaftliche Auseinandersetzung fehlt die gemeinsame Basis.

Die historischen Vorgänge liegen nun mehr als siebzig Jahre zurück. Das Quellenmaterial, das mir bei der Arbeit an diesem Buch zur Verfügung stand, wurde zwischen 1915 und 1923 zusammengetragen. Danach rührte sich fünf Jahrzehnte lang nichts. Erst zwischen 1975 und 1987 sind gut fünfzig Arbeiten erschienen, die sich direkt mit dem Völkermord an den Armeniern befassen, darunter auch einige von internationalen Archiven herausgegebene Monographien. Alle diese Darstellungen haben dazu beigetragen, Schicksal und Anliegen der Armenier wieder einen Platz im Bewußtsein der Öffentlichkeit zu verschaffen. Was die geschichtlichen Ereignisse, ihre tieferen, unmittelbaren Ursachen und ihren Ablauf betrifft, haben diese Veröffentlichungen durchweg die Berichte von Augenzeugen bei Ende des Ersten Weltkrieges bestätigt. Heute wie gestern hat dieses Buch daher nur das eine Anliegen, zu erklären, warum und auf welche Weise ein souveräner Staat zu Beginn dieses Jahrhunderts die Vernichtung einer nationalen Minderheit betreiben konnte.

Einführung

Februar 1973: Im Hof einer armenischen Kirche in Marseille wird ein Denkmal »Zum Gedächtnis der eineinhalb Millionen Armenier, die 1915 dem von der türkischen Staatsführung angeordneten Völkermord zum Opfer fielen«[1] eingeweiht. Am darauffolgenden Tag beruft die türkische Regierung ihren Botschafter in Paris zu Konsultationen nach Ankara zurück: Das Wort »Völkermord« war gefallen.

März 1974: Bei einer Sitzung des Wirtschafts- und Sozialrates der UN erklärt ein mit der Untersuchung des Problems des Völkermordes beauftragter Berichterstatter, das Massaker an den Armeniern gelte als der erste Genozid des Zwanzigsten Jahrhunderts. Unterstützt von der Mehrheit der Ratsmitglieder protestiert der türkische Delegierte: Man hatte von Völkermord gesprochen.[2]

Oktober 1975: Innerhalb weniger Tage werden zwei türkische Botschafter ermordet – der eine in Wien, der andere in Paris. Die Attentäter sind nicht zu identifizieren. Eine armenische Organisation bekennt sich zu den Anschlägen. Presseberichte erwähnen den Völkermord von 1915. Drei Tage später senkt sich wieder der Vorhang des Schweigens über die Affäre.[3]

Seit mehr als sechzig Jahren leugnen die türkischen Regierungen also nicht nur beharrlich, daß die Jungtürken (deren sonstige politische Fehler sie verdammen) die Ausrottung der Armenier in der Türkei ins Werk gesetzt haben – sie gestehen auch niemandem anderen das Recht zu, diese Tatsache zu erwähnen. Was die Ereignisse von 1915 betrifft, so scheint jeder Türke jedwede Anspielung darauf wie eine persönliche Beleidigung zu empfinden. Schlimmer noch: Man flüchtet sich in gequälte Gemeinplätze (»Man soll die Vergangenheit ruhen lassen. Das Wort Völkermord paßt einfach nicht. Man sollte von den Opfern der Ereignisse sprechen.«[4]), zynische Sophismen (»Was sollen die Behauptungen vom Genozid – das armenische Volk gibt es doch immer noch.«[5]) oder lässiges Herunterspielen: »Nicht zum ersten Male wird versucht, dem gesamten türkischen Volk die Verantwortung anzulasten für die schlimmen Folgen der Konflikte einer aus den Fugen geratenen Welt und damit auch für die Leiden, die den auf dem Gebiet der Türkei lebenden Armeniern während des Ersten Weltkrieges zugefügt wurden. Sechzig Jahre sind inzwischen vergangen, und immer noch wird man nicht müde, Ressentiments zu erzeugen und Haß zu schüren (...). Oft hat man die Türken beschuldigt, angesichts dieser Anklagen geschwiegen zu haben, ja, man machte ihnen zum Vorwurf, daß sie sich nicht schuldig bekennen und die Welt um Vergebung bitten. Ohne darauf näher eingehen zu wollen (...), stelle ich fest, daß diejenigen, die diese Vorwürfe erhoben, sich nicht die Mühe gemacht haben, die Vielzahl der über dieses Thema erschienenen Dokumentationen zur Kenntnis zu nehmen oder sich zumindest über ihre eventuelle Existenz zu informieren.«[6]

Gewiß, hier wird ein Kernproblem angesprochen. In der Tat hat niemand das Recht, derartige Vorwürfe zu erheben, ohne sich zuerst informiert zu haben. Ich habe die Masse der zugänglichen Akten studiert – wohlgemerkt der zugänglichen, denn was die beiden letzten Jahrhunderte betrifft, bleiben die Archive der Hohen Pforte den Forschern verschlossen – und bin zu dem Schluß gekommen, daß der »angebliche Völkermord« wirklich ein Völkermord war. Der »Mythos des Genozids« war nicht eine »Interpretation von Kriegshandlungen und ihren Folgen im Sinne von Völkermord«[7]. Ganz im Gegenteil. Es handelt sich um eine aktuelle Frage, die tausende von Armeniern betrifft, um einen Streit, der immer noch nicht geschlichtet ist. Denn es gibt noch Armenier – auf der ganzen Welt zur Zeit etwa sechs Millionen. Die Mehrzahl lebt in der Sowjetunion, vor allem in der Sozialistischen Sowjetrepublik Armenien, die übrigen – mehr als eineinhalb Millionen – in Gemeinden vereinigt oder in der Diaspora. In der Türkei indessen – in dem Gebiet, das seit mehr als zweitausendfünfhundert Jahren den Namen Armenien führte – gibt es praktisch keine Armenier mehr. Selbst der Name Armenien ist von den Landkarten verschwunden; die wenigen noch vorhandenen Überreste einer einst ruhmreichen Zivilisation sind dem Untergang geweiht. Wenn die Armenier verlangen, daß die türkische Regierung die Tatsache des Völkermords von 1915 anerkennt, dann geht es ihnen um mehr als eine Geste, um mehr als eine Ehrenbezeugung für ihre Toten. Es geht um das Überleben ihrer Gemeinden. Das Wort ist nicht übertrieben. Es entspricht dem, was Professor Raphael Lemkin 1944 formulierte: »Systematische Vernichtung einer ethnischen Gruppe.« Daß das armenische Volk 1915 einer solchen Vernichtung zum Opfer fiel, ist unbestreitbar. In der Öffentlichkeit blieb diese Tatsache freilich weitgehend unbekannt.

Es bedurfte der Verbrechen von Auschwitz, um die Aufmerksamkeit der Weltöffentlichkeit auf das Phänomen des Völkermordes zu lenken. »Genozid«, »Völkermord« – sogar die Begriffe selbst werden erst seit 1944 gebraucht. Wenn diese Wörter in Mode gekommen sind, dann vielleicht deshalb, weil der Öffentlichkeit inzwischen bewußt wurde, daß sie zu lange geschwiegen hatte.

Seitdem hat man zwischen dem Genozid an den Armeniern und der

Vernichtung der Juden, Zigeuner und Slawen häufig Parallelen gezogen. Am 22. August 1939, kurz vor dem Angriff auf Polen, soll Adolf Hitler, um seine künftigen Verbrechen im voraus zu rechtfertigen, auf dem Obersalzberg vor dem versammelten Generalstab erklärt haben: »Wer redet denn heute noch von der Ausrottung der Armenier?«[8] Selbst wenn kein Text aus der NS-Zeit Bezug auf die Ereignisse von 1915 nimmt, ist doch wahrscheinlich, daß Hitler sie kannte, und das seit 1923: Erwin Scheubner-Richter, einer seiner politischen Berater, hatte als deutscher Vizekonsul in Erzurum das Drama aus nächster Nähe erlebt und in der Folge wiederholt Partei für die Armenier ergriffen. Schwer vorstellbar, daß weder er noch andere spätere NS-Politiker, die sich während des Ersten Weltkriegs in der Türkei aufgehalten hatten, Hitler gegenüber das Thema jemals erwähnt hätten.[9]

»Grausame, aber notwendige« Opferung eines Volkes – dieser Parole folgt man auch heute noch. Von Biafra bis Indonesien, von Ruanda-Burundi bis zum Sudan, von Vietnam bis Bangla-Desch gehen die Opfer von Haß und Überlegenheitswahn in die Millionen. Zu ihnen kommen noch die Opfer von Genoziden aus wirtschaftlichen Gründen, wie zum Beispiel in Brasilien.

Heute liefert uns das Fernsehen jeden Tag Bilder des Todes und der Zerstörung ins Haus. Was gestern noch Schrecken und Bestürzung auslöste, verliert sich heute im Überangebot der Informationen. Dennoch: Je beharrlicher Verbrechen begangen werden, desto beharrlicher muß man sie anprangern, wenn auch die Wirkung oft ausbleibt. Angesichts des armenischen Genozids stellt sich eine der aktuellsten Fragen der Zeitgeschichte: Sie betrifft das Problem des Überlebens ethnischer Minderheiten, die der so sehr mit den Hypotheken der Intoleranz und des Rassismus befrachtete Nationalismus bedroht.

Wenn die geschichtliche Konstellation den Konflikt zweier stark nationalistisch geprägter Gruppen herbeiführt, tritt der wirtschaftliche Gesichtspunkt – d. h. die Idee des Klassenkampfes – in den Hintergrund. In dieser Situation befanden sich die Armenier und die Türken. Nach Jahrhunderten der Unterdrückung wollten die Armenier, wenn schon nicht ihre Unabhängigkeit, so doch ihre Freiheit und ihre Würde zurückgewinnen. Das Türkenreich befand sich nach Jahrhunderten glorreicher Triumphe in einem Zustand der Agonie. Um ihre Identität als Nation zu wahren, mußten die Türken rasch die Minoritätenfrage lösen. Diese Frage war um so komplizierter, als die Minderheiten zusammen die Mehrheit der Bevölkerung des Osmanischen Reiches ausmachten. Sultan wie Jungtürken suchten die simpelste Lösung, die gleichzeitig die grausamste war: Die Vernichtung der Minderheiten, die gegeneinander ausgespielt werden sollten. Der erste Schlag sollte diejenige Minderheit treffen, die politisch, kulturell und religiös die isolierteste war, daneben aber auch – aufgrund der geographischen Lage des Territoriums, das sie bewohnte – die gefährlichste. All dies wäre wohl reine Spekulation geblieben, hätten die Mörder nicht geglaubt, freie Hand zu haben. Hier wird das Besondere des Völkermordes erkennbar. Der wahre Schuldige ist nicht der, der tötet. »Der wirkliche Mörder sind Sie, mein Herr – nicht ich, obwohl ich getötet habe«, bringt Smerdjakow seine Anklage gegen Iwan Karamasow vor. Im Grunde ist der Genozid die wahnwitzige Ausgeburt eines Nationalismus, den von primitivem Stammesfanatismus kaum mehr etwas unterscheidet. Hat er sich einmal gebildet, dann mengen sich in ihn Elemente von Intelligenz, eisiger Logik und schäbiger Eigensucht. Lügenhaftigkeit und Heuchelei sind die hervorstechendsten Charaktereigenschaften dessen, der den Befehl zum Völkermord gibt. Für das Verbrechen selbst sind unabweisbare, oft wohlüberlegte Gründe maßgebend: Stets sind wirtschaftliche Interessen im Spiel, manchmal ideologische, selten auch religiöse. Diejenigen, die den Völkermord planen, und die, die ihn verhindern könnten, verbinden zu viele goldene Brücken oder lebenswichtige Ölströme. Elementare Menschlichkeit ist nicht mehr gefragt, mögen auch Philanthropen Protestresolutionen abfassen oder an Ort und Stelle versuchen, die Schrecken des Massakers zu lindern.

Viel hilft das nicht. Denn außer den Henkern selbst und ihren Opfern gibt es auch noch jene, die Kenntnis von dem Verbrechen hatten und es dennoch geschehen ließen und schwiegen, um ihre persönlichen Interessen nicht zu gefährden. Die Mitverantwortung der Großmächte für die armenische Tragödie wiegt schwer. Durch die rücksichtslose Verfolgung ihrer politischen und wirtschaftlichen Interessen haben sie den Untergang der Armenier mitverschuldet. Seitdem ist es immer der gleiche Teufelskreis: Man mag islamischen Fanatismus, afrikanische Wildheit, asiatische Grausamkeit oder deutsche Überdisziplin an den Pranger stellen – man schürt dadurch nur noch Haß und Rachegelüste.

Ziel dieser Untersuchung des ersten geplanten Völkermordes der Geschichte ist, aufzuklären und auf die Gefahren hinzuweisen, die uns bedrohen. Unsere immer einförmiger werdende Welt verdrängt die Minderheiten, beraubt sie ihrer Sprache, ihrer Kultur, ihrer ganzen Lebensgrundlage. Aber sind diese Minderheiten nicht gerade in ihrer Verschiedenheit ein in jedem Sinne belebendes Element in dieser Welt? Wann wird man verstehen, daß die Verteidigung der Minderheiten und ihrer Rechte zur Verteidigung der Freiheit des Individuums gehört, die Aufgabe jedes einzelnen ist? Wenn die Menschheit Verbrechen gegen die Menschlichkeit hinnimmt, spricht sie sich selbst das Urteil. Die Passion des armenischen Volkes muß betroffen machen. Sie sollte Anlaß sein, über Gefahren nachzudenken, die unser aller Leben bedrohen.

1. Armenien

Die Taube flog von der Arche fort und kam mit einem Ölzweig im Schnabel zu Noah zurück. Nur der Berg Ararat ragte aus den Fluten empor. Nach und nach gab das Wasser die Erde wieder frei. Die Bibel bezeichnet diesen Ort als die Wiege der Menschheit. Wer sich statt an die Bibel lieber an Forschungsergebnisse hält, erfährt von Frühgeschichtlern und Archäologen, daß die ersten Bewohner des Ararat-Gebietes (das Transkaukasien, den Urmia-See, den Van-See und einen an Nordsyrien angrenzenden Teil des hethitischen Territoriums umfaßte) die Urartier oder Chalder waren. Das Urartu-Reich existierte seit dem dreizehnten Jahrhundert v. Chr. und wurde im achten Jahrhundert v. Chr. von den Medern vernichtet. Etwa um diese Zeit, so nimmt man an, überschritt das aus den Steppen Rußlands und den Ebenen der Unterdonau stammende Volk der Armenen den Bosporus, um sich in Phrygien niederzulassen. Entgegen dem allgemeinen Wanderungsstrom zogen sie unter der Führung von Haik von dort aus nach Osten und gelangten durch das Hochtal des Euphrat zum Fuße des Ararat. Auf den Ruinen des Urartu-Reiches gründeten sie Armenien, das sie Haiastan nannten. Damit betrat das Volk der Armenier die Bühne der Geschichte. Im Lauf der Jahrhunderte ziehen Eroberer von Asien nach Europa, von Europa nach Asien, von Sibirien zum Indischen Ozean oder vom Meer zu den Steppen. Oft führt ihr Weg sie durch Armenien, das sich aber immer wieder von seinen Wunden erholt und die Eindringlinge überlebt. »Es ist ein stolzes Land, hart und großzügig zugleich wie die Menschen, die es geformt hat.«[1] Um sich Zugang zum Meer zu verschaffen, verschieben die Armenier im Lauf der Zeit ihre Grenzen. Nach wie vor jedoch bleibt das Bergland, das Vorderasien wie eine Zitadelle überragt und die wichtigen Straßen von Euphrat und Tigris beherrscht, ein Gebiet von großer politischer und militärischer Bedeutung.

Die armenische Ebene liegt auf 1000 bis 2000 m Meereshöhe. Im Nordwesten versperrt der tiefe Graben des Corok-Flusses den Zugang zum Schwarzen Meer. Durch die engen Schluchten des Karabagh-Gebirges im Osten strömt der am Fuße des Ararat entspringende Aras zum Kaspischen Meer. Im Nordosten liegt Aserbeidschan mit dem Urmia-Salzsee und seinen Armenien benachbarten Berg- und Wüstengebieten. Gegen Westen trennt das armenische Taurus-Gebirge das Hochplateau von den Bergen Kurdistans. Dieses ganze Gebiet links des Tigris ist ein von Schluchten durchschnittenes Bergland, in dem das Volk der Kurden eine gegen Einflußnahme von außen weitgehend geschützte Existenz führte. Die Täler der beiden Euphrat-Läufe im Westen bilden den einzigen natürlichen Zugang zum armenischen Hochland und sind Teil einer strategisch wichtigen Straße, die zum Mittelmeer und zum Indischen Ozean führt. Den Armeniern eröffnet sie Zugang nach Kilikien und – im Golf von Alexandrette – zum Mittelmeer.

Das armenische Hochland selbst wird von einer Unzahl von Flüssen durchzogen und erhebt sich in Stufen von den Ebenen Persiens bis hin zum Schwarzen Meer und den Ebenen am Kaspischen Meer. Es weist eine Anzahl erloscher Vulkane auf, von denen der Ararat (5180 m) der höchste ist. »Zwischen 3000 bis 4000 m hohen Bergflanken liegen tiefe Flußtäler. Die Verbindungswege zwischen diesen Tälern führen über schwierige Pässe und sind sehr mühsam… In Geländesenkungen haben sich Seen gebildet«[2], von denen der Van-See der größte ist. Es herrscht ein Kontinentalklima mit heißen, trockenen Sommern. In den ungemein kalten Wintern kommt es von Oktober bis Mai zu beträchtlichem Schneefall. Neben den günstigen Sommertemperaturen sind es vor allem die zahllosen Wasserläufe, denen Armenien seine Fruchtbarkeit verdankt. Üppige Obstgärten, prachtvoll gedeihende Weinberge, aber auch das Vorkommen von Eisenerzen und die Erfolge der Pferdezucht werden von römischen Geschichtsschreibern gerühmt. Tatsache ist, daß die Armenier eher Bauern als Hirten und Viehzüchter waren. Das Verwurzeltsein in ihrem Land machte sie stark und befähigte sie zu überleben, schuf aber auch Probleme. »Die Eigenheiten des Landes und seines Klimas haben den Charakter des armenischen Volkes und seine Geschichte sehr stark geprägt.«[3] Bergvölkern ist »konservative Grundeinstellung, große Zähigkeit und beharrliches Festhalten an ihrer Nationalkultur«[4] eigen.

Die ganze Geschichte Armeniens ist ein einziger, meist unglücklicher Kampf gegen Eindringlinge der verschiedensten Herkunft. Nach dem Ende des Hethiter- und des Urartu-Reiches war Armenien das Ergebnis der Fusion der Urartier, der Assyro-Chaldäer und der Armenen. Im Laufe von ein, zwei Jahrhunderten wurde es ein starker, unabhängiger Staat und spielte in der Politik des Orients, die nach dem Sturz des Meder-Reiches von der Expansion der Perser bestimmt war, eine nicht unwichtige Rolle. Darius machte es zu einem Satrapengebiet. Von allen Gebieten freilich, die er eroberte[5], leistete ihm Armenien den erbittertsten Widerstand. Zwei Jahrhunderte lang (5. und 4. Jh. v. Chr.) erfreuten sich die Armenier weitgehender Autonomie. Als Alexander in Kleinasien landete, blieb Armenien einer der wenigen Teile des persischen Reiches, die er nicht niederzuwerfen vermochte. Freilich kamen die bis dahin von der persischen Kultur geprägten Armenier nunmehr in Kontakt mit der griechischen Kultur. So bahnte sich jene Synthese zwischen Orient und Okzident an, die eines der besonderen Charakteristika Armeniens ist. Nach der Besiegung Antiochus des Großen durch die Römer (190) und einer kurzen Zeit der Unterwerfung durch die Seleukiden gewann Armenien seine Freiheit zurück und teilte sich in zwei Reiche – Großarmenien östlich des Euphrat und Kleinarmenien westlich davon. 95 v. Chr. vereinigt Tigran der Große, Schwiegersohn des Mithridates, die beiden Teile von neuem und erobert Mesopotamien, Syrien, Palästina, Kilikien und Kappadokien. Zum ersten und letzten Male beherrscht Armenien den Mittleren Osten. Rom ist beunruhigt und beauftragt Lucullus, Tigran zu vernichten. Das römische Heer erringt einen glänzenden Sieg, berennt indessen vergeblich die armenische Festung. Pompeius wird zu Hilfe gerufen, Rom schließt eine Allianz mit den Parthern, Tigrans eigener Sohn verrät ihn. Nun erst – nach dreißigjährigem Kampf – muß der armenische König sich beugen und die eroberten Gebiete zurückgeben. Trotz der Niederlage bleibt Armenien wenigstens formal unabhängig. In der Praxis schützt Rom das zwischen seinen eigenen Besitzungen und denen der Parther gelegene Gebiet vor der Vereinnahmung durch die Parther, während diese es wiederum vor Rom bewahren. Allerdings beginnt nun eine Epoche römischen Einflusses, der die Grundlage für die spätere Position Armeniens bildet: Es wird die vorgeschobene Bastion Europas in Westasien sein.

250 n. Chr. besteigt, nachdem die Sassaniden die Parther aus Iran vertrieben haben, Tiridates III. den armenischen Thron. In dieser Zeit gelangt die Geschichte der Armenier an einen Wendepunkt. Bis dahin hatten sie einer der phrygischen verwandten Religion gehuldigt, deren Götterwelt der griechischen, römischen und persischen Mythologie entlehnt war.[6] Der heidnische Tiridates bekämpfte zunächst den christlichen Glauben, der nach armenischer Überlieferung von zwei Jüngern Christi (Bartholomäus und Thaddäus) nach Armenien gebracht worden war und sich dort unter dem Einfluß eines arsakidischen Fürsten, Gregor Illuminator, verbreitete. Der König ließ den Prediger foltern und sperrte ihn dreizehn Jahre lang in eine Festung, bis er, von Krankheit heimgesucht, Gregor rufen ließ, der ihn heilte. So bekehrte sich 288 (oder 301) Armenien zum Christentum. Das Ereignis ist insofern bemerkenswert, als die Armenier somit *vor* Rom[7] das erste christliche Reich waren. »Am Anfang des 4. Jahrhunderts war es für dieses Volk eine Entscheidung von außerordentlicher Tragweite, sich einem Ideal zu verschreiben, das den Idealvorstellungen der restlichen Welt völlig entgegengesetzt war. Zwangsläufig mußte das Christentum den Armeniern in viel stärkerem Maße seinen Stempel aufdrücken als anderen Völkern, die sich erst später

15

– zu Zeiten, da die christliche Lehre bereits in der ganzen zivilisierten Welt vorherrschte – zu ihm bekehrten.«[8] Gregor Illuminator empfing in Cäsarea die Priester- und Bischofsweihe, kehrte nach Armenien zurück, taufte den König und unternahm sodann mit grausamer Intoleranz die Christianisierung des Landes: Heiden, die sich nicht bekehren lassen mochten, wurden verjagt oder ins Gefängnis geworfen, gefoltert, verbrannt. Die Spuren des heidnischen Armenien wurden für immer getilgt.[9] Zum Patriarchen oder Katholikos aller Armenier bestellt, baute Gregor die Stadt Etschmiadzin am Fuße des Ararat, wo nach der Überlieferung Christus erschien und den Ort bezeichnete, wo die erste christliche Kirche Armeniens gebaut werden sollte. Etschmiadzin blieb die heilige Stadt der Armenier.

Unter der Herrschaft des Königs Vramchapu im 4. Jahrhundert beauftragte der Katholikos Sahag den *vartabed* (Arzt) Mesrop, ein Alphabet von sechsunddreißig Buchstaben zu entwerfen[10], von denen jeder einem Laut der armenischen Sprache entsprechen sollte. Bis dahin war das Armenische eine indo-europäische Sprache ohne Schrift gewesen. Der König und der Patriarch waren sich bewußt, daß die Schaffung eines armenischen Alphabetes das nationale Identitätsgefühl verstärken würde. Sie »hatten verstanden, daß sich Armenien von seinen mächtigen Nachbarn, wenn schon nicht durch Eigenheiten seiner intellektuellen Entwicklung, so doch durch die Institution des Christentums wie auch durch das erstarkende Nationalgefühl deutlich abhob«.[11]

Hatten sich in kultureller Hinsicht starke Elemente der Kohäsion entwickelt, so waren die Armenier politisch in zwei Gruppen geteilt, deren Sympathien dem Osten (dem sassanidischen Persien) bzw. dem Westen (Byzanz) galten. Das – stärkere – vom Katholikos angeführte prowestliche Lager unterstützte Byzanz in seinem Kampf gegen ein sassanidisches Reich, das in seiner haßerfüllten Feindhaltung gegenüber Byzanz nicht mehr zwischen diesem und Armenien unterschied. 449 wollte der sassanidische König die Armenier zwingen, sich zum Mazdeismus zu bekehren[12]. Kirchliche Würdenträger und Adelige versammelten sich im Konzil von Ardazbad. In ihrer Antwort an den persischen Großwesir bekräftigten sie die Tiefe ihres Glaubens und betonten ihren Entschluß, nicht von ihm abzulassen.

Freilich war diese Erklärung mehr eine Formsache. Unter der Führung von Vardan Mamikonian sowie des Katholikos Hovsep erhoben sich die Massen des armenischen Volkes. Am 26. Mai 451 wurden die sechzigtausend Mann Vardans bei Avarair von einer zweihundertfünfzigtausend Mann starken persischen Armee vernichtet. Allerdings kostete dieser Sieg die Perser einen hohen Blutzoll. Die Armenier zogen sich in die Berge zurück, von wo aus sie unter der Führung Vahan Mamikonians (des

Neffen Vardans) eine Art Partisanenkrieg führten und die Perser letztendlich zwangen, ihnen ihre religiösen und nationalen Institutionen zu lassen.

Am 8. Oktober desselben Jahres fand in Chalzedon am Bosporus ein ökumenisches Konzil statt. Armenien, das in den drei ersten Konzilen von Nizäa, Konstantinopel und Ephesus vertreten gewesen war, konnte sich in Chalzedon nicht beteiligen: Das Land befand sich im Krieg, die innere Ordnung war schwer gestört, der Patriarch und das Episkopat befanden sich in Gefangenschaft oder im Exil, das Volk und die Reste der Armee waren in Guerillaaktionen verwickelt. Verständlich, daß in einer solchen Situation dogmatische Fragen kein ausgesprochen leidenschaftliches Interesse erregten. Auf dem Konzil von Chalzedon nahmen die Römische und die Byzantinische Kirche die Doktrin des Papstes Leo des Großen an, nach der die Person Jesu Christi sowohl göttlicher als auch menschlicher Natur sei. Als vierzig Jahre später die Kunde von dieser Entscheidung Armenien erreichte, beriefen die kirchlichen Amtsträger eine eigene Synode ein, auf der das Dogma von Chalzedon verworfen wurde. Armenien blieb der monophysitischen Lehre treu; der Bruch mit Rom und Byzanz war vollzogen. Von nun an besaß die armenische »apostolische« Kirche (dies ihr neuer Name) verwaltungsmäßige Unabhängigkeit. »Sie entwickelte ihre eigene Theologie, ihre Riten und Traditionen.«[13]

Die Entscheidung war nicht nur von religiöser, sondern auch von politischer Bedeutung. Gewiß beraubte die Schaffung einer eigenen Nationalkirche Armenien seiner westlichen Stütze (um so mehr, als sich die katholische wie die orthodoxe Kirche häufig Heiden oder anderen Religionen gegenüber toleranter und liberaler verhielten als gegenüber Schismatikern). Andererseits stellte diese Entscheidung das politische Überleben Armeniens sicher.

Die Armenier hatten es also verstanden, ihre Autonomie und ihren Glauben zu bewahren. Freilich sollte das Aufkommen des Islam nicht nur die neue Harmonie stören, sondern darüber hinaus das Gleichgewicht der ganzen Welt. Im 7. Jahrhundert drangen arabische Stämme in Vorderasien ein, zerstörten die sassanidische Monarchie und griffen in mehreren Wellen Armenien an. Städte wurden erobert und geplündert, ein großer Teil der Bewohner getötet, die Überlebenden in die Sklaverei entführt. Wieder einmal flüchteten sich die adeligen Armenier, die *nakharars*[14], in die Berge und setzten den Kampf fort. Nach einer Zeit fast erfolgloser Bekehrungsversuche verzichteten die Araber darauf, die Armenier zu Anhängern ihrer·Religion zu machen und begnügten sich damit, ihnen Steuern abzupressen. Die Kalifen setzten Gouverneure ein, die Adelsgeschlechtern wie den Mamikonian, den Ardzruni, den Reschtuni oder den Bagratuni entstammten. Häufig freilich gelang es den Arabern, die individualistischen *nakharars* geschickt gegeneinander auszuspielen und sie sodann durch Araber zu ersetzen.

Nicht wenige armenische und georgische Fürsten hatten jedoch dem starken Druck nachgegeben und waren zum Islam konvertiert. In den Städten, in denen verlassene Klöster und Kirchen verfielen, ragten Minarette zum Himmel. Es gab eine Anzahl arabischer Gouverneure, von denen einer habgieriger, fanatischer und grausamer war als der andere. Im Jahre 859 ernannte Bagdad, das »verstanden hatte, daß der Kalif sich Armenien nur dadurch gefügig machen konnte, daß er ihm einen guten Teil seiner Autonomie zurückgab«[15], den Bagratiden-Fürsten Aschot zum Gouverneur von Armenien. Byzanz, das sich mehrere Male mit den Arabern verbündet hatte, um Armenien auszuplündern, verzichtete nun darauf, seine Ostgrenze bis zur armenischen Hochebene vorzuschieben, und einigte sich mit Bagdad darauf, die Wiederherstellung der armenischen Autonomie hinzunehmen. Unter der Dynastie der Bagratiden, die seit 885 regierte, erlebte Armenien eine sechzig Jahre dauernde Periode der Freiheit und des wirtschaftlichen und kulturellen Aufschwungs. Handwerk und Landwirtschaft entwickelten sich; Kirchen und Klöster wurden wieder aufgebaut; Städte und Dörfer bevölkerten sich von neuem. Die Hauptstadt Ani mit ihren vierzig Toren und tausendundeiner Kirche wurde zum Herz Armeniens, zur »asiatischen Schwester von Byzanz« (Tschobanian). Die Machtstellung der Bagratiden allerdings wurde von rivalisierenden Adelsfamilien angegriffen, vor allem von den Ardzruni, die das Königreich von Vaspurakan begründet hatten. Griechen und Araber förderten diese Zwistigkeiten mit dem Erfolg, daß es im 10. Jahrhundert sieben einander bekriegende armenische Königreiche gab, wobei sich die nominell unter byzantinischer Herrschaft stehenden nördlichen Reiche in Gegnerschaft zu den Bagdad tributpflichtigen Reichen des Südens befanden.

Die Unabhängigkeit der Bagratiden endete 1045, als es den Griechen unter Mithilfe des Katholikos Petros gelang, Armenien zu besetzen. Ohne es zu wissen, begaben sie sich damit an einen Abgrund, der sie verschlingen sollte, denn die turanischen Reiterhorden stürmten bereits durch Kleinasien, und gegen ihre Pfeile, Lanzen und Säbel waren die christlichen Reiter machtlos. Im Jahre 1048 fielen seldschukische Stämme in das alte Königreich von Vaspurakan im Norden des Van-Sees ein. Ani wurde 1064 zerstört, die umliegenden Dörfer geplündert, die Bewohner niedergemetzelt oder zu Sklaven gemacht. Armenien lag in Trümmern. Den Armeniern blieb nur noch ihr Glaube und ihre ethnische Eigenständigkeit.

Nach der Eroberung der armenischen Bastion war für die Turanier der Weg nach Kleinasien frei. Sie vernichteten 1077 die griechische Armee bei

Manazkert nördlich des Van-Sees und fügten damit Byzanz einen entscheidenden Schlag zu. Rom hatte immer darauf geachtet, seine Ostgrenze mit einer befestigten, widerstandsfähigen Linie zu sichern. Byzanz vernachlässigte dieses strategische Erfordernis und trug damit selbst zu seinem Niedergang bei. Es brauchte »ein geeintes Reich, das sich vom Tigris zum Schwarzen Meer und vom Euphrat bis zum Kaspischen Meer und zum Kaukasus« erstreckte, ein Reich mit einer Bevölkerung von zehn Millionen[16], die sich den über den Kaukasus gekommenen Eroberern entgegenstemmen konnte. Armenien hätte dieses Reich sein können.

Nach Manazkert überlebte Byzanz noch vier Jahrhunderte. Freilich war es nicht mehr annähernd das starke, gewaltige Reich von ehedem – vielleicht, weil es verkannt hatte, daß »alles, was eine Gefahr für Armenien ist, eine Bedrohung Europas bedeutet«.[17]

Der Niedergang des Bagratiden-Reiches erlaubte den Seldschuken, ihre Herrschaft bis zum Kaukasus auszudehnen. Armenier und Georgier setzten sich gegen die eindringenden Nomaden zur Wehr, die ihnen ihre Weiden wegnahmen und deren Anführer *(begs)* in den Städten herrschten. Byzanz entsandte zuweilen Truppen, was, sobald sie sich wieder zurückgezogen hatten, zu furchtbaren Repressalien gegen die Bevölkerung führte. Dann kamen die mongolischen Horden des Dschingis Khan, seines Enkels Hulagu und Timur Lenks (Tamerlan), die brandschatzend, raubend und mordend durch das Land zogen: »In Van wurden sämtliche Einwohner von Felsen gestürzt; in Sivas wurde die gesamte Bevölkerung niedergemetzelt; viertausend Soldaten wurden lebendig begraben, die Kinder von den Hufen der Mongolenpferde zertrampelt.«[18] Sodann wurde Armenien Beute der beiden turkmenischen Stämme des Schwarzen bzw. des Weißen Hammels, die in Diyarbakir ihr Hauptquartier einrichteten. Die ständigen Invasionen »dezimierten die Bevölkerung, fügten dem Land enormen wirtschaftlichen Schaden zu und schwächten es derart, daß es jahrhundertelang völlig darniederlag.«[19]

Nach dem Niedergang des Ani-Reiches entwickelte sich in Konstantinopel eine revanchistische Gruppierung um den Fürsten Rupen.[20] Unter Ausnutzung der Schwäche des byzantinischen Reiches scharte Rupen armenische Adelige um sich und ließ sich mit ihnen in Kilikien nieder. Dieses fruchtbare Gebiet war von den Arabern teilweise entvölkert worden; andererseits gab es dort bereits armenische Kolonien. Zwischen den Jahren 1080 und 1095 organisierte Rupen dieses Fürstentum und machte es zur Baronie Neu-Armenien. Von Bergfestungen im Taurus, im Anti-Taurus und Amanus als Operationsbasen aus, dehnte er sein Territorium bis zum Mittelmeer und vom Golf von Alexandrette bis zum Golf von Pamphylien. Im Norden bildeten die Euphrat-Täler Verbindungswege mit Alt-Armenien und erleichterten die Zuwanderung von dort. Die

Geschichte Neu-Armeniens, »eine ununterbrochene Folge phantastischer und romantischer Abenteuer« (Nansen), die zur Wiederherstellung der armenischen Unabhängigkeit führte, war nur aufgrund einer besonderen politischen Situation möglich: Das islamische Reich befand sich in einem Zustand der Auflösung, auf den Europa mit den Kreuzzügen reagierte. Als der Erste Kreuzzug erschöpft die Ausläufer des Taurus erreichte, empfingen die Armenier ihn wie Brüder und gaben den Kämpfern die Möglichkeit, ihre Streitmacht zu konsolidieren, mit der sie dann Antiochia und Jerusalem nahmen. Nun allerdings verbündete sich Byzanz mit den Türken in dem Bestreben, die abendländischen Eindringlinge niederzuwerfen und die nicht-orthodoxen Christen aus den armenischen Fürstentümern zu vertreiben. Byzanz zögerte also nicht, sich unter Inkaufnahme der Gefährdung des eigenen Territoriums an die Seite des Islams gegen die Katholiken zu stellen.

Im Jahre 1187 führte der Kurde Saladin die religiöse Einheit der Muselmanen des Mittleren Orients herbei, nahm den Kampf gegen die Kreuzfahrer auf und besetzte Jerusalem. Als Antwort darauf unternahm Europa den Dritten Kreuzzug, der das bescheidene Fürstentum Rupens zum Königreich Neu-Armenien machte. Leo II. erhielt 1199 aus den Händen Kaiser Heinrich VI. und des päpstlichen Legaten die Königskrone. Die Römische Kirche tat alles, um die Armenier wieder zurückzugewinnen. Als ein französischer Adeliger aus dem Haus Lusignan den armenischen Thron bestieg, verstärkte sich dieser Druck noch. Bald war das Land in ein pro- und ein anti-päpstliches Lager geteilt; letzteres stand unter der Anführerschaft des Katholikos. Als Guido von Lusignan glaubte, den römischen Glauben für seine Untertanen verbindlich machen zu können, kam es zu einem Aufstand, in dessen Verlauf er 1344 getötet wurde.

Fast ein Jahrhundert lang mußte Neu-Armenien, der einzige christliche Staat des Ostens, nun dem Ansturm der Mamelucken standhalten. Im Jahre 1375 fiel Sis, die Hauptstadt. Der letzte armenische König, Leo VI. von Lusignan, wurde nach Kairo gebracht, wo er sich weigerte, seinem Glauben abzuschwören. Kilikien wurde bis zum 16. Jahrhundert osmanischer Besitz. Nur einzelnen armenischen Gemeinschaften gelang es, in unzugänglichen Bergorten wie Hacin und vor allem Zeytun bis zum 19. Jahrhundert autonom zu bleiben. Nach dem Fall von Ani im 11. Jahrhundert, der Verwüstung Alt-Armeniens durch die Mongolen im 13. und Neu-Armeniens im 14. Jahrhundert war von dem einst so stolzen Volk nicht mehr viel übriggeblieben. Tausende waren ausgewandert: Armenier aus dem Norden im 11. Jahrhundert auf die Krim, dann nach Polen oder zur Moldau, dann nach Transsylvanien und Ungarn; Armenier aus Kilikien vom 14. bis zum 17. Jahrhundert nach Zypern, Rhodos, Griechenland, Smyrna, Konstantinopel und Ägypten. Andere überquerten das Mittelmeer und ließen sich in den Städten Italiens, in Frankreich und auch in Amsterdam nieder. Von Persien schließlich gingen Armenier nach Indien und errichteten Handelshäuser bis hin nach Saigon und China. Ganz konnten auch diese Wanderungsverluste die Substanz des armenischen Volkes nicht erschöpfen. Dem ständigen Ansturm der Seldschuken, der Mongolen und später der Osmanen ausgesetzt, unterdrückt und versklavt, aber ungebrochen, blieben im Hochland wie in Kilikien armenische Bauern auf dem ererbten Boden; Handwerker und Kaufleute übten weiter ihre Tätigkeit aus. Fünf Jahrhunderte später sollte Europa verwundert feststellen, daß es am Ostrand des Osmanischen Reiches ein armenisches Volk gab, dessen Kultur und Glauben unter schwierigsten Bedingungen viele Generationen ungeschwächt überdauert hatten. Nach zweitausendjähriger Geschichte standen die Armenier vor dem Untergang, und dies zu einer Zeit, da andere Völker ihre Identität erst noch finden mußten. Dennoch – den Widrigkeiten ihres unbarmherzigen Schicksals zum Trotz – hatten sie überlebt.

Freilich war das armenische Volk nunmehr zu schwach, um seine Individualität und seine Autonomie wiedergewinnen zu können. Vor allem aber veränderte sich die politische Lage, die es Armenien nun nicht mehr erlaubte, die frühere, wichtige Rolle im Spiel seiner mächtigen Nachbarn zu spielen.

2. Die Armenier unter dem osmanischen Joch

Zur eigentlichen Besetzung Armeniens durch die osmanischen Türken kommt es erst am Anfang des 16. Jahrhunderts. Doch war das Gebiet mehr als ein Jahrhundert lang das Schlachtfeld, auf dem sich die osmanischen und persischen Armeen gegenüberstanden. Diese Kämpfe schlugen dem Land schwere Wunden. Dennoch verstanden es die Osmanen, die über eine starke Zentralgewalt und über einen gut strukturierten Verwaltungsapparat verfügten, im Norden Armeniens relative Ordnung zu halten. Im den kurdischen Nomaden ausgelieferten Süden herrschten hingegen wenig geregelte Zustände.

Das Osmanische Reich hatte seit jeher darauf geachtet, den christlichen Minderheiten ihre nationalen Eigenheiten zu belassen – Sprache, Traditionen, Religion. Dieser Toleranz lagen politische und wirtschaftliche Überlegungen zugrunde: Die eroberten Völker sollten Landwirtschaft, Handel und Industrie entwickeln. Deren Früchte sollten freilich den Eroberern zugute kommen, die Nomaden blieben und nicht solchen regelmäßigen Beschäftigungen nachgingen, die Seßhaftigkeit voraussetzten. »Man wollte auf Kosten der christlichen Bevölkerung leben, sie zur Zahlung der Kopfsteuer zwingen..., von Zeit zu Zeit die Zügel anziehen, um jedes ›übermäßige‹ wirtschaftliche oder politische Erstarken zu verhindern. Das waren die durchaus nicht philanthropischen Überlegungen, die der scheinbar liberalen und toleranten Haltung der türkischen Herrschermacht zugrundelagen.«[1] Alle Sultane verfolgten diese Politik.

Die so gewährleistete religiöse Unabhängigkeit hatte zwei geschichtliche Folgen. Zum einen trug sie zur Erhaltung der nationalen Eigenheiten bei. Der eine Glaube, der eine Katechismus stellten ein starkes, tragendes Element der Gemeinsamkeit dar. Zum anderen gab diese scheinbare Toleranz den Türken ein für ihre Beziehungen mit Europa bequem verwendbares Argument an die Hand: Auf ihre religiöse Toleranz pochend, stellten es die Sultane als schnöden Verrat ihrer Untertanen hin, wenn diese ihre nationale Unabhängigkeit verlangten. Daher auch die Komödie der angeblichen Reformen, die sich während des ganzen 19. Jahrhunderts zwischen der Hohen Pforte und den europäischen Botschaften abspielte.

Die Toleranz des Islam ist eine Realität. Die angebliche Toleranz der Osmanen gegenüber den Armeniern war in Wirklichkeit jedoch Heuchelei. Die Osmanen waren die Herren; sie räumten den unterjochten Völkern keinerlei nationale, sondern nur religiöse Selbständigkeit ein. Im übrigen standen die Unterworfenen nicht unter dem Schutz des Gesetzes. Man konnte sie nach Belieben ausbeuten.

Wirtschaftliche und politische Tyrannei

Unter der türkischen Herrschaft kehrte die armenische Wirtschaft zur »Autarkie jedes einzelnen Dorfes zurück, wie sie bereits am Anfang des Mittelalters bestanden hatte. Der Handel reduzierte sich auf ein Minimum. Die Bauern waren gezwungen, selbst... für den allergrößten Teil ihres Bedarfes zu sorgen.«[2] Erhebliche Verarmung in den Städten wie auf dem Land war die Folge.

Schon im 12. Jahrhundert hatte Armenien wegen der Zerstörung Bagdads und durch den Niedergang von Byzanz schwere Handelseinbußen hinnehmen müssen. Da jedoch der Weg nach Indien durch Armenien führte, bildeten die armenischen Karawanen ein überaus wichtiges Glied in der Verbindungskette zwischen dem Mittelmeerraum, Persien und Indien. Pitton de Tournefort, einer der ersten Franzosen, die zu Anfang des 18. Jahrhunderts das armenische Hochland aufsuchten, lobt begeistert die armenischen Kaufleute: »Sie sind die angenehmsten Menschen, die es gibt – ehrlich, höflich, verläßlich und vernünftig. Sie kümmern sich einzig und allein um ihren Handel, dem sie sich mit aller Aufmerksamkeit widmen, deren sie fähig sind...«[3]

Indes war der Handel nicht die Hauptbeschäftigung der Armenier: Die große Mehrheit der Bevölkerung hatte seit jeher in der Landwirtschaft und im Handwerk gearbeitet. »Der Pflug und die Karawane waren die beiden starken Hebel der armenischen Zivilisation, die beiden charakteristischen Züge des hartnäckigen, schöpferischen und unbezähmbaren Geistes ihrer Rasse.«[4]

Wenn die Armenier ihren Anteil an Handel, Landwirtschaft und Handwerk des Osmanischen Reiches hatten, so waren ihre Rechte doch begrenzt, was sich nicht zuletzt in einer enormen Steuerbelastung auswirkte: »Die türkische Unterdrückung kleidet sich fast immer in das Gewand brutaler Besteuerung. Sie ist durch den Koran legitimiert: ›Die Ungläubigen schlagen, bis sich erniedrigen und die Steuer zahlen.‹«[5] Der *raia* erhielt seine Ländereien als eine Art Lehen, für das er an den Staat den Zehnten (ein Zehntel der Ernte) entrichten mußte – eine Steuer, die auch die Muselmanen zahlten. Diese Bodensteuer wurde von Zwischenpächtern erhoben, die ihre Höhe unter Duldung der örtlichen Verwaltung völlig willkürlich festsetzen konnten. Die Ernte durfte nur in

Anwesenheit von Finanzbeamten und unter Beachtung unumstößlicher Vorschriften beginnen, was jegliche Fortentwicklung landwirtschaftlicher Technik verhinderte. Von allen männlichen, nicht-muslimischen Untertanen zwischen fünfzehn und fünfundsiebzig Jahren wurde eine jährliche Kopfsteuer erhoben. Außerdem gab es eine Herdensteuer, Zölle (2 % für die Muslims, 3,5 % für die Nicht-Muselmanen), außerordentliche Steuern (die theoretisch jeweils nur für ein Jahr erhoben werden durften, aber nie wieder abgeschafft wurden) und später die Steuer für die Freistellung vom Militärdienst, von dem die Christen grundsätzlich ausgeschlossen waren. Nach Bezahlung der Steuern blieb dem Bauern gerade noch ein Drittel seiner Ernte. Weigerte er sich, zu zahlen, dann verlor er sein Land und oft auch das Leben.

Vor der Justiz standen die Armenier außerhalb des Gesetzes, da nur die religiösen Tribunale des Scheriat anerkannt waren. Dieses weltliche und religiöse Gesetzeswerk des Islams schreibt vor, daß jeder Rechtsstreit aufgrund von Zeugenaussagen zu entscheiden ist, wobei die streitenden Parteien gehalten waren, jeweils zwei muslimische Zeugen aufzubieten. Gegenüber der Aussage eines Muselmanen hatte das Zeugnis eines Christen allerdings keine Beweiskraft. Unter diesen Umständen konnten sich die Armenier um so weniger gegen Unterdrückung und ungerechte Behandlung zur Wehr setzen, als ihnen das Tragen von Waffen verboten war. Darüber hinaus hatten sie keinen Zugang zum politischen Leben des Osmanischen Reiches; fast die gesamte Beamtenschaft in den Provinzen bestand aus Muslims. So waren die Armenier der Willkür der Osmanen mehr oder weniger wehrlos ausgeliefert und sie konnten sich nur in ihrer religiösen Autonomie einen Rest von Freiheit bewahren.

Religionsfreiheit

Bereits wenige Tage nach der Eroberung Konstantinopels gestand Mehmed II. dem griechischen Patriarchen Genadius II. das Recht der Investitur und seiner Gemeinde, die damit eine weitgehende administrative Selbständigkeit behielt, die Möglichkeit der freien Religionsausübung zu. Um einen Ausgleich zur Macht des griechischen Patriarchen zu schaffen, stellte er ihm einen anderen, verläßlicheren Christen gegenüber: Hovakim, den armenischen Erzbischof von Bursa. Hovakim wurde eingeladen, nach Konstantinopel zu kommen (wo Mehmed bei gleicher Gelegenheit eine größere Gruppe von Armeniern ansiedelte). Im Jahre 1461 verlieh ein *firman* (schriftliche Order des Sultans) Hovakim den Titel eines Patriarchen aller Armenier in der Türkei.[6] In der Folge respektierte die osmanische Regierung das armenische Patriarchat und schaltete sich nur

24

bei der Nominierung eines neuen Patriarchen ein sowie bei der Erhebung des sehr hohen Tributs – etwa zehntausend Piaster jährlich –, die diese Nominierung ihr einbrachte. Das armenische Patriarchat befand sich in einer unangenehmen Situation: Die höchste religiöse Autorität lag beim Katholikos von Etschmiadzin (am Ende des 18. Jahrhunderts zu Russisch-Armenien gehörig). Seine direkten Untergebenen – die Katholikoi von Kilikien, von Agtamar am Van-See und der Patriarch von Jerusalem – nahmen in der gregorianischen Hierarchie eine höhere Stellung ein als der Patriarch von Konstantinopel. Dieser war einfacher Bischof, stellte aber andererseits die einzige »weltliche« Autorität dar, die die Regierung anerkannte. Diese paradoxe Situation zwang die Armenier, ihm schrittweise mehr kirchliche Autorität zu verleihen. Diese Autorität schloß Rechte über die armenischen Diözesen des Osmanischen Reiches ein und, als Etschmiadzin zeitweise unter türkische Herrschaft fiel, sogar das Recht auf Investitur des Katholikos.

Nach einer Tradition der armenischen Kirche nahmen die Laien an ihrer Verwaltung teil. Verwaltungspositionen wurden an die begütertsten und einflußreichsten Mitglieder der Gemeinde vergeben: an Bankiers oder *sarrafs,* Würdenträger und hohe armenische Beamte in der türkischen Regierung. Diese privilegierte Klasse der *amiras* – der Titel wurde geschaffen, um diejenigen des Pascha oder des Bey zu ersetzen, die Christen nicht verliehen werden konnten – bediente sich des Patriarchen, den sie nach Belieben absetzen konnte, als Werkzeug. Gewiß, die *amiras* unterhielten mit ihren Zuwendungen das Patriarchat, die Kirchen und die Wohltätigkeitseinrichtungen. Doch ihre Ergebenheit gegenüber dem Osmanischen Reich war weit größer als ihre Treue zur armenischen Gemeinschaft, und ihr Reichtum und ihr Einfluß erlaubten es ihnen, den Erzbischof zu korrumpieren. Mehr als einmal mußten sich die in Konstantinopel lebenden Armenier über sein despotisches Verhalten beklagen. Mehrfach stürzten sie Patriarchen, die zu sehr vom Staat abhängig waren. Es gab auch Zeiten, wo das Patriarchat wirklich die armenischen Interessen vertrat, doch waren diese Perioden bis zum 19. Jahrhundert selten und kurz.

Von Missionaren bekehrt, trat im 18. Jahrhundert eine größere Anzahl von Armeniern zum katholischen Glauben über und lehnte sich gegen die Herrschaft des apostolischen Klerus auf. Diese separatistische Bewegung nahm fanatische Formen an und ging so weit, sich des Patriarchats zu bemächtigen und die Hohe Pforte in ihre internen Auseinandersetzungen hineinzuziehen. Um das System des *millet*[7] aufrechtzuerhalten, auf dem ihre Beziehungen mit den Minderheiten beruhten, unterband die osmanische Regierung schließlich die Tätigkeit der katholischen Missionare. Ein *millet* (eine Gemeinschaft), dessen Führer sich außerhalb des osmanischen Machtbereiches befanden, sagte ihr verständlicherweise wenig zu. »Die Einrichtung der *millets* bedeutete gleichzeitig Anerkennung und Therapie der pathologischen Anomalie des Vorderen Orients: der politischen Auflösung der Völker und der Zähigkeit, mit der sie sich, allen Widerständen zum Trotz, an ihre geistigen und religiösen Gemeinsamkeiten klammern.«[8]

Indem sie ihnen religiöse Autonomie zugestanden, erlaubten die Sultane den Armeniern, zu überleben, um sie besser ausbeuten zu können. Europa gegenüber stellten sie die florierende armenische Gemeinde in Konstantinopel heraus. Von der Lage der Armenier in den asiatischen Provinzen jedoch durfte niemand etwas erfahren.

Jeder Versuch, das osmanische Joch abzuschütteln, wäre unbarmherzig niedergeschlagen worden oder hätte die Armenier an andere, nicht weniger gnadenlose Beherrscher ausgeliefert. Letzteres geschah 1702, als der persische Schah Abbas I. eine Delegation von Türkisch-Armeniern empfing, die ihm ihr bitteres Los schilderte und ihn inständig um Hilfe bat. Der Schah reagierte prompt, marschierte an der Spitze einer großen Armee gegen die Türken und bemächtigte sich der armenischen Ararat-Provinz. Er faßte nunmehr den Plan, die armenische Bevölkerung dieser Provinz nach Persien zu überführen, um dieses Grenzterritorium in eine Wüste zu verwandeln und Fleiß und Produktivkraft der Armenier seinem eigenen Staat zunutze zu machen. Städte, Dörfer, Kirchen, Klöster wurden also in Brand gesteckt und sechsundfünfzigtausend Armenier deportiert. Endlose Karawanen versammelten sich auf der Ararat-Ebene. Von hier aus mußten die Deportierten den Aras durchschwimmen und dann durch Aserbeidschan und Kurdistan nach Isfahan ziehen. Die Überlebenden – knapp die Hälfte – erwartete ein freudiger Empfang durch den Schah, der in der Nähe seiner Hauptstadt den Ort Neu-Djulfa gründete. Er verkündete Religionsfreiheit, wohnte häufig den Zeremonien der Armenier bei und bestrafte diejenigen seiner Untertanen, die sich feindselig gegen die Christen verhielten.[9]

Der persisch-osmanische Krieg endete 1620. Die Türken überließen dem Schah Ostarmenien mit Etschmiadzin, dem Sitz des Katholikos. Die Regierung dieser neun Provinzen in den Karabağ-Bergen zwischen Eriwan und Baku übertrug der Schah fünf armenischen Fürsten, den Meliks. Diese Fürstentümer im Karabağ waren bis zum 18. Jahrhundert die letzten Stätten armenischer Autonomie. In diese Epoche fällt die Rundreise des Israel Ori, der dem Papst, dem deutschen Kaiser, dem Zaren und dem Schah von Persien vergebens das Anliegen der Armenier vortrug sowie der Aufstand der Meliks unter der Führung von David Beg. Von 1722 bis 1730 war der Karabağ unabhängig, doch bald nahmen Persien und die Türkei den Kampf um den Besitz Armeniens wieder auf, und das

Land wurde von neuem verwüstet. Die Karabağ-Armenier baten nunmehr Rußland um Hilfe, das 1828 den Persern Oberarmenien abnahm.

Armenien, in einem Gebiet gelegen, in dem sich die Interessen dreier Großmächte überschnitten, wurde nun unerbittlich zerrissen. Die Ararat-Ebene wurde russisch, Urmia und Umgebung persisch, der größere Teil der armenischen Ebene türkisch.

Kulturelle Wiedergeburt

Die Wiedergeburt des armenischen Volkes am Beginn des 19. Jahrhunderts war nur möglich, weil die armenische Kirche als Hort der Vaterlandsliebe und des Glaubens die alte Kultur bewahrt hatte. Diese Kirche verstand es, mit dem Volk eng verbunden zu bleiben und ihren demokratischen Charakter zu erhalten. Für die Armenier, denen von Staats wegen jede Bildung verweigert wurde, war sie das geistige Zentrum. Zwar bestanden einerseits ständige, rege Kontakte mit ausländischen Kaufleuten; andererseits waren die topographischen Gegebenheiten für die Entwicklung einer Kultur nicht günstig. Die Natur der armenischen Ebene, die Abgeschiedenheit ihrer Täler, die Eigenheit ihrer bäuerlichen, fest in ihrem Boden verwurzelten Bevölkerung, das Fehlen von Städten, in denen sich eine Art begüterter Bourgeoisie hätte entwickeln können, und die große Distanz zu Häfen, den Zugangspforten zu anderen Kulturen – all das wirkte sich hemmend aus. Einzig die intellektuelle Elite, die sich vor der irdischen Welt in die Klöster geflüchtet hatte, konnte das kulturelle Erbe des armenischen Volkes bewahren und bereichern. Selbst der Teil der Intelligenz, der sich später von der Religion lossagte, respektierte sie als Symbol der Nation, hätte man sie zerstört, dann wäre das armenische Nationalgefühl mit ihr zugrunde gegangen.

Die Mekhitaristen trugen viel zum Erwachen des armenischen Nationalgefühls bei. »Seit dem Beginn des 18. Jahrhunderts geriet die armenische Nation... mehr und mehr auf die abschüssige Bahn intellektueller Dekadenz. Ihre Sprache und ihre Traditionen wichen in zunehmendem Maße den Idiomen und den Sitten der Völker, unter denen die Armenier lebten. Um die Nation wieder aufzurichten, bedurfte es starken Willens und glühender Vaterlandsliebe. Mekhitar schaffte das.«[10] Mekhitar stammte aus Sivas und war katholischer Mönch. Von den Armeniern und den Türken verfolgt, begab er sich nach Venedig, wo er 1717 auf der Lazarus-Insel den armenischen Orden der Mekhitaristen und sein Kloster gründete. Die beiden Mekhitaristen-Zentren von Venedig und später von Wien waren am Ende jener langen Periode lethargischen Schlafes, den die äußeren Umstände ihm auferlegt hatten, Rückhalt des kulturellen Aufschwungs des armenischen Volkes.«[11] Bis zum 19. Jahrhundert wußte die Welt so gut wie nichts vom armenischen Volk und vor allem nichts von Armenien als Nation. Die Europäer kannten nur die Armenier von Konstantinopel; wenn man einem italienischen Kleriker jener Zeit glauben will, hielten sie sie »für eine ausschließlich aus Händlern und Kaufleuten bestehende Gemeinde jüdischen Typs, eine vaterlandslose, vagabundierende Gruppe«.[12] Sie sahen in Konstantinopel nur die begüterte Oberschicht, die Kaste der *amiras,* die als willfährige, habgierige Helfershelfer der türkischen Paschas ihr Volk tyrannisierten und nur noch eine Karikatur der alten Aristokratie der *nakharars* waren. Die Provinz zählte nicht. Ihre bloße Existenz war weitgehend unbekannt.

3. Eine Nation erwacht

Zum Beginn des 19. Jahrhunderts wurde der Niedergang des Osmanischen Reiches, das dreihundert Jahre lang Europa in Angst und Schrekken versetzt hatte, immer deutlicher. Hatte es im Inneren mit Erhebungen und Aufständen seiner Untertanen zu kämpfen, so bedrohten es von außen die Großmächte. Das Wiedererwachen des Identitätsbewußtseins der einzelnen nationalen Gemeinschaften war gleichzeitig die natürliche Konsequenz der imperialistischen Politik der Großmächte wie auch die Frucht neuer, von der Entwicklung des industriellen Kapitalismus begünstigter Ideen. Hinter den nationalistischen Idealen sahen die europäischen Großmächte freilich auch die Drohung des Sozialismus. So hätten sie einerseits gerne die Unabhängigkeit der verschiedenen ethnischen Gruppen des Osmanischen Reiches gefördert, um so ihre eigene Position zu stärken, andererseits fürchteten sie das revolutionäre Potential, das sie auf diese Weise vielleicht freisetzen konnten. Das Osmanische Reich unter sich aufzuteilen, ohne das europäische Gleichgewicht zu stören und damit sich selbst zu gefährden, das war eines der Hauptziele ihrer Außenpolitik. Demgegenüber verfügte der Sultan bloß über sehr eingeschränkten Manövrierraum; in diesem Spiel konnte er nur verlieren. Angesichts der Übermacht der europäischen Staaten hatte er nur zwei Möglichkeiten: Gebiete abzutreten oder Reformen zuzugestehen. Gebietsabtretungen hätten den Niedergang des Reiches weiter beschleunigt; Reformen waren freilich noch gefährlicher, da nationalistischen Ideen in dieser absoluten Monarchie beträchtliche Sprengkraft innewohnte. Es handelte sich nicht mehr nur um einen Konflikt zwischen Muslims und Christen, sondern bereits um einen unerbittlichen Kampf zwischen der religiös-konservativen Ideologie der Alttürken und der nationalistischen, erneuerungsfreudigen Gedankenwelt der Jungtürken. Zur Verteidigung gegen die Angriffe der Großmächte standen dem Sultan zwei Waffen zur Verfügung: List und Gewalt. Mit List konnte er versuchen, seine Gegner im Rahmen des Möglichen gegeneinander auszuspielen und seinen Untertanen in einer Art Gaunerkomödie mit einer Hand wieder wegzunehmen, was er ihnen mit der anderen gegeben hatte. So konnte er versuchen, Zwietracht unter seinen Gegnern zu säen und der Reformbewegung im Inneren den Wind aus den Segeln zu nehmen. Mit Gewalt mochte es ihm gelingen, revolutionären Bewegungen auf kürzere oder längere Sicht Herr zu werden. Über die wahre Natur der Auseinandersetzung waren sich alle Seiten im klaren: Für den Sultan stand sein Reich auf dem Spiel, für die Großmächte nicht nur ihre wirtschaftliche Expansion, sondern auch ihre imperialistische Struktur als solche. Ihr Machthunger konnte die heraufziehende Katastrophe nur beschleunigen; Panslawismus, Panislamismus, pantürkische Bewegung, Pangermanismus – an allen Ecken und Enden Europas und des Mittelmeerraums schwelten schon die Feuer, die später zum großen Weltenbrand mit beitragen sollten.

Das Osmanische Reich verfügte über strategische Positionen, deren Besitz für die Welthegemonie von entscheidender Bedeutung war: Bosporus, Dardanellen, Landwege nach Indien. Die Großmächte hatten nun die Wahl, entweder dem Zerfall des Osmanischen Reiches nachzuhelfen und es dann unter sich zu teilen, d. h. eine *Interventionspolitik* zu führen, oder sich für eine *Integritätspolitik* zu entscheiden, die schließlich einer dieser Mächte beherrschenden Einfluß – auf Kosten der anderen – sichern würde. Die Interventionspolitik bemäntelte sich mit der Vorgabe humanitärer, auf dem Selbstbestimmungsrecht der Völker basierender Zielsetzungen, während sich die opportunistischere Integritätspolitik den jeweils relevanten Umständen flexibel anpassen konnte. Diese beiden Optionen, die widersprüchlich schienen und vor allem von den unmittelbaren Interessen jeder einzelnen Großmacht bestimmt waren, fanden manchmal in der Reformpolitik einen Kompromiß. »Je nach Umständen und Interessenlage waren es nicht immer dieselben Protagonisten, die ein- und dieselbe Rolle spielten.«[1]

In dem Bemühen, aus seinem »Kontinentalgefängnis« auszubrechen, suchte Rußland seine Zugangsmöglichkeiten zum Meer zu verbessern. Das strategische Ziel der Inbesitznahme der Dardanellen lag somit auf der Hand. Die Engländer fürchteten, daß die Russen ihnen durch ein Vorrücken nach Konstantinopel den Weg nach Indien abschneiden könnten. Auch die Möglichkeit, daß sich die Russen vom Kaukasus aus über Persien oder Armenien Zugang zum Persischen Golf verschafften, mußte sie mit Sorge erfüllen. Für Österreich stellte die Türkei einen Puffer gegen die Russen dar, deren Vorstoß zur Donau es befürchten mußte. Frankreich war an der Erhaltung des Osmanischen Reiches interessiert, um weiter von der bevorzugten Stellung profitieren zu können, die es seit Franz I. fast ständig bei den Türken eingenommen hatte. So war der Konflikt am Beginn des 19. Jahrhunderts hauptsächlich durch die Interventionspolitik Rußlands und die Integritätspolitik Englands gekennzeichnet.

Von 1856 (Pariser Vertrag) an zeichnet sich allerdings eine Wendung ab: Die Großmächte schalteten sich nun aktiver in die türkischen Angelegenheiten ein. An allen innertürkischen Vorgängen von Bedeutung waren die westlichen Botschafter beteiligt. Am 9. Januar 1853 hatte Zar Nikolaus I. dem englischen Botschafter Sir George Hamilton Seymour erklärt: »Wir haben da einen kranken, sehr kranken Mann. Offen gesagt wäre es ein großes Unglück, wenn er uns eines Tages entschlüpfte, ehe wir die nötigen Vorkehrungen getroffen haben.« Nach 1856 trat das Problem des Vorderen Orients in ein brisantes Stadium.

Im Jahre 1839 waren die Reformen des *tanzimat* im *hatt-i serif* von Gülhane verkündet worden; die Proklamation kam einer Verfassungs-Charta gleich, in der Sultan Abdul-Mecid allen seinen Untertanen Gleichberechtigung garantierte. In Wirklichkeit lief der *tanzimat* freilich auf eine eher theoretische Absichtserklärung hinaus, der nur einige wenige Reformen in Armee, Unterrichtswesen und Justiz folgten. Vor der Eröffnung der Konferenz von Paris 1856 erneuerte der *hatt-i hümayun* die Verpflichtungen von Gülhane und sicherte den nicht-muslimischen Minderheiten Selbstverwaltung, freie Religionsausübung, Zugang zu öffentlichen Ämtern, Gleichheit vor dem Gesetz und vor den Steuerbehörden zu.

Durch seine Reformversprechen fügte der Sultan auf der einen Seite dem Schaden zu, was er auf der anderen Seite zu bewahren versuchte. Er wehrte die Einmischung der europäischen Mächte ab, entfachte aber Unruhe im eigenen Land. Die Türken weigerten sich, anderen ethnischen Gruppen gleiche Rechte zuzugestehen. Diese Gruppen wiederum, vor allem die christlichen, strebten zwar die Gleichberechtigung an, waren aber bemüht, ihre religiöse Autonomie zu bewahren und damit das einzige Element nationaler Identität, das ihnen geblieben war und das die Reformen nunmehr bedrohten.

Geschaffen mit dem Ziel, der Auflösung des Reiches entgegenzuwirken, konnte der *tanzimat* die Entwicklung nationalistischer Bewegungen nicht verhindern. Der frische Wind der Freiheit, der zum ersten Mal nach Jahrhunderten niederdrückender türkischer Herrschaft wehte, belebte auch das Nationalbewußtsein der Armenier. Vom Beginn des 19. Jahrhunderts an sah die intellektuelle Elite den Moment gekommen, die auf eine religiöse Gemeinde reduzierte Nation wiederherzustellen und ihre Stimme über die Grenzen des Osmanischen Reiches hinaus bei den westlichen Großmächten hörbar zu machen. Dies war der Anfang einer Entwicklung, die für die Armenier ein furchtbares Ende nehmen sollte. Zwei Entwicklungen kamen dem Wiedererstarken des armenischen Nationalbewußtseins zu Hilfe: Die Entstehung Russisch-Armeniens sowie katholischer und protestantischer Gemeinden.

Die Armenier Transkaukasiens, die sich im 18. Jahrhundert gegen die Perser erhoben hatten, hofften immer noch darauf, von dem großen christlichen Staat im Norden befreit zu werden. Als die Russen Ost-Georgien, den Karabağ und die Provinzen von Eriwan und Nakhitschewan eroberten, kamen ihnen die Armenier massenweise und mit rückhaltlosem Einsatz zu Hilfe. Sogar der Erzbischof von Tiflis, Nerses, warf sich in der Schlacht von Aschtarak ins Getümmel, das Kreuz in der einen, eine Fahne in der anderen Hand.[2] Der heroische Widerstand der armenischen Bevölkerung von Schuscha und die Erfolge des armenischen Generals Madatian trugen zum russischen Sieg bei; freilich stand das Zarenreich jeder territorialen Autonomie ablehnend gegenüber, so daß die Armenier keine souveräne Provinz im Rahmen des russischen Reiches werden konnten. In seinem Ukas vom 21. März 1828 entschied Zar Nikolaus I., seinem Reich neue, »armenische Provinzen« genannte Territorien einzuverleiben, und fügte seinem Zarentitel den eines »Königs von Armenien« hinzu.[3]

Die Herrschaft des Generals Paskiewitsch, des Generalgouverneurs der Kaukasus-Provinz, konnte, soweit es die Armenier betraf, nur schikanös genannt werden; vor allem höhergestellte Persönlichkeiten, die er verdächtigte, gegen Rußland zu intrigieren, waren die Leidtragenden. Damit nicht genug: Paskiewitsch legte die Verwaltung der armenischen Provinzen in die Hände von Muslims. Den Erzbischof Nerses, der nicht müde wurde, ihn an die Einhaltung gegebener Versprechungen zu erinnern, zwang er schließlich zur Abdankung und schickte ihn im August 1828 nach Bessarabien ins Exil.[4] Trotz aller Widrigkeiten machte auch unter den Russen der Prozeß der nationalen Selbstbesinnung weitere Fortschritte. Verglichen mit dem, was die Armenier unter den Türken oder den Persern erdulden mußten, waren die Verhältnisse im russisch beherrschten Teil sogar durchaus angenehm. Dazu kam, daß sich den unter türkischer oder persischer Herrschaft stehenden Armeniern damals in Russisch-Armenien eine Zufluchtsstätte bot. So verließen während des Krieges 1828–1829, als Paskiewitsch zwanzigtausend Mann (darunter mehrere armenische Kompanien) gegen die Türken führte und Erzurum einnahm, hunderttausend Armenier ihre Heimat in der Gegend von Erzurum, Eleskirt, Bayazid, Kars und Van, um sich in Russisch-Armenien niederzulassen, was von den russischen Behörden gefördert wurde.[5]

Zwanzigtausend katholische Armenier wurden 1828 unter der Beschuldigung Agenten Frankreichs zu sein, aus Konstantinopel verjagt und mußten sich innerhalb einer Frist von wenigen Tagen nach Kleinasien begeben, während die Notabeln dieser Gruppe hingerichtet und ihr Besitz konfisziert wurde. Die französische Regierung legte Protest ein und erreichte, daß die Hohe Pforte im Vertrag von Adrianopel den armenischen Katholiken das Recht zugestand, einen *Katolik millet* (katholische Gemeinde) einzurichten, der alle römisch-katholischen Gläubigen (Maroniten, Chaldäer, Melchiten und Syrier) in Konstantinopel umfassen sollte. Die osmanische Regierung verbot jedoch dieser Gemeinde jegliche Beziehung zu Europäern und weigerte sich, den vom Papst ernannten Erzbischof Anton Navridjan als ihr Oberhaupt anzuerkennen. Statt dessen verlangte sie eine Volkswahl, die dann am 3. Januar 1831[6] zur Investitur des Priesters Hakobas Tschukurian als Patriarch führte. Diese Trennung zwischen geistlicher und weltlicher Führung endete 1866, als der von Rom 1850 nominierte Mgr. Hassūn als Patriarch und Katholikos von Sis, dem Sitz des Oberhauptes der katholischen Armenier, anerkannt wurde. Allerdings war die katholische Gemeinde bereits gespalten. Ein Teil orientierte sich nach Rom, das gegen die »überholten Gebräuche« des östlichen Katholizismus anging und alle Gläubigen zum lateinischen Ritus zurückführen wollte. Ihr Gegenstück waren die Mekhitaristen, die sich als die wahren Verteidiger des Ost-Katholizismus fühlten und gerne die Hilfe der apostolischen Armenier annahmen.[7] Als die Mekhitaristen die Absetzung Erzbischof Hassuns verlangten, kam es 1851 zum offenen Konflikt. Nach der Wahl Mgr. Hassuns zum Patriarchen widerrief Pius IX. in der Bulle *reversurus* die Privilegien der armenischen Kirche. Die Schismatiker erhoben wütenden Protest, wandten sich an die Hohe Pforte, erwirkten eine Verordnung des Wesirs, die ihnen erlaubte, ihre alten Riten beizubehalten, und wählten einen eigenen Patriarchen (Mgr. Kupelian, den Erzbischof von Diyarbakir, der unter dem Namen Petrus IX., d. h. dem gleichen wie Mgr. Hassun, inthronisiert wurde). Der Heilige Stuhl erklärte diese Wahl für ungültig und bemühte sich um ein Konkordat, das die osmanische Regierung jedoch ablehnte. Die Spaltung wurde 1876 unter Mithilfe Frankreichs und Österreichs endgültig. Diese Einmischung Roms in die inneren Angelegenheiten des Reiches unterstrich die delikate Position der Armenier in ihrem Bestreben, als Untertanen des Osmanischen Reiches ihre nationale Identität zu bewahren.

England sah die Einflußnahme der katholischen Mächte Frankreich und Österreich mit Argwohn. London war sich im klaren über die Bedeutung der religiösen Konflikte, die immer wieder Vorwand zu Interventionen bieten konnten, und faßte den Entschluß, auf die Bildung einer protestantischen Gemeinde hinzuarbeiten. Im Jahre 1842 begab sich ein anglikanischer Bischof nach Jerusalem, wo er eine Kirche einweihte. Deutsche und amerikanische Missionare folgten den englischen Glaubensverkündern. Von ihren Konsulaten unterstützt, scharten sie ihre protestantischen Schützlinge um ihre Fahnen. Dieser Proselytismus nahm solchen Umfang an, daß die Hohe Pforte 1847 die Erlaubnis zur Konstituierung eines *Protestant millet* gab, einer autonomen Gemeinde, die fünfzehntausend Personen umfaßte, vor allem Armenier.

Zweifellos schwächte die Konstituierung dieser beiden Gemeinden die Apostolische Kirche. Allerdings erleichterte sie die Verbreitung westlichen Gedankenguts in Armenien und stärkte letztlich die Nation, die sich wegen des Schismas in einem Zustand der Isolation befunden hatte. Im übrigen führte sie zu Abwehrreaktionen in der armenischen Gesellschaft, die ihren Zusammenhang stärkten.

Die armenische Nationalkonstitution

Die Reformbewegung hatte Hoffnungen erweckt, hatte aber auch die Auseinandersetzungen zwischen den *amiras,* die bisher eine Art Führungsmonopol innegehabt hatten, und den *esnafs* (Ständevertretern) wieder angefacht. 1848 kam es zu einem Ereignis, das unvorhergesehene Folgen haben sollte. Die *amiras* hatten die Demission des von den *esnafs* unterstützten Patriarchen Matheos erreicht. Matheos erklärte in der armenischen Basilika vom Kum-Kapu vor einer großen Menschenmenge seinen »Rücktritt«. Trotz aller Sympathiebekundungen gelang es den Gläubigen nicht, ihn umzustimmen. Einer der Anwesenden schlug den Ex-Patriarchen Agop Seropian zu seinem Nachfolger vor. Der Vorschlag wurde einstimmig angenommen. Die *amiras* mußten sich dieser unerwarteten Demonstration der Einigkeit beugen.[8] Zufall oder nicht, diese erste gemeinsame Aktion der Armenier nach Jahrhunderten des Schweigens erfolgte zu einem Zeitpunkt, da die Nachwirkungen der Februar-Revolution von 1848 noch Europa erschütterten. Der Weg zur Nationalkonstitution von 1863 war frei.

Das Wort Konstitution kam aus Europa, wohin seit Beginn des Jahrhunderts zahlreiche junge Armenier von ihren Familien geschickt wurden – zunächst hauptsächlich nach Italien, dann auch nach Paris. Als Zeugen der Revolutionen von 1830 und 1848, lernten sie, was Worte wie Volk, Vaterland und Demokratie bedeuten. Zwei von ihnen, Nicolas Balian und Nahabed Russinian, entwarfen in Paris die Grundzüge der Verfassung von 1863. In diese Epoche fällt ein Aufschwung der armenischen

Literatur, die in einer neuen Sprache die Botschaft der Romantik verkündete und der Idee des Patriotismus Rückhalt verlieh. Die sich entwikkelnde armenische Presse trug das ihrige zur Verbreitung des neuen Gedankenguts bei. Die Rückkehr der beiden jungen Männer in die revolutionären Kreise der Hauptstadt konnte so eine nachhaltige Wirkung auslösen. Bald hatten sich zwei Lager gebildet, das der »Aufgeklärten« und das der »Rückschrittler«. Die »Aufgeklärten« bemühten sich, mit Aberglauben und alten Traditionen zu brechen und das Volk auf den Weg des Fortschritts zu führen. Die »Rückschrittler« versuchten, ihre Privilegien und die Hegemonie des Klerus aufrechtzuerhalten. Sie streuten falsche Gerüchte aus, klagten die jungen Liberalen des Atheismus an und gingen so weit, sie bei den Türken als *agents provocateurs* hinzustellen, die angeblich einen armenischen Aufstand vorbereiteten. Erst die energische Intervention des Patriarchen gebot diesem Treiben Einhalt, und der Sultan gestattete schließlich den Armeniern die Ausarbeitung einer Verfassung, deren erster Entwurf allerdings der Ablehnung verfiel. Trotz allem nahm der Konflikt zwischen beiden Lagern allmählich beunruhigende Formen an. Als der Katholikos von Etschmiadzin eine Bulle an das Patriarchat richtete, in der er die »Rückschrittler« unterstützte, brach der Volkszorn los. Im Oktober 1861 kam es auf den Straßen, in Häusern und sogar in Kirchen zu tätlichen Auseinandersetzungen.[9] Die Regierung mußte einschreiten; sie verlangte den Rücktritt des Patriarchen, setzte einen Interimsvertreter *(locum tenens)* für ihn ein und beauftragte armenische Delegierte mit einem neuen Verfassungsentwurf. Inzwischen war Abdul-Aziz als Nachfolger seines Bruders Abdul-Mecid Sultan geworden. Er verzögerte die Ratifikation des Entwurfs, den ihm die armenischen Delegierten vorgelegt hatten. Über diese Hinhaltetaktik erbittert, rückte eine Menschenmenge auf den Patriarchenpalast vor und verjagte den *locum tenens*. Eine Abordnung verschloß das Gebäude und lieferte die Schlüssel bei der Hohen Pforte ab (13. August 1862). Acht Tage später marschierte der Polizeipräfekt mit einer Kompanie Soldaten zum Patriarchenpalast, öffnete die Türen wieder und hinterließ eine Garnison von sechzig Mann. Dennoch behielt das Volk die Oberhand. Am 29. März 1863 schickte die Regierung ein ratifiziertes Exemplar einer »Regelung« an das Patriarchat, die die Armenier »Armenische Nationalkonstitution« nannten. Diese Konstitution legte den Verwaltungsapparat in die Hände des Patriarchats, das durch eine Versammlung von einhundertvierzig Mitgliedern vertreten wurde, gewählt in ihrer Mehrheit von den in der Hauptstadt ansässigen Armeniern. Diese Versammlung, zu deren Befugnissen auch die Nominierung des Patriarchen gehörte, wählte zwei Gremien: Einen religiösen Rat, der sich mit geistlichen Angelegenheiten befaßte, sowie einen zivilen Rat, dessen Aufgabe es war, Wirtschafts- und

Schulfragen zu regeln. Diese beiden Gremien wiederum bildeten einen gemeinsamen Rat, dem die allgemeine Verwaltung oblag. Die Verfassung beschrieb im wesentlichen die Rechte und Pflichten des Einzelnen gegenüber der Nation und jene der Nation gegenüber dem Einzelnen.[10]

Erstmals besaßen die Türkisch-Armenier somit ein nichtreligiöses Dokument, das ihre Beziehungen untereinander regelte und die Souveränität des Volkes kodifizierte. Von einem Werkzeug der privilegierten Klasse wurde der Patriarch nunmehr zum Sprecher des Volkes, vor allem als 1869 Krimian Hairik, ein Vorkämpfer des armenischen Patriotismus, Patriarch von Konstantinopel wurde. Während seiner Amtszeit setzte er sich rückhaltlos für die Belange seiner Landsleute ein. Seine Beliebtheit erlaubte es ihm, der Feindseligkeit der Notabeln und eines Teiles des Klerus zu widerstehen, die alles taten, um ihn zum Rücktritt zu zwingen. Trotz allem mußte er 1873[11] unter dem Druck der osmanischen Regierung und der armenischen Notabeln sein Amt aufgeben.

Die Lage in den armenischen Provinzen

Die osmanische Regierung hatte, indem sie den Armeniern ein Verfassungsstatut bewilligte, »ein Luxusetikett auf eine leere Schachtel geklebt«.[12] Trotz der 99 Artikel der Konstitution, die ihr den Anschein einer demokratischen Charta gaben, findet man in ihr keine Elemente eines Kollektivrechts für eine Nation oder eines Individualrechts für ihre Angehörigen. Ihr Hauptziel bestand darin, die Vertretung der Armenier Konstantinopels bei der Hohen Pforte zu regeln. Mehr als zwei Drittel der Mitglieder der Generalversammlung wurden von den Gläubigen der Diözesen der Hauptstadt gewählt, obwohl nur etwa vierhunderttausend Armenier im europäischen Teil der Türkei lebten, mehr als zwei Millionen hingegen im asiatischen. Die Hohe Pforte blieb alleinige Inhaberin der Staatsgewalt; die Vielzahl der in der Charta vorgesehenen Gremien mußte zwangsläufig Reibungen und Konflikte erzeugen, die der nationalen Sache keinesfalls nützlich sein konnten. Allerdings, so beschränkt der Wert dieser Volksvertretung auch war, erlaubte sie doch der Provinz, ihre Stimme bei ihrem Repräsentanten und beim Patriarchen hörbar zu machen. Die türkische Regierung erkannte den Patriarchen denn auch als offiziellen Vermittler zwischen der armenischen Nation und der Hohen Pforte an. Zumindest ein Recht hatten die Armenier errungen: Das Recht, sich zu beklagen. Als Krimian Hairik zum Patriarchen gewählt wurde, nahm er sich vor, das Augenmerk der Botschafter der Großmächte in Konstantinopel immer wieder auf die armenische Frage zu lenken.[13] Die Nationalversammlung setzte 1871 eine Untersuchungskom-

mission ein, die von einzelnen erhobene und deshalb zur Wirkungslosig-
keit verdammte Klagen sammeln und zuammenfassen sollte. Diese von
Mgr. Nerses Varjapetian (er wurde 1874 Patriarch) geleitete und aus vier
Geistlichen und vier Laien zusammengesetzte Kommission nahm als
erstes Einsicht in die Archive des Patriarchats, aus dessen Dokumenten
sie die in den letzten zwanzig Jahren eingelaufenen Beschwerden zusam-
menstellte. Zur Vervollständigung ihrer Informationen bat sie sämtliche
Bischöfe der armenischen Diözesen um einen Bericht über Machtmiß-
brauch der Behörden gegenüber der Bevölkerung und Möglichkeiten der
Abhilfe. Auf der Grundlage dieser Information erstellte die Kommission
ihren Bericht. Aufgeführt wurden für einen Zeitraum von 20 Jahren unter
anderem 73 Fälle von Steuerwillkür, 154 Fälle von Befugnisüberschrei-
tung durch Regierungsstellen, 249 Fälle von Entführungen, Plünderungen, gesetzwidrigen Verboten von Kirchenbau und Behinderungen des
religiösen Lebens. Als Abhilfemaßnahme schlug die Kommission schlicht
und einfach die Durchführung der versprochenen Reformen vor. Die
Hohe Pforte versprach, den Provinzbehörden entsprechende Weisungen
zu erteilen, die nur selten ausgeführt wurden. Ein zweiter Bericht, den der
Patriarch im April 1872 dem Großwesir vorlegte, blieb fast ebenso
wirkungslos. Im September 1876 veranlaßte die Nationalversammlung
einen weiteren Bericht, der in gemäßigter, aber präziser Sprache Morde
sowie Eigentumsdelikte und Rechtsbeugungen aller Art aufführte und
deutlich machte, daß sich zwanzig Jahre nach dem Vertrag von Paris und
dem *hatt-i hümayun* die Lage der Armenier immer noch nicht gebessert
hatte. In politischer Hinsicht war 1876 ein bewegtes Jahr[14], und das
Patriarchat hoffte, davon profitieren zu können, um sich bei den Großmächten Gehör zu verschaffen.

Zeytun[15]

Die Hilfe der Großmächte war den Armeniern indessen schon 1863
anläßlich des Aufstandes von Zeytun zuteil geworden. Das Städtchen
Zeytun liegt nördlich des Golfs von Alexandrette im Taurus-Gebirge,
überragt von mehr als dreitausend Meter hohen Gipfeln. Der Zugang ist
nur von dem südlich gelegenen Maraş aus möglich – der Fußmarsch über
schmale Felsenpfade und durch tiefe Schluchten dauert etwa zwölf Stunden. Das Städtchen liegt wie ein Amphitheater am Fuße des Berges
Berid. Fünfzehn- bis zwanzigtausend Armenier lebten in den vier Stadtteilen, von denen jeder seinen Fürsten[16], seine Kirche und seine Schule
hatte. Die umliegenden Klöster und Dörfer waren überwiegend armenisch; einzelne waren auch von Türken bewohnt, die sich aber den

Armeniern zugehörig fühlten und auch ihre Sprache sprachen. Gegründet nach dem Ende des kilikischen Königreiches, hatte Zeytun seine Blütezeit am Ende des 18. Jahrhunderts: Damals verfügte es über ein stehendes Heer von fünfzehntausend Mann. Trotz der inneren Zwistigkeiten der Folgezeit blieb Zeytun so stark, daß 1849 eine Aufforderung der türkischen Regierung an die Stadt erging, aufrührerische Stämme niederzuwerfen. Insgeheim hoffte Konstantinopel allerdings, die Kräfte dieser wehrhaften Stadt, deren Eroberung seine Truppen schon mehr als fünfzigmal vergeblich versucht hatten, auf diese Weise verschleißen zu können. Im Jahre 1858 sah die Regierung eine Gelegenheit, gegen Zeytun vorzugehen. Türken hatten das Haus des englischen Konsuls in Maraş in Brand gesteckt, der darin mit seiner Frau den Tod fand. Als Antwort führten die Zeytunioten (für die jeder Christ ein Armenier – ein *Hai-Krisdon* – war) im Dezember dieses Jahres eine Strafexpedition durch, in deren Verlauf eine Anzahl von Türken getötet wurde. Im Juni 1859 antwortete die Regierung mit der Entsendung von zwölftausend türkischen Soldaten, die bei ihrem vergeblichen Angriff auf Zeytun schwere Verluste erlitten.

Nun wartete die Regierung auf eine neue Gelegenheit, die sich schließlich Ende Juli 1862 bot: Zwei türkische Familien, die sich wegen Landbesitz stritten, verlangten den Schiedsspruch des armenischen Bürgermeisters des Nachbardorfs Alabas. Männliche Angehörige einer der beiden Familien griffen jedoch den unterwegs befindlichen Bürgermeister an und töteten einen seiner armenischen Begleiter. Der Bürgermeister wandte sich an den Fürsten der Familie Yeni-Dunia von Zeytun, zu dessen Herrschaftsbereich sein Dorf gehörte. Der Fürst beorderte die Aggressoren zu sich, und ließ sie, als sie es ablehnten, sich seinem Spruch zu unterwerfen, hinrichten. Ein einziger von ihnen – der wahre Schuldige übrigens – entkam und beschwerte sich in Maraş beim Gouverneur. Dieser entsandte eine Armee von 40000 Soldaten, die Alabaş in Schutt und Asche legte, sodann auf Zeytun marschierte, die umliegenden Dörfer niederbrannte und plünderte und die Stadt selbst belagerte. Trotz ihrer geringen Zahl (tausend Mann) gelang es den Zeytunioten, die Angreifer abzuwehren. Entschlossen, Zeytun endgültig niederzuwerfen, entsandte die Regierung nunmehr ein über hunderttausend Mann starkes Heer. In Zeytun ahnte man die Gefahr; eine Delegation wurde zu den Armenier-Führern in Konstantinopel geschickt, die den »Besiegern der Türken« einen enthusiastischen Empfang bereiteten. Kurz zuvor hatte sich ein armenischer Priester nach Paris begeben, um Napoleon III. das Zeytun-Problem vorzutragen. Auf die Vorstellungen des französischen Botschafters und der *amiras* hin erklärte sich die Hohe Pforte bereit, ihre Regimenter zurückzurufen und eine Untersuchungskommission nach Maraş zu schicken. Diese unter französischer Kontrolle stehende Kommission lud die vier Fürsten von Zeytun vor, die sich anschließend nach Konstantinopel begaben, wo man sie drei Wochen lang inhaftierte und dann auf Intervention des französischen Botschafters wieder freiließ. Da die Angelegenheit bei Armeniern wie Europäern zu viel Aufsehen zu erregen drohte, hielt es die Hohe Pforte für besser, die vier Fürsten wieder in ihre Berge zurückkehren zu lassen. Frankreich hatte sich seine Bemühungen bereits von ihnen honorieren lassen: Die Fürsten hatten sich öffentlich zum Katholizismus bekennen müssen.[17]

Die an Wechselfällen reiche Geschichte der unbesiegbaren Helden von Zeytun hatte eine doppelte Wirkung gehabt: Die osmanische Regierung hatte eine Niederlage erlitten – zum ersten Mal waren die jahrhundertelang gedemütigten Armenier Sieger geblieben – und Europa wurde gewahr, daß eine armenische Nation existierte. »Noch vor kurzem«, schrieb Victor Langlois 1863, »hielt man in Europa die Armenier für ein Händlervolk, dessen einzige Sorge seinen materiellen Interessen galt und das sich kaum um die großen sozialen Probleme kümmerte, die heute so viele unterdrückte Völker bewegen. Nun hat Europa entdeckt, daß es dort ein großes Volk von vier Millionen Menschen, ja, eine echte Nation gibt. Alleine in der Türkei existiert eine Population von zweieinhalb Millionen Armeniern.«[18]

Van und Erzurum

Auch in Van kam es 1862 zu einer Erhebung, die allerdings nicht so bedeutsam war wie die Revolte von Zeytun. In Van hatten sich die zwanzigtausend dort ansässigen Armenier mit den kurdischen Bauern der Umgebung verbündet und gegen die Türken erhoben. Angesichts der Tatsache, daß die in Kurdistan lebenden Armenier von den Kurden ausgebeutet wurden und daß die Provinz Erzurum, vor allem der *sancak* von Muş immer wieder von Plünderungen heimgesucht wurde, war diese Koalition einigermaßen erstaunlich. 1863 protestierten die in Muş angesiedelten Armenier gegen die kurdischen Übergriffe, entsandten eine Delegation nach Konstantinopel und drohten für den Fall, daß ihren Forderungen nicht entsprochen würde, mit ihrer Auswanderung nach Rußland. Nach einem kurdischen Angriff auf ein armenisches Dorf delegierten sie 1865 eine Abordnung von vierundzwanzig Mann, von denen jeder eines der Dörfer des *sancaks* vertrat, und die die Behörden um Schutz bitten sollte. Die Türken setzten sie eine Woche lang fest und schickten sie dann wieder nach Hause. Zwei Jahre später erklärte der Großwesir auf erneute Proteste hin: »Wenn es den Armeniern in unseren Provinzen nicht gefällt, dann sollen sie eben das Land verlassen. Wir werden es mit Zirkassiern bevölkern.«[19] Diese Äußerung verdient es, beachtet zu werden. Sie zeigt, daß sich Konstantinopel schon 1867 über die Brisanz der Armenier-Frage im klaren war und die Regierung bereits daran dachte, sich der Armenier zu entledigen.

Zehn Jahre nach der seltsamen armenisch-kurdischen Allianz und ihrem Konflikt mit den Türken kam es in Van[20] zur Revolte. In dieser an Rußland und Persien angrenzenden Provinz waren die Armenier zahlreicher als die Türken. Als immer klarer wurde, daß sich trotz aller Versprechungen ihre Lage nicht besserte, beschloß eine Gruppe von sechsundvierzig Männern, sich aktiv für die Freiheit ihres Volkes einzusetzen. Sie gründeten die »Heilsunion«, die erste revolutionäre Gruppierung in Türkisch-Armenien: »Unsere Ehre wird in den Staub getreten. Unsere Kirchen werden geschändet, unsere Frauen und Kinder entführt. Man achtet unsere Rechte nicht und versucht, unsere Nation auszulöschen... Wir müssen Abhilfe schaffen, sonst wird bald alles verloren sein.«[21] Lange ehe die übrige Welt erfuhr, daß die Türkisch-Armenier unter einer tödlichen Bedrohung standen, gab diese kleine revolutionäre Gruppe, die ihre Vorhaben aus Mangel an Mitteln nicht ausführen konnte, so ein Alarmsignal.

4. Der Artikel 61

Im Dezember 1876 wurde in Konstantinopel eine Konferenz eröffnet, auf der die sechs Großmächte über das Schicksal der Balkanvölker verhandeln wollten. Die Ankündigung des jungen Sultans Abdul-Hamid, die Hohe Pforte werde eine Verfassung proklamieren, die allen türkischen Untertanen gleiche Rechte garantiere, konnte kaum Illusionen erwecken, denn es war klar, daß es den Teilnehmerstaaten weniger um Verbesserungen für Minderheiten als um ihre eigene Sicherheit ging. Als die Großmächte im Londoner Protokoll vom 31. März 1847 Grenz-»Berichtigungen« von der Türkei verlangte, lehnte Konstantinopel ab, woraufhin Rußland am 24. April 1877 der Türkei den Krieg erklärte.

Es war dies die erste unter humanitärem Vorwand durchgeführte militärische Operation einer der Großmächte in der Türkei. »Erst wenn die christlichen Völker der Türkei hinreichend vor den Übergriffen der türkischen Verwaltung geschützt sind, wird das Ziel erreicht sein«, schrieb Fürst Gortschakow 1877 an Lord Derby. »Dieses lebenswichtige Interesse Rußlands steht in keiner Weise im Gegensatz zu irgendwelchen Interessen Europas, das im übrigen selbst unter den Auswirkungen der kritischen Lage im Vorderen Orient zu leiden hat.«[1]

Im Juni 1877 wandte sich der englische Botschafter in Konstantinopel mit demselben Zynismus an Lord Derby: »Wir haben die Türkei um unseres eigenen Vorteils und unserer Sicherheit willen unterstützt und nicht, weil wir die Türken und ihre Religion so lieben... Die Ereignisse der letzten Monate... geben keinen Anlaß, diese Politik zu ändern.«[2]

Als Königin Viktoria im Juli ihren Premierminister Disraeli aufforderte. den Russen den Krieg zu erklären – was das Parlament ablehnte – erinnerte sie unumwunden daran, daß »dieser grausame, schreckliche Krieg nicht zur Verteidigung der Christen...« geführt werde, »sondern zu Eroberungszwecken«.[3]

In Asien nahmen die von dem armenischen General Loris-Melikow kommandierten russischen Truppen Bayazid und Kars ein und besetzten Armenien. Da sich ihr Vormarsch in zwei Etappen vollzog, gewannen die türkischen Truppen in der Zwischenzeit das verlorene Gebiet wieder zurück. Dabei verübten reguläre türkische Truppen und kurdische Stämme aus dem Gebiet von Van und Bayazid Greueltaten an den Armeniern. Der Korrespondent der *Times* in Erzurum, C. B. Norman, berichtet, die Armenier hätten sich nicht zu einem Aufstand gegen die Türken erhoben, sondern lediglich bessere Lebensbedingungen verlangt. Er beschreibt Schreckensszenen wie jene in Bayazid, wo einhundertfünfundsechzig christliche Familien von sechstausend Kurden niedergemetzelt wurden. Die einhundertzweiundzwanzig armenischen Dörfer um Van, Muş, Bitlis, Zaidikan und Eleşkirt mußten bis auf neun von ihren Einwohnern verlassen werden. Norman fügt hinzu: »Diejenigen, die diese Verbrechen verübten, konnten nach Belieben schalten und walten, und der Mann, unter dessen Order sie standen, führte die Befehle der osmanischen Regierung aus. Solange Ismail Pascha an der Spitze des türkischen Heeres stand, konnten die Kurden ungehindert und straflos ihre Verbrechen begehen.«[4] Während des Rückzugs der russischen Truppen fanden sechstausend Armenier den Tod.[5]

Die russischen Truppen waren in die thrakische Ebene einmarschiert, hatten Plevna und Adrianopel erobert und standen nun vor den Toren Konstantinopels. Allerdings konnten sie trotz ihrer starken Position nicht den Frieden ablehnen, den ihnen Abdul-Hamid vorschlug: Die englische Flotte war unterwegs zu den Dardanellen, und Österreich machte mobil.

Am 3. März 1878 wurde der Vertrag von San Stefano unterzeichnet. Das Osmanische Reich mußte einen Teil Armeniens und fast die gesamte europäische Türkei abtreten. Darüber hinaus erwirkte der Großherzog auf Bitten des Patriarchen von seinem Bruder, Zar Alexander II. – der höchst erfreut war, sich so die Möglichkeit weiterer Interventionen in der Türkei erhalten zu können –, daß eine spezielle Armenien-Klausel in den Vertrag eingefügt wurde. Der Ausdruck »Verwaltungsautonomie« in dieser Klausel wurde allerdings von der Hohen Pforte, die sich aufgrund der Anwesenheit der englischen Flotte am Bosporus in einer relativ starken Position befand, abgelehnt. Man ersetzte ihn durch »Verbesserungen und Reformen«. Artikel 16 des Vertrages von San Stefano lautete: »Da die Räumung der von Rußland besetzten armenischen Gebiete und ihre Rückgabe an die Türkei zu Komplikationen und Konflikten führen könnte, welche die guten Beziehungen der beiden Länder beeinträchtigen würden, verpflichtet sich die Hohe Pforte, in den von Armeniern bewohnten Provinzen unverzüglich die örtlich jeweils nötigen Verbesserungen und Reformen durchzuführen und die Sicherheit der Armenier gegenüber Kurden und Zirkassiern zu garantieren.«

Der Vertrag von San Stefano war somit die erste internationale Abmachung, die auf die armenische Frage Bezug nahm.[6]

England weigerte sich, den Vertrag von San Stefano anzuerkennen. Durch die Annexion von Kars, Ardahan und Batum rückten die Russen näher an die Straße heran, auf der von Trapezunt über Erzurum und Bayazid englische Güter nach Persion transportiert wurden.[7] Nur mit Mühe gelang es den Diplomaten, einen Konflikt zwischen England und Rußland zu verhindern. Die sechs Großmächte (England, Rußland, Frankreich, Deutschland, Italien und Österreich) beschlossen, in Berlin einen Kongreß abzuhalten, auf dem neu über das Schicksal der Türkei entschieden werden sollte. Lord Salisbury, der Nachfolger Lord Derbys als Außenminister, traf vor dem Kongreß seine Vorsichtsmaßnahmen: Er erwirkte von der russischen Regierung die Versicherung, daß »die im vorläufigen Vertrag von San Stefano gegebenen Zusagen bezüglich Armeniens nicht nur für Rußland, sondern auch für England gelten sollen«.[8] Darüber hinaus zwang er Rußland, auf die Regionen von Eleşkirt und Bayazid zu verzichten – jene Gebiete, deren armenische Bevölkerung eben vernichtet worden war und deren Überlebende in Massen nach Rußland auswanderten. Da jedoch dieses Übereinkommen den Engländern noch nicht genügend Sicherheiten zu bieten schien, trat Lord Salisbury in Verhandlungen mit der Hohen Pforte. Am 4. Juni 1878 kam es zur *geheimen* Unterzeichnung eines Verteidigungsbündnisses, das der Türkei Englands militärische Hilfe zusicherte für den Fall, daß Rußland seine Annexionen »über die im endgültigen Friedensvertrag zu fixierenden Begrenzungen hinaus« ausdehnen würde. Das Übereinkommen lautete:

»Für den Fall der Nichtherausgabe von Batum, Ardahan und Kars oder eines dieser Orte durch Rußland oder für den Fall, daß Rußland zu irgendeinem Zeitpunkt die Annexion eines anderen Teiles der im endgültigen Friedensvertrag festgelegten Gebiete Seiner Kaiserlichen Majestät des Sultans in Asien anstrebt, verpflichtet sich England, Seiner Kaiserlichen Majestät zur Verteidigung der Gebiete militärische Hilfe zu leisten.

Dafür sagt Seine Kaiserliche Majestät der Sultan England die Verwirklichung von (später von den beiden Mächten noch festzulegender) Reformmaßnahmen zu Schutz und Sicherheit christlicher und anderer Untertanen der Hohen Pforte zu, die in den genannten Gebieten leben. Um England in die Lage zu versetzen, seine aus diesem Vertrag resultierenden Verpflichtungen zu erfüllen, räumt ihm seine Majestät der Sultan das Recht zur Besetzung und Verwaltung der Insel Zypern ein.«[9]

In einer Sondervereinbarung machte sich die britische Regierung »die Klausel des Vertrags von San Stefano bezüglich der Reformen zueigen und vereinbart mit der Hohen Pforte, daß diese in ihren asiatischen Territorien alle Institutionen einrichtet, die geeignet sind, die Lage der christlichen und muslimischen Bevölkerung zu verbessern.«[10] Im übrigen verwirklichte England das alte Projekt Disraelis[11], vor Kleinasien eine Basis zu gewinnen, die weniger weit entfernt war als Malta. Zypern war in der Tat »in jeder Hinsicht dafür am besten geeignet«.[12] Der Zypern-Vertrag befriedigte sowohl Abdul-Hamid, der sich damit den Schutz Englands erkaufte, wie England selbst, das dadurch eine vorgeschobene Basis im Mittelmeer gewann. Was die Armenier betrifft (die man im übrigen von den Verhandlungen nicht in Kenntnis gesetzt hatte), so konnten sie nur geduldig der »von den beiden Mächten später festzusetzenden« Reformen harren.

In Wirklichkeit verpflichtete sich England, die Russen noch vor der Durchführung der Reformen zur Räumung Armeniens zu zwingen, was schließlich zu den Massakern von 1895 führte. »Nirgends in der Welt ist unsere Politik jemals von so unmoralischen, wahnwitzigen Überlegungen bestimmt gewesen«, erklärte später der Herzog von Argyll im Unterhaus.[13]

Der Berliner Kongreß

Dieser Kongreß, an dem Vertreter der sechs Großmächte und der Türkei teilnahmen, fand unter dem Vorsitz Bismarcks vom 13. Juni bis 13. Juli 1878 statt. Die Türkei mußte die Legitimität der Intervention der Großmächte zugunsten ihrer christlichen Minoritäten anerkennen und sah sich somit unter die offizielle Vormundschaft dieser Mächte gestellt – eine völlige Umwälzung des Völkerrechts.

Dieser Kongreß mußte sich vor allem mit den Problemen des Balkans beschäftigen, dessen Landkarte wieder einmal geändert wurde. Rußland behielt Kars, Ardahan und Batum, mußte aber seine Grenze zurücknehmen. England gelang es, die Russen von der Straße nach Indien fernzuhalten, förderte aber dadurch die Entente zwischen Rußland und Frankreich. »Die französisch-russische Allianz war wie der Dreibund (Deutschland, Österreich, Italien) ein Ergebnis des Berliner Kongresses.«[14] Deutschland stellte seine Figuren auf dem Schachbrett des Vorderen Orients auf und setzte die Grundzüge seiner vom Drang nach Osten gekennzeichneten Türkeipolitik fest. Der Berliner Kongreß erwies sich als »Meisterwerk diplomatischer Unbeweglichkeit und Blindheit«. Seine Bestimmungen »schufen die Schwierigkeiten und Komplikationen, die die internationale Atmosphäre vergiftet und großen Anteil am Ausbruch des Ersten Weltkriegs hatten«.[15]

Der Berliner Kongreß und die armenische Frage

Als den Armeniern zur Kenntnis gelangte, daß der Vertrag von San Stefano in Berlin von den Großmächten revidiert werden sollte, beschlossen sie, eine aus Krimian Hairik[16], Mgr. Khoren Narbey von Lusignan, Stepan Papazian und Minas Tscheraz bestehende Delegation dorthin zu entsenden. Bestimmten Quellen zufolge soll diese Delegation auf Wunsch des Sultans zusammengestellt worden sein;[17] nach anderen Darstellungen soll sich die türkische Regierung, die ihre Position nach den Verhandlungen mit England gestärkt sah, der Abreise dieser Delegation widersetzt haben.[18] In der Absicht, durch die Vielzahl der vorgebrachten Forderungen die geplante Selbständigkeit Bulgariens zu verhindern, riet die Hohe Pforte schließlich dem Patriarchat, seine Vertreter nach Berlin zu entsenden. In dem allen Kongreßteilnehmern überreichten Memorandum wurde verlangt, die armenischen Provinzen einem von der Hohen Pforte ernannten armenischen Generalgouverneur zu unterstellen, der in Erzurum residieren sollte. Dieser Gouverneur sollte als Vertreter der Exekutive für die Aufrechterhaltung von Ordnung und Sicherheit und die Steuererhebung sorgen und die zivile Verwaltung organisieren. Für eine Zeitdauer von fünf Jahren ernannt, sollte er nur mit Zustimmung der Großmächte von der Hohen Pforte wieder abgesetzt werden können. Ein Verwaltungsrat sollte ihm bei der Erledigung seiner Aufgaben helfen. Zwanzig Prozent der Steuereinnahmen sollten in den allgemeinen Staatshaushalt fließen, der Rest für Verwaltung, Justiz, Erziehungswesen und den Militäretat der Provinzen verwendet werden. Das Rechtswesen sollte reformiert, die bewaffneten Streitkräfte in eine Gendarmerie und eine Miliz von viertausend Mann (bestehend aus Armeniern und Muslims unter Ausschluß von Kurden und Zirkassiern) aufgeteilt werden. Die Miliz sollte dem Kommandeur der bewaffneten Streitkräfte unterstellt werden, zu dessen Ernennung der Gouverneur berechtigt sein sollte. Ein Generalrat sollte das Finanzgebaren der Regierung kontrollieren; der Kreis der Wahlberechtigten dafür sollte erweitert werden. Die Großmächte sollten eine internationale Kommission entsenden, die ein Jahr lang die Durchführung dieser Maßnahmen überwachen sollte.[19] Die Armenier verlangten somit nicht mehr als das, was seit 1860 der christlichen Bevölkerung des Libanon zugestanden worden war, nämlich Säkularisation und Dezentralisierung der Exekutive.

Bismarck machte aus seiner Gegnerschaft zu diesem Projekt keinen Hehl; die Delegierten der übrigen Staaten reagierten kühl. Nur Lord Salisbury erhob für diese Kongreßteilnehmer die Stimme, da England – was die Armenier noch nicht wußten – in der Zypern-Konvention gewisse Verpflichtungen ihnen gegenüber eingegangen war. Als in der vierzehnten Sitzung des Kongresses die Armenier-Frage zur Sprache kam, verlas Lord Salisbury den »zwischen den Bevollmächtigten Großbritanniens und der Türkei abgestimmten Schriftsatz«: »Die Hohe Pforte verpflichtet sich, unverzüglich die Verbesserungen und Reformen zu verwirklichen, die die örtlichen Erfordernisse in dem von Armeniern bewohnten Provinzen notwendig machen und ihre Sicherheit gegenüber Zirkassiern und Kurden garantieren. Sie wird die Mächte, die ihre Durchführung überwachen werden, regelmäßig von den getroffenen Maßnahmen unterrichten.«[20]

Dabei blieb es. Der Text des späteren Artikels 61 wurde auf Vorschlag Großbritanniens ohne Diskussion angenommen. Europa hatte sich nicht bemüßigt gefühlt, Verständnis für das Armenien-Problem aufzubringen. Gewiß, es hatte die Armenien-Frage zu einer internationalen Frage gemacht. Aber indem es den Armeniern keinerlei echten Schutz verschaffte, ließ es die Türken am langen Hebel. Solchermaßen versäumte es, einer Entwicklung Einhalt zu gebieten, die in der Folge zu den Massakern von 1895 und schließlich zur Tragödie von 1918 führte. Ehe die armenische Delegation aus Berlin abreiste, ließ sie den Vertretern der sechs Großmächte einen Protest zugehen, in dem sie ihrer Enttäuschung und Verbitterung Ausdruck verlieh.[21]

Krimian Hairik und seine Gefährten kehrten nach Konstantinopel zurück und waren entschlossen, sich nur noch auf sich selbst zu verlassen. Was Abdul-Hamid betrifft, so konnte er die türkische Lösung der Armenier-Frage in aller Ruhe vorbereiten. Mit dem Artikel 61 hatte die europäische Diplomatie eine Politik des Opportunismus betrieben, welche die Türken ermutigte, »ihre Herrschaft mit allen Mitteln aufrechtzuerhalten, denn diese Herrschaft werden sie, wenn sie sie einmal verloren haben, niemals wiedergewinnen können. . . . Das ist unmoralisch«.[22]

5. Glut unter der Asche

Daß es Sultan Abdul-Hamid gelang, sich bis 1895 den Westeuropäern als liberaler, reform- und fortschrittsfreudiger Souverän darzustellen, ist zweifellos eine beachtliche Leistung. In Wirklichkeit kann seine Politik nur skrupellos genannt werden. Er war sich darüber klar, daß die armenische Frage für die Russen immer wieder als Vorwand für eine Intervention herhalten konnte, und wollte dieser Bedrohung ein Ende setzen. Dieses Ziel konnte er am einfachsten dadurch erreichen, daß er sich religiösen Fanatismus zunutze machte. Wenn man dem glauben will, was er während des russisch-türkischen Krieges gegenüber Sir Henry Layard äußerte, befaßte er sich schon damals mit solchen Gedanken: »Vielleicht wird der Tag kommen, wo ich nicht mehr imstande sein werde, die verständliche Wut meiner Untertanen zu zügeln, die erleben müssen, wie ihre Glaubensgenossen in Bulgarien und Armenien abgeschlachtet werden. Und wenn ihr Fanatismus einmal erwacht, dann wird die westliche Welt – vor allem das Britische Empire – Anlaß zu Angst und Sorge haben.«[1] Zwar gab man sich in Konstantinopel Mühe, mittels verbaler Deklarationen den Schein zu wahren, doch die Vorbereitungen waren getroffen: Man brauchte den Dingen nur noch freien Lauf zu lassen, um die armenische Frage einer endgültigen Regelung zuzuführen. Der Sultan bereitete freilich schon das Terrain vor: »Statt eine Politik zu betreiben, die durch Einigung der verschiedenen ethnischen Gruppen das Osmanische Reich hätte stärken können, wollte der Sultan die nicht-türkischen Volksgruppen schwächen, indem er sie gegeneinander hetzte.«[2] Die »verständliche Empörung« der Kurden und der Zirkassier würde sich dadurch nur um so rascher entzünden.

Was die Reformen betraf, so behauptete der Sultan mit Unschuldsmiene, daß sie durchgeführt würden. Lieferte man ihm bedrückende Beweise des Gegenteils, redete er sich auf die Nachlässigkeit seiner Beamten hinaus oder fand andere Ausflüchte. Siebzehn Jahre lang lieferte er den westlichen Regierungen Beteuerungen seines guten Willens, während er gleichzeitig die Explosion vorbereitete: Er dosierte die Wirkung seiner Übergriffe und achtete peinlich darauf, gerade so weit zu gehen, daß das, was er als einziges fürchtete – und was alleine die Armenier hätte retten können – eben noch vermieden wurde: Die bewaffnete Intervention der Großmächte. Sein Manövrierfeld erwies sich als weit größer, als er gedacht hatte. Um das zu erkennen, brauchte er freilich siebzehn Jahre. Es war dies die längste Bedenkzeit in der Geschichte der großen Kollektivverbrechen.

Die von den Armeniern bewohnten Provinzen

Nach den Statistiken, die die armenische Delegation dem Berliner Kongreß vorlegt, gab es in der europäischen Türkei 400 000 Armenier, 600 000 in Kleinasien und Kilikien, 670 000 in Klein-Armenien (*vilayet* Sivas und *sancak Kayseri*), 1 330 000 in Groß-Armenien. Insgesamt lebten also 3 000 000 Armenier in der Türkei[3]. Mit Groß-Armenien bezeichnete das Patriarchat den *vilayet* Erzurum mit den Regionen Erzurum, Van, Muş, Bitlis, Siirt und den Norden von Diyarbakir. Nach dem russisch-türkischen Krieg teilte die Regierung diese Regionen auf und bildete die *vilayets* Van, Erzurum, Bitlis, Mamuretul-Aziz und Diyarbakir. Während die *vilayets* Anatoliens eine durchschnittliche Fläche von etwa 100 000 km² aufwiesen, maßen die neuen *vilayets* nur etwa 35 000 km².[4] Konstantinopel konnte darauf hinweisen, daß die Armenier in diesen *vilayets* eine Minderheit bildeten, daß es also keine armenische Provinz und damit auch keine armenische Frage gebe. Die türkische Regierung veröffentlichte 1880 eine Statistik, aus der hervorging, daß es in Kilikien wie in Türkisch-Armenien nur wenige Armenier gab. In neun *vilayets* (den bereits genannten sowie Aleppo, Adana, Trapezunt und Sivas) zählte man bei einer Gesamtbevölkerung, von 4 639 275 nur 726 750 Armenier gegen 3 619 625 Muslims und 283 000 andere Christen.[5] Im Jahre 1882 erstellte das armenische Patriarchat eine neue Statistik, derzufolge die Zahl der Armenier im Vergleich zu 1878 aufgrund der Emigration zwar abgenommen hatte, aber immerhin noch 2 660 000 betrug, davon 1 630 000 in den neun genannten *vilayets*.[6] Westliche Diplomaten nannten ihre eigenen Zahlen, die auf den Statistiken der osmanischen Regierung beruhten, denen man nach Angaben des britischen *Blaubuches* 25% zugeschlagen hatte, wodurch sich 908 000 Armenier in den neun *vilayets* ergaben. Andere Türkei-Spezialisten sprachen von 840 000[7] bis 1 330 000[8] Armeniern in diesen *vilayets*. Der Zahlenstreit hatte begonnen.

Der Wert dieser Statistiken ist gering. Die verläßlichsten waren wohl diejenigen des Patriarchats, die nach Pfarregistern erstellt wurden. Die Armenier hatten kein Interesse die Bevölkerungsziffer jedes einzelnen Dorfes der Regierung, die danach die Steuerlast hätte bemessen können, mitzuteilen. Außerdem war es damals üblich, von »Häusern« und nicht von Einwohnern zu sprechen. Das armenische »Haus« war patriarchalisch geprägt und umfaßte bis zu vierzig oder fünfzig Personen (im Durchschnitt acht bis zehn). Da das Haremssystem erforderte, daß die Söhne nach der Heirat die väterliche Familie verließen, war die Zahl der in einem muslimischen Haus lebenden Personen geringer. Die Statistiken der Regierung basierten auf den Durchschnittszahlen des muslimischen Hauses; man kann sie also, um präzisere Werte für die Zahl der Armenier zu erhalten, verdoppeln. Geht man von den Steuerforderungen aus – und hier hatte die Regierung ein Interesse daran, die Zahl der Steuerpflichtigen möglichst hoch anzusetzen – so kommt man für das Jahr 1884 auf eine armenische Bevölkerung[9] von über 3 000 000. Im übrigen wurden in den türkischen Statistiken die Armenier sorgfältig von den übrigen Christen unterschieden, nicht jedoch die Türken von den Kurden und anderen muslimischen Minderheiten. Da sich der Artikel 61 auf die von Armeniern bewohnten Provinzen bezog, kam es darauf an, daß sie in keinem *vilayet* in der Mehrheit waren. Mit großer Wahrscheinlichkeit ist anzunehmen, daß die Armenier in den *vilayets* Erzurum, Bitlis, Sivas und Van die stärkste und homogenste Minorität darstellten, während die Kurden erst den zweiten Platz einnahmen (wobei sie im *vilayet* Diyarbakir die Majorität bildeten). Die Türken selbst stellten nicht mehr als ein Viertel der Bevölkerung. Trotz der plumpen Fälschungen der osmanischen Regierung kann man den Schluß ziehen, daß es – wie der Artikel 61 es impliziert – sehr wohl »von den Armeniern bewohnte Provinzen« gab. Aber auch ein anderer Schluß drängt sich auf: »Kein Teil des osmanischen Territoriums war ausschließlich von ihnen bewohnt, und nirgends stellten sie die absolute Mehrheit der Bevölkerung dar... Sie waren über das ganze Osmanische Reich verstreut. Das gesamte Reich war ihr Erbe – ein Erbe, das sie zwangsläufig mit den Türken teilen mußten.«[10]

Die Kurden

Die armenische Ebene war im Lauf der Jahrhunderte von den verschiedensten Völkern besiedelt worden. In den östlichen Provinzen lebten außer den Armeniern Türken, Griechen, Zirkassier und Kurden. Allerdings dominierten Kurden und Armenier. Während der Schwerpunkt der armenischen Ansiedlungen in der Nähe des Ararat lag, ließen sich die Kurden vor allem südlich des Van-Sees in den Bergen Kurdistans nieder. Südlich der Muş-Ebene – in den Taurus-Tälern – lebten in einem etwa 1 000 km langen und 250 km breiten Gebiet mehr als eine Million Kurden. Diese Bergbewohner hatten eine feudalistische Gesellschaftsstruktur bewahrt. Ihre *beys* – oder *aghas* – herrschten über eine Krieger-Aristokratie, von der die bäuerliche Bevölkerung rücksichtslos ausgebeutet wurde. Im 10. Jahrhundert zum Islam bekehrt, waren die Kurden keine Glaubensfanatiker. Im Koran sahen sie vor allem einen Kodex, der es ihnen erlaubte, Waffen zu tragen und nach ihrer eigenen Art zu leben (unter ihnen gab es frühere Armenier, die ihren Namen, ihre Sprache, ihre Sitten und religiösen Gebräuche beibehalten hatten). Sie gehorchten nur ihrem *bey*, und der osmanischen Regierung war es nie gelungen, sie zu unterwerfen, und sie war auch niemals von ihnen anerkannt worden. Als Osman Pascha 1847 den Kurdenführern in den südöstlichen Provinzen die weltliche Macht nahm, schien sie diesem Ziel einen Schritt nähergerückt. Dieser Erfolg der osmanischen Armee war durch die Einführung moderner Schußwaffen möglich geworden. Erst jetzt wurde den Kurden islamisch-religiöse Unterweisung in größerem Umfang zuteil.

Im Jahre 1850 kam es im Bergland von Kurdistan zu einem Massaker an zwölftausend Armeniern und Nestorianern[11], wobei sich türkische Beamte des Kurdenführers Beder Khan als Werkzeug bedienten. Die türkische Regierung erreicht so zwei Ziele zugleich: Zum einen konnte sie die Verantwortung an diesem Massenmord von sich abwälzen, zum anderen dem Selbstwertgefühl der Kurden schmeicheln, indem sie dieses kriegerische, gewalttätige Volk, für das »bewaffneter Raub, Plünderung und Mord respektable Taten waren«[12], zu Ausschreitungen ermutigte. Designierte Opfer der Kurden waren also die Armenier. Die kurdischen *beys* hielten sich für die wirklichen Besitzer von Grund und Boden und behandelten die Armenier wie ihre Leibeigenen. Jeder *bey* hatte seine armenischen Dörfer, denen er nur gegen Tributzahlung Frieden und Verfügungsrecht über ihr Eigentum ließ. Dabei handelte es sich um zweierlei Kontributionen: Den *kiafir,* die jährliche Entrichtung eines bestimmten Teils der Ernte, der Herden und der handwerklichen Produktion, sowie den *hala,* die Hälfte der Brautgabe, die jeder Bräutigam den Eltern seiner Zukünftigen zuwandte. In den Ebenen, wo sich die Kurden weniger zu Hause fühlten, unternahmen sie ihre Raubzüge meist »zur Zeit der Ernte oder Schafschur sowie anläßlich von Hochzeiten oder Märkten, wobei sie Frauen und Herden entführten, von Bauern und Händlern Lösegeld verlangten und dann mit ihrer Beute abzogen.«[13]

Die Beziehungen zwischen Kurden und Armeniern hatten zwei Phasen durchlaufen. Vor der Herrschaft Abdul-Hamids waren es Beziehungen zwischen »Herren und Sklaven: Die Armenier arbeiteten, die Kurden beschützten sie. Seit Jahrhunderten an diesen Zustand gewöhnt, kamen die Armenier gar nicht auf die Idee, daß es auch anders sein konnte, und beklagten sich nicht über ihr Schicksal.«[14] Dabei schlugen sich die türkischen Behörden in Streitfällen »fast stets auf die Seite der Kurden. In den seltenen Fällen, wo sie zugunsten der Armenier entschieden, setzten sich diese unweigerlich der gnadenlosen Rache der *beys* aus.«[15] Unter dem Sultanat Abdul-Hamids veränderte sich die Situation: Das Erwachen des armenischen Nationalbewußtseins erregte den Argwohn der Kurden, die auch mit Mißfallen beobachteten, daß sich durch schüchterne Versuche der Anwendung des *tanzimat* die Lage der Armenier allmählich besserte. Als ihnen der Sultan insgeheim zu verstehen gab, sie hätten gegenüber den Armeniern freie Hand, wurde dieses Zugeständnis verständlicherweise mit Begeisterung aufgenommen, und die Kurden erlegten sich in der Folge, was den Zugriff zu armenischem Eigentum betraf, nur wenig Zwang auf.

So führte das von der Regierung zynisch ausgenützte Erwachen des religiösen Fanatismus der Muslims zu einer beträchtlichen Verschlechterung der kurdisch-armenischen Beziehungen. »Abdul-Hamid hatte sein Ziel erreicht, indem er zwischen den Armeniern und den Kurden, die jahrhundertelang relativ friedlich nebeneinander gelebt hatten, ein Klima des Mißtrauens, der Gegnerschaft und des Hasses erzeugte, das sich mit der Zeit immer mehr verschlechterte.«[16]

Die Einwanderung der Zirkassier

Die Unterdrückung der Unabhängigkeitsbewegungen im Kaukasus durch die Russen, der Krieg in Bulgarien und die russische Besetzung von Kars und Ardahan hatten zu einer Flucht von Zirkassiern sowie Türken, Turkmenen und Lasen aus diesen Regionen in das Gebiet des Osmanischen Reiches geführt. Die türkischen Behörden, die bereits Pläne konzipiert hatten, diese Minoritäten in die armenischen *vilayets* zu ziehen, unterstützten diese Bewegung nachdrücklich, indem sie Flugblätter in Umlauf setzten, in denen den Flüchtlingen Brot für ein Jahr, gut bezahlte Arbeit auf Staatsgütern, Land, Saatgut, landwirtschaftliche Geräte sowie Geld für Schulen und Lehrer, Moscheen und Häuser versprochen wurde.

Die zwischen 1879 und 1881 in zehn erschienenen englischen *Blaubüchern* zusammengefaßten Berichte erlauben einen bemerkenswerten Einblick in die Situation der Armenier angesichts dieser Wanderungsbewegungen.[17] So wurde im Oktober 1879 der Major Trotter in Erzurum davon in Kenntnis gesetzt, daß man 50- bis 60000 Personen aus Rußland erwarte. In den Bezirk Dudscheh (37000 Einwohner) allein kamen 25000. Im Bezirk Ada-Bazar (28000 Einwohner) ließen sich 25- bis 30000 Zirkassier nieder. Von April bis Juni 1879 setzten türkische Schiffe in verschiedenen Schwarzmeerhäfen 60000 aus Batum gekommene Lasen an Land. Im Laufe des Jahres 1880 schwoll der Wanderungsstrom noch an. Bei ihren Reisen stießen englische Konsuln bei Van und Erzincan auf Gruppen von Emigranten. Alle waren bewaffnet und... ausgehungert. Trotz der gegebenen Versprechungen tat die Regierung nichts zu ihrer

Versorgung. Zwar waren Flüchtlingskommissare ernannt worden, die aber ihr Amt hauptsächlich nutzten, um Geld zu erpressen: einerseits, indem sie der eingesessenen Bevölkerung drohten, Flüchtlinge in ihrer Nachbarschaft abzuladen, andererseits, indem sie den Flüchtlingen drohten, ihnen unfruchtbares Land anzuweisen.

Im Oktober 1880 besuchte ein Sekretär der englischen Botschaft in Konstantinopel[18] ein Flüchtlingslager am Golf von Izmit und Mudanya. Hier hatte die türkische Regierung 7 000 Georgier aus Batum zusammengefaßt. Mehr als zweihundert von ihnen waren bereits an Hunger und Seuchen gestorben. Ohne Obdach und Nahrung, lebten die meisten von ihnen von gestohlenen Feldfrüchten. Ihren Angaben zufolge waren sie zwar von der russischen Regierung gut behandelt worden, hatten sich aber von den Versprechungen der türkischen Regierung verlocken lassen. Diese begnügte sich nicht damit, ihre Verpflichtungen gegenüber den Flüchtlingen zu widerrufen, sondern verbot ihnen darüber hinaus auch noch die Rückkehr in ihre Heimat. Es kann kein Zweifel bestehen, daß der Sultan durch die Herbeiführung einer derartigen Situation einen Konflikt zwischen den Flüchtlingen und den eingesessenen christlichen Bewohnern auslösen wollte, der mit der Eliminierung der Schwächsten enden sollte – der Armenier.

Die Lage in Türkisch-Armenien zwischen 1878 und 1881

Berichte aus den Konsulaten bestätigen, daß in den drei auf das Berliner Abkommen folgenden Jahren der Artikel 61 von der türkischen Regierung ausgehöhlt und systematisch in sein Gegenteil verkehrt wurde.

Zur Illustration der erschreckenden Anarchie, die in den armenischen *vilayets* herrschte, mögen einige Beispiele genügen. Dem bereits zitierten Major Trotter zufolge war im Dezember 1878 die Lage der Christen in Erzurum schlechter denn je. Die Kurden schalteten und walteten nach Belieben und machten ungestraft zu ihrem Eigentum, was immer an armenischem Besitz ihnen gefiel. Dem gutwilligen Gouverneur waren die Hände durch die Direktiven aus Konstantinopel und die fast durchwegs korrupten Provinzräte gebunden. Ebenfalls im Dezember 1878 stellte Major Trotter in Diyarbakir fest, daß die aus dem Krieg zurückgekehrten kurdischen Führer sowohl die Christen als auch die Muslims unterdrückten. Es gab keine Regierungstruppen mehr, und die *beys* terrorisierten das Land. Zur Niederwerfung von fünfhundert Aufrührern, die ein christliches Dorf besetzt halten, aus Bitlis entsandte Truppen plünderten das Dorf, töteten die Männer und vergewaltigten Frauen. Die kurdischen Bergstämme bekriegten sich gegenseitig und überfielen Reisende. Bauern konnten ihr Dorf nicht mehr verlassen. Beamte und Polizei (die Monate oder Jahre auf ihr Gehalt warten mußten) waren Komplizen der Kurden, deren Beute sie mit ihnen teilten.[19]

Durch Trotters Berichte sah sich Lord Salisbury veranlaßt, den Sultan um sein Einschreiten zu bitten. Die Hohe Pforte entsandte eine Sonderkommission nach Erzurum, die den Auftrag hatte, »die Lage zu prüfen, Mißstände zu beheben und einen allgemeinen Reformplan aufzustellen«. Auf alle Vorhaltungen Sir Henry Layards antwortete der Großwesir, er halte die Klagen für berechtigt und die Regierung sei auch zu Reformen bereit, habe aber kein Geld. Was die Sonderkommission betrifft, so geriet sie in Erzurum mit den örtlichen Behörden in Streit und erhielt alsbald Gegenorder aus Konstantinopel, durch die ihre sämtlichen Befugnisse annulliert wurden. So gingen vor den Augen der Kommissionsmitglieder die Übergriffe ungestört weiter; die wenigen Diebe und Räuber, die sie bereits hatten sistieren lassen, bahnten sich durch Bestechung der Gefängniswärter rasch wieder den Weg in die Freiheit. Über die Effektivität derartiger Kommissionen gab sich niemand Täuschungen hin. Günstigstenfalls verhalfen sie den Großmächten zu einem guten Gewissen; schlimmstenfalls provozierten sie Repressalien. Versahen ihre Mitglieder ihre Aufgaben zu gewissenhaft, zogen sie sich den Tadel der Hohen Pforte zu. Dazu kam es freilich nur selten, denn in der Mehrzahl der Fälle waren die Kommissionen nicht eigentlich von Skrupeln geplagt: Das *Blaubuch* Nr. 4 berichtet über den Fall einer solchen Kommission, die aus vier Muslims – darunter der Vorsitzende – und zwei Christen zusammengesetzt war und in dem Dorf Hor-Hor von Kurden begangene Räubereien aufklären sollte. Gleich nach seiner Ankunft ließ der Vorsitzende der Kommission die Dorfbewohner zusammenrufen und sprach ihnen wegen ihrer Klagen seine Mißbilligung aus. Als sie darauf bestanden, erklärte er sich schließlich bereit, am nächsten Tag – einem Sonntag – wiederzukommen. Als die Leute, die den Tag des Herrn respektieren wollten, das ablehnten, ließ er sie ins Gefängnis werfen und feierte anschließend mit den kurdischen *beys,* deren Vergehen er untersuchen sollte, ein Fest![20]

Der Sultan, die türkischen Beamten, die Kurden und auch die Engländer – sie alle spielten bei einer Farce mit, deren Opfer die Armenier waren. So bedankte sich der britische Gesandte herzlich beim Sultan, als dieser ihm die Unterwerfung der Kurden verkündet und mitteilt, in den Provinzen herrsche nun Ordnung (14. November 1879).

Nicht genug damit, daß die türkische Regierung den Plünderungen der Kurden oder ihrer eigenen Truppen tatenlos zusah – sie organisierte die Unterdrückung der Armenier sogar. Konsulatsberichte beschreiben unmißverständlich »die schändlichen Handlungen der Beamten, Offiziere, Richter, Steuereinnahmer und Polizeibeamten im Türkischen

Reich; man kann sich des Eindrucks nicht erwehren, daß im Vergleich dazu die Raub- und Mordanschläge der Kurden harmlose Kindereien sind.«[21]

Was die Steuereintreibung betrifft, so berichtete der in Erzurum stationierte Hauptmann Everett, wurden die durch den Krieg schwer geschädigten und später aufgrund schlechter Ernten vollends zu Hunger und Bettelei verurteilten Bauern dennoch unbarmherzig von den Steuereintreibern verfolgt und bei Zahlungsunfähigkeit ins Gefängnis geworfen. Dabei schuldete ihnen die Regierung für während des Krieges gelieferte Lebensmittel beträchtliche Summen. Verantwortlich sei, fügt Everett hinzu, die Zentralregierung, die dem *vali* ständig Geld abfordere. Dieser reichte die Forderung dem *mutessarif* weiter, der sie seinerseits dem *kaimakam* übermittelte. Der *kaimakam* setzte Soldaten und Gendarmen in Marsch, die sich vom Steuerpflichtigen holten, was sie wollten, ohne die während des Krieges erfolgten Requisitionen zu berücksichtigen. Wurden Quittungen ausgestellt, was selten genug vorkam, dann waren sie meist, da ohne Unterschrift, wertlos, oder lauteten auf einen viel zu niedrigen Betrag. Diese Praxis erlaubte es den Steuereintreibern, die »Schuld« ein zweites Mal einzufordern und das Geld in die eigene Tasche zu stecken.[22]

Die Jahre 1879 und 1880 waren für die Armenier eine besonders harte Zeit: Der Sommer war außerordentlich trocken gewesen; die Kurden hatten ihnen in größerem Umfang Vieh und landwirtschaftliche Geräte abgenommen; die Bestellung des Bodens wurde noch zusätzlich durch das Versiegen vieler Quellen erschwert. So kam nur ein geringer Teil der normalen Ernte zur Reife. Im Winter 1879/1880 trat eine noch nie dagewesene Versorgungsnot ein. Ganze Bezirke waren ohne Brot. Hungernde Bauern durchstreiften das Bergland auf der Suche nach Wurzeln und Kräutern. Reiche Bauern mußten einen Teil ihres Viehs schlachten, das ihr wesentliches Kapital bildete. Anfangs zu Hunderten, schließlich zu Tausenden starben die Menschen an Hunger, häufig am Straßenrand, wo sich ihre von streunenden Hunden angenagten Kadaver auftürmten. Seuchen konnten nicht ausbleiben.

Der Notschrei der Bevölkerung erreichte wohltätige Kreise in Konstantinopel, wo Armenier und Türken Hilfskomitees bildeten. In London und Paris wurde Geld gesammelt. Aber noch ehe den Überlebenden Hilfe zuteil werden konnte, hatte die Katastrophe eine Unzahl weiterer Opfer gefordert. Konsulatsdokumente sprechen von 10000 Toten im Bezirk Başkale, 20- bis 30000 im Gebiet von Bayazid und Eleşkirt. In Midyat, Bohtan und Cezire sollen die Zahlen ebenso hoch, wenn nicht sogar höher gewesen sein. Diesen Zeitpunkt wählte die türkische Regierung, um von den Bezirken, die am meisten unter dem Kriege gelitten hatten, Steuern für drei Jahre nachzufordern. In Başkale sollten sogar Vorauszahlungen geleistet werden. Die Regierung forderte Schafe, ohne darauf Rücksicht zu nehmen, ob sie nicht schon von den Kurden geraubt worden waren oder ob sich die Zirkassier das Weideland angeeignet hatten. Damit nicht genug: Am 1. März 1888 verfügte die Regierung, daß Steuern nicht mehr mit Fünf-Piaster-Münzen oder Geldstücken aus Bronze oder Gold bezahlt werden konnten: Die Ersparnisse der Bauern und kleinen Händlern bestanden zum größten Teil aus solchem Geld.[23]

Was die Justiz anbelangt, so waren die türkischen Gerichte niemals so korrupt wie unter dem Regime Abdul-Hamids. Der Urteilsspruch wurde zugunsten derjenigen Partei erlassen, die am meisten bezahlte. Diebe wurden durch Richter geschützt, die ihre Beute mit ihnen teilten. Die meisten Richter – oder *kadis* – waren Leute ohne Wissen und Bildung; da sie keine oder nur ganz geringe Bezahlung erhielten, lebten sie hauptsächlich von Rechtsbeugung. Zeugen wurden in Cafés oder Badehäusern rekrutiert, was den Wert ihrer Aussagen nicht beeinträchtigte. Zwar durften die durch den *tanzimat* instituierten Richter keinen Unterschied zwischen Aussagen von Muslims und Christen machen, und der Artikel 62[24] des Berliner Abkommens hatte die Gleichheit aller vor dem Gesetz von neuem bekräftigt. Dennoch geht aus den Konsularberichten hervor, daß Zeugenaussagen von Christen im allgemeinen unbeachtet gelassen wurden.

Ging es um Verbrechen an Christen, dann sahen häufig auch die höchsten Instanzen untätig zu. Dank einer energischen Intervention des englischen Botschafters gelang es den Armeniern 1889, den berüchtigten kurdischen Banditen Musa Bey vor Gericht zu bringen. Musa Bey hatte im Gebiet von Muş jahrelang blutige Raubzüge angeführt. Nach zwanzig Tagen Untersuchungshaft und fünf Gerichtssitzungen wurde er freigesprochen. Diese Justizparodie überzeugte England von der Aussichtslosigkeit dieser Art von Intervention.

Von den untersten bis zu den höchsten Stufen der Hierarchie herrschte im türkischen Beamtenapparat die skandalöseste Korruption, was angesichts der chaotischen Unregelmäßigkeit der Besoldung gar nicht so verwunderlich war. Auch die Polizei machte von dieser Regel keine Ausnahme. Daß zwei englische Obersten als Generalinspekteure der Gendarmerie nach Bitlis und Erzurum entsandt wurden, half nicht viel: Ihre Autorität wurde dort niemals anerkannt.

So sehr die Armenier unter den türkischen Beamten und den kurdischen *beys* zu leiden hatten, ihre Beziehungen zu ihren muselmanischen Nachbarn – Bauern oder Händlern – waren gut. So sehr sich die Regierung bemühte, muslimischen Fanatismus zu schüren und auszunutzen, sie mußte erkennen, daß sich eine gewisse Solidarität der Unterdrückten herausgebildet hatte: Die Muslims, die ebenfalls unter den türkischen Behörden und den Kurden zu leiden hatten, lebten in Frieden mit den Armeniern. Manche von ihnen machten sich sogar bei den Engländern zu Fürsprechern ihrer mißhandelten christlichen Schicksalsgenossen. Türkisch-Armenien, das einst eines der reichsten Gebiete der Welt gewesen war, war nunmehr eine trostlos heruntergekommene Region geworden: Die Dörfer waren nur noch Ansammlungen verwahrloster Hütten ohne Wasser, ohne Gärten, ohne Bäume; ihre Bewohner waren häufig in Lumpen gekleidet; Straßen oder Brücken gab es kaum mehr; die Gefängnisse quollen von Armeniern über.

All dies war den europäischen Regierungen dank der englischen *Blaubücher* bekannt. Die Frage war, ob diese Regierungen handeln oder die allmähliche Ausrottung von mehr als zwei Millionen Armeniern hinnehmen würden. Würden sie zur militärischen Intervention schreiten oder sich weiter auf papierene Proteste beschränken, wo es doch offensichtlich war, daß sich der Sultan auch nach Unterzeichnung des Berliner Abkommens, das alle anstehenden Fragen regeln sollte, offen über sie lustig machte?

Als Gladstone im März 1880 an die Spitze der britischen Regierung zurückgekehrt war, zwang England den Sultan zur Einhaltung der Montenegro und Griechenland betreffenden Klauseln des Berliner Vertrages. Reformen in Armenien zu erzwingen, gelang den Briten allerdings nicht. Immerhin erreichten sie, daß die anderen Großmächte am 11. Juni eine gemeinsame Protestnote an die türkische Regierung richteten. Als diese wirkungslos blieb, ließ man am 7. September 1880 eine weitere Note folgen, in der sofortige Beachtung des Artikels 61[25] gefordert wurde. Diese Note, die auf Konsularberichten basierte, zeigte zwar, daß sich die Großmächte vom Sultan nicht hinters Licht führen ließen, enthielt jedoch keinerlei ernstzunehmende Drohung für den Fall ihrer Nichtbeachtung. Um doch noch Reformen zu erreichen, veranlaßte England eine weitere gemeinsame Note (12. Januar 1881) und ließ der türkischen Regierung 1883 und 1886[26] erneut zwei Protestnoten zugehen. Letztlich lief all dies darauf hinaus, daß England darauf verzichtete, die Einhaltung des Artikels 61 zu erzwingen. Die Tatsache, daß es von 1881 bis 1889 kein englisches *Blaubuch* gab, weist in dieselbe Richtung. Auch die anderen Großmächte schienen nicht bereit, ihren Protesten angemessenen Nachdruck zu verleihen. »Abdul-Hamid wußte nur zu gut, daß keine der Mächte die Absicht hatte, zu anderen Mitteln als zu diplomatischen Noten zu greifen, und daß er seine Verbrechen an den Armeniern unbesorgt weiter begehen konnte.«[27]

Man darf nicht vergessen, daß humanitäre Fragen im Verhältnis zwischen den europäischen Mächten und der Türkei eine untergeordnete Rolle spielten. Von übergeordneter Bedeutung war die Wahrung der Finanzinteressen der westeuropäischen Länder, wobei es in erster Linie um die Zahlung der türkischen Schulden und die Erschließung des türkischen Marktes ging. Seit 1876 waren die türkischen Finanzen völlig zerrüttet. Die Regierung hatte aufgehört, Zinsen und Tilgung der aufgenommenen Kredite zu zahlen. Ihr Passivsaldo bei den europäischen Gläubigern belief sich auf etwa hundert Millionen Pfund Sterling, was zur Schaffung eines »Rates zur Verwaltung der Staatsschulden« führte. Von nun an sollte ein gewisser Teil des Staatseinkommens für die Begleichung der »osmanischen Schulden« Verwendung finden. Den von den deutschen, englischen, österreichischen, französischen, italienischen Gläubigern delegierten Ratsmitgliedern floß nunmehr ein Teil der erhobenen Steuern direkt zu.[28] Die Hinnahme dieser ausländischen Partizipation an der Finanzverwaltung eines souveränen Staates wurde durch den Zeitgewinn, den das Osmanische Reich damit erlangte, weitgehend wettgemacht. In einem Land mit derart chaotischen Zuständen war der »Rat zur Verwaltung der Staatsschulden« für die europäischen Mächte der einzige Sicherheitsgarant; daß er die ihm gestellte Aufgabe auf vorbildliche Weise zu erfüllen verstand, gab den Gläubigern der Türkei neuen Mut. Ein Zustrom deutscher Geschäftsleute war das Ergebnis der wiedergewonnenen wirtschaftlichen Prosperität. Im übrigen besaß Deutschland seit dem Berliner Kongreß eine privilegierte Stellung bei den Türken. Der Initiator dieser Politik war Graf Hatzfeldt, seit 1880 deutscher Gesandter in Konstantinopel. Unter Hintanstellung territorialer Ambitionen bemühte sich Deutschland von nun an vor allem um Kontrolle über die türkische Armee und um wirtschaftliche Vorteile.

1883 erhielt General von der Goltz den Auftrag, Ausbildung und Bewaffnung des osmanischen Heeres in Anlehnung an den westeuropäischen Stand zu modernisieren. Im Lauf seiner zwölfjährigen Mission reorganisierte er die türkische Armee, richtete einen Generalstab ein und stellte einen Mobilisierungsplan auf. Die Wirtschaftsbeziehungen mit Deutschland entwickelten sich von 1884 an durch Waffenverkäufe an die Türkei. 1888 beteiligte sich die Deutsche Bank an der türkischen Eisenbahn. Diese »friedliche Eroberung« entspach den pangermanistischen Plänen Bismarcks, der davon träumte, Anatolien durch deutsche Kolonisten besiedeln zu lassen. Doch »ehe man den Emigrationsstrom in wenig bekannte Gebiete leitete, mußte man das Terrain studieren und vor allem Zugangswege dorthin eröffnen.«[29] Der wichtigste davon sollte vom Bosporus ausgehend über Angora, Kayseri, Diyarbakir und Bagdad zum Persischen Golf führen. Die Deutschen erwirkten vom Sultan die Konzession zum Bau dieser Bahnlinie, wobei es ihnen gelang, Engländer und Franzosen aus dem Felde zu schlagen. Der Besuch Wilhelms II. in Konstantinopel im November 1889 war Ausdruck dieser deutsch-türkischen Annäherung.

Die *hamidiye*-Regimenter

Anläßlich seines Besuches übermittelte die armenische Gemeinde Konstantinopels Kaiser Wilhelm II. eine Petition, die ihn daran erinnerte, daß die Bestimmungen des Artikels 61 des Berliner Abkommens nicht eingehalten worden waren. Die ebenso mutige wie vergebliche Initiative verärgerte den Sultan und gab ihm Anlaß, sich wieder in verstärktem Maße der Regelung der armenischen Frage zuzuwenden.

Anfang 1889 soll er dem ungarischen Professor Vambery anvertraut haben: »Ich werde die Armenier jetzt bald auf Vordermann bringen, das versichere ich Ihnen. Ich kenne ein Mittel, sie zu beruhigen.«[30] Zwei Tage später dekretierte die Regierung unter dem Vorwand, Maßnahmen zur Verteidigung der Grenzen in Kleinasien ergreifen zu müssen, die Aufstellung eines kurdischen Kavallerie-Corps (*hamidiye* oder Kavallerie des Sultans), das in Wirklichkeit die armenischen Rebellen niederwerfen sollte. Marschall Zeki Pascha wurde zum Kommandeur des 6. Armee-Corps ernannt mit dem Auftrag, die *hamidiyes* zu organisieren. Achtundvierzig 500 bis 600 Mann starke Regimenter wurden aufgestellt. Hauptleute und Oberste des regulären Heeres übernahmen das Kommando. Die anderen Dienstgrade rekrutierten sich aus Stammes- oder Bandenchefs oder berüchtigten Räubergesellen. Bald strömten in Erzincan, Erzurum, Van, Muş, Bitlis, Mardin, Sivas, Diyarbakir und anderen Städten Kurden zusammen. Man rüstete sie mit Uniformen, Martini-Gewehren[31] und Bajonetten aus. Freilich wäre diese Miliz ohne militärische Funktion keineswegs in der Lage gewesen, den Kosaken, mit denen sie es theoretisch hätten aufnehmen sollen, Widerstand zu leisten: Nur die obersten Dienstgrade erhielten Sold; die Truppe, die lediglich Waffen und Munition bekam, mußte wohl oder übel auf Kosten der Armenier leben. Des weiteren waren diese Regimenter nicht dem Sultan verantwortlich: Wurden Angehörige dieser Truppe wegen Raubes oder anderer Verbrechen festgenommen, beriefen sie sich auf den Marschall Zeki Pascha und wurden nicht nur meist freigelassen, sondern häufig auch noch belohnt. Die Kurden, die ein begieriges Auge auf Armeniern gehörenden Grund in den Ebenen geworfen hatten, wurden von den Behörden aufgefordert, sich dort niederzulassen. Von 1892 ab wurde in den Ebenen von Muş, Van, Erzurum und Harput[32] die Lage für alle christlichen Bauern, aber auch für einen Teil der muslimischen Landbevölkerung unhaltbar. Immer wieder reichten Türken und Armenier gemeinsame Petitionen ein, in denen sie sich über die Raubzüge der Kurden beklagten. Aber die wenigen gutwilligen Beamten wurden mit dem Ungehorsam der regulären Truppen nicht fertig, die nicht auf andere Soldaten des Sultans schießen wollten. Es ist unmöglich, die Zahl der Armenier zu beziffern, die zwischen 1892 und 1894 in den Ebenen Kurdistans mit dem Bajonett niedergemacht, erschossen, aufgeknüpft und verstümmelt wurden. Zwangsbekehrungen häuften sich. Es war nicht übertrieben, von »organisiertem Raub und legalisiertem Mord«[33] zu sprechen. Die Kurden scheuten sich nicht mehr, offen zu erklären, daß sie die Armenier vernichten wollten, und daß man ihnen versichert habe, sie würden sich nicht vor Gericht dafür verantworten müssen.[34] Die bedrängten Armenier flüchteten massenweise in die Städte (vor allem nach Van) oder emigrierten nach Europa oder Russisch-Armenien.

Am 20. Oktober 1890 berichtete Clifford Lloyd, der englische Konsul in Erzurum, daß sich die Lage in Armenien ständig verschlechtere und daß »ein Fortgang dieses Prozesses zur Vernichtung der christlichen Bevölkerung«[35] führen würde. Doch bis 1894 blieben die Proteste der englischen Botschaft ohne jede Wirkung, und Abdul-Hamids Selbstsicherheit stieg mehr und mehr.[36]

Die Glut schwelte unter der Asche; es mußte unausweichlich zum Brande kommen. Die Existenz einer armenischen revolutionären Bewegung trug zu dieser Entwicklung bei. Der Hinweis auf eine armenische Rebellion sollte von den verschiedenen türkischen Regierungen bis zum heutigen Tag als Rechtfertigung für alle Massaker dienen. So scheint es geboten, zu untersuchen, was die armenische revolutionäre Bewegung wirklich war, und wie sie sich in einer Epoche manifestierte, da die längst zum Untergang verurteilten Armenier wußten, daß sie sich nur noch selbst helfen konnten.

6. Die armenische revolutionäre Bewegung[1]

Paul Cambon, zu jener Zeit französischer Botschafter in Konstantinopel, schrieb am 20. Februar 1894 in einer berühmten Depesche: »Man hat den Armeniern so lange eingeredet, daß sie Aufruhr planten, bis sie das wirklich taten. Man hat ihnen so lange gesagt, Armenien existiere gar nicht, bis sie schließlich an die Realität seiner Existenz glaubten. So organisierten sich innerhalb weniger Jahre geheime Gruppierungen, die sich die Fehler und Übergriffe der türkischen Behörden zunutze machten, um in ganz Armenien die Idee nationaler Identität und Unabhängigkeit wachzurufen.«[2] Besser kann man das Entstehen der revolutionären armenischen Bewegung nicht resümieren.

Die Türken hatten seit jeher auf die Passivität der Armenier gesetzt: Ihrer Vorstellung nach ermangelten die Armenier »ein wenig der Vornehmheit, (aber man liebte sie deswegen) nicht weniger, und dies wegen ihrer außerordentlichen Loyalität und Treue«.[3] Die Türken waren ihnen dankbar, daß sie nicht dem Beispiel der Griechen und der Bulgaren gefolgt waren, sondern alles getan hatten, um bei ihren Bestrebungen im Rahmen der Legalität zu bleiben. Als Ausgleich dafür hatten die Armenier freilich nur den Schein einer Verfassung erhalten, und ihre Vertretung, die armenische Nationalversammlung, stieß mit ihren Vorstellungen bei der Hohen Pforte stets nur auf taube Ohren. Aus Berlin zurückgekehrt, hatten die armenischen Delegierten verstanden, daß die Großmächte nichts zu ihrer Unterstützung tun, ja, nicht einmal auf der Erfüllung ihrer eigenen Forderungen bestehen würden. Was also blieb einem Volk, das sich vom Untergang bedroht und von allen Freunden verlassen sah? Es mußte sein Geschick in eigene Hände nehmen. Die englischen Konsuln erwarteten übrigens eine Rebellion: »Nur die Geduld der Armenier und der fehlende Zusammenhalt zwischen den verschiedenen Schichten des Volkes können die Tatsache erklären, daß sich, als im vergangenen Jahr die Steuern eingetrieben wurden, die östlichen *sancaks* nicht wie ein Mann erhoben.«[4] Darüber hinaus waren es historische, wirtschaftliche und vor allem geographische Gegebenheiten, die die erniedrigten, gequälten und verfolgten Armenier daran hinderten, einen allgemeinen Aufstand auch nur vorzubereiten. So gab es keine armenische Revolution oder Rebellion im eigentlichen Sinne, sondern nur kleinere Aufstände, die zwar nach und nach zu strukturierteren Bewegungen führten, aber niemals die Breite einer wirklichen Volksbewegung hatten, die alleine die Unabhängigkeit Armeniens hätte herbeiführen können. Ziel der meisten Angehörigen solcher militanter Bewegungen war nicht so sehr eine Autonomie Armeniens als die Durchführung von Reformen, d.h., die Anwendung des Artikels 61 des Berliner Abkommens. Etwa um 1890 ist erstmals von Armenier-Komitees oder sogar von einer armenischen Widerstandsbewegung die Rede: Als im Juni 1890 die türkischen Behörden die Kathedrale von Erzurum nach Waffen durchsuchen wollten, stießen sie auf bewaffneten armenischen Widerstand. Der Zusammenstoß forderte unter den Armeniern zwanzig Tote und dreiundzwanzig Verwundete.[5] Nach diesem Vorfall wurden Behauptungen in Umlauf gesetzt, denen zufolge das ganze armenische Volk in eine Aufstandsbewegung verwickelt sei. Dieses Gerücht diente den Interessen der Hohen Pforte: Der Sultan konnte – in dem Bewußtsein, daß die Großmächte, erschreckt durch den Gedanken an eine revolutionäre Bewegung, die Armenier ihrem Schicksal überlassen würden – die Unterdrückung dieses Volkes noch verschärfen.

Die *Armenakan*-Partei

Zur Bildung der bereits erwähnten kleinen revolutionären Gruppen kam es vor 1890. Von der 1872 in Van konstituierten »Heilsunion« war schon die Rede. Hinzugekommen war inzwischen der »Schwarzkreuz-Bund«, ebenfalls in Van von jungen Armeniern 1878 gegründet, die ihre wehrlosen Volksgenossen gegen ruinöse Steuereintreibung und Plünderung schützen wollte.[6] Das nämliche Ziel hatten die »Beschützer des Vaterlandes«, die sich 1881 in Erzurum konstituierten. Diese Bewegung wurde nach eineinhalbjährigem Bestehen zerschlagen.[7] Die erste echte politische Partei der Armenier, die revolutionäre Aktionen zum Ziele hatte, war die 1885 in Van entstandene *Armenakan*-Partei, die von einer Gruppe junger Lehrer, Schülern von Meguerditsch Portukalian[8], gegründet worden war. Ihr Ziel: »Erlangung des Selbstbestimmungsrechtes der Armenier durch Revolution«. Von Van aus propagierte diese Partei revolutionäre Ideen, organisierte Selbstverteidigungsgruppen und bereitete eine allgemeine Bewegung vor.[9] Sie etablierte sich in Muş, Bitlis, Trapezunt und Konstantinopel und nahm Kontakt mit den Persisch- und Russisch-Armeniern auf. Es gelang ihr, türkischen Soldaten und *hamidiye*-Regimentern Waffen abzukaufen, die sie sich auch aus Persien besorgte, wo sie frei gehandelt wurden. Ein armenischer Major – der russische Vizekonsul in Van – diente ihnen als Instrukteur. Trotz dieser militärischen Vorbereitungen waren die zur Verfügung stehenden Mittel zu beschränkt, als daß sie einen erfolgversprechenden Kampf erlaubt hätten. So kam es nur zu sporadischen Aktionen. Eine davon benützten die türkischen Behörden zu einer Pressekampagne gegen eine angeblich all-armenische revolutionäre Bewegung. In Wirklichkeit hatte die Armenakan-Partei insgesamt nur drei Attentate verübt[10], für die sie im übrigen teuer bezahlen mußte: Ihre Angehörigen wurden fast alle verhaftet, die armenische Bevölkerung von Van noch grausameren Verfolgungen unterworfen als bis dahin, jegliche kulturelle, religiöse und sogar wohltätige Aktivität zur umstürzlerischen Tätigkeit erklärt. *So hatte man einen willkommenen Vorwand gefunden, alle Armenier – die wenigen Beteiligten und die übergroße Zahl der Unschuldigen – zu Geächteten der türkischen Gesellschaft zu machen.*

Die revolutionäre *Hintschak*-Partei

Im Sommer 1886 begaben sich Avetis Nazarbekian, ein in Paris studierender Armenier, und seine Verlobte Mariam Vardanian, genannt Maro, nach Genf, wo sie mit anderen armenischen Studenten Kontakt aufnahmen und beschlossen, eine revolutionäre Organisation zu gründen. Im August 1887 wurde diese Partei ins Leben gerufen.[11] Im November erschien die Zeitung *Hintschak* (die Glocke). Der Name war in Anlehnung an das Blatt des russischen Publizisten Alexander Herzen gewählt. Im Oktober 1888 wurde das Parteiprogramm in dieser Zeitung und in einen separaten Pamphlet publiziert.[12]

Das Programm war das einer revolutionären Partei[13] und durch sozialistische und nationalistische Merkmale gekennzeichnet. Sozialistisch daran war die Verkündung des Klassenkampfes und eine uneingeschränkte Bejahung des dialektischen Materialismus.[14] Nationalistisch waren die unmittelbaren Ziele dieses Programms: Die Herbeiführung der politischen Unabhängigkeit Türkisch-Armeniens durch eine Revolution der Arbeiter- und Bauernmassen.

Verständlicherweise fand dieses Programm bei bürgerlichen armenischen Kreisen in der Türkei und in Rußland nur wenig Zustimmung. Ihre rasche Entwicklung verdankt die Partei zweifellos mehr ihrem Nationalismus als ihren sozialistischen Zielsetzungen. In ihrer Operationsbasis Konstantinopel gewann sie innerhalb von sieben Monaten siebenhundert militante Anhänger, vor allem unter den gebildeten Armeniern und den Beamten der Konsulate und der Schiffahrtsgesellschaften. Darüber hinaus standen in Europa und den Vereinigten Staaten zahlreiche Sympathisanten hinter ihr.

Den ersten Eklat führte die Partei am Sonntag, dem 27. Juli 1890, herbei. Als der Patriarch Khoren Achekian[15] (dem die Armenier vorwarfen, nach den Verfolgungen von Erzurum geschwiegen zu haben) in der Kathedrale von Kum-Kapu predigte, wurde er von Harutiun Djangulian, einem Mitglied der *Hintschak*-Partei, unterbrochen. Djangulian zwang ihn, nach der Verlesung eines an den Sultan gerichteten Protestes, in dem Reformen in Armenien gefordert wurden, sich in Begleitung einer Gruppe von Hintschakisten zum Sultan zu begeben. Unterwegs wurden die Männer von türkischen Soldaten angehalten, die Djangulian festnahmen.[16]

Die Hohe Pforte verfügte, daß über den Vorfall Schweigen zu bewahren sei. Dennoch blieb diese gescheiterte Aktion nicht ohne Widerhall. Der britische Botschafter schrieb an seinen Minister: »Es war dies das erste Mal seit der Eroberung von Konstantinopel durch die Türken, daß Christen es wagten, in Stambul türkischem Militär Widerstand zu leisten.«[17]

Die Hintschakisten gaben nicht auf und organisierten in Türkisch-Armenien weitere öffentliche Demonstrationen. In der Nacht vom 18. zum 19. Januar 1893 wurden in Türkisch abgefaßte Aufrufe gleichzeitig in Merzifon, Amasya, Corum, Tokat, Yozgad, Angora, Diyarbakir und in mehr als hundert Orten in Anatolien angeschlagen. Sie forderten die Türken auf, sich gegen ihre Obrigkeit zu erheben. Als Antwort darauf riefen die *softas*[18] die Muslims auf, gewaltsam gegen die Christen vorzugehen. In den Monaten Februar und März 1893 herrschte in den meisten anatolischen Städten totale Anarchie. In Kayseri kam es zwischen Türken und Christen zu Zusammenstößen. Ein Priester wurde gehängt, Frauen entführt, Läden geplündert, Herden geraubt. In Arapkir mußten die von den Türken angegriffenen Armenier sogar die Kurden zu Hilfe rufen. Die in Bedrängnis geratenen Türken ließen ein Batallion aus Sivas zu ihrer Verstärkung anrücken; im Verlauf der Kämpfe wurde ein Oberst getötet; einhundertfünfzig Aufständische behielten nach dem Verlassen der Stadt tagelang Teile der umliegenden Region in ihrer Gewalt.[19]

Im Februar 1893 wurden in Merzifon zwei zur amerikanischen Mission gehörende Lehrer festgenommen. Thumayan und Kayayan wurden beschuldigt, die Aktion veranlaßt zu haben.[20] In Angora kam es zu einem Prozeß gegen fünfzig sistierte Armenier. Trotz des Fehlens hinreichender Beweise verurteilte das Gericht fünfzehn der fünfzig Angeklagten, darunter Thumayan und Kayayan, zum Tode. Unter dem Druck der Vereinigten Staaten und der öffentlichen Meinung Englands wurden die Urteile gegen die beiden Lehrer in Haftstrafen umgewandelt; fünf Todesurteile jedoch wurden aufrechterhalten und alsbald vollstreckt.[21]

Die Festnahmen von Mitgliedern der Hintschakisten-Komitees von Merzifon waren auf die Denunziation eines armenischen Spions hin erfolgt. Dieser Mann wurde, wie auch andere Verräter, am hellichten Tag durch Revolverschüsse getötet. Die Kühnheit dieser Aktionen beeindruckte die türkische Regierung.[22] Im September 1893 gelang es dem *Kaimakam* von Merzifon mit dreihundert Mann, eine Gruppe armenischer Terroristen in der Stadt zu umstellen. Die meisten der Armenier konnten entkommen; fünf wurden gefangengenommen, vier – darunter Leon Zakharian, Mitglied des Londoner Komitees[23] – getötet.

In Großbritannien wie in Deutschland und Amerika wurden die armenischen Revolutionäre und vor allem die *Hintschak*-Partei fast einhellig verurteilt. Nicht selten wurde unterstellt, daß die Partei von Rußland finanziert und gesteuert sei, was völlig absurd war.[24] Zweifellos gab es etwas, was die *Hintschak*-Partei vor der *Armenakan*-Partei auszeichnete: Obwohl sie isoliert war und häufig von den Armeniern selbst nicht anerkannt wurde, war sie zur kämpferischen Aktion geschritten, was die Aufmerksamkeit Europas für die armenische Bewegung erweckte.

Die revolutionären Bewegungen in Russisch-Armenien

Auf dem Gebiet der Literatur war das 19. Jahrhundert durch die Romantik gekennzeichnet, die in Rußland den armenischen Patriotismus wiedererweckte. Männer wie Mikael Nalbandian, Kamar-Katib, der große Romancier Raffi – der in seinen Werken die großartige Vergangenheit Armeniens wiedererstehen ließ und in seinen beiden Romanen *Dschalaleddin* und *Khente* die Leiden des armenischen Volkes in den Jahren 1877–1878 beschrieb – sowie vor allem Khatschatur Abovian, der erste Schriftsteller, der sich des modernen Armenisch bediente[25], übten auf ihre Zeitgenossen beträchtlichen Einfluß aus.

Nach dem russisch-türkischen Krieg wuchs die armenische Bevölkerung Rußlands, nicht zuletzt durch einen Flüchtlingsstrom aus der Türkei, beträchtlich an. Vor allem die jüngeren unter diesen Russisch-Armeniern nahmen lebhaften Anteil an den Problemen Türkisch-Armeniens. In der Praxis beschränkten sich ihre Aktivitäten freilich auf die Herausgabe von Zeitungen oder Broschüren. Wenn es auch gelegentlich vorkam, daß in diesen Publikationen zu Revolution und Terror aufgerufen wurde, so waren diese Appelle doch rein formaler Natur. Jedenfalls intensivierte die Entwicklung der armenischen Bewegung die Feindseligkeit der Regierung gegenüber der armenischen Bevölkerung.[26] Hunderte von Armeniern wurden schließlich ins Gefängnis geworfen oder unter dem Vorwand unfreundlicher Akte gegen eine »befreundete Macht«[27] aus Transkaukasien ausgewiesen.

Im Winter 1889 wurde in Tiflis der Bund »Jung-Armenien« gegründet, dessen Anführer Christopher Mikaelian war. Ziele dieser Organisation waren die Durchführung von Strafexpeditionen gegen die Kurden in der Türkei, Waffenschmuggel zwischen Persien und der Türkei und die Vorbereitung eines Guerilla-Krieges. Organ dieses Bundes war die Zeitung *Droschak* (Fahne), von der Tifliser Gruppe gegründet, die in Kars, Alexandropol sowie im türkischen Erzurum Unterkomitees einrichtete. Im persischen Täbris entstand eine Waffenmanufaktur. »Jung-Armenien« bestand kein ganzes Jahr, war aber sehr aktiv. Abgesandte, die bereits Kontakte mit der *Armenakan*-Partei und den *Hintschakisten* geknüpft hatten, stellten auch Verbindungen mit armenischen Studenten in St. Petersburg und Moskau her.[28] Die Vorfälle in Erzurum und Kum-Kapu machten die Notwendigkeit gemeinsamen Handelns augenfällig und förderten die Tendenz zu einer revolutionären Einheitsbewegung.

Die *Daschnak*-Partei

Im Sommer 1890 kam es in Rußland auf Initiative von Christopher Mikaelian, Stepan Zorian (oder Rostom) und Simon Zavarian zur Gründung der »Armenischen Revolutionären Föderation«, meist nur *Daschnakzuthiun* (Föderation) genannt.[29] Dieser Organisation gehörten (meist aus St. Petersburg stammende, mit der *Armenakan*-Partei sympathisierende) nicht-sozialistische Revolutionäre und (in der Hauptsache aus Moskau stammende) sozialistische Revolutionäre an.[30] Khan-Azat, einer der Führer der *Hintschak*-Partei, und ein Abgesandter der Hintschakisten-Zentrale in Genf nahmen an ihren Diskussionen teil. In einem Manifest[31] erklärte sich die *Daschnak*-Partei für einen Volkskrieg gegen die türkische Regierung, wobei ihr völlig klar sein mußte, daß sie ohne politische und finanzielle Unterstützung von außen derartige Pläne niemals realisieren konnte. Auf Grund dieser Sachlage versuchte die Partei auch, Sarkis Gugunian, einen vormaligen St. Petersburger Studenten, von einem Handstreich in Türkisch-Armenien abzuhalten. Dennoch brach Gugunian im September 1890 an der Spitze von achtzig Aufrührern, darunter dreiundzwanzig Reitern, auf. Dieses »Expeditionskorps« hatte als eine Art Wappensymbol die Buchstaben M. H., die auf armenisch für »Mutter Armenien« oder »Union der Patrioten« stehen können. Die gleichen Initialen trug ihre Fahne, die auf einer Seite die von fünf Sternen umrahmte Zahl 61 zeigte – Sinnbild für die fünf Provinzen und den Artikel 61 – und auf der anderen die Devise »Rache, Rache« sowie ein Skelett. Unter begeisterten Akklamationen der Russisch-Armenier aufgebrochen, langte die Gruppe erschöpft und ausgehungert jenseits der Grenze an. Vor türkischen Soldaten und Kurden-Stämmen mußte sie alsbald den Rückzug nach Rußland antreten, wo umgehend dreiundvierzig Mitglieder der Expedition von Kosaken verhaftet wurden. Ihr Prozeß fand erst im Mai 1892 in Kars statt.

Unter dem Vorwand, die Initialen M. H. bedeuteten auf armenisch »Vereinigtes Armenien«, wurden die Männer der Verschwörung gegen die Regierung des Zaren angeklagt. Siebenundzwanzig von ihnen wurden zur Deportation verurteilt.[32]

Oppositionelle Bewegungen innerhalb der »Revolutionären Föderation« ließen nicht lange auf sich warten. Gestützt auf eine 1890 in Tiflis unterzeichnete Vereinbarung vertraten maßgebende Mitglieder die Meinung, daß die *Hintschak*-Partei in der neuen Partei hätte aufgehen müssen und nicht mehr als eigenständige Organisation hätte weiterbestehen dürfen. Die *Hintschakisten* erhoben darauf den Vorwurf der Diskriminierung und behaupteten, die nicht-sozialistische Gruppe kontrolliere die »Revolutionäre Föderation«. Im Juni 1891 erklärte das Genfer Komitee die Fusion der beiden Parteien für nichtig. Anfang 1892 war die »Föderation« durch ihre inneren Konflikte praktisch lahmgelegt. Um eine Änderung herbeizuführen, berief eine im persischen Täbris operierende *Daschnak*-Gruppe für den Sommer 1892 den ersten allgemeinen Kongreß der armenischen Revolutionäre ein. Dieser Kongreß fand in Tiflis statt und verabschiedete das »Programm der Armenischen Revolutionären Föderation«, das als Charta der Partei bezeichnet werden kann.[33] Dieses Programm trug deutlich sozialistischere Züge als das der *Hintschak*-Partei: Über die Beschreibung nationaler Ziele hinaus verkündete es den Klassenkampf und prangerte die Ausbeutung durch die osmanische Regierung nicht nur der Armenier, sondern auch der Araber, der Türken, der Kurden und der Yezidis an.[34] Wenn sie auch revolutionäre Methoden befürworteten, die sich von denen der Armenakaner und der Hintschakisten nur wenig unterschieden, wollten sich die *Daschnakisten* doch auf Türkisch-Armenien als Operationsfeld beschränken und erwiesen sich damit auch als realistischer als die *Hintschakisten*. Was sie für dieses Gebiet verlangten, war nicht die Autonomie – geschweige denn die völlige Unabhängigkeit –, sondern die Durchführung eines Reformwerkes, das etwa den Vorschlägen der armenischen Delegation auf dem Berliner Kongreß entsprach. Dadurch, daß sie zu weit tieferer und objektiverer politischer Analyse als die *Hintschak*-Partei fand, erwies sich der *Daschnakzuthiun* als revolutionäre Partei. Indem er streng zwischen dem türkischen Volk und der osmanischen Regierung unterschied, bereitete er den Boden für den gemeinsamen Kampf mit der zukünftigen Jungtürken-Partei. Da er sich in seinen präzise abgegrenzten Forderungen darauf beschränkte, nur wirklich Erreichbares zu verlangen, durfte er darauf hoffen, bei den Türkisch-Armeniern nach und nach feste Wurzeln schlagen zu können. Die *Daschnakisten* verzichteten nicht auf die Anwendung von Gewalt, wollten aber den Kampf nicht unvorbereitet aufnehmen und nur zuschlagen, wenn gute Erfolgsaussichten bestanden.

1892 wurde die Partei in den drei Teilen Armeniens reorganisiert. Persien wurde zum Zentrum der revolutionären Aktivitäten. In Täbris trieb Tigran Stepanian die Waffenherstellung voran. Aus Transkaukasien antransportierte Teile wurden hier zusammenmontiert. Die fertigen Waffen verbrachte man in das an der türkisch-persischen Grenze gelegene Kloster Derik.[35] Von dort aus drangen die revolutionären *Daschnakisten* in die Türkei ein, um dort für ihre Ziele Propaganda zu machen und eine Untergrundbewegung zu organisieren. Getreu den Prinzipien des Klassenkampfes bemühten sie sich, auch unter den Kurden Mitkämpfer zu rekrutieren. Ihre einzige terroristische Aktion vor 1896 scheint die Ermordung Katschatur Keressians, des früheren Führers der »Vaterlandsverteidiger« gewesen zu sein. Dieser Mord wurde später vom Zentralkomitee als »bedauerlicher Vorfall« bezeichnet.

Die These der armenischen Verantwortung

1923 erklärte Ismet Pascha, besser bekannt unter dem Namen Ismet Inönü, auf der Konferenz von Lausanne in bezug auf die »unglückselige Armenier-Frage«: »Daß die russische Protektion durch eine Kollektivprotektion ersetzt worden war (er spielte damit auf die Zypern-Konvention im Berliner Vertrag an), hinderte die Armenier keineswegs daran, immer neue Zwischenfälle heraufzubeschwören, um eine Intervention der Großmächte herbeizuführen. Das ist es, was die armenische revolutionäre Bewegung seit dem Vertrag von Berlin kennzeichnet.« Im Hinblick auf die Geheimbünde, besonders die *Hintschak*-Partei, fügte er hinzu: »Überall wurden Muslims hingemeuchelt mit dem einzigen Ziel, ein Massaker an den Armeniern zu provozieren. Aus den europäischen Hauptstädten, wo die Agitatoren ihre kriminellen Pläne aussheckten, kamen keinerlei Zeichen der Mißbilligung... Die Verantwortung an all den Mißhelligkeiten, denen die Armenier in der Zeit des Osmanischen Reiches ausgesetzt waren, fällt so auf sie selbst zurück. Die Regierung der Türkei bewies wie das türkische Volk größte Geduld und schritt mit Mitteln der Gewalt nur dann ein, wenn die Aufrechterhaltung der Ordnung auf andere Weise nicht mehr möglich war.«[36]

In dieser notwendigerweise parteiischen Stellungnahme wirft Inönü vorsätzlich das ganze armenische Volk mit einer Handvoll Revolutionären in einen Topf. Seine These stützt er auf ein Memorandum des Konsuls Graves[37] aus dem Jahre 1893, in dem zu lesen steht, daß vor den Ereignissen von 1894 die Armenier in drei Gruppen zerfielen: Die turkophilen

Konservativen (Beamte, Notabeln, Mitglieder des hohen Klerus und zahlreiche katholische Armenier); die Liberalen (Händler, Freiberufler und ein großer Teil des Klerus), die gegen jede Gewaltanwendung waren; und »eine kleine, doch sehr aktive revolutionäre Partei, die aber im Inneren des türkischen Reiches nur schwach repräsentiert ist«. Sir Philipp Currie[38] brachte in einem etwas später abgefaßten Bericht ebenfalls zum Ausdruck, daß die Masse der Armenier nichts mit der revolutionären Bewegung zu tun habe. Allerdings steigerte seiner Meinung nach die Haltung der türkischen Regierung »die Unzufriedenheit der Armenier bis zur Verzweiflung«. Über die Absichten der Revolutionäre waren sich Graves und Currie einig: Sie wollten die internationale Öffentlichkeit auf das bittere Los der Armenier aufmerksam machen, indem sie Zwischenfälle herbeiführten, die ihrerseits Repressalien provozierten. Graves fügte hinzu, daß sie dabei »von den türkischen Behörden selbst auf das geschickteste unterstützt« worden seien.

Das bedeutet, daß die osmanische Regierung auch in diesem Bereich eine Ausbeuterrolle spielte: Sie benützte die revolutionäre Bewegung, um ihre eigenen Ziele besser erreichen zu können. Das subtilste Element dieses Planes bestand darin, daß die Armenier durch das Übermaß der Unterdrückung zum Aufruhr getrieben werden sollten. Angesichts des Kräfteverhältnisses war das Risiko dabei gleich Null. Die Repression würde bis zur Ausrottung gehen. Es sei daran erinnert, daß dieser Plan nicht neu war: Er ging auf 1876 zurück. Ohne Übertreibung könnte man sogar sagen, daß er durch Jahrhunderte der Ungerechtigkeit hindurch vorbereitet worden war. Die Ausnutzung des Fanatismus der Muslims hatte bereits gute Resultate gezeitigt; nun fielen einige Armenier in die Falle des Sultans, indem sie auf die diffuse tägliche Gewalt, die ihnen widerfuhr, mit Taten antworteten. Vor der Welt durch die Verpflichtung legitimiert, die Ordnung aufrechtzuerhalten, konnte die Regierung nun ohne Schwierigkeiten diese Revolte zum Vorwand nehmen, ein ganzes Volk zu vernichten.

7. Sason

Von August bis Oktober 1894 informierten die französischen und englischen Vizekonsuln in Erzurum und Diyarbakir ihre Botschafter in Konstantinopel, daß es im *vilayet* Bitlis in der Nähe von Muş zu Unruhen gekommen sei. Wie es schien, hatten sich die Armenier auf Initiative eines gewissen Murad[1] geweigert, der Regierung und den Kurden Steuern bzw. Tribute zu zahlen. Aus der Hauptstadt entsandte Truppen – etwa fünfzehntausend Mann – hätten sich mit den *hamidiyes* und den kurdischen Banden vereint, um gemeinsam die in die Berge bei Sason geflüchteten Armenier einzukreisen. Nach mehr als einmonatigem Widerstand seien die Armenier schließlich gnadenlos niedergemetzelt worden. Man sprach von sieben- bis achttausend Toten; Sason war nur noch ein Trümmerhaufen.[2]

Der in Van residierende englische Vizekonsul wollte sich an Ort und Stelle informieren. Unter dem Vorwand einer Epidemiegefahr legte man ihm so viele Hindernisse in den Weg, daß er schließlich wieder umkehren mußte. Die Großmächte zeigten sich befremdet und waren sich ausnahmsweise darüber einig, daß die Vorfälle aufgeklärt werden müßten. Der Sultan sah sich gezwungen, eine Untersuchungskommission einzusetzen. Laut dem *Tarik* – dem offiziösen Organ der türkischen Regierung – sollte diese Kommission über »kriminelle Akte armenischer Räuberbanden« berichten, »die Dörfer plündern und verwüsteten«.[3] Eine derartige Formulierung gab Anlaß zu Zweifeln an der Ernsthaftigkeit dieser Kommission. Der englische Botschafter bat seine beiden Kollegen aus Frankreich und Rußland zu sich – nur diese drei Mächte waren in Erzurum vertreten – und alle drei verlangten vom Sultan, daß ihre Konsuln an der Untersuchung teilnehmen durften. Die Kommission wurde am 26. Dezember gebildet. Sie setzte sich zusammen aus zwei Richtern (darunter Şefik Bey, Präsident am Kassationsgericht und Vorsitzender der Kommission), dem General Tewfik Pascha (Ordonanz des Sultans), einem Sekretär des Innenministers, Mecib Effendi, und dem Direktor der Sparkasse, Ömer Bey. Drei europäische Delegierte begleiteten sie: Vilber, Shipley und Prjevalski. Am 24. Januar 1895 trat die Kommission erstmals in Muş zusammen. Unterstützt von den Botschaftern, verlangten und erhielten die europäischen Delegierten vom Sultan die Suspendierung des *vali* von Bitlis für die Dauer der Untersuchung. Er wurde am 29. Januar durch

Ömer Bey ersetzt, der die Kommission verließ, um für die Zwischenzeit die Funktionen des *vali* wahrzunehmen.

Vom 24. Januar bis zum 16. Juli 1895 hielt die Kommission 106 Sitzungen ab, in denen sie 190 Zeugen hörte: 104 Armenier, darunter sechs Priester, 61 Kurden und 25 Türken. Während dieser fünf Monate bereiteten die türkischen Mitglieder der Kommission und die Behörden den europäischen Delegierten zunehmend Schwierigkeiten. Bald wurde auch deutlich, daß die Regierung die armenischen Zeugen durch Drohungen, Erpressung oder Bestechung zu kontrollieren verstand. Darüber hinaus ließ der Präsident die Türken und Kurden weit ausgiebiger zu Wort kommen als die Armenier. Geolmetscht wurde häufig mehr phantasievoll als präzise. Die europäischen Delegierten selbst waren vor Drohungen und Schikanen nicht sicher; der Franzose Vilbert bekam das besonders deutlich zu spüren.[4]

Auf den Rat ihrer jeweiligen Botschafter vernahmen die europäischen Delegierten persönlich sechs armenische Zeugen. Im zweiten britischen *Blaubuch* von 1895, das die Protokolle der 106 Sitzungen der Kommission enthält, stehen sich zwei Thesen gegenüber:

– Die von den Kurden gestützte Regierungsthese, nach der armenische Räuberbanden seit Monaten die Berge von Sason heimgesucht und sich derartiger Grausamkeiten an den Kurden schuldig gemacht hätten, daß sich die Regierung genötigt gesehen habe, Truppen zu entsenden, um die Ordnung wiederherzustellen. Die Armenier hätten nun ihre eigenen Dörfer in Brand gesteckt und seien dann in die Berge geflüchtet.

– Die armenische These, derzufolge nach unbedeutenden Vorfällen Kurden armenische Dörfer angegriffen hätten. Regierungstruppen seien zu ihnen gestoßen und hätten sechsundzwanzig Dörfer geplündert, in Brand gesteckt und verwüstet. Tausende von Armeniern seien dort, wo sie Zuflucht suchten, umgebracht worden.

Bei aufmerksamer Analyse der einander völlig entgegengesetzten Darstellungen der beiden Parteien ergibt sich eine gewisse Einheitlichkeit der armenischen Version, die in den von Vernehmung zu Vernehmung wechselnden und einander zum Teil widersprechenden kurdischen Aussagen nicht besteht. *A posteriori* läßt sich feststellen, daß die Methoden, der sich Kurden und Türken hier bedienten, die gleichen waren wie die, welche 1895–1896 angewandt wurden.

Am 28. Juli 1895 faßten die drei europäischen Delegierten einen gemeinsamen Bericht ab. Als Paul Cambon, der französische Botschafter in Konstantinopel, das Schriftstück an seinen Minister sandte, fügte er folgende Bemerkung bei: »Der Bericht ist sehr moderat formuliert. Die drei Delegierten haben sich um strikteste Unparteilichkeit bemüht, indem sie nur unzweifelhaft bewiesene Fakten berücksichtigten und alles andere... außer acht ließen... Ihre kritische Wertung führt zu einer unumwundenen Verurteilung des türkischen Vorgehens.«[5]

Waren sich die drei Delegierten hinsichtlich der türkischen Verantwortung einig, so waren sie es in bezug auf die Zahl der armenischen Opfer nicht immer (die Schätzungen variierten zwischen neunhundert und viertausend). Einhellig hingegen ist ihre Meinung über die Rücksichtslosigkeit des türkischen Vorgehens. »Wir sind zu der Überzeugung gelangt, daß Armenier ohne Ansehen ihres Alters oder Geschlechtes ermordet wurden und daß sie in der Zeit vom 12. August bis zum 4. September wie wilde Tiere verfolgt und getötet wurden, wo immer sie sich befanden. Daß die Zahl der Getöteten nicht größer war, ist dem Umstand zuzuschreiben, daß es vielen gelang, sich in die Berge zu flüchten. Ich kann nicht umhin, festzustellen, daß das Ziel der türkischen Behörden nicht so sehr die Festnahme Murads oder die Niederschlagung einer Pseudo-Revolte war als die Ausrottung der Armenier in den Distrikten Göligüzan und Talori.«[6]

Sason war so etwas wie eine Generalprobe für die Massakerpolitik des Sultans. Wenn sich die Großmächte so sehr um eine Aufklärung dieser Vorfälle bemühten, dann vielleicht, weil sie etwas Derartiges ahnten. In der Folge hatten ihre Botschaften nie mehr die Möglichkeit, so viele Zeugen im Rahmen einer rechtsstaatlichen Maßstäben entsprechenden Vernehmung zu hören.

Der gemeinsame Bericht der drei Delegierten wurde erst im Juli 1895 abgeschickt. Indessen wurden die Botschafter Frankreichs, Englands und Rußlands regelmäßig über den Verlauf der Untersuchung unterrichtet und verschafften sich darüber hinaus so viele Informationen, daß sie das diplomatische »Ping-Pong-Spiel« weiterführen konnten. Am 11. Mai 1895[7] übergab der englische Botschafter Sir Philipp Currie der Hohen Pforte ein Memorandum, das seine französischen bzw. russischen Kollegen Cambon und Nelidow unterstützten. Das Schriftstück enthielt Forderungen, die sich mit den Forderungen der armenischen Delegation beim Berliner Kongreß weitgehend deckten, auf die damals jedoch nicht eingegangen worden war. Fast zwanzig Jahre hatten die drei Großmächte gebraucht, um einzusehen, daß nur diese Reformen das Überleben des armenischen Volkes sichern konnten. Fürst Lobanow, der russische Außenminister, machte allerdings keinen Hehl daraus, daß er ein »Armenien ohne Armenier« wünschte. Trotz der Vorstellungen Nelidows weigerte er sich, irgendeinen Druck auf den Sultan auszuüben, und ermutigte ihn dadurch, weiter auf Zeitgewinn zu spielen. In der Tat setzte Abdul-Hamid am 3. Juni den Vorschlägen der drei Botschafter eigene Vorschläge[8] entgegen, die Cambon »eine ganz kategorische, nicht einmal der Form nach verhüllte Ablehnung«[9] nannte.

Während sich die Botschafter mit ihren Regierungen berieten, welche Politik nunmehr zu verfolgen sei, vergingen Monate. In England hatte der Bericht über die Vorfälle von Sason Unruhe erregt. Auf einer Versammlung in Chester erklärte Gladstone, daß Großbritannien, Rußland und Frankreich sich vor aller Welt mit Schande bedecken würden, wenn diese Länder, die den Armeniern gegenüber feierliche Verpflichtungen eingegangen seien und fünfzigmal einflußreicher und mächtiger seien als die Türkei, dem Sultan gegenüber zurücksteckten.[10]

Die Nachrichten aus Armenien wurden immer alarmierender. »In Amasya, Tokat und Yozgad kommt es jede Woche zu Zusammenstößen. Im August 1895 brennt der Bazar von Amasya... In Kayseri führt die Ankündigung von Reformen am Sultansfest zu Straßenschlachten. In Harput rottet sich das Volk um zwei *Hintschakisten* zusammen und zieht unter Absingung patriotischer Lieder durch die Straßen. In Trapezunt sprechen die Armenier offen von der bevorstehenden Revolution... und verkünden, sie seien bereit zum Martyrium.«[11] In Diyarbakir läßt der französische Konsul verlauten, »daß die Kurden die Erlaubnis haben, die Christen zu vernichten«. Überall sehen sich Armenier Verfolgungen und Schikanen ausgesetzt; ihre Häuser werden durchsucht und alles, was nach Waffen aussieht, bis hin zum Messer beschlagnahmt. Sie werden verhaftet, eingekerkert und durch Folter gezwungen zuzugeben, welcher revolutionären Gruppe sie angehören und wo ihre Waffen verborgen sind.

Die Hohe Pforte war zu der Überzeugung gelangt, daß die Großmächte nicht mehr bereit seien, sich mit bloßen Versprechungen abspeisen zu lassen. Theoretisch war es den Türken somit lediglich gelungen, Zeit zu gewinnen: Dem Sultan blieb letzten Endes nichts anderes übrig, als Reformen zu akzeptieren. Die Diplomaten machten sich keine Illusionen: »Man weiß nur zu gut, was das Wort ›Reform‹ in der Türkei bedeutet.« (Cambon) In Wahrheit allerdings wußten sie es nicht. Der Sultan hatte eine andere Lösung gefunden: Er sah den Moment gekommen, sich der Durchführung der Reformen zu entziehen und das auszuführen, was er seit langem geplant hatte: Die Vernichtung der Armenier.

8. Die Massaker von 1895

Im September 1895 beschlossen die Mitglieder des *Hintschakisten*-Komitees von Konstantinopel, die 1894 in Attentate gegen den Patriarchen Achekian und einen armenischen Prominenten verwickelt gewesen waren, eine Demonstration zu veranstalten. Dem Patriarchen Izmirlian sicherten sie zu, daß sie friedlich verlaufen würde.[1] Am 28. September erhielten die Botschaften der Großmächte und die türkische Regierung vom *Hintschakisten*-Komitee einen französisch abgefaßten Brief:

»Die in Konstantinopel ansässigen Armenier haben beschlossen, in nächster Zeit eine friedliche Demonstration durchzuführen, um ihren Forderungen nach Reformen in den armenischen Provinzen Nachdruck zu verleihen. Da diese Demonstration ohne jeden aggressiven Charakter ist, könnte ein Einschreiten der Polizei oder Armee bedauerliche Konsequenzen haben, für die wir schon jetzt jede Verantwortung ablehnen.«[2]

Als Datum für die Demonstration wurde der 30. September festgesetzt, als Ausgangspunkt die Kathedrale von Kum-Kapu. Während sich Mgr. Izmirlian nach der Messe ins Patriarchat zurückzog, marschierte der Zug zur Hohen Pforte, um dem Großwesir ein Memorandum zu überreichen, das die Massaker an den Armeniern, Mißhandlungen von Häftlingen, kurdische Übergriffe sowie die Korruption der Steuereinnehmer anprangerte und eine Amnestie und Reformen verlangte. Im Verlauf der Demonstration teilte sich der Zug in zwei oder drei Gruppen. Einer davon – sie umfaßte etwa zweitausend Personen – wurde durch ein Gendarmerie-Kommando unter Major Servet Bey, dem Ordonanzoffizier des Polizeiministers, der Weg versperrt. Ein armenischer Student fragte ihn, mit welchem Recht er den Demonstrationszug aufhalte. Statt einer Antwort beleidigte ihn der Offizier und versetzte ihm einen Schlag mit seinem Säbel. Der Student zog seinen Revolver und schoß ihn nieder. Die Reaktion ließ nicht auf sich warten: Soldaten und Gendarmen stürzten sich auf die Demonstranten und entwaffneten die meisten von ihnen. Bei dem Zusammenstoß wurden etwa zwanzig Personen getötet und ungefähr hundert verletzt. Der Nachrichtenagentur Reuter zufolge wurden die verhafteten Armenier mißhandelt und schließlich mit der Garrotte hingerichtet. Fünf von ihnen wurden im Hof des Polizeiministeriums getötet.

In einem anderen Viertel bewaffneten sich *softas* und Kurden mit Knüppeln und Keulen und machten unter stillschweigender Duldung der

Behörden Jagd auf Armenier. Den ganzen Tag wurden Armenier verfolgt, beraubt, getötet.[3] Die Polizei verhaftete grundlos Hunderte von Personen, die später in vielen Fällen mißhandelt wurden. Mehrere der Verhafteten wurden nach Schnellverfahren hingerichtet.[4] Am folgenden Tag, dem 1. Oktober, wurden fünfzig Armenier mit Stockschlägen traktiert und mehrere Lastträger *(hamals)* schrecklich zugerichtet. In Kassim-Pascha wurden unter den Augen der Polizei mehrere Dutzend Armenier ermordet. Anderswo wurden fünfzig Arbeiter überfallen und getötet und ihre Leichen ins Meer geworfen.[5]

Am 3. Oktober wird der Großwesir Said Pascha durch Kiamil Pascha ersetzt. Die französische Nachrichtenagentur Havas vermutet, daß der Grund für den Sturz Said Paschas seine Weigerung sei, das Original eines Dokumentes herauszugeben, aus dem die Verantwortung der Hohen Pforte für die Vorfälle anläßlich der *Hintschakisten*-Demonstration hervorgehe. In der Stadt geht das Morden weiter. Seit dem 30. September strömen Zuflucht suchende Armenier in die Kirchen der Stadt und weigern sich, sie wieder zu verlassen.[6] Vergebens läßt ihnen der Sultan am 5. Oktober durch Emissäre ihre Sicherheit garantieren. Am 6. Oktober werden die Kirchen von Polizei und Militär umstellt; es dürfen keine Lebensmittel mehr hineingebracht werden.[7] Am selben Tage protestieren die Botschafter der sechs Großmächte bei der Hohen Pforte; sie verlangen eine Untersuchung und fordern die Freilassung ohne hinreichenden Grund verhafteter Armenier sowie Garantien für die in die Kirche Geflüchteten. Darüber hinaus bieten sie ihre Hilfe bei der Bereinigung der Situation an. Der Sultan akzeptiert dankbar: Er stellt ihnen Militär- und Polizeieinheiten zur Verfügung und übergibt ihnen für die Flüchtlinge bestimmte Passierscheine, die ihnen freies Geleit ermöglichen sollen. Am 11. und 12. Oktober verlassen 550 Flüchtlinge, darunter 136 Bewaffnete Kum-Kapu und 1350 Pera. Die übrigen Kirchen werden an den folgenden Tagen geräumt. Dank dieser internationalen Fürsprache stößt keinem Armenier etwas zu.[8] Der Patriarch Izmirlian spricht den Botschaftern seinen Dank aus und bittet sie gleichzeitig, es nicht dabei bewenden zu lassen und zu »verhindern, daß die traurigen Vorfälle, die sich eben unter Ihren Augen abspielten, zu einer Gegenreaktion führen, die in den Provinzen schreckliche Folgen haben müßte«.[9]

Vom 13. bis zum 15. Oktober bitten der französische, der russische und der britische Botschafter die Hohe Pforte dringend um die *definitive* Durchführung der in der Note vom 11. Mai verlangten Reformen. Am 17. Oktober schickt sich Abdul-Hamid in das Unumgängliche und unterzeichnet ein Dekret[10], das am 31. Oktober veröffentlich wird. Sämtliche für die sechs *vilayets* geforderten Reformen werden akzeptiert (allerdings weigert sich der Sultan, sie auch auf die Armenier von Hacin und Zeytun in

Kilikien auszudehnen). Sakir Pascha wird zum Hochkommissar ernannt. Mit Fethi Bey, einem Katholiken des syrischen Ritus, wird ihm ein christlicher Mitarbeiter (*moavin*[11]) beigeordnet.[12]

Es ist zu spät. Abdul-Hamid hat bereits Feuer an die Lunte gelegt, die das Pulver in den armenischen Provinzen entzünden wird. In seiner Verbalnote vom 8. Oktober führt der türkische Außenminister aus: »Gewisse bei armenischen Agitatoren gefundene subversive Schriften lassen darauf schließen, daß in den Provinzen schon seit einiger Zeit der Aufruhr geschürt wurde. Der Beweis dafür ist, daß es dort sowie in einigen *vilayets* bereits unmittelbar nach den Vorfällen in der Hauptstadt zu Revolten kam, die aber unverzüglich niedergeschlagen wurden.[13] Die Massaker an den Armeniern hatten noch kaum begonnen, als sich die Hohe Pforte schon dafür rechtfertigte.

Vilayet Trapezunt[14]

In der alten, einst von Griechen und Lasen bevölkerten Stadt am Schwarzen Meer gibt es eine größere armenische Kolonie. Am 2. Oktober attackieren zwei Unbekannte Bakri Pascha, den ehemaligen *vali* von Van, und Ferik Pascha, den örtlichen Truppenkommandeur, und verletzten sie leicht. Das Attentat wird sofort den Armeniern zur Last gelegt; der *vali* nimmt es zum Vorwand, um ihre Häuser durchsuchen zu lassen, und läßt an die Türken Waffen verteilen. Als bekannt wird, was sich am 30. September in Konstantinopel ereignete, breitet sich Unruhe aus: Am 4. Oktober bewaffnen sich die Türken. Unter dem Vorwand, die beiden Flüchtigen zu suchen, greifen dreitausend Türken (ein Teil von ihnen ist aus der Umgebung hinzugekommen) die Armenierviertel an. Die Armenier schlagen sie zurück, wobei drei Türken getötet und acht verletzt werden. Nach einer Demarche der Konsuln bemüht sich der *vali*, die Wogen wieder zu glätten. Um die Türken zu beruhigen, fordert er am 7. Oktober den Vikar des Patriarchen auf, ihm das Versteck der beiden Flüchtigen zu nennen. Der Vikar und die Mitglieder des Patriarchates erklären wahrheitsgemäß, es nicht zu kennen, und betonen, daß man die 70 000 in Trapezunt ansässigen Armenier nicht für die Handlung der beiden Männer verantwortlich machen könne. Am Abend hört man, an den Türen von Ausländern und ihren *drogmans* (Dolmetschern) sowie an Häusern von Muslims seien verdächtige rote Markierungen angebracht worden. Am Morgen des 8. Oktober ist alles ruhig, doch gegen Mittag ertönt eine Trompete: Das Signal für das Massaker. Bewaffnete Türken, lasische Banditen und Soldaten fallen in die Armenier-Viertel ein und töten alle, die ihnen in die Hände fallen. Sie dringen in Läden ein und plündern sie. Die Händler werden herausgeholt und den Mördern ausgeliefert, Verwundete mit unerhörter Grausamkeit niedergemacht.[15] Am Abend ertönt von neuem das Trompetensignal. Der *vali* schaltet sich ein. Das Massaker hört auf der Stelle auf. Innerhalb weniger Stunden ist die reiche armenische Gemeinde von Trapezunt vernichtet; sechshundert Armenier sind tot. Die Häuser der Griechen und der anderen Ausländer bleiben verschont.

In der Zeit vom 25. Oktober bis zum 15. Dezember werden die Dörfer der Umgebung heimgesucht: Insgesamt werden 34 Dörfer zerstört und 2100 Armenier ermordet. Ein vom *vali* eingesetztes Kriegsgericht, das die Anstifter des Verbrechens vom 8. Oktober ausfindig machen soll, beschränkt sich darauf, den Muslims Ratschläge zu erteilen. Armenier hingegen werden massenhaft arretiert. Acht von ihnen werden zum Tode, vierundzwanzig zu mehrjährigen Gefängnisstrafen verurteilt.

Vilayet Erzurum[16]

Die in 2500 Meter Höhe unweit der Quelle des Euphrat gelegene frühere Hauptstadt Hoch-Armeniens ist eine Zitadelle, die ihren Glanz eingebüßt hat. Von den hundertdreißigtausend Einwohnern des Jahres 1827 sind nur vierzigtausend verblieben, darunter zehntausend Armenier.[17]

Am Mittag des 30. Oktober beginnt das Massaker in Erzurum. Einige Armenier, die sich im Regierungspalast *(konak)* befinden, sind die ersten Opfer: Man will so den Eindruck erwecken, es handle sich um eine Antwort auf ein armenisches Attentat. Den ganzen Tag und die Nacht hindurch werden Armenier erstochen, erschlagen und an Fleischerhaken aufgehängt. Die mit Petroleum übergossenen Leichen verbrennt man auf Holzstößen. Am folgenden Tag bietet der »Friedhof einen grausigen Anblick: Hunderte von blutigen und verstümmelten Leichen sind aufgehäuft. Ungeachtet der Gefahr, unterwegs umgebracht zu werden, ist eine große Anzahl von Armeniern gekommen, um nach Eltern, Kindern und Verwandten zu suchen... Sie beugen sich über die Leichen, ohne sie identifizieren zu können.«[18] Die Zahl der Opfer belief sich auf vierhundert.

In Erzincan haben die Behörden den Armeniern versichert, für sie bestehe keine Gefahr, und sie aufgefordert ihre Häuser zu verlassen und sich zum Markt zu begeben. Am Morgen des 21. Oktober beginnt das Morden. Es dauert sechs Stunden; mehr als tausend Armenier finden den Tod.

Im Hochtal des Çorok überfällt seit dem 13. Oktober eine aus Türken und Kurden bestehende bewaffnete Bande die Dörfer in der Gegend von

Bayburt. Von Zeki Pascha aus Erzincan entsandte reguläre Truppen helfen ihnen dabei. Am 26. Oktober kommt es zum Massaker. Mehr als sechshundertfünfzig Armenier werden in Bayburt getötet. Die gesamte männliche Bevölkerung der umliegenden Dörfer wird niedergemetzelt; einhundertfünfundsiebzig Dörfer werden verwüstet. Später schickt die Regierung Emissäre, deren Aufgabe es ist, die Spuren dieser Verbrechen zu verwischen: Die Kathedrale wird restauriert, die Schulen wieder instandgesetzt (auf Kosten der armenischen Gemeinde!). Aber die Schulen bleiben geschlossen: Es ist nur noch ein Lehrer vorhanden. Die meisten Notabeln werden ins Gefängnis geworfen und dort gefoltert.[19]

Als der französische Konsul in Erzurum aus seinem Urlaub in Frankreich zurückkehrt, findet er eine verwüstete Region vor. Gruppen obdachloser Frauen und Kinder irren auf den Straßen umher. In der Nähe von Narzahan wird er Zeuge, wie etwa hundert Armenier in einem Massengrab verscharrt werden. Die Überlebenden dieses Gebietes werden gezwungen, zum Islam überzutreten.

Am 14. Oktober werden zahlreiche Dörfer in der Umgebung von Kig, am 23. Oktober Dörfer bei Bayazid, am 27. und 28. November die Mehrzahl der Dörfer bei Pasin und Ur geplündert und in Brand gesteckt.

Vilayet Bitlis[20]

Bitlis liegt südöstlich von Sason unweit des Westufers des Van-Sees in den Ausläufern des Taurus. Unter den 30000 Einwohnern der Stadt leben 10000 Armenier.[21]

Am 25. Oktober greifen auf ein Signal hin mit Säbeln, Stöcken und Gewehren bewaffnete Türken auf dem Markt und in den Straßen die Armenier an. Bis zum Abend finden etwa 800 Armenier den Tod. In der Umgebung werden zwei Dörfer zerstört. An den folgenden Tagen übergeben die Behörden nackte, verstümmelte Leichen an die Hinterbliebenen. Hunderte von Armeniern werden festgenommen. Durch Folterungen preßt man ihnen ein Telegramm ab, in dem sie die Verantwortung für das Vorgefallene übernehmen.

Am 19. November werden die Dörfer in der Gegend von Siirt geplündert und niedergebrannt. Priester und Lehrer werden getötet, Frauen entführt und vergewaltigt, die Überlebenden müssen zum Islam übertreten.

Im Dezember fallen bei Muş mehr als hundert Dörfer in Schutt und Asche. Kirchen und Klöster werden in Moscheen umgewandelt, die Überlebenden müssen sich zum Islam bekennen. Als am 30. Dezember eine Untersuchungskommission eintrifft – deren Aufgabe es sein sollte, die Durchführung der Reformen zu überprüfen! –, macht sie den örtlichen Behörden Vorwürfe, weil sie es nicht vermocht haben, die Armenier zu einer Dankadresse an den Sultan zu veranlassen. Anschließend läßt sie in den Dörfern der Ebene Steuern eintreiben und bemüht sich vergebens, den Kurden ihr Beutegut abzunehmen. In Kavars erklärt ein Behördenvertreter: »Die Kurden haben es falsch gemacht; wir hatten ihnen befohlen, die Armenier aus dem Wege zu räumen. Aber sie plünderten, statt zu töten.«

Vilayet Van[22]

In diesem *vilayet,* der sich an der Ostseite des Sees bis zur russischen und persischen Grenze erstreckt, wird die Plünderung von kurdischen Stämmen und *hamidiye*-Regimentern organisiert. Vom 1. bis zum 20. November werden 160 Dörfer ausgeraubt. Am 10. November wird Van von den *hamidiyes* angegriffen. Die Zahl der Opfer ist geringer als in dem benachbarten *vilayet,* da die Kurden vor allem auf Plünderung aus sind. Auch dieses Gebiet wird verwüstet. In einem Brief an den Patriarchen zählt der Katholikos Katschadur von Agtamar[23] Dorf für Dorf die Zahl der Toten und der zerstörten Häuser auf und nennt die Namen der kurdischen oder türkischen Anführer: »Jeden Tag suchen Tausende von Unglücklichen Zuflucht im historischen Kloster von Agtamar, hungernd, abgerissen und völlig verstört von den schrecklichen Szenen, deren Zeuge sie werden mußten.«[24]

Vilayet Harput (Mamuret-ul-Aziz)[25]

Dieser *vilayet* hat zweifellos am meisten unter den Massakern gelitten; die Zahl der Opfer ist hier höher als irgendwo anders. Die Harput-Ebene erstreckt sich im Norden des Taurus in etwa 1200 Meter Höhe zwischen den beiden Euphrat-Läufen. Die in Harput selbst nicht sehr zahlreichen Armenier sind in den umliegenden Dörfern in der Mehrheit.

Am 29. Oktober erregt die Nachricht von der Annahme von Reformen durch den Sultan den Mißmut der muslimischen Bevölkerung von Malatya. Die Armenier bewaffnen sich und verbarrikadieren sich in ihren Häusern. Am 1. November versammeln sich die Kurden in der Moschee. Am 4. November plündern Kurden und Türken den Bazar, stecken ihn in Brand und brennen dann Häuser im Armenier-Viertel nieder. Man spricht von 3000 Toten. Der *mutessarif* wartet bis zum Abend des 5. November, bis er den katholischen Bischof zu sich ruft und ihm eröffnet, daß er nicht eingreifen werde, ehe die Armenier ihre Waffen niedergelegt haben. Am 6. November begibt er sich zur apostolischen Kirche, um die dreitausend Armenier, die sich dorthin geflüchtet haben, aus dem Gotteshaus treiben zu lassen.

In Arapkir haben sich Türken jeden Alters mit Gewehren bewaffnet. Am Nachmittag des 1. November greifen 1600 Soldaten und 10000 Kurden an. Angeblich soll jeder Türke die Order erhalten haben, alle ihm bekannten Armenier zu töten. Das Massaker dauert zehn Tage; 2800 Armenier finden unter schrecklichen Umständen den Tod: In brennende Häuser geworfen, mit dem Kopf nach unten aufgehängt und gehäutet, mit Äxten und Sicheln zerstückelt, mit Petroleum übergossen und lebendig verbrannt, bei lebendigem Leibe begraben, geköpft, zu Dutzenden zusammengetrieben und erschossen. Man schneidet Frauen die Brüste ab und viertelt sie. Die umliegenden Dörfer werden geplündert und niedergebrannt, die Überlebenden zur Annahme des islamischen Glaubens gezwungen, die Kirchen zu Moscheen gemacht.

Im weiter nördlich gelegenen *sancak* Egin wird am 8. November zwei Stunden vor Tagesanbruch das Dorf Gamaragab angegriffen, seine Einwohner zum Teil niedergemacht, zum Teil zum Islam gezwungen. Vierzehn weiteren Dörfern der Umgebung ergeht es nicht anders. Egin selbst wird gegen ein an die Kurden auszuzahlendes Lösegeld von 1500 türkischen Pfund verschont.

Im Gebiet von Harput selbst hat sich seit August der Militärkommandant Regib Pascha bemüht, die kurdischen Hirten untereinander zu versöhnen, und anschließend Gewehre an sie verteilen lassen. Die Garnisonen von Arapkir und Harput werden ausgetauscht, um keiner Freundschaft zwischen Ortsansässigen und Soldaten Raum zu lassen. Ende Oktober beginnen die Massaker mit Angriffen auf die umliegenden Dörfer: Ein großer Teil der Einwohner wird getötet, die Überlebenden werden »bekehrt«, Frauen und Mädchen entführt, vergewaltigt oder zur Heirat mit Türken gezwungen. Augenzeugen berichten von zahllosen gräßlichen Schreckensszenen. Die Stadt Harput wird völlig isoliert. Am 10. November fallen Kurden und Türken mordend und plündernd in die Armenier-Viertel ein. Die amerikanische Mission wird zerstört. Auch Syrer finden den Tod.

Palu, eine Stadt von 12000 Einwohnern östlich von Harput, wird am 11. November attackiert. Die Angreifer dringen in die Häuser ein und metzeln alle männlichen Bewohner nieder. In einzelnen Häusern werden bis zu fünfzehn Leichen gefunden. Einen Priester erwürgt man und schneidet ihn dann in Stücke. Frauen stürzen sich in den Fluß, um den Türken zu entkommen. Von 2400 armenischen Bewohnern der Stadt finden 1680 den Tod.[26]

Ende November liegt im *vilayet* Harput alles in Trümmern. Zehntausende von Armeniern sind getötet worden; die Priester, die sich weigerten, ihrem Glauben abzuschwören, wurden ermordet; die Frauen, denen es nicht gelang, sich in den Euphrat zu stürzen, wurden vergewaltigt oder entführt. Die Überlebenden werden gezwungen, sich zum Islam zu bekehren. Sie werden beschnitten, müssen Muslim-Namen annehmen und bestätigen, daß sie freiwillig zum Islam übergetreten seien. Ehepaare werden getrennt und Muslims zum Gatten gegeben.

Vilayet Diyarbakir[27]

Dieser *vilayet* liegt mitten im kurdischen Gebiet. Die Armenier stellen hier eine Minderheit dar und sind seit jeher Verfolgungen ausgesetzt.[28] Als am 22. Oktober 1895 bekannt wird, der Sultan habe Reformen zugestanden, eilen die Muslims von Diyarbakir zum Markt, um dort Waffen zu kaufen. Am 30. Oktober meldet der französische Konsul Meyrier, daß sich muslimische Notabeln bei einem gewissen Djemil Pascha versammelt hätten, um gegen das Reformvorhaben zu protestieren, und daß der Scheich von Zeylan – der sich bereits in Sason ausgezeichnet hatte – dabei gewesen sei. Meyrier fügt hinzu, die Verschwörer beabsichtigten, die Christen zu töten. Der *vali* Aniz Pascha allerdings gibt dem Konsul sein Wort, daß man die öffentliche Ordnung nicht beeinträchtigen werde. Am Morgen des 1. November dringen Kurden aus der Umgegend in der Stadt ein, plündern und brandschatzen den Markt und töten alle Christen, derer sie habhaft werden. Am folgenden Tag dringen sie in Wohnhäuser ein, rauben und morden. In einigen Vierteln gelingt es den Armeniern, Waffen zu beschaffen und sich zu verteidigen. Eine Anzahl flüchtet in Kirchen, dreitausend in ein Kloster und siebenhundert in das französische Konsulat. Am 3. November richtet Konsul Meyrier ein verzweifeltes Telegramm an Botschafter Paul Cambon, der in der Nacht vom 3. zum 4. November antwortet: »Sie können Ihrem *vali* sagen, daß er mit seinem Kopf für den Ihren haftet. Das habe ich eben dem Großwesir erklärt.« Noch am selben Tag bemüht sich der Großwesir, Cambon zu beruhigen. Bereits am Abend des 4. November verkünden Ausrufer in den Straßen, der *vali* habe verboten, zu schießen; das Tragen von Waffen wird mit strengen Strafen bedroht. In Diyarbakir kehrt wieder Ruhe ein. Meyrier beschließt seinen Bericht mit den Worten: »Ich bin es meinem Gewissen schuldig, unmißverständlich festzustellen: Die Muslims der Stadt haben das Massaker an den Armeniern begonnen, ohne von ihnen provoziert worden zu sein. Der *vali,* der Militärkommandant und der Polizeichef haben den Greueln tatenlos zugesehen und nicht das Geringste unternommen, um ihnen Einhalt zu gebieten. Ich habe mit eigenen Augen gesehen, daß Soldaten und *zaptiehs* (Gendarmen) sich zu den Muslims und Kurden schlugen und auf Christen schossen und daß die Christen sich nur dann ihrer Waffen bedienten, wenn sie keine andere Möglichkeit mehr sahen, ihr Leben zu retten.«

Im Lauf dieser drei Tage wurden 5000 Armenier getötet, außerdem 95 Muslims, von denen sich 70 beim Kampf um die Beute gegenseitig umbrachten. In der ersten November-Hälfte wurden 119 Dörfer des *sancak* geplündert und niedergebrannt; der schützende Arm des Konsuls reichte nicht über die Stadt hinaus.

Um die Ordnung wieder herzustellen, ließ der *vali* die Christen entwaffnen, während die Muslims ihre Waffen behalten durften. Außerdem veranlaßte er die Verhaftung einer großen Zahl von Armeniern, denen man mit Folterungen falsche Geständnisse abpreßte. Das schreckliche Geschehen fand erst am 16. Dezember mit dem Eintreffen Abdullah Paschas, des Vorsitzenden der Untersuchungskommission, ein Ende. Als sich am 31. Dezember bei den Kurden von neuem Unruhe bemerkbar machte, begab sich Abdullah Pascha zum Bazar und bestrafte dort Kurden öffentlich mit der Peitsche. Die Ordnung war wieder hergestellt. Aniz Pascha blieb jedoch *vali* und intrigierte offen gegen Abdullah Pascha.

Vilayet Sivas[29]

In diesem im anatolisch-armenischen Grenzgebiet gelegenen *vilayet* ist der Bevölkerungsanteil der – in der Mehrzahl durchaus wohlhabenden – Armenier besonders hoch. Mit dem Beginn des Monats November fallen kurdische Nomaden in die Region ein und plündern und brandschatzen die Dörfer. Der *vali* mobilisiert tausend Soldaten und hundert *zaptiehs,* erhält jedoch von der Hohen Pforte keine Erlaubnis, wirksame Maßnahmen zu ergreifen. Am Mittag des 12. November kommt es im Zentrum von Sivas zu einer Schießerei. Die Krawalle dauern drei Stunden. Sämtliche armenischen Läden werden geplündert. Am Ende zählt man 1500 Tote; fast allen Opfern hat man mit Beilen, Keulen und Eisenstangen den Schädel eingeschlagen. Verletzte gibt es nur wenige: Pardon wurde nicht gegeben. Am 13. November kehrt wieder Ruhe ein, wenn auch nur für kurze Zeit: Am darauffolgenden Tag kommt es zu neuen Übergriffen. Freilich gibt es nichts mehr zu rauben; die Überlebenden haben »kein Geld mehr, keine Kleider, ja, nicht einmal mehr ein Bett, um darin zu schlafen«.[30] Schließlich erscheint der *vali* im Bazar, und es gelingt ihm, Ruhe herzustellen.

Keines der 150 Dörfer des *vilayet* entgeht den Plünderungen, die Ende Oktober im Norden (bei Şebin-Karahisar) ihren Anfang nehmen. Am 1. November müssen sich dort zweitausend in die Kirche geflüchtete Personen ergeben – alle werden ermordet. Am 12. November belagern zweitausend als Kurden verkleidete Soldaten der Reserve-Armee Gürün; die Stadt muß nach viertägigem Widerstand kapitulieren. Es kommt zu einem Gemetzel: Noch am 28. November liegen 1200 Leichen in den Straßen herum. Am 15. November versuchen Plünderbanden, in die Stadt Tokat einzudringen; der Militärkommandant schlägt sie jedoch zurück und sichert Leib und Leben der Christen. Am 25. und 26. November wird Amasya überfallen: Tausend Tote. Auf dem Yeşilirmak treiben hunderte von Leichen. Am 15. November werden in Merzifon 150 Armenier getötet, Mitte Dezember mehr als 200 in Vezirköprü.

So befinden sich die sechs armenischen *vilayets* im November 1895 in einem Zustand kaum mehr beschreibbarer Anarchie: Überall wird geplündert, gebrandschatzt, getötet. Die ganze Türkei ist in Aufruhr: Armenier werden verfolgt, wo immer sie sich befinden. In Kilikien kommt es indessen zu den vielleicht schrecklichsten Greueln.

Vilayet Aleppo (Kilikien)[31]

Die im mesopotamischen Urfa, dem früheren Edessa, begangenen Verbrechen scheinen an Grausamkeit alle anderen bekannt gewordenen Ausschreitungen übertroffen zu haben.[32] Zum ersten Massaker kommt es am 27. und 28. Oktober: Kurdische *hamidiye*-Regimenter töten neunhundert Armenier. Die Behörden der Stadt versprechen den Armeniern, sie unter der Bedingung zu schützen, daß sie ihre Waffen abliefern, was sie auf Aufforderung des Klerus hin auch tun. Da sie sich weiter in ihren Häusern verschanzen, versichern ihnen die Türken, daß keine Gefahr mehr bestehe, und fordern sie auf, ihre gewohnten Tätigkeiten wieder aufzunehmen. Ende Dezember glauben die Armenier, die Gewitterwolken hätten sich verzogen, und nehmen ihr normales Leben wieder auf. Am Morgen des 28. Dezember kreist ein aus Aleppo angerücktes Reservistenbataillon das Armenier-Viertel ein, das es eigentlich hätte beschützen sollen, und schließt die Zu- und Ausgänge der Stadt. Ein Reservebataillon aus Urfa, dessen Angehörige sich im Straßenlabyrinth der Stadt auskennen, wird in Trupps aufgeteilt, denen jeweils bestimmte Operationsgebiete zugewiesen werden. Gefolgt von bewaffneten Muslims greifen die Reservisten am Mittag das Armenier-Viertel an vier verschiedenen Stellen an. Haustüren werden mit Axthieben eingeschlagen, die Bewohner ermordet. Anschließend wird geplündert. Ein Scheich läßt hundert junge

Armenier vorführen, die sich auf den Rücken legen müssen und unter Rezitierung von Koranversen nach dem Ritus des Hammelopfers bestialisch abgeschlachtet werden. Bei Sonnenuntergang ertönt ein Trompetensignal, und die Truppen ziehen sich zurück. Am folgenden Tag, dem 29. Dezember, ertönt die Trompete am Morgen wieder, und das Massaker beginnt von neuem, bis gegen Mittag keine Opfer mehr zu finden sind. Dennoch gibt es noch Armenier: Am Vorabend hatten sich 3000 Personen in die Kirche geflüchtet.[33] Die Türken greifen die Flüchtlinge an, töten sie einzeln, verfallen aber bald auf eine wirksamere Methode: Sie übergießen hölzerne Einrichtungsgegenstände und Teppiche mit Petroleum und zünden sie an. Rasch erfaßt das Feuer die Empore und das hölzerne Balkenwerk. Nur fünfzig Menschen, die sich auf das Dach geflüchtet haben, überleben. »Nach sehr eingehender Untersuchung habe ich den Eindruck, daß während der zwei Tage des Massakers 8000 Armenier den Tod fanden, von denen 2500 bis 3000 in der Kathedrale erschlagen oder verbrannt wurden. Sollte sich einmal herausstellen, daß eine Zahl von 9000 oder 10000 Toten der Wahrheit näher kommt, würde mich das nicht wundern«, führt der britische Konsul Fitzmaurice im März 1896 in einem Bericht aus.

In Maraşi haben die Muslims und die Christen einen gemeinsamen Friedhof, was ihr gutes Verhältnis beweist und einmalig im Osmanischen Reich ist. Am 23. Oktober, 8. und 18. November kommt es zu Angriffen auf die Armenier; der letzte davon fordert über tausend Opfer. Die amerikanische Mission wird von Soldaten verwüstet. Augenzeugen berichten von Szenen, die von einer derart unerhörten Grausamkeit gewesen seien, daß sie »mit Worten nicht mehr zu beschreiben sind«.[34]

Am 11. November greifen Turkmenen, Kurden und Zirkassier armenische Dörfer bei Alexandrette an. Am 12. November werden ihre Attakken auf Cok-Merzemen, wohin sich sechstausend Armenier geflüchtet haben, abgewehrt. Nun greift das Heer ein und zwingt die Armenier, ihre Waffen abzuliefern; das Versprechen, anschließend auch die Muslims zu entwaffnen, wird nicht eingehalten. Die Zahl der armenischen Opfer wird nicht bekannt, doch werden im umliegenden Gebiet zahlreiche unbestattete Leichen gefunden. Am 15. und 17. November überfallen kurdische *hamidiyes* Antep (1000 Tote). Am 1. Januar zählt man in Birecik 50 Opfer. Auch in Aleppo ist die Stimmung explosiv: Die Truppen warten auf den Befehl zum Angriff. Aber der *vali* Hassan Pascha hält die Ordnung aufrecht.

Im *vilayet* Aleppo werden ganze Dörfer dem Erdboden gleichgemacht. Die obdachlosen Überlebenden sind Hunger und Elend ausgeliefert.

Als unter den in Nersin und Adana ansässigen Armeniern die Nachricht von den Vorfällen in Konstantinopel bekannt wird, kommt es zu einer Panik. Der *defterdar* (Verwalter des *vilayet*) schürt durch ungerechtfertigte Maßnahmen die Erregung. Türken und Zirkassier greifen Christen an und überfallen Reisende, denen sie Lösegeld abnehmen. In Dörfern werden Bauernhäuser niedergebrannt und das geraubte Vieh öffentlich in Mersin verkauft (Ende Oktober). Der *vali,* der sich gerade auf einer Rundreise durch den *vilayet* befindet, nimmt die Vorfälle nicht zur Kenntnis.

In Missis dringen türkische Zivilisten und Militär in die armenische Kirche ein, schänden Kultobjekte, reißen dem Priester die Kopfbedeckung herunter und beschmutzen sie. Als der Priester Klage erhebt, wird er in Adana eingekerkert. Ende November bedrohen Kurden das Lazaristenkloster in Achbes und das Kloster der Trappisten in Şeykle mit Plünderung. Von Oktober bis Dezember verbreiten bewaffnete Zirkassier in den *sancaks* Yozgat und Hacıköy Angst und Schrecken.

Zuweilen ergreifen die Behörden auch wirksame Maßnahmen zum Schutz der Armenier: Am 13. Dezember begibt sich der *mutessarif* von Mersin, Nazim Bey, mit einem Sonderzug von Mersin nach Tarsus und zerstreut, unterstützt vom *kaimakam* und vom *mufti*[36], die Menschenmenge, die sich zu Armenier-Pogromen zusammengerottet hatte. In Hacin, wo der *kaimakam* bereits im Begriffe war, das Signal zum Massaker zu geben, hindern ihn am 26. Oktober der *mufti* und der *kadi* daran. In Kayseri, wo die Ausschreitungen mehr als tausend Todesopfer forderten, wurden Armenier von Muslims gerettet. Ein hoher Offizier erklärt, er hätte dem Morden Einhalt gebieten können, wenn seine vorgesetzten Instanzen ihn nicht daran gehindert hätten. In der Stadt Angora, in der die Lage seit dem 20. September sehr gespannt ist, kommt es dank des Eingreifens des *vali* Tewfik Pascha nicht zu Übergriffen.

Diese kurze Aufzählung der Massaker kann weder vom zügellosen Wüten einer fanatisierten, zu Raub und Mord verhetzten Bevölkerung noch von Leid und Not einer ohnmächtigen, gejagten und geschundenen Minderheit auch nur einen blassen Eindruck vermitteln.

Ein Völkermord

Wurden die Massaker von 1895 vom Sultan Abdul-Hamid oder zumindest von seiner Regierung vorbereitet, organisiert und koordiniert? Daran kann kein Zweifel bestehen. Ob die Mordbefehle auf Initiativen des

Sultans selbst zurückzuführen sind, ober ob seine Ratgeber den Anstoß dazu gaben, hat wenig zu besagen: In einer absoluten Monarchie trägt der Machthaber die volle Verantwortung für die Handlungen seiner Regierung, und »die Stimme seines eigenen Volkes bezeichnet den Sultan als Urheber der tausendfachen Morde, Plünderungen und gewaltsamen›Bekehrungen‹«.[37]

1895 waren es nirgends die Armenier, die Anlaß zu Gewaltakten gegeben hätten; niemals leisteten sie der Obrigkeit offenen Widerstand; ihre politischen Parteien waren noch kaum entwickelt. Trotz des Joches, das auf ihnen lastete, verlangten sie in ihrer Mehrheit nicht mehr als die Durchführung der Reformen, die man ihnen seit wenigstens 18 Jahren versprach. Repression war somit nicht gerechtfertigt. Nichts anderes als der Vorsatz, ein Volk zu vernichten, liegt den beschriebenen Ereignissen zugrunde, und deshalb muß man von Völkermord sprechen. Nichts wird dem Zufall überlassen; die Tatsachen widerlegen die These von der Zufälligkeit des Geschehens. »Die Massaker erfolgten nach einem Programm, in dem Ort, Zeitpunkt, Nationalität der Opfer und sogar die Art und Weise, in der geplündert und gemordet werden sollte, vorgesehen war.«[38] Wäre es anders gewesen, dann gäbe es nicht jene chronologischen und topographischen Übereinstimmungen und jene Identität der Techniken, »die die Anwendung eines vorher festgelegten Systems deutlich machen«.[39]

1. *Orte:* Mit einigen Ausnahmen erfolgten die Massaker dort, wo die Großmächte Reformen zugunsten der armenischen Bevölkerung verlangt hatten: Erzurum, Van, Bitlis, Harput, Sivas, Diyarbakir.

2. *Zeitpunkte:* Die Massaker an den Armeniern waren von langer Hand vorgeplant. Der Sultan wartete nur auf eine günstige Gelegenheit. Der zunehmende Druck, den Frankreich, England und Rußland auf ihn ausübten, war der Sprengstoff, die Vorfälle in Trapezunt der zündende Funke. Die Gleichzeitigkeit der Übergriffe läßt jedenfalls keinen Zweifel zu: Sie kann nicht zufällig sein.

3. *Nationalität der Opfer:* Der Ausbruch eines religiösen muslimischen Fanatismus hätte sämtliche Christen getroffen. Indessen gab es strikte Order, nur gegen die Armenier loszuschlagen. Wo es Griechen in größerer Anzahl gab, wurden sie geschützt. Bis auf eine Ausnahme – die eine direkte Intervention der Großmächte auslöste[40] – wurde kein einziger Europäer betroffen. Als Konsul Meyrier in Diyarbakir Schutz durch seinen Botschafter forderte, brach das Massaker innerhalb einer Stunde ab. Wenn einige Griechen, Syrier, Jakobiten oder Chaldäer den Morden zum Opfer fielen, waren das »bedauerliche Fehlhandlungen«.

4. Auch die überall *bis ins Detail identische Art des Vorgehens* beweist die Existenz eines Plans.

Vor den Massakern: Die nach den Ereignissen von Konstantinopel und dem Bekanntwerden der Reformvorhaben in muslimischen Kreisen entstandene Aufregung wurde geschickt geschürt: Gerüchte über einen drohenden armenischen Angriff wurden verbreitet, der kleinste Zwischenfall propagandistisch ausgeschlachtet. Die muslimische Bevölkerung wurde bewaffnet, die Moscheen mit Aufrufen bepflastert. Auf dem noch erhaltenen Plakat aus Arapkir erklären die Behörden: »Alle Kinder Mohammeds haben ihre Pflicht zu erfüllen und müssen sämtliche Armenier töten, ihre Habe an sich nehmen und ihre Häuser niederbrennen. Niemand darf verschont werden – das ist der Befehl des Sultans. Wer diesem Manifest nicht Folge leistet, wird als Armenier betrachtet und getötet. Jeder Muslim wird also seinen Gehorsam gegenüber den Anordnungen der Regierung unter Beweis stellen, indem er zuerst diejenigen Armenier tötet, mit denen er befreundet war.«[41] Die *muezzins*[42] riefen zum Mord auf. Als Kurden und Bewohner der umliegenden Dörfer in der Stadt erschienen, stattete man sie mit Waffen aus dem Militärarsenal aus. Das Militär befand sich im Alarmzustand.

Die Massaker wurden mit Trompetensignalen eröffnet und begannen häufig um 11 Uhr vormittags oder mittags. Zunächst wurde der Bazar überfallen, dann die armenischen Wohnviertel. Erst Mord, dann Plünderung war die Devise. »Mit furchtbarer Regelmäßigkeit sind es immer wieder dieselben Verbrechen, dieselben Greuel, begangen nach den gleichen Methoden und unter gleichen Bedingungen.«[43] Das einzige, was der Improvisation überlassen blieb, war die Art, wie gemordet wurde, wenngleich die Häufigkeit von Tötung und Zerstörung durch Feuer daran denken läßt, daß dieses Mittel deswegen empfohlen worden sein könnte, weil es keine Spuren hinterläßt.

Die Behörden blieben bis auf wenige Ausnahmen passiv oder begünstigten sogar die Ausschreitungen. Offiziere und Soldaten beteiligten sich an Plünderungen und Morden. Um die Plünderungen zu erleichtern, wurden die verbarrikadierten Armenier in Sicherheit gewiegt; man ließ sie ihre Waffen abliefern und riet ihnen, ihre Läden wieder zu öffnen. Niemals verloren die Behörden die Kontrolle über die Situation; die Promptheit, mit der die Ordnung wiederhergestellt wurde, wenn irgendein Konsul intervenierte, spricht eine deutliche Sprache.

Nach dem Massaker ging die Verfolgung weiter. Überlebende nahm man fest und folterte sie, um ihnen Geständnisse abzupressen, die die These eines Komplotts stützen konnten.[44] Zum ersten Mal in der Geschichte eines muslimischen Landes kam es zu einer Vielzahl von Ausbrüchen religiöser Intoleranz: Man bemühte sich mit allen Mitteln, den religiösen Partikularismus der Armenier auszulöschen. Abfall vom Glauben oder Tod, das war in den meisten Provinzen die Wahl, vor die man sie stellte – es gab fast hunderttausend gewaltsame »Bekehrungen«. Die so »Bekehrten« mußten ein Abschwörungsdokument unterzeichnen; man setzte ihnen Turbane auf, veränderte ihre Namen, übte sie in muslimischen Riten ein, beschnitt Männer und Jünglinge, verheiratete Frauen mit *mullahs*.[45] Christliche Priester mußten zwei oder drei türkische Frauen ehelichen. Da nach dem Gesetz des Scheriat der Abfall vom islamischen Glauben ein Verbrechen ist, konnte niemand zu seiner ursprünglichen Religion zurückkehren, ohne Gefahr für Leib und Leben befürchten zu müssen.

Die Behörden, die bereits die Bemühungen von Hilfskomitees regelmäßig abgeblockt hatten, sorgten nun auch dafür, daß Zeugen der Greuel nicht auswandern konnten.

Für einen unparteiischen Beobachter bleibt Abdul-Hamid der Urheber dieser Verbrechen. Albert Vandal nennt ihn »den Mann, dem die Geschichte den Beinamen ›Blutiger Sultan‹ verleihen wird, den Mann, den seine Angst zu den schlimmsten Exzessen trieb,.. den in seinem Palais eingeschlossenen Gefangenen seiner Höflinge«.[46] Freilich besaß Abdul-Hamid Freiheit genug, die Bomben zu legen, den Brand anzufachen und ihn nach Belieben zu kontrollieren. Allerdings konnte er seine Pläne erst verwirklichen, als er zu der Überzeugung gelangt war, daß Europa nicht einig sei, und daß es sich in seinen Reaktionen auf Proteste, höfliche Drohungen und Sympathiebekundungen für die Opfer beschränken würde.

9. Das Jahr 1896

Angesichts dieser drückenden Beweislast konnte keine Regierung vorgeben, von den Ereignissen, die sich vor den Augen ihrer Konsuln und Botschafter abgespielt hatten, nichts zu wissen. Die unterschiedlichen Interessen der Großmächte und die »zügellose Heuchelei der internationalen Beziehungen« wurden für jedermann sichtbar, als deutlich wurde, daß Europa in der Türkei nicht bewaffnet eingreifen würde. Mit seinen Verbrechen hatte der Sultan die Großmächte gezwungen, Position zu beziehen. Ungeachtet des Drucks der über die Massaker in Armenien entsetzten Öffentlichkeit verfolgten die Regierungen Englands und Frankreichs, die der armenischen Sache noch am günstigsten gesinnt waren, weiterhin die Politik der Integrität des Osmanischen Reiches, an die sie sich bislang gehalten hatten, und erklärten, die armenische Frage sei unlösbar. Sie spielten mit der Hohen Pforte weiterhin die Komödie der Protestschreiben und Denkschriften und versicherten zugleich der inländischen Opposition, nur so könne man einen Krieg in Europa verhindern.

Die einzig zu rechtfertigende Haltung wäre ein gemeinsames Eingreifen der Großmächte in der Art der Interventionen gewesen, die einst die Befreiung der Balkanstaaten oder die Garantien für den Libanon erwirkt hatten.

Armenien mußte es hinnehmen, nur eine kleine Schachfigur im Spiel zwischen den europäischen Großmächten zu sein; die Schutzmacht Europa, »die sich für stark genug hielt, mit Kanonenschüssen ihre Forderungen an Konstantinopel einzutreiben, (vermeinte), der Niedermetzelung von 300000 Untertanen des Sultans ohnmächtig zusehen zu müssen«.[1]

Man beschränkte sich also darauf, die Handlungsweise der Hohen Pforte zu mißbilligen. Am 4. November 1895 versammelten sich die Vertreter der sechs Großmächte, um Informationen und Meinungen auszutauschen. Sie warnten den Sultan davor, solch anarchistisches Treiben fortdauern zu lassen, und drohten einzugreifen, wenn er nicht umgehend wirksame Maßnahmen ergreife.[2] Die Hohe Pforte antwortete am 13. November, sie habe das zur Wiederherstellung der Ordnung Erforderliche veranlaßt.[3] In der Zwischenzeit hatten die Botschafter der Hohen Pforte ein gemeinsames Schreiben überreicht, in dem sie baten, durch Verdoppelung ihrer am Bosporus stationierten Streitkräfte[4] – d. h. der

Kriegsschiffe, die jede Gesandtschaft in Konstantinopel liegen hatte – für die Sicherheit ihrer Landsleute sorgen zu dürfen. Nach langen Verhandlungen erlaubte Abdul-Hamid dies – höchst zufrieden darüber, daß sich die Aufmerksamkeit der Botschafter nun auf dieses Problem konzentrierte.[5] In den ersten Monaten des Jahres 1896 erinnerten England, Rußland und Frankreich den Sultan erneut an seine Reformversprechen. Trotz ihres rein formalen Charakters erwiesen sich die diplomatischen Aktionen bei zwei Anlässen als nützlich: In der Affäre von Zeytun und in Sachen Pater Salvatore.

Zeytun[6]

Was die Massaker anlangte, so hatte die Hohe Pforte auf die Protestschreiben der Botschafter stets geantwortet, die aufständischen Armenier seien selbst daran schuld. In Wirklichkeit hat es nur einen einzigen armenischen Aufstand gegeben: erneut in Zeytun, das sich, wie bereits erwähnt, schon 1862 hervorgetan hatte. 1878 hatte ein neuer Konflikt die Entsendung einer Vermittlergruppe notwendig gemacht, zu der der englische Konsul von Aleppo, Colonel Chermside, gehörte. Als Gegenleistung für Reformversprechen hatten die Bewohner von Zeytun ihrer Entwaffnung zugestimmt, und die Regierung hatte auf einem Hügel über der Stadt eine Kaserne gebaut.

Am 24. Oktober 1895 griffen die Armenier von Zeytun unter der Leitung von sechs *Hintschakisten*-Führern diese Kaserne an. Es genügte, die Wasserzufuhr abzuschneiden, um die 500 Mann Besatzung zur Kapitulation zu zwingen. Am 31. Oktober, nach Aufgabe der Festung, wurde in Zeytun unter Vorsitz der vier Fürstenfamilien der Stadt eine provisorische Regierung gebildet. Die türkischen Soldaten wurden in den Dorfgefängnissen festgehalten, wo sie korrekt behandelt wurden. Zeytun hatte zu jener Zeit zwischen 20000 und 30000 Einwohner, darunter zahlreiche Flüchtlinge, die dem Massaker entkommen waren. Von den Aufständischen waren etwa 2000 bewaffnet. Um den Aufstand einzudämmen, entsandten die Türken eine Armee, die aus 20000 Soldaten und 30000 *basi-bozuks* (Kurden und Zirkassiern) bestand und die am 14. Dezember die Belagerung von Zeytun begann. Trotz ihrer großen Zahl waren die Türken in einer ungünstigen Position: Das Tal von Zeytun war von tiefem Schnee bedeckt; trotzdem waren die Truppen schlecht untergebracht, ohne festes Lager, ohne warme Kleidung, und ungenügend mit Nahrung versorgt. Desertionen und Krankheitsfälle verringerten die Zahl der Kämpfer von Tag zu Tag. Den Soldaten wurden die Berge von Zeytun verhaßt. So wurden die Vermittlungsversuche der Großmächte günstig aufgenommen. Am 5. Januar erreichte eine mit dem Einverständnis der Hohen Pforte von den sechs Konsuln verfaßte Depesche Zeytun. Die Verhandlungen zogen sich bis zum 12. Februar hin und erbrachten folgendes Resultat:

Übergabe der Waffen, Generalamnestie, Ausweisung von vier Mitgliedern der Revolutionskomitees[7], Verzicht auf Eintreibung der Steuerrückstände sowie die Durchführung der Reformen. Das Eingreifen der Großmächte hatte die Armenier von Zeytun vor dem sicheren Tode gerettet.

Die Ermordung von Pater Salvatore[8]

Der Orden der Franziskaner vom Heiligen Land hatte drei Missionare und drei Klöster in Yenicekale unweit von Maraş. Ihr Prior war der Italiener Pater Salvatore Lilli di Cappadoccia, der im Kloster des Dorfs Mücük-Deresi lebte. Sehr beunruhigt über die Lage schrieben die drei Patres Ende Oktober an den *mutessarif* von Maraş und baten um Hilfe – vergebens. Die Behörden von Maraş wiegelten ohnehin die Bevölkerung gegen die zahlreichen amerikanischen oder europäischen Missionare auf, die sie beschuldigten, unter den Armeniern revolutionäre Ideen zu verbreiten. Als am 17. November eine Gruppe türkischer Soldaten vor Mücük-Deresi Stellung bezog, glaubten sich die Franziskaner gerettet. Am folgenden Tag plünderten jedoch der Oberst Mazhar Bey und seine Soldaten das Kloster und verletzten Pater Salvatore am Oberschenkel. Unter dem Schutz einiger Bewohner von Zeytun, die ihnen zu Hilfe gekommen waren, gelang es den Missionaren der beiden anderen Klöster Dukkale und Yenicekale, mit Lehrern, Schülern und Bediensteten die Flucht zu ergreifen. Kurz darauf verwüsteten die Truppen von Mazhar Bey die beiden Klöster und die umliegenden Dörfer. Alsbald wurden sie ihrerseits von Aufständischen aus Zeytun angegriffen und, obwohl zahlenmäßig weit überlegen, zum Rückzug gezwungen.

Am 22. November ließ Mazhar Bey Pater Salvatore mitteilen, er habe den Auftrag, ihn nach Maraş zu bringen. Von elf Katholiken begleitet, verließ der Pater das Kloster. Nach einer Stunde Weges bat er um eine Rast. Mazhar Bey verlangte nun von ihm, seinem Glauben abzuschwören und Muslim zu werden. Da der Pater sich weigerte, wurden er und seine Begleiter von den Soldaten getötet. Ihre Leichen wurden auf einem Scheiterhaufen verbrannt. Einige Monate später wurden ihre verkohlten Überreste von der an den Ort des Verbrechens entsandten Untersuchungskommission entdeckt.

Die Nachricht, daß Pater Salvatore von regulären türkischen Truppen ermordet worden war, schlug hohe Wellen. Der Botschafter Italiens, dessen Verlangen von allen Großmächten unterstützt wurde, erreichte vom Sultan die Einsetzung einer Untersuchungskommission. Trotz aller Hindernisse, die ihr vor allem von den türkischen Mitgliedern der Kommission in den Weg gelegt wurden, konnte die Untersuchung ihren Verlauf nehmen; sie erbrachte den eindeutigen Beweis für die Schuld Mazhar Beys und seiner Soldaten. Die französische Regierung forderte daraufhin die Festnahme des türkischen Obersten und verlangte, daß er vor ein Kriegsgericht gestellt werde. Es folgte ein Scheinprozeß: Mazhar Bey mußte sich vor einem Kriegsgericht verantworten, dessen Vorsitzender ein Offizier seines eigenen Regiments war. Er hatte praktisch volle Bewegungsfreiheit, wurde im besten Hotel von Maraş untergebracht, und zwischen den einzelnen Sitzungen des Gerichts konnte man ihn in Begleitung seiner Richter in den Geschäften armenischer Trödler antreffen, wo er Antiquitäten kaufte.[9]

Erst auf die nachdrückliche Forderungen von Paul Cambon hin, der drohte, die französische Flotte nach Alexandrette entsenden zu lassen, wurde das Urteil, das ursprünglich auf drei Jahre Gefängnis gelautet hatte, durch Entscheidung des Sultans vom 21. März 1897 auf lebenslängliche Haft umgewandelt.

Die Massaker von Van

Abgesehen von den beiden vorgenannten Interventionen reagierten die Großmächte kaum, so daß der Sultan in den armenischen *vilayets* seine Ausrottungspolitik ungestört weiterverfolgen konnte.

In den ersten Monaten des Jahres 1896 kam es zu Massakern in Muş, in Killis (bei Aleppo), in Achbes und Şeykle (bei Adana). Am härtesten wurde der *vilayet* Van getroffen, wo es 1895 nur wenige Opfer gegeben hatte. Trotz der Verteidigung, die Mitglieder der *Daschnak*-Partei ab Jahresbeginn organisiert hatten, konnte am 15. Juni der Major Halim Effendi, der schon 1894 an dem Massaker von Sasan beteiligt gewesen war, in die Stadt eindringen, wo er mehrere armenische Viertel zerstörte. Am folgenden Tag griff er erneut an, stieß aber jetzt auf von den Armeniern errichtete Barrikaden. Den Armeniern gelang es, die Soldaten zurückzuschlagen. Vom 15. bis 17. Juni wurde die Stadt in eine Festung verwandelt, und trotz der Hilfe von 15000 *hamidiyes* unterlagen die türkischen Truppen. Der von der Regierung entsandte Marschall Saadeddin Pascha und der *vali* ersuchten nun um die Intervention der Konsuln. Am 19. Juni begab sich ein amerikanischer Missionar ins Armenierviertel und leitete Verhandlungen ein. Die Führer der Belagerten baten um das Eingreifen des französischen Missionars Pater Defrance, des *drogman* des russischen Konsulats und der persischen und englischen Konsuln. Die Verhandlungen wurden jedoch abgebrochen, da Saadeddin Pascha erneut angriff: Er ließ die armenischen Viertel umzingeln und beschießen. Anschließend drangen die Türken in die Straßen ein und metzelten wen sie dort antrafen nieder. Sogar das englische Konsulat sowie die Niederlassung der amerikanischen Missionare und das persische Konsulat, die alle viele Flüchtlinge aufgenommen hatten, griffen sie an. Zu ihrem Schutz mußten die Konsuln Konstantinopel um die Entsendung von Truppen bitten. Kein Armenier wurde ausgeliefert. Am 23. Juni ordnete der Befehlshaber das Ende der Kämpfe an.

Man zählte 10000 Tote. Von den 35 armenischen Stadtteilen blieben nur noch zwei übrig – die, in denen sich die ausländischen Botschaften befanden. Trotzdem ließ Saadeddin Pascha weiterhin Waffen verteilen und wiegelte die Kurdenstämme auf, die Van erneut angriffen. Sie mußten aber kehrtmachen, als sie auf die regulären Truppen stießen, die die Hohe Pforte auf Drängen von Paul Cambon in aller Eile entsandt hatte. Die Kurden schwärmten daraufhin in die Ebene von Van aus und brachten alle über zehn Jahre alten männlichen Armenier um. An Kindern, jungen Mädchen und Frauen wurden Greueltaten verübt. Sämtliche Kirchen und alle Klöster – darunter das berühmte Kloster Varag – wurden verwüstet, die wenigen Überlebenden zum Übertritt zum Islam gezwungen. Man schätzt die Zahl der Opfer auf über 20000; weitere Tausende verhungerten in der Folge auf den Straßen von Van (die Stadt hatte schon über 25000 Flüchtlinge aufnehmen müssen).

Zum Dank für seine Dienste wurde Saadeddin Pascha zum *vali* von Van und zum Großoffizier von Osmanien ernannt, was eine der ehrenvollsten Auszeichnungen des Osmanischen Reiches war.[10]

Der Überfall auf die Osmanische Bank[11]

Der Sultan hatte durch Erpressung die Demission des Patriarchen Izmirlian erreicht (4. August 1896). Er schickte ihn nach Jerusalem ins Exil und ersetzte ihn, ungeachtet aller Gesetze, die die Wahl eines Patriarchen regelten, durch den wenig würdigen Prälaten Bartolomeo Tschamtschian, einen von der Polizei bezahlten Spion, der zum »locum tenens« ernannt wurde.[12] Diese Mißachtung der armenischen Verfassung mußte die Armenier zum Äußersten treiben. In einem Schreiben an die Botschafter erklärten sie im Juli ihre Absicht, sich mit allen Mitteln von der drückenden Tyrannei zu befreien; die osmanische Regierung sei allein verantwortlich für die extremen Maßnahmen, die sie in ihrer Verzweiflung ergreifen könnten.

Ganz Konstantinopel wußte, daß man in der Hauptstadt ein Massaker vorbereitete: Im Oktober 1895 waren die armenischen Häuser gezählt und durchsucht worden; sie wurden, nach Vierteln geordnet, auf Listen erfaßt. Am 1. August kamen 500 Kurden – Angehörige von *hamidiye*-Regimentern – aus Erzurum in Skutari an, ohne daß ihre Präsenz irgendwie gerechtfertigt gewesen wäre. Am 25. August teilte das Zentralkomitee der *Daschnak*-Partei (die ihren Hauptsitz 1896 nach Konstantinopel verlegt hatte) den Botschaften mit, daß »die Geduld der unterdrückten Nationen Grenzen (habe), und daß sich der Zorn der Armenier entladen (werde).«[13] Das Zentralkomitee war entschlossen, Europa durch einen gewagten Handstreich aus seiner Passivität zu reißen, und wollte ein Gebäude angreifen, das die finanziellen Interessen Europas symbolisierte – jene Interessen, die schuld daran waren, daß Europa seiner Entrüstung über die Massaker in Armenien immer wieder so leicht Herr zu werden verstand.

Der ursprüngliche Plan sah vor, daß eine Gruppe die Osmanische Bank besetzen sollte, während zwei andere die Hohe Pforte zu sprengen und einen Aufstand im Samatya-Viertel von Stambul anzuzetteln hatten; eine vierte Gruppe sollte in das Gebäude des Crédit Lyonnais an der Galatabrücke eindringen; eine fünfte hatte den Auftrag, den strategischen Posten, der den Weg von Galiata nach Pera kontrollierte, einzunehmen; eine sechste schließlich sollte die Wachtruppe des Galata-Serail mitten im Zentrum von Stambul angreifen. Die Operation sollte erst am 31. August, dem Geburtstag des Sultans, durchgeführt werden, doch zwangen die Ereignisse die Verschwörer zu überstürztem Handeln: das Komplott war verraten worden, und der Polizeiminister wußte von dem geplanten Handstreich. Er kannte zwar weder Einzelheiten noch das Datum, war aber über die Existenz eines geheimen Munitionslagers in der Mädchenschule des armenischen Viertels Samatya informiert. So ließ er am 25. August das Gebäude umstellen und forderte die sechs Armenier, die sich in die Schule geflüchtet hatten, auf, sich zu ergeben. Die Belagerten unterlagen am nächsten Morgen der Überzahl der Angreifer und begingen Selbstmord, die entsetzten Armenier des Samatya-Viertels suchten daraufhin am kleinasiatischen Ufer Zuflucht.

Am 26. August um halb zwei Uhr nachmittags treffen sich 25 Armenier, die die Osmanische Bank besetzen sollen, in der Nähe des Gebäudes. Zwei von ihnen lassen Geld am Schalter wechseln, und als sie feststellen, daß alles ruhig ist, geben sie ihrer Gruppe das Zeichen zum Angriff. Die Gruppe tötet die Wächter und dringt in die Bank ein. Die sofort alarmierte Polizei ist schnell zur Stelle, wird aber von den Rebellen zurückgeschlagen. Die Armenier, die einen ihrer Anführer, Babguen Siuni, verloren haben, verbarrikadieren sich mit den 140 Angestellten der Bank im

Bankgebäude. Dem Generaldirektor Sir Edgar Vincent gelingt es, über eine Terrase, die mit der Tabakmanufaktur verbunden ist, zu entkommen. Der stellvertretende Direktor Auboyneau verhandelt mit den zwei armenischen Führern, die fließend französisch sprechen.[14] Sie erklären, daß ihr Angriff weder der Bank noch deren Kasse gilt, sondern daß sie die Aufmerksamkeit Europas auf sich lenken wollen. Zur gleichen Zeit überreicht ein Emissär den westlichen Botschaftern folgende Erklärung des armenischen Revolutions-Komitees:

»Wir verlassen die Bank frühestens in zwei Tagen.

Unsere Forderungen:

1. Gewährleistung des Friedens im ganzen Land unter Mithilfe des Auslandes.
2. Annahme der vom Zentralkomitee der armenischen revolutionären Vereinigung von Konstantinopel, genannt *Daschnaktzuthiun,* gestellten Forderungen.
3. Keine Anwendung von Gewalt gegen uns.
4. Gewährleistung der Sicherheit aller, die sich hier in der Bank befinden, und aller Teilnehmer an den Unruhen in der Stadt.

Einrichtung und Geldbestand der Bank bleiben unangetastet, wenn unsere Forderungen erfüllt werden; andernfalls werden Geld und alle Akten zerstört, und wir selbst finden zusammen mit den Angestellten den Tod unter den Trümmern der Bank.

Wir sind gezwungen, diese extremen Maßnahmen zu ergreifen. Die kriminelle Gleichgültigkeit der Menschheit läßt uns keine andere Wahl.«

Mehrere Kompanien Soldaten beziehen Stellung rund um das Gebäude. *Mullahs* und *başi-bozuks* brüllen hysterisch. Einige Sprengkörper vertreiben sie. Die Soldaten versuchen vergeblich, die Bank in ihre Gewalt zu bringen. Im Innern schlägt Direktor Auboyneau vor, mit dem Palast zu verhandeln. Er begibt sich zum Palast von Yildiz und hat dort eine Unterredung mit dem Kämmerer Izzet Bey. Zusammen mit Sir Edgar Vincent und dem ersten *drogman* der russischen Botschaft, die ihn unterstützen, erreicht er von Izzet Bey, der zwischen den Ministern und dem Sultan hin- und hereilt, Straffreiheit für die Aufständischen, wenn sie die Bank räumen. Um zehn Uhr abends verläßt Auboyneau Yildiz in Begleitung von Maximow und Sir Edgar Vincent, um die Diskussion mit den Aufständischen wieder aufzunehmen. Diese verweigern ihnen den Zutritt zur Bank. Nach mehrstündigem Hin und Her überredete Maximow sie dazu, die Bank zu verlassen. Man beschlagnahmt Fahrzeuge zum Abtransport der im Gebäude befindlichen drei Toten und sechs Verletzten. Die 17 Aufständischen liefern Bomben und Sprengstoff ab (elf Kilo Dynamit und 45 Bomben), behalten aber ihre Revolver. Sie werden auf die Jacht Sir Edgar Vincents gebracht. Am nächsten Morgen besucht Maximow sie mit den *drogmans* der französischen und englischen Botschaft. Man redet aneinander vorbei: Die *drogmans* werfen den Armeniern die Gewalttätigkeit ihres Vorgehens vor; die Armenier antworten, daß sie ohnehin schon unglaublich lang Geduld geübt hätten: »Nach uns kommen andere, und der nächste Handstreich wird noch viel schrecklicher sein.« Am Donnerstag abend werden sie auf das französische Passagierschiff »La Gironde« gebracht, das in Richtung Marseille in See geht.[15] Am Donnerstag um 9 Uhr früh wird die Osmanische Bank wieder geöffnet. Direktor Auboyneau erklärt später, er sei froh, nur zwei der armenischen Bankangestellten ausgeliefert zu haben, und »diese seien einfache Arbeiter gewesen, an deren Komplizität mit den Revolutionären kein Zweifel bestand.«

Mit ihrem Angriff auf die Osmanische Bank hatten die *Daschnakisten* mehr als nur einen »Handstreich« verübt: Sie waren es, die als erste auf Erpressung einer Regierung durch Geiselnahme verfielen. Auf Gewalttätigkeit hatten sie mit Gewalttätigkeit geantwortet. Mit dieser spektakulären Aktion hatten sie den Europäern bewiesen, daß sie ihre Aufmerksamkeit notfalls erzwingen konnten, wenn diese bei ihrem Schweigen und ihrer Gleichgültigkeit bleiben wollten, womit sie so lange schon das Handeln der Mörder unterstützt hatten.

Die Massaker von Konstantinopel[16]

Abdul-Hamid wußte, daß die *Daschnak*-Partei eine Aktion plante, und er war entschlossen, diese Gelegenheit zu nutzen, um einen von der Polizei sorgfältig vorbereiteten Massakerplan auszuführen. Die Häuser der Armenier waren mit Kreide gekennzeichnet worden. Am 26. August schwärmt eine Kurdenhorde aus den berüchtigten Vierteln von Stambul, bewaffnet mit Messern und Knüppeln, in den Straßen von Galata aus. Die Kurden töten alle Armenier, die ihnen in die Hände fallen, und verwüsten systematisch alle armenischen Häuser und Geschäfte. Weder die Armee noch die Polizei schreitet gegen sie ein. Im Gegenteil: die Offiziere feuern sie zum Morden und Rauben an, und Soldaten beteiligen sich sogar an den Überfällen. Blut fließt auf den Straßen. Die Mörder brauchen dreißig Stunden, um ihr grausames Werk zu vollenden. Sie töten nur die Männer, keiner Frau wird Gewalt angetan oder das Leben genommen. Kaum mehr als dreißig oder vierzig »Mißgriffe« kosten einige Griechen, Türken oder Europäer das Leben, und dies nur, weil sie vom »armenischen Typ« waren.

Am Freitag greifen die Unruhen auf die Dörfer am Bosporus über, wo die Jagd auf die Armenier systematisch weitergeht. Diese flüchten sich in den Schutz der Botschaften. Durch die Straßen von Pera ziehen lange Kolonnen von Karren voll aufgehäufter Leichen; die Wasser des Goldenen Horns tragen Hunderte von Toten zum Bosporus; im Gefängnis von Galata-Serai werden 750 Armenier ermordet, deren Leichen man auf Schiffe lädt und dann ins Meer wirft. Am 29. werden die Überlebenden, die sich zu den Hafenkais geflüchtet haben, von Polizei und Armee angegriffen. Erst am 31. August kehrt wieder Ruhe ein.

Nachdem auf dem armenischen Friedhof 4500 Tote bestattet wurden, war die Rede von 6000 Opfern; dies ist sicher eine sehr vorsichtige Schätzung. Die türkische Bevölkerung hatte nicht an den Ausschreitungen teilgenommen. (Der Imam der Hagia Sophia verurteilte übrigens die Massaker öffentlich und gab seiner Verachtung für die auf Veranlassung des Palastes Handelnden Ausdruck.) In einigen Vierteln waren die Armenier von den Türken und den Imams beschützt worden.

Am 7. September 1896 überreichte Tigran Yergat im Namen der armenischen Nation allen bei der osmanischen Regierung akkreditierten Botschaftern ein Manifest, in dem er die Verbrechen des Sultans anprangerte und daran erinnerte, daß die Armenier nichts weiter als die Durchführung der Reformen verlangten. »Wenn sie gemeinsam und mit Entschlossenheit vorgehen, können die Großmächte ein Einlenken des Palastes erreichen. Wenn sie jedoch ob ihrer Habgier zerstritten bleiben, und wenn sie die Frage unserer Existenz als Menschen und als Nation ihren finanziellen Interessen unterordnen, wozu sie durch nichts auf der Welt berechtigt sind, dann werden sie zum Spielzeug einer Räuber- und Mörderbande, die von Yildiz aus die armenische Bevölkerung ausrotten will.«[17]

Die Besetzung der Osmanischen Bank, die Grausamkeit der von der Polizei vor den Augen der Europäer organisierten Massaker und die Veröffentlichung dieses Manifests, das die Existenz einer entschlossenen Terroristenorganisation bewies – all dies trug dazu bei, daß die Großmächte ihre Haltung änderten; es fehlte nicht viel, und sie hätten sogar direkt eingegriffen. Die Veränderung ging vor allem von Rußland aus. Lobanow war ganz plötzlich auf dem Rückweg von Wien nach Moskau verstorben, während er das Telegramm las, in dem man ihm den Angriff auf die Osmanische Bank, d.h. das Scheitern seiner Politik mitteilte.[18] Nelidow war für die Intervention der Westmächte zum Schutze ihrer Staatsangehörigen. Er hatte von seiner Regierung die Bewaffnung der Schwarzmeerflotte erreicht und auf der Krim ein Landungskorps bereitgestellt. Als die Diplomaten das Blut an der Türschwelle ihrer Botschaften sahen, änderten sie ihren Ton. Am 28. August mittags sandten die Vertreter der sechs Großmächte ein Telegramm an »Seine Kaiserliche

Hoheit, den Sultan« (was eine beleidigende Anrede war), und baten ihn dringend, »ohne Verzug präzise und eindeutige Befehle zu erteilen, um augenblicklich diesem unerhörten Zustand ein Ende zu bereiten, der für sein Reich die verhängnisvollsten Folgen haben könnte.«[19]

Am 2. September überreichten sie der Hohen Pforte ein gemeinsames Schreiben, in dem sie der osmanischen Regierung in aller Form vorwarfen, sie habe die Massaker organisiert, nachdem sie von den »kriminellen Plänen der Aufwiegler« unterrichtet worden sei. Sie erbrachten Beweise für ihre Behauptungen und verlangten die sofortige Einleitung einer Untersuchung, damit die Schuldigen bestraft werden könnten.[20] Nachdem er sich mit Österreich abgestimmt hatte, überreichte Lord Salisbury am 20. Oktober den Außenministern der anderen Großmächte ein Memorandum, in dem er vorschlug, die Botschaften in Konstantinopel mit der Ausarbeitung eines Reformplans zu beauftragen. Nach Annahme dieses Plans durch die Regierung sollten gemeinsame Strafmaßnahmen ergriffen werden, falls der Sultan die Ausführung des Plans verweigere. Doch Deutschland, Rußland und vor allem Frankreich wollten nichts von einer »abenteuerlichen Kreuzzugspolitik« wissen. Am 3. November 1896 zeichnete Hanotaux im Parlament als Antwort auf die drängenden Fragen von Denys Cochin, Albert de Mun und Jean Jaurès ein mehr als beschönigendes Bild der Lage. Er erklärte, daß seit Ende August in der Türkei nichts Ernsthaftes vorgefallen sei – obwohl am 15. und 16. September in Egin (*vilayet* Harput) 2000 Armenier umgebracht worden waren[21], obwohl in Angora am 18. September 3000 bis 4000 bewaffnete Muslims versucht hatten, die Armenier anzugreifen, und nur durch das Eingreifen des *valis* daran gehindert worden waren, und obwohl man von den Unruhen in der Gegend von Sivas wußte. Zu guter Letzt verlas er eine Depesche, in der die Verurteilung von Mazhar Bey, des Mörders von Pater Salvatore, mitgeteilt wurde, obwohl in Wirklichkeit der Prozeß noch gar nicht beendet war. Hanotaux hörte weder auf die Klagen der französischen Kolonie, noch auf die Warnrufe seines Botschafters Paul Cambon.[22] So erreichte er im Parlament mit 402 Stimmen gegen 80 die Annahme seines Programms, das die Zustimmung zu den drei folgenden Punkten zur Vorbedingung für ein gemeinsames Handeln der Großmächte machte:

– Garantie der Integrität des Osmanischen Reichs.
– Keine isolierten Aktionen.
– Kein europäisches Kondominium (d. h. gemeinsames Souveränitätsrecht)[23].

England konnte nicht allein handeln. Es begnügte sich schließlich damit, den französischen Vorschlägen zuzustimmen. Der Sultan sah seinerseits ein, daß er nicht länger ausweichen konnte, und daß die Großmächte zum Eingreifen gezwungen sein würden, wenn er nicht wenigstens eine Geste machte. Dennoch ordnete er für den 5. November neue Massaker in Everek an. Am gleichen Tag ließ er Paul Cambon wissen, daß er »allen Häftlingen, gegen die nichts vorliegt«, die Freiheit schenke, daß er Aniz Pascha, den *vali* von Diyarbakir, seines Amts enthebe, daß er allen *valis* die zur Unterbindung der Unruhen nötigen Anweisungen erteile, daß er ein Dekret erlasse, durch das die 1895 zugestandenen Reformen auf die sechs armenischen *vilayets* ausgedehnt würden (es bestanden jedoch erhebliche Unterschiede zwischen diesem Dekret und den Forderungen der Großmächte), und schließlich, daß er die Versammlung der Armenier zur Wahl eines Patriarchen einberufe.[24]

Tatsächlich begann man auch mit der Durchführung dieser Beschlüsse. Am 18. November wurde Monsignore Ormanian, der ehemalige Bischof von Erzurum, zum Patriarchen von Konstantinopel gewählt. Am 22. Dezember unterzeichnete der Sultan eine Generalamnestie, von der nur 82 zum Tode Verurteilte ausgenommen waren, von denen einige in den Gefängnissen blieben, während die anderen den kirchlichen Autoritäten übergeben wurden, die sie in ihre Klöster sperren sollten. Die Botschafterkonferenz, die vom 26. Dezember 1896 bis zum 10. Februar 1897 in Konstantinopel tagte, befand, daß die Realisierung der Reformen vorangehe.

Im Februar 1897 kam es in Tokat erneut zu Massakern. In Anbetracht des heftigen Protests des Patriarchats wurden außerordentliche Gerichte einberufen: 60 Türken wurden zu Strafen unterschiedlicher Schwere verurteilt. Im Osmanischen Reich kam man zu der Erkenntnis, daß der Sultan keine öffentlichen Massaker mehr duldete. Die armenische Frage war deshalb nicht gelöst, aber die kritische Phase schien beendet. Europa richtete nun seine Aufmerksamkeit auf die Vorgänge in Kreta.

Bilanz der Massaker von 1894–1896

Angesichts der Schwere der in allen Einzelheiten geplanten Verbrechen und der Grausamkeit ihrer Durchführung hat die genaue Anzahl der Opfer nur geringe Bedeutung. Wenn man die Zahlen der osmanischen Regierung mit denen vergleicht, die nach den Berichten europäischer Beobachter erstellt wurden, variiert die Totenzahl im Verhältnis 1 bis 10. Das französische »Gelbbuch« beziffert die »Verluste« Ende Februar 1896 mit 36085. Bliss, der sich auf die Unterlagen der englischen und französischen Botschafter stützt, nimmt an, daß es mindestens 50000 waren.[25] Lepsius spricht von 80000 bis 100000 Opfern.[26] Pears vermutet, daß die Zahl von 100000 Toten noch hinter der Wirklichkeit zurückbleibe.[27] Das armenische Patriarchat nennt mindestens 300000 Opfer. In der Tat, wenn man zu all den Opfern der Massaker von 1894 und 1895 (100000) die in Van, Konstantinopel und Egin Getöteten, die Zehntausende von Verhungerten und all die hinzuzählt, deren Tod von Konsuln und europäischen Reisenden unbemerkt blieb, so kann man schätzen, *daß mehr als 200000 Menschen bei diesen Massakern ums Leben kamen.* Hinzuzufügen sind die Zwangs»bekehrungen« (etwa 100000 Personen, davon 15000 im *vilayet* Erzurum und 15000 im *vilayet* Harput) und die entführten Mädchen und Frauen, die in den Harems festgehalten wurden (etwa 100000). Die schlimmste Folge dieser Ereignisse war die Verwüstung des armenischen Landes. 2500 Dörfer waren zerstört worden, Tausende von Häusern niedergebrannt. Hunderte von Kirchen und Klöstern waren ausgeplündert, zerstört oder in Moscheen oder Pferdeställe verwandelt worden. Es herrschte eine schreckliche Hungersnot, zu der Pest- und Choleraepidemien hinzukamen. Fast 100000 Türkisch-Armenier verließen das Land und suchten in Transkaukasien Zuflucht.[28] 60000 flohen nach Europa und Amerika, 12000 nach Bulgarien; die ausländischen Botschafter stellten 12000 Pässe aus.[29] Im Jahre 1896 erklärte Krimian Hairik gegenüber Paul Rohrbach: »Die schlimmste, tödlichste Wunde unseres Volkes ist nicht die Niedermetzelung Tausender, nicht die Entehrung der Frauen, die Zerstörung der Dörfer, die Verwüstung der Ernten. Es ist die Auswanderung, die Zerstreuung der Nation fern vom Vaterland, der Verlust seines Volkstums. 30000 Aussiedler aus Türkisch-Armenien sind in den letzten Jahren nach Etschmiadzin gekommen. Wir haben sie auf die Dörfer der Nachbarprovinzen verteilt, aber trotz des großen Entgegenkommens der Bauern war es nicht möglich, sie auf dieser Erde festzuhalten. Selbst von den Waisen, die dank der freundschaftlichen Hilfe aus Europa und Amerika überlebt haben, wandert ein großer Teil aus; sie sind verloren für das Vaterland.«[30] Der Patriarch hatte erkannt, daß die größte Gefahr, die den Türkisch-Armeniern drohte, die Auswanderungsbewegung war. Töten war für den Sultan nur ein Mittel, die Armenier aus Armenien zu vertreiben. Der Beweis dafür ist, daß in den folgenden Jahren Tausenden von nach Rußland oder anderswohin geflüchteten Armeniern die Rückkehr in ihre Heimat verweigert wurde. Ihr Besitz wurde eingezogen und an Muslims verteilt.

Dennoch war es dem Sultan noch nicht gelungen, das armenische Volk zu vernichten. Trotz seiner schwierigen Wirtschaftslage und der Zerstörung seiner Landwirtschaft, seines Handwerks und Handels (für das Osmanische Reich, das ohnehin dem Bankrott nahe war, lief diese Politik fast auf wirtschaftlichen Selbstmord hinaus), erholte sich das armenische Volk wieder und baute sein verwüstetes Land neu auf. Aus ihren Zufluchtsorten im Gebirge und aus den Klöstern, wo sie Aufnahme gefunden hatten, »kehrten die Überlebenden nach und nach in ihre zerstörten Häuser zurück und machten sich wieder an die Arbeit.«[31] In Europa wurden Hilfswerke gegründet, aber diese Hilfe »war lächerlich und bot den Helfern des Sultans Gelegenheit zu neuen Ausschreitungen. Die Polizisten verteilten das Getreide nur im Tausch gegen christliche Mädchen.«[32]

Die pro-armenischen Bewegungen

Die zivilisierte Welt wurde von Entsetzen gepackt, als sie von den in Armenien begangenen Verbrechen erfuhr. Eine spontane Bewegung der Sympathie für dieses Märtyrervolk schloß all die zusammen, denen bewußt war, welche Bedrohung für die Zukunft der Menschheit die Passivität der Großmächte gegenüber diesen Greueln darstellte, die nicht nur gegenwärtige politische oder finanzielle Interessen in Frage stellte, sondern weit mehr: die Menschenwürde. So schlossen sich einige Männer zusammen, die, ungeachtet ihrer politischen Zugehörigkeit, der Entrüstung einer empörten Öffentlichkeit Ausdruck verleihen wollten. Die erste pro-armenische Vereinigung, die »Anglo-Armenian Association«, wurde 1890 in England gegründet. Sie wollte die Anwendung des Artikels 61 erreichen. Auf einer anderen Ebene war Gladstone der tatkräftigste Verteidiger der armenischen Sache. Sein hohes Alter hatte ihn 1894 gezwungen, sich aus dem politischen Leben zurückzuziehen. Sein Rücktritt hat zweifellos bei der Auslösung der Massaker eine Rolle gespielt. Noch wenige Monate vor seinem Tod, im September 1897, trat er für die Armenier ein. Nach seinem Tod übernahm James Bryce die Führung der pro-armenischen Bewegung, in der sich Männer unterschiedlicher politischer Richtung zusammenfanden; so konnte man neben dem linken Flügel der liberalen Partei und den nonkonformistischen Kirchen Vertreter der anglikanischen Hochkirche und erzkonservative Tories antreffen.[33] Die britische Öffentlichkeit war über die wirklichen Zustände in Armenien u. a. durch Bücher und Artikel von reisenden Wissenschaftlern und Journalisten unterrichtet. Die regelmäßige Veröffentlichung der »Blaubücher« lieferte den Politikern eine unersetzliche Dokumentation, und dies nicht nur in England, sondern in allen Ländern. In Frankreich erhoben sich Stimmen zugunsten Armeniens aus unterschiedlichen politischen Lagern. Die einen ergriffen Partei für die Armenier, weil sie Christen waren, die anderen verteidigten in ihnen eine unterdrückte Minderheit. Im Parlament unterstützte das Zentrum die Politik der Regierung, während drei Männer gegen sie kämpften: Albert de Mun, Sprecher der katholischen Rechten, Denys Cochin, Abgeordneter des Departements Seine, der aufgrund der Freundschaft, die ihn mit Paul Cambon verband, besonders gut über die Frage unterrichtet war, und Jean Jaurès im Namen der sozialistischen Partei. Nach der Parlamentssitzung vom 3. November 1896, in der sie sich mit Hanotaux auseinandergesetzt hatten, erreichten sie die Veröffentlichung des »Gelbbuches über die armenischen Angelegenheiten von 1895 bis 1896«. Später erklärten sie jedoch, diese Veröffentlichung sei nichts weiter als ein »Monolog unseres Vertreters in Konstantinopel«. Am 22. Februar forderten die drei Redner, unterstützt von Millerand, die Regierung so eindringlich zu einer Stellungnahme auf, daß sie endlich die Aufmerksamkeit der Öffentlichkeit erregen konnten, die bis dahin wegen des Schweigens von Regierung und Wirtschaft ahnungslos gewesen war.[34] Die meisten Zeitungen (ein Teil der französischen Presse war vom Sultan bestochen), insbesondere das *Petit Journal*, zerflossen weiterhin vor Mitleid mit den Türken, während man gleichzeitig die Armenier hinmordete, und »Türkenfreunde vom Dienst« wie der Romancier Pierre Loti fuhren fort mit ihrer Verherrlichung der osmanischen Regierung. Doch nun trat eine Wende ein. Dank der Vorträge, Bücher und Artikel von Pater Charmetant, Victor Bérard, Georges Clémenceau, Anatole France, Urbain Gohier, Ernest Lavisse, Jules Lemaître, Charles Peguy, Francis de Pressensé, Séverine und Albert Vandal und Henri Rochefort wurde Frankreich auf das Unglück Armeniens aufmerksam. Diese Sympathiebewegung für Armenien führte dann auf Anregung Dr. Jean Loris-Melikows (des Neffen des russischen Staatsmanns) und Christopher Mikaelians zur Herausgabe der vierzehntäglich publizierten Schrift »Pro Armenia«, deren erste Ausgabe am 15. November 1900 erschien.[35]

In Deutschland brach ein Theologe, Dr. Johannes Lepsius, der spätere Präsident der deutschen evangelischen Missionen im Orient, das Schweigen, ungeachtet der Verbote Wilhelms II.[36], der nicht nur Versammlungen, sondern auch Kollekten verbot. Auch andere Männer erhoben ihre Stimme: Paul Rohrbach, Autor vielgelesener Reisebeschreibungen; Professor Rode, der Herausgeber der »Christlichen Welt«, Professor Marquart und der Sozialdemokrat Eduard Bernstein. Gemeinsam gründeten sie 1914 die »Deutsch-Armenische Gesellschaft«.

In Skandinavien appellierte Georg Brandes an die öffentliche Meinung Europas.

Das Zentrum der pro-armenischen Bewegung in der Schweiz wurde Genf, von wo aus eine von Hunderttausenden Schweizer Bürgern unterzeichnete Petition an die helvetische Regierung abgesandt wurde.

In Italien, in Belgien, in den Vereinigten Staaten und selbst in Rußland, wo Sozialisten und Liberale das Verhalten der zaristischen Regierung kritisierten, klagte man die türkischen Machthaber an und trat für die Sache der Armenier ein. Im Rückblick erweist sich, daß von allen

Angriffen auf den Sultan der von Paris ausgehende das meiste Gewicht hatte. Das Organ der Jungtürken *Mechveret* schrieb: »Man muß zur Schande unserer Regierungen feststellen, daß diese Massaker offiziell gelenkte Verbrechen waren.«[37]

Doch diese großherzige Haltung edelgesinnter Männer hatte nicht das Gewicht offizieller Demarchen. Immerhin konnten die Armenier aus diesen Ereignissen eine Lehre ziehen: Sie waren den materiellen Interessen der europäischen Mächte geopfert worden. Nachdem die Verfolgungen durch die *hamidiyes* es an den Rand des Abgrunds gebracht hatten, entschloß sich das armenische Volk zum Widerstand.

10. Der rote Faden

Ab Ende 1896 verschwanden die Dokumente zur armenischen Frage in den Aktenschränken der Regierungskanzleien. Europa und die Türkei trugen ihre Streitigkeiten nun in Kreta und später in Mazedonien aus. Abdul-Hamid wollte seine Gegner mit seiner »genialen Politik der Schwäche« (N. de Bischoff) ermüden, indem er die Großmächte gegeneinander ausspielte. Aber er verlor Kreta, das im November 1897 praktisch unabhängig wurde, und mußte in den Verhandlungen von Mürtzeg im Oktober 1903 ein Reformprogramm zugestehen, das Mazedonien unter europäische Schutzherrschaft stellte. Die Großmächte waren übereingekommen, in Armenien nicht mehr einzugreifen, und soweit es ihren wirtschaftlichen Interessen im Osmanischen Reich zuwidergelaufen wäre, verlangten sie nun nicht mehr die Einlösung der Reformversprechen. Deutsche und französische Investoren stritten um Eisenbahnkonzessionen. Zum Dank für seine freundschaftliche Haltung dem Sultan gegenüber wurde Wilhelm II. der Bau der Bagdadbahn zugesagt. Frankreich blieb jedoch mit Abstand der wichtigste Kreditgeber der Türkei.[1] Amerikanische Unternehmer nahmen ebenfalls am Rennen teil, und so konnte man beobachten, wie »der Präsident einer wohltätigen Gesellschaft, der beauftragt war, Hilfe für die Armenier zu organisieren, sich mehr für die Ölquellen Mesopotamiens als für die Berichte der armenischen Bischöfe interessierte«.[2]

Was die Reformen in den Provinzen betraf, so blieb es bei Versprechungen, und man kehrte wieder zur unauffälligeren Politik ständiger Verfolgungen und vereinzelter Morde zurück. Die Lage der Armenier, die den Massakern entkommen waren, verschlechterte sich weiter. Man hatte ihnen jegliche Reisen untersagt (nicht nur ins Ausland, sondern auch von Stadt zu Stadt und von Dorf zu Dorf), was das Ende ihres Handels bedeutete. Regierung und Kurden trieben erneut die Steuern mehrmals im Jahr ein und erfanden die verschiedenartigsten Schikanen. Die Armenier durften keine Waffen besitzen, nicht einmal ein langes Küchenmesser oder einen Stock. Man warf sie unter den fadenscheinigsten Vorwänden ins Gefängnis: weil der Sohn ausgewandert war oder weil sie einen Hut trugen[3] usw. Viele der Gefangenen, die Foltern aller Art ertragen mußten, starben: Sie hatten nachts Stockschläge erhalten, keine Nahrung bekommen, oder waren in Verliesen festgehalten worden, in denen das

Wasser über einen halben Meter hoch stand. Eine neue Welle zirkassischer Auswanderer ließ sich in der Ebene von Muş nieder. Gedeckt von der *hamidiye*-Reiterei, betrieben die kurdischen *beys* weiter ihre Räubereien, deren Straflosigkeit durch den immer noch im Amt befindlichen Marschall Zeki Pascha gesichert war. Sie durften sich alles erlauben: Sie konnten Armenier, und sogar arabische Bauern (die in den *vilayets* Diyarbakir und Aleppo ziemlich zahlreich waren) töten und ausplündern oder die Grenze nach Rußland überschreiten, um dort auf Armenier Jagd zu machen. Ihre kriminellen Übergriffe wurden zum Dauerzustand. Die europäischen Konsulate erhielten regelmäßig Klagen wegen neuer Mordfälle, hatten aber andere Sorgen. Während die Kurden vor allem die Ausrottung »von Fall zu Fall« praktizierten, organisierten sie auch richtiggehende Massaker. So töteten sie im Oktober 1900 in Hasdur über 200 Bewohner, vergewaltigten und verschleppten alle jungen Mädchen und plünderten Häuser und Kirchen, woraufhin ein kaiserlicher Abgesandter ausdrücklich befahl, die armenischen Dörfer gegen die Übergriffe der Kurden zu schützen. Ergebnis: Man nahm die 35 überlebenden Armenier fest! Die Regierung bereitete ihrerseits die endgültige Einnahme der Festungen Zeytun und Sason vor. In Zeytun wurden an den vier strategischen Punkten, die den Zutritt zur Stadt kontrollierten, Bunker gebaut. 6000 Soldaten standen bereit, der Garnison zu Hilfe zu kommen und die Stadt zu isolieren. Von Juli bis Dezember 1900 kam es in den umliegenden Dörfern zu 180 Morden an Armeniern. Im März 1901 wurden 20 Personen festgenommen. Die Lage der Armenier in der Türkei schien verzweifelt.

Hinter den Kulissen wurde eine neue Inszenierung vorbereitet: Die Zeit der falschen Versprechen und der kleinen Reformen, mit denen der Sultan Europa gegenüber manövrierte, war vorüber. Strukturierte Parteien mit präzisem Programm lösten die Utopisten ab und warteten auf die Stunde des Handelns.

Eine große Anzahl untereinander verknüpfter Ereignisse bilden den Hintergrund der armenischen Tragödie von 1915. Erst wenn man die Fäden entwirrt, entdeckt man den roten Faden, d.h. die unmittelbaren Gründe für diesen Völkermord. In Türkisch-Armenien bildeten sich bewaffnete Gruppen, die mit voller Unterstützung der Bevölkerung einen Guerillakampf führten – ein Zeichen für die Entschlossenheit der Armenier. Sie hatten aus den Massakern von 1895 gelernt und verließen sich nun nur noch auf sich selbst. In Russisch-Armenien wurde die *Daschnak*-Partei, die ebenfalls auf weitgehende Unterstützung der Bevölkerung zählen konnte, zur bevorzugten Zielscheibe für die Angriffe der russischen und der osmanischen Regierung, als sie der II. Internationale beitrat und am Kampf gegen den Zaren teilnahm.

In Westeuropa entwickelte sich eine liberale Strömung, die Abdul-

Hamids Sturz wollte, während die russischen Muslims sich der rassischen und kulturellen Identität mit ihren türkischen Brüdern bewußt wurden. Diese Bewegungen kündeten grundlegende Veränderungen im Osmanischen Reich an. Mit dem Nahen des 20. Jahrhunderts, das noch nie gesehene Umwälzungen erahnen ließ, wurde der Graben zwischen Armeniern und Türken immer tiefer. Die zerbrechliche Illusion eines konstitutionellen Liberalismus verdeckte die harte Wirklichkeit: vier Millionen Armenier beiderseits der russisch-türkischen Grenze, die von einer starken Zange umfaßt wurden, und ihre drohende Ausrottung, die viele Probleme lösen würde.

Die *fedais*

Getreu ihrem Programm von 1892 hatte die *Daschnak*-Partei die Selbstverteidigung organisiert. In ganz Armenien verbreitete ein Wort Schrecken bei Türken und Kurden: *fedai*. Im Persischen bedeutet dieses Wort »der Ergebene« und bezeichnet eine Person, die ihr Leben opfert. So nannten die Türken aus Respekt vor deren Tapferkeit die armenischen Kämpfer. Ursprünglich für den Kampf gegen den Zarismus ausgebildet, erhielten diese Kämpfer in den Städten und Dörfern an der russisch-türkischen Grenze, vor allem in Kars, Waffen, und wurden von den *Daschnak*-Führern ausgebildet. Alle Dörfer der Gegend wurden heimlich von der Partei regiert: Jede Gemeinde wählte drei Mitglieder, die absolute Gewalt hatten. Sie sprachen Recht, erhoben Steuern, unterrichteten die armenische Sprache und sorgten für die Aufnahme der Flüchtlinge. Ein Regionalkomitee war zusammen mit dem Zentralkomitee, dem Exekutivgremium der Partei, für die Koordination verantwortlich. Versammlungen wurden auf »falschen Hochzeiten« abgehalten, wo die Führer zur Bevölkerung sprachen, wobei sich für den Fall, daß die Polizei auf den Plan trat, Musiker bereithielten. Von russischen Basen aus durchstreiften Anwerber Türkisch-Armenien auf der Suche nach Männern, die den Widerstand in den armenischen Dörfern organisieren konnten.[4] In den *vilayets* Bitlis und Van und insbesondere in der Ebene von Muş wurden alle wehrtüchtigen Bewohner in Gruppen organisiert, die sich für die Verteidigung und Angriff übten. In jedem Dorf wählte die Partei fünf bis acht Vertrauenspersonen, die das »fliegende Kommando« bildeten, das die *fedais* unterstützte, sie von einem Dorf zum anderen geleitete, Ausbrüche aus Gefängnissen organisierte und von Kurden bedrohten Nachbardörfern zu Hilfe eilte. Außer diesem fliegenden Kommando hatte jedes Dorf eine militärische Gruppe von 30 bis 50 Männern, eine für die Beschaffung von Geld und Waffen zuständige Finanzgruppe sowie eine Frauengruppe, deren Aufgabe die Überbringung von Nachrichten war.[5]

Die *fedais* waren nach strengen Maßstäben ausgewählt und für die härtesten Kämpfe vorbereitet. Die Abtrennung der Gruppen war vollkommen. Kein Mitglied einer Gruppe kannte die Namen der Mitglieder anderer Gruppen. Alle waren gleich ausgerüstet: Zwei Patronengürtel (280 Patronen), ein Mausergewehr, ein Stock, ein Rucksack mit einem Minimum an Kleidern und Nahrung, einige persönliche Gegenstände und ein Stück von einer Hostie (sie hatten Befehl, sich im Fall der Verhaftung das Leben zu nehmen, und konnten so vorher kommunizieren). Der Chef jeder Kompanie hatte absolute Gewalt über seine Männer: jeder Verstoß gegen die Disziplin wurde mit dem Tode bestraft. Wenn sie nach Türkisch-Armenien eindrangen, folgte ihre Bewegung strengen Regeln: Nur der Anführer kannte den Weg; man schlief bei Tag und wanderte nachts, wobei dann niemand sprechen oder rauchen durfte. Die *fedais* übernachteten bei den ärmsten Bauern, blieben aber nie länger als sieben Tage, damit man sie nicht aufspüren konnte und sie ihren Gastgebern nicht zu sehr zur Last fielen. Niemand durfte sie beim Verlassen des Dorfes begleiten.[6]

So sind die armenischen *fedais* zur Legende geworden. Ihr Kampf war aussichtslos; dennoch bewirkte die bloße Existenz dieser nicht zu greifenden nächtlichen Kämpfer, die ganz plötzlich mitten in den Kurdenhorden auftauchten und straften und rächten, ein Gleichgewicht des Schreckens. Türken und Kurden wußten nun, daß ihre Verbrechen nicht ungestraft bleiben würden. Sie bewunderten und fürchteten die *fedais*.

Diese Männer, russische und türkische Bauern, waren Helden, von denen die meisten ihre Hingabe an die armenische Sache mit dem Leben bezahlten. Einige Gestalten ragen hervor: Serop, »der Löwe von Nemrod«, der jahrelang der Herr der Gebirge von Akhlat und Sason blieb. Jardar, Kevork, Tschawusch, Aram von Van, Ischhan, Murad von Sebastia, Kurken, Sebuh, Andranik, Aram von Muş, Keri, Zohrabian, Vazgen Darayan, Hrair, Hratsch – alle taten sich in ungleichen, grausamen Kämpfen hervor, und alle trugen dazu bei, der verfolgten armenischen Bevölkerung wieder etwas Hoffnung zu geben.[7]

Die *fedai*-Kompanien nahmen an Kampfhandlungen teil, die regelrechte Kriegszüge waren. Hanassor erlebte die erste von der *Daschnak*-Partei organisierte Großexpedition. 1896 hatte der kurdische Mazrig-Stamm 800 von Van nach Persien ausgewanderte Armenier getötet. Im folgenden Jahr versammelte sich eine Truppe von 300 Kämpfern in Persien; am 6. August 1897 überfielen sie den Mazrig-Stamm, töteten alle Männer, legten jedoch weder Hand an die Frauen noch an die Kinder und begingen keinerlei Plünderung. Dann zogen sie sich zurück und entkamen der Verfolgung durch reguläre türkische Truppen, die durch 1000 Kurden verstärkt waren. Am 20. November 1901 nahm die Kompanie Adraniks das Kloster von Arakelotz ein. Ein türkischer General, umstellte mit 1200 Soldaten das Kloster und forderte die *fedais* zur Übergabe auf. 19 Tage lang leistete Adranik Widerstand und lehnte es ab, sich zu ergeben. Eines Morgens entdeckten die Türken dann, daß er während der Nacht mit seinen Leuten verschwunden war. Er hatte die türkischen Linien durchquert und war in seine Berge zurückgekehrt.[8] 1904 stießen in Deli-Baba 150 *fedais*, die von den Russen verraten worden waren, auf die Kanonen einer Truppe von 6000 Türken. Trotz ihrer Verluste gelang es den Überlebenden, die Türken anzugreifen, sie im Nahkampf niederzumachen und im Schutze der Nacht die Flucht zu ergreifen. Sie verirrten sich jedoch und wurden erneut von der Infanterie eingekreist. Nur wenige Männer überlebten.[9]

Die bedeutendste von all diesen Unternehmungen war die Erhebung von Sason 1904. Seit den Ereignissen von 1894 war die türkische Regierung entschlossen, die armenische Bevölkerung dieser Region auszulöschen. Im Jahre 1900 wurde das ganze Gebiet zwischen Talori und Göligüzan besetzt, das Dorf Spağank umstellt und schließlich zerstört (200 Opfer). Einige Tage später entsandte der *vali* von Bitlis, Ali Pascha, eine Truppe nach Spağank, die den Auftrag hatte, die Toten zu exhumieren und zu verbrennen; nur einige Leichen behielt man zurück; sie gab man als tote *fedais* aus, um einen Bericht glaubwürdig erscheinen zu lassen, in dem der Überfall als Einschreiten der Truppe gegen armenische Revolutionäre erklärt werden sollte. Andere Dörfer in der Gegend von Sason wurden in den folgenden Monaten mit Erlaubnis der Behörden von Kurden angegriffen. Da die Bauern sich weigerten, ihre Berge zu verlassen, kreiste die Regierung sie ein, indem sie in Çenik, Göligüzan und Talori Kasernen erbauen ließ. Inzwischen bezahlten die Dörfer in der Ebene von Muş für die im Gebirge; im Juli und August 1901 wurden sie alle von den Kurden völlig ausgeplündert.[10] 1903 wurde einer der Organisatoren des Massakers von Konstantinopel, Ferid Bey, zum *vali* von Bitlis ernannt. Im Einvernehmen mit Marschall Zeki Pascha, der immer noch die in Erzincan stationierten Truppen befehligte, beschloß er, die armenische Bevölkerung von Muş und Sason auszurotten. Er begann damit, die Zahlung von über zehn Jahre alten Steuerrückständen zu fordern. Die Bevölkerung der Dörfer schloß sich zusammen und rief die *fedais* zu Hilfe. Daraufhin ließ Zeki Pascha die dem 4. Armeekorps angehörenden *hamidiye*-Regimenter kommen (18 Bataillone) und befahl den Angriff auf Sason. Am 5. Februar 1904 wurden die Bewohner des Dorfs Hunan massakriert. Die türkischen Behörden ließen den armenischen Bischof von Muş festnehmen, der »es gewagt hatte, die Vorkommnisse Konstantinopel zur Kenntnis zu bringen«. Doch die Anführer der Revolutionäre waren zur Stelle. Kevork, Tschawusch, Andranik, Vahan, Hrair, Keri, Murad, Sebuh und Sembat organisierten die Verteidigung mit ihren *fedai*-Kompanien und Freiwilligen: 1000 *fedais* und 3000 Bewohner von Sason standen gegen 10000 reguläre Soldaten und 7000 bis an die Zähne bewaffnete Kurden. Die türkischen Truppen stießen auf zwei Fronten: die eine im Norden in Richtung Muş, die andere im Süden in Richtung Diyarbakir. Türken und Kurden besetzten zuerst die armenischen Dörfer in der Ebene von Muş, wo sie die schlimmsten Untaten verübten. Die Bevölkerung floh massenweise ins Gebirge. Vom 12. bis 22. April warfen die Armenier die Türken zurück und fügten ihnen schwere Verluste zu. Am 23. April wurde jedoch Çenik eingenommen und in Brand gesteckt; Semal ereilte am 25. April das gleiche Schicksal. Die Bewohner von 45 Dörfern versammelten sich in Göligüzan. Sie leisteten einige Tage Widerstand, aber die türkische Artillerie brach ihre Verteidigung. Es kam zu einem schrecklichen Blutvergießen. Die Überlebenden flohen ins Gebirge, wurden aber von den Soldaten bis in die Höhlen verfolgt und getötet. Nach acht Tagen Widerstand wurde das Dorf Talorie am 6. Mai von der Karte gelöscht. 200 aufständischen Armeniern gelang es, bis zum 14. Mai zwischen Talori und Göligüzan einer überwältigenden Mehrheit von Türken standzuhalten und Dörfer zu beschützen; aber schließlich mußten sie sich zurückziehen. Die Bilanz war katastrophal: Sason endgültig zerstört – 3000 Armenier getötet, unter ihnen Hrair und Vahan. Die Massaker hatten sich bis in die Ebene von Muş ausgedehnt, wo sich die Überlebenden in ihren Behausungen versteckt hielten.[11]

Trotz dieses entsetzlichen Blutvergießens hatte die Kampagne von Sason großen Einfluß auf die armenische Bevölkerung der Türkei, die sich nun nicht mehr von allen verlassen fühlte: die *fedais* kämpften an ihrer Seite. Die Armenier hatten endlich bewiesen, daß sie den Türken standhalten konnten, wenn sie sich organisierten.

Die Armenische Revolutionäre Föderation (ARF)

Die ARF nahm als Beobachter am 4. Kongreß der II. Sozialistischen Internationale von 1896 teil. Sie definierte bei dieser Gelegenheit ihr Programm und erklärte: »Unser Ziel ist die politische und wirtschaftliche Befreiung Türkisch-Armeniens durch einen weitgreifenden revolutionären Aufstand. Wir jagen nicht dem Phantom der Wiederherstellung des antiken Armeniens nach, aber wir wollen gleiche Freiheit und gleiche Rechte für alle Bevölkerungsteile unseres Landes in einer freien und gleichberechtigten Föderation.«[12]

Doch die zaristische Regierung verfolgte die Armenier weiter und brachte so allmählich die ARF dazu, »den Kampf gegen den Zarismus sowie den Schutz der armenischen Gemeinden gegen die anderen Völker Transkaukasiens in ihr Programm aufzunehmen«.[13] Nikolaus II. hatte nämlich die Politik der Russifizierung der Minderheiten des Reichs wieder aufgenommen, die vor ihm schon Alexander III. betrieben hatte. Sein Innenminister Plehve[14] und der Gouverneur des Kaukasus, Fürst Galitzin, erwirkten vom Zaren den Erlaß von Dekreten, die 1897 die Schließung armenischer Schulen, Auflösung kultureller Vereine, armenischer Zeitungen und Bibliotheken und im Juni 1903 die Konfiszierung des Besitzes der armenischen Kirche bestimmten. Die letztgenannte Maßnahme warf den Funken ins Pulverfaß. Obwohl die armenische Bourgeoisie, die dabei war, sich zu russifizieren, und der Katholikos das Handeln der *Daschnaks* verurteilten, weil sie sie für antiklerikale Sozialisten hielten, verbündeten sie sich jetzt mit ihnen, um die Selbstverteidigung zu organisieren. Die transkaukasischen Armenier hielten Protestversammlungen ab, die oft von Kosaken mit rücksichtsloser Härte gesprengt wurden, verübten Attentate auf russische Beamte, schufen geheime Gerichte, Schulen und Bibliotheken und scharten sich so um ihr religiöses Oberhaupt, den Katholikos Krimian Hairik, und ihre politischen Anführer, die *Daschnaks*. Auf ihrem 3. Kongreß, der 1904 in Sofia stattfand, revidierte die ARF ihr Programm und erklärte, daß ihre Aktion sich nicht auf die Verteidigung der Rechte der türkischen Armenier beschränke, sondern sich auch auf die der russischen Armenier ausdehne.

Diese antiimperialistische Politik fand wie selbstverständlich die Unterstützung der II. Internationale. Dennoch blieb der Sozialismus der armenischen Revolutionäre so zweideutig wie die Haltung der Sozialisten gegenüber der nationalen Frage. Wohl waren die Verfolgungen durch die *hamidiyes* von der II. Internationalen verurteilt worden[15], doch die armenischen Parteien gehörten nicht zur sozialistischen Bewegung, deren 1892 von der ARF definiertes Programm für sie ein fernes Ideal blieb. Von 1892 bis 1907 war der Sozialismus »das schlechte Gewissen« der *Daschnak*-Partei.[16] Im Verlauf ihres 1907 in Wien veranstalteten 4. Kongresses beschloß die ARF, Mitglied der II. Internationale zu werden, und trotz des heftigen Widerstandes der Bolschewiken, die den bürgerlichen und nationalistischen Charakter der *Daschnak*-Partei anprangerten, wurde ihr Beitritt im gleichen Jahr auf dem Stuttgarter Kongreß vom Internationalen Sozialistischen Büro angenommen.[17] Indem sie eine Partei aufnahm, die keinen souveränen Staat vertrat, machte die II. Internationale für die Armenier die gleiche Ausnahme wie für die Polen.

Diese Entscheidung verdient nähere Betrachtung. Auf den ersten Blick entsprach der Sozialismus nicht der wirtschaftlichen und politischen Realität Türkisch- und Russisch-Armeniens. Was sollten die armenischen Revolutionäre mit einer Doktrin anfangen, die 30000 Proletariern das Recht geben sollte, ihre Auffassungen Millionen Armeniern, von denen die meisten Bauern waren, aufzuzwingen«?[18]

Die Mitglieder der II. Internationale waren ihrerseits in der Frage der Nationalitäten geteilter Meinung. Laut Marx konnten die Nationen »nicht Inhalt der revolutionären Aktion sein. Sie sind nur Formen, in denen der einzige Antrieb der Geschichte wirksam ist: der Klassenkampf«.[19] Andererseits war Marx der Ansicht, daß man das türkische Problem nicht aus seinem Kontext heraustrennen könne und daß es nur durch eine europäische Revolution lösbar sei. Deshalb machten die russischen Marxisten den Kampf gegen den Zarismus zum Programm, aber sie unterstützten nicht die Bewegungen, die auf eine Auflösung des Osmanischen Reichs hinzielten. Die französischen Sozialisten und die deutschen Sozialdemokraten waren gegen diese These und stimmten mit der Ansicht Rosa Luxemburgs überein: Diese sah nämlich in den armenischen revolutionären Bewegungen nicht einen Ausfluß des Zarismus, sondern erkannte, daß in der Türkei, wo es keine Arbeiterklasse gab, die Emanzipation der christlichen Völker sich der Nationalbewegung bedienen mußte. Indem man für die christlichen Separationsbewegungen eintrat, kämpfte man gleichzeitig gegen den Zarismus.

Diese Position stand derjenigen der *Daschnaks* nahe: Die armenische revolutionäre Bewegung drücke nicht »die Bedürfnisse einer armenischen Bourgeoisie... aus, sondern die Bedürfnisse der notleidenden unteren Volksschichten«.[20]

Um 1899 bildeten sich die ersten armenischen marxistischen Grüppchen. Sie waren nicht mit den nationalistischen Tendenzen der *Daschnaks* einverstanden, sondern wollten Russen bleiben. Sie verurteilten die nationalistische Mystik, die ihrer Meinung nach die armenische Frage nur schwieriger machte und einen Rassenkonflikt an die Stelle des Klassenkonflikts setzte. Obwohl ihre Organisation unter der Leitung von Stepan Chahumian kritisch und aktiv war, konnte sie das nationale politische Monopol der ARF nicht erschüttern. Sie schloß sich 1903 mit der Russischen Sozialdemokratischen Arbeiterpartei zusammen.[21]

Die *Daschnaks* kämpften auf dem Territorium von drei Reichen: In der Türkei verwüstete der Guerillakampf die östlichen Provinzen; in Konstantinopel wurde 1905 ein Anschlag auf Abdul-Hamid verübt: eine Bombe explodierte dicht bei einer Moschee, in der Abdul-Hamid seine Gebete verrichtete. Dieses fehlgeschlagene Attentat forderte etwa 40 Opfer[22]. Im Verlauf der persischen Revolution von 1906–1907 gehörte die ARF zur Avantgarde der konstitutionellen Bewegung. Der Armenier Ephrem, der an der Spitze der konstitutionellen Armee stand, unterdrückte den Aufstand der persischen Reaktion. Bei dieser Gelegenheit kämpften islamische Perser und Armenier Seite an Seite[23].

Nach 1905 schwächte in Rußland eine Revision der zaristischen Politik die ARF. Im Verlauf der Revolution von 1905 verringerte der Zar den Druck auf die fremden Nationalitäten, und der neue Gouverneur von Kaukasien, Fürst Worontzow-Daschkow, hob das Dekret von 1903 auf und gab der armenischen Geistlichkeit ihren Besitz und ihre Privilegien zurück. Die armenische Kirche fiel in ihren traditionellen Konservatismus zurück, und die Romanows konnten sich wieder darauf verlassen, bei den Russisch-Armeniern Rückhalt zu finden. Die Festnahme von mehreren Mitgliedern der *Daschnaks* im Jahre 1908 trug dazu bei, das Ansehen der Partei zu mindern.

Doch die Warnung war ernst gewesen. Zwar waren die *Daschnaks* 1908 nur für eine egangierte Minderheit der armenischen Bevölkerung in den drei Reichen repräsentativ, aber man konnte befürchten, daß sich im Falle eines Konflikts die gesamte Bevölkerung der *Daschnak*-Partei anschließen würde. Eine Erklärung des russischen Barons Nolde in der Duma zeigt klar, daß der Erfolg der ARF die Russen beunruhigte: »Wir müssen um jeden Preis diese mächtige Organisation zerstören, die gleichzeitig an drei Fronten kämpft und die die revolutionären Bewegungen in drei Reichen nährt.«[24]

Die muslimischen Nationalisten in Rußland und die Revolution von 1905

Die zaristische Regierung hatte sich zum Ziel gesetzt, die Minoritäten in Rußland allmählich zu assimilieren. Schon nach dem Krimkrieg waren die Krimtataren und die Zirkassier massenweise in die Türkei ausgewandert: Wie einst die Armenier ihre Hoffnung auf das christliche Rußland gesetzt hatten, so wandten sich die Muslims aus dem Zarenreich nach Konstantinopel. Der Panislamismus, den Abdul-Hamid predigte – eine Reaktion gegen den imperialistischen Druck der christlichen Mächte – wurde in Rußland durch den afghanischen Reformer Cemaleddin al-Afghani (1839–1897) propagiert, der davon träumte, die muslimischen Länder von der Herrschaft der christlichen Staaten Mitteleuropas zu befreien und die Muslims in einer mächtigen Föderation zu einen. Allerdings schlug er den Weg des bewaffneten Widerstands vor, und diese wenig realistische Perspektive wurde bald aufgegeben. Nun trat Ismail Gasprinski, den man als den ersten Theoretiker des Pantürkismus ansehen kann, mit dem Vorschlag auf den Plan, eine pantürkische Literatursprache zu schaffen, die allen türkischsprachigen Völkern Rußlands gemeinsam sein sollte. Ab

1883 verfocht Gasprinski in seiner Zeitung *Tercüman* eine Doktrin, »die die Vereinigung der türkischen Völker Rußlands unter der geistigen Führung der osmanischen Türkei und eine im Kontakt mit dem Okzident erneuerte islamische Kultur nach türkischen und russischen Modellen« wollte.[25] Doch Gasprinski war ein Theoretiker, kein politischer Agitator. Er wollte freundschaftliche Beziehungen zwischen Rußland und seinen türkischen und persischen Nachbarn. Ganz anders die junge Generation der Tataren und Aserbeidschaner, die von 1895 an die politische Szene betrat: sie waren leidenschaftliche Nationalisten. Die erste Gruppe wurde in Kazan von Schülern Afghanis gebildet; ihr Leiter war ein Tatare, Abdurraşid Ibragimov. Zu einem revolutionären Konzept wurde der Pantürkismus jedoch vor allem in Baku bei den Aserbeidschanern. Die Bewegung hatte ihre geistige Heimat in der islamischen Bourgeoisie von Baku und wurde von Industriellen und Grundbesitzern finanziert. An ihrer Spitze standen zwei Männer, die nach 1908 eine entscheidende Rolle in der türkischen Politik spielen sollten: Ali Hüseyin-zade und Ahmed Agaev.[26]

Die Stadt Baku am Ufer des Kaspischen Meers, damals eines der größten Erdölförderungsgebiete der Welt, stand unter der wirtschaftlichen Kontrolle der Europäer. Ihre Bevölkerung setzte sich hauptsächlich aus Russen, Armeniern und Aserbeidschanern zusammen. Die Russen bildeten die Führungsschicht in Verwaltung und Handel. Die Armenier waren gleichmäßig in allen sozialen Schichten vertreten. Aber die Handelstätigkeit der Armenier in ganz Transkaukasien hatte zur Folge, daß die armenische Bourgoisie mehr Reichtum besaß als die Bourgeoisie der anderen Nationalitäten. Auch das armenische Proletariat von Baku hatte das höchste Einkommen, war am aktivsten und politisch am besten organisiert. Die Aserbeidschaner hingegen waren, mit Ausnahme eines bürgerlichen Teils, aus dem die Intellektuellen hervorgingen, in der Mehrzahl Arbeiter auf den Bohrfeldern, die für geringe Löhne unter sehr harten Bedingungen arbeiteten. Dieses unpolitische Proletariat ohne Zusammenhalt war für die aserbeidschanische Bourgeoisie eine leicht manipulierbare Masse, die man jedoch leichter für den Nationalismus als für den Klassenkampf mobilisieren konnte. Die Hauptsorge dieser islamischen Bourgeoisie war nicht so sehr der Kampf gegen den Zarismus als die Konkurrenz mit dem armenischen Handel. Und schließlich war das islamische Proletariat dem Aufruf zur Revolution um so weniger zugänglich, als die Arbeiter nicht Gefahr laufen wollten, ihren Lohn einzubüßen und die Teilnahme zahlreicher Armenier an den revolutionären Bewegungen ihnen diese verdächtig erscheinen ließen.[27]

Als im Dezember 1904 der Streik ausbrach, der in Baku das Vorspiel zur Revolution von 1905 war, hatten Rassenkonflikte einen größeren

Anteil daran als der Klassenkampf. Die russische Regierung war sich dieser Widersprüche wohl bewußt, organisierte die Aserbeidschaner gegen die Armenier und lieferte ihnen Waffen. Die aserbeidschanische Bourgeoisie bekräftigte daraufhin ihre Treue zu Rußland, und die Jagd auf die Armenier begann. Der Brand breitete sich rasch über die Provinz Nakitschevan und über Georgien aus. Die Armenier begnügten sich nicht damit, sich zur Wehr zu setzen; mehrfach erwiderten sie die Angriffe mit gewagten Handstreichen. Dieser Zustand der Anarchie dauerte zehn Monate. 1500 Armenier und 700 Türken fanden den Tod; 300 Dörfer, zu gleichen Teilen armenische und türkische, wurden zerstört.[28]

Dieser »kaukasische Aspekt«[29] der russischen Revolution von 1905 erfordert einige Bemerkungen. Das gleichzeitige Entstehen einer islamischen nationalistischen Bewegung und einer armenischen sozialistischen Bewegung mit nationalistischer Tendenz verstärkte noch den Haß zwischen Armeniern und Türken. So kam es, in einem ganz anderen Kontext, zu den gleichen Ergebnissen wie bei den *hamidiye*-Massakern. So stehen die Massaker von Baku gleichzeitig für den Übergang von einer Epoche zur anderen und den fortbestehenden Antagonismus zwischen den beiden Völkern.

Die islamischen Nationalisten mußten gleichwohl dem Erwachen des Bewußtseins des islamischen Proletariats Rechnung tragen und nach 1905 eine Hinwendung zum Sozialismus akzeptieren, die ihre weitere Entwicklung tiefgreifend beeinflussen sollte. Gleichzeitig machte der Zar der russischen revolutionären Bewegung Zugeständnisse und verminderte seinen Druck auf die fremdvölkischen Minderheiten. Nach den Kongressen der russischen Muslims von 1905 und 1906 bekräftigten die Aserbeidschaner und die Tataren ihr Einverständnis mit dem Pantürkismus. Sie wollten weder den Panislamismus Afghanis noch den Liberalismus der Exiltürken von Paris[30]; durch ihren Anführer Yusuf Akçura schlugen sie einen dritten Weg vor: Die Vereinigung der Muslims des türkischen und russischen Reichs.[31]

So wurden alte Mythen wieder ausgegraben: Der Rassenmythos einer Urverwandtschaft unter den turanischen Völkern[32] und der Mythos von einer großen historischen Aufgabe: der Befreiung der Türken vom ausländischen Joch – vom wirtschaftlichen Joch Europas und vom imperialistischen Joch Rußlands – und der Wiederherstellung einer unabhängigen und geeinten Türkei.

Das politische Programm der *Daschnak*-Partei stand in völligem Widerspruch zu diesen nationalistischen und irredentistischen Zielen. Für Armenien, im Herzen der künftigen »Großtürkei« gelegen, konnte es keine Koexistenz mit ihr geben.

Der zugleich antirussische und antiarmenische Pantürkismus stand in Widerspruch zur natürlichen Entwicklung des türkischen Nationalismus. Die nationalistische Bewegung war in den sechziger Jahren des 19. Jahrhunderts entstanden; es bildete sich zuerst ein Geheimbund, die »Jungen Osmanen«, der ein Projekt zur Verfassungsreform veröffentlichte, das eine liberale Kritik an den Reformen des *tanzimat* darstellte. Die »Jungen Osmanen« prangerten diese Reformen als politische Manöver an, die ihrer Meinung nach nur dazu dienten, den Okzident zu täuschen, ohne dem osmanischen Volk die Rechte zuzugestehen, auf die es Anspruch hatte. Diese Utopisten kannten kaum die Realitäten des Osmanischen Reichs, dieses unterentwickelten Landes, das Reformen nur notgedrungen unter dem wirtschaftlichen Druck der kapitalistischen Mächte zuzugestehen bereit war. Dennoch besaßen sie mehr Weitblick als die meisten ihrer türkischen Zeitgenossen, und ihre revolutionäre Tätigkeit, die sich auf die Herausgabe einiger Zeitungen und Veröffentlichungen von Manifesten beschränkte, war der Anfang des Liberalismus in der Türkei. Mit dem Sturz Midhat Paschas verschwanden sie 1876 von der politischen Bühne, aber die Saat, die sie ausgestreut hatten, ging unter dem Despotismus Abdul-Hamids weiter auf.[33]

Während in Konstantinopel wie in den Provinzen die Unzufriedenheit an Universitäten und Schulen wuchs, strukturierten sich in Paris die osmanischen politischen Emigranten unter Leitung von Ahmed Riza. Sie gaben die vierzehntägig erscheinende Zeitung *Meşveret* heraus, die zum offiziellen Organ der Opposition wurde. Ahmed Riza war Schüler Pierre Laffittes, der seinerseits Schüler von Auguste Comte war. So findet man an der Quelle der osmanischen liberalen Doktrin die positivistische Philosophie. Der *Meşveret* griff die Devise der Positivisten auf: Ordnung und Fortschritt *(Intizam ve terraki)*. Die osmanischen Liberalen waren mit einer Oppositionsgruppe in Konstantinopel, der »Osmanischen Union« *(Ittihad-i Osmani)* in Verbindung. Die beiden Gruppen schlossen sich zu einer Partei namens »Einheit und Fortschritt« *(Ittihad ve Terraki)* zusammen, deren Mitglieder »Jungtürken« genannt wurden[34].

Trotz der Intrigen Abdul-Hamids, dem es gelang, andere Oppositionsgruppen aufzulösen, indem er all denen, die den politischen Kampf aufgaben, Beamtenstellungen anbot, widerstand die *Meşveret*-Gruppe. Sie wurde im Gegenteil 1899 verstärkt durch den Beitritt des Schwagers Abdul-Hamids, Damad Mahmud Pascha, und dessen beider Söhne, Sabaheddin und Lutfullah, die aus Konstantinopel geflohen waren. Prinz Sabaheddin geriet jedoch bald in Streit mit Ahmed Riza und verließ die Gruppe »Einheit und Fortschritt«, um seine eigene Partei zu gründen.

Diese Spaltung zeichnete sich auf dem Kongreß der osmanischen Liberalen ab, der vom 4. bis 9. Februar 1902 in Paris stattfand. Die *Daschnaks,* die seit 1896 mit den türkischen Oppositionsbewegungen in Verbindung waren, nahmen neben den Gruppen von Ahmed Riza und Prinz Sabaheddin daran teil. 47 aus Ägypten, Bulgarien, Genf und anderen Ländern angereiste politische Flüchtlinge definierten die Prinzipien des Osmanismus: »Wiederherstellung von Freiheit und Gerechtigkeit in der Türkei; Schaffung eines guten Erziehungs- und Ausbildungssystems, das den modernen Freiheiten und der konstitutionellen Gewalt entspricht, die die junge Generation einst ausüben soll... Herstellung friedlichen Einvernehmens zwischen den verschiedenen Völkern und Rassen des Reichs, das allen ohne Ausnahme die volle Ausübung ihrer Rechte gewährleistet, die in kaiserlichen *hattis*[35] anerkannt und durch internationale Verträge abgesichert sind.« Die armenischen Delegierten erklärten sich bereit, »mit den osmanischen Liberalen bei allen Aktionen, die eine Änderung des gegenwärtigen Regimes zum Ziel haben, zusammenzuarbeiten«. Doch bei der Endabstimmung über die vorgeschlagenen Resolutionen widersetzte sich die *Meşveret*-Gruppe dem Beschluß, die Hilfe der Großmächte für die Durchsetzung von Reformen in der Türkei in Anspruch zu nehmen, und lehnte jegliche Aktion ab, die der Unabhängigkeit des Osmanischen Reichs abträglich sein konnte.[36] Die allgemeinen Prinzipien des Osmanismus erwiesen sich bereits als schwer vereinbar mit dem türkischen Nationalismus.

Nunmehr entstand auf Anregung des Prinzen Sabaheddin hin die »Liga für Privatinitiative und Dezentralisation«. Ihr Programm: Förderung der Privatinitiative im türkischen Volk, Dezentralisation der Verwaltung, Ausgleich zwischen den verschiedenen Rassen des Reichs, Arbeit für eine den Rechten der Osmanen günstig gestimmte öffentliche Meinung in Europa.[37]

Der Prinz schlug eine konstitutionelle Monarchie vor, in der der Einfluß der Zentralregierung zugunsten der Lokalgewalten gemindert sein sollte, damit die zahlreichen Völker und Gruppen des Reichs ihre Rechte bewahren und ihre Ziele verwirklichen könnten.[38] Die Liga stand unter dem dominierenden Einfluß des Prinzen, hatte aber nur wenig Anhänger im Reich und gar keine bei der Armee. So stand ihr Scheitern von vornherein fest.

Und doch war der wirkliche Osmanismus hier repräsentiert und nicht in der *Meşveret*-Gruppe. In der 1907 erschienenen Schrift »Die Krise des Orients« erstellte Ahmed Riza für die Jungtürken »gleichsam ein Inventar ihrer Träume und ihrer Hoffnungen«.[39] In dieser zugleich simplen und verworrenen Darstellung einer Doktrin, die eine türkische Interpretation der positivistischen Philosophie sein wollte, wurde schon die Widersprüchlichkeit deutlich: Diese Männer waren Liberale, aber vor allem Türken; sie waren Atheisten, wollten sich jedoch nachsichtig gegenüber den religiösen Vorurteilen des Islams geben, um ihn nach und nach für die nationale Sache zu gewinnen. Wie die meisten türkischen Emigranten glaubten Ahmed Riza und seine Gefährten aufrichtig an den Liberalismus, freilich nur bis zu den Grenzen, die ihr Nationalismus setzte.

Die emigrierten Jungtürken in Paris waren sich der allgemeinen Krise des Islams, der durch das Erwachen des islamischen Nationalismus in der ganzen Welt zerrissen war, ebenso wie der Lage des Osmanischen Reiches bewußt, das von wirtschaftlichen und territorialen Aspirationen der imperialistischen Mächte bedroht war. In Paris, wie auch später in Saloniki, waren die Jungtürken zu allererst anti-imperialistisch gesinnt. Der Panislamismus Abdul-Hamids machte sich – zum Vorteil des Osmanischen Reiches und gleichfalls in anti-imperialistischer Absicht – die tiefe Not der Muslims zunutze, die im 19. Jahrhundert von Indien bis Marokko und von der Türkei bis nach Schwarzafrika unter dem Joch Europas standen. So war der Osmanismus in der Tat nur ein Erwachen des Nationalbewußtseins, befreit von der täuschenden Maske eines Religionskonflikts.

Vom 27. bis 29. Dezember 1907 fand auf Betreiben der *Daschnak*-Partei ein zweiter Kongreß der Oppositionsparteien des Osmanischen Reiches statt. Außer den drei Organisationen von 1902 nahmen teil: das israelitische Komitee von Ägypten, die Redaktionen der arabischen *(Khilafet)*, armenischen (*Armenia, Hairenik* aus Boston) und balkanischen *(Ramzig)* Oppositionszeitungen und das Ägyptische Komitee »Ahdi Osmani«. Die Delegierten warfen dem Sultan vor, das Land herunterzuwirtschaften und das Osmanische Reich in den Augen der Großmächte zu diskreditieren. Sie schlugen gemeinsames Handeln von Muslims und Christen vor, verlangten den Rücktritt Abdul-Hamids und die Ablösung des absolutistischen Regimes durch ein parlamentarisches System. Einstimmig sprach sich der Kongreß für die Anwendung revolutionärer Kampfmethoden durch die Oppositionsparteien aus. Er rief auf zum bewaffneten Widerstand, zur Nichtzahlung von Steuern, zum politischen und wirtschaftlichen Streik, zur Agitation in der Armee und zum Generalaufstand.[40]

Als die Jungtürken-Revolution von 1908 ausbrach, befand sich die Armenische Revolutionäre Föderation also in Übereinstimmung mit den osmanischen Liberalen und im Widerspruch zu den islamischen Nationalisten Rußlands. Wenngleich die Position der *Daschnak*-Partei nur die einer Minderheit der armenischen Bevölkerung in Rußland, in der Türkei und in Persien darstellte, wurden die Armenier doch in den Strudel hineingezogen. Die armenische Frage, so wie sie sie 1878 vor internationalen politischen Gremien vorgebracht hatten, war 30 Jahre danach überholt. Da die Armenier sich nicht assimiliert hatten und nur in ihrer nationalen Eigenständigkeit überleben wollten, blieben ihnen nur noch zwei Möglichkeiten: Die Unabhängigkeit – zumindest ihre nationale Autonomie – oder der Untergang. Was im Rahmen eines einzigen Reiches möglich gewesen wäre, wurde zu einem unlösbaren Problem für dieses Volk, das wie ein Dreifuß auf Grenzen stand, die den ethnischen Gegebenheiten keine Rechnung trugen. Auf dem Altar geopolitischer Erfordernisse wurden die Türkisch-Armenier geopfert.

11. Der Rat für Einheit und Fortschritt

Da sie die Schwächen einer imperialistischen Macht gegenüber einem »farbigen« Volk wie auch gegenüber Revolutionären enthüllte, fand die Niederlage der Russen gegen die Japaner[1] und später die russische Revolution von 1905 großen Widerhall; dies nicht nur in Konstantinopel, sondern auch in Saloniki, wo die osmanische Armee in einen Guerillakampf gegen die griechischen, bulgarischen und rumänischen Autonomisten verwickelt war.[2] Diese Ereignisse lieferten den nationalistischen Bewegungen, die unter den türkischen Offizieren immer mehr Anhänger fanden, den für den Schritt von der theoretischen Kritik zur bewaffneten Revolte notwendigen Impuls. Die Großmächte hatten europäische Polizeikräfte nach Saloniki entsandt, um die Ordnung in Mazedonien aufrechtzuerhalten. Deren Gegenwart ließ den türkischen Offizieren mehr Freiheit, als sie in Konstantinopel hatten; im September 1906 gründeten sie eine »Gesellschaft für osmanische Freiheit«, die sich im September 1907 mit der Pariser Organisation Ahmed Rizas zusammenschloß. Aus diesem Verband ging der »Rat für Einheit und Fortschritt« hervor. Dieser Rat organisierte sich alsbald in Mazedonien mit einem Generalkomitee in Saloniki und Lokalkomitees in den wichtigsten Provinzstädten. Freilich maßen die jungen Offiziere Ideologien nur wenig Bedeutung bei. Wichtig war für sie nur das Überleben des osmanischen Staates, dem sie und ihre Väter seit Generationen dienten. Ihr Handeln und ihre Diskussionen hatten einen einzigen Mittelpunkt: Wie konnte dieser Staat gerettet werden?[3] Ihre Parolen waren einfach: Freiheit und Vaterland. Sie hatten noch kaum den Versuch gemacht, ihre Ideen durchzusetzen, als ihnen schon die Macht in die Hände fiel.

Die Revolution von 1908

Im Juni 1908 gab das Treffen von Revel der mazedonischen Frage eine Wendung: Die Übereinkunft zwischen dem Zaren und dem König von England bereitete die Autonomie Mazedoniens vor. Verärgert und gedemütigt setzten die Mitglieder des Rates für Einheit und Fortschritt für den 1.September eine Demonstration an. Aus Angst vor vorzeitiger Entdeckung änderten sie dann das Datum.

118

Am 2. Juli 1908 verschanzte sich ein albanisches Mitglied des Komitees von Saloniki, der Major Niazi Bey, mit einer kleinen Gruppe Partisanen und unter Mitnahme des Geldes seines Bataillons in den mazedonischen Bergen. Kurz darauf ging einer der brillantesten Absolventen der Kriegsschule von Stambul, der Vize-Major Enver Pascha, ebenfalls in den Untergrund. Er hatte 150 Männer bei sich und erließ einen Aufruf, in dem er erklärte, die Revolution habe begonnen. 800 türkische Soldaten wurden nach Monastir gesandt. Die Truppen weigerten sich jedoch, ihre Kameraden anzugreifen und töteten ihren Chef, Major Şemsi Pascha. Seinem Nachfolger, Major Osman Pascha, widerfuhr das gleiche Geschick. Überall in Mazedonien bekundete die Armee ihre Solidarität mit den Rebellen. Albanische Bauern schlossen sich ihnen an. Vom 19. bis 22. Juli häuften sich in Yildiz[4] die Telegramme von Armeeführern, die die Wiederinkraftsetzung der Verfassung forderten. In der Nacht vom 22. zum 23. Juli besetzte das Zentralkomitee von Saloniki das Telegrafenamt und rief für den nächsten Morgen die Delegierten der Lokalkomitees und die Dorfbürgermeister zusammen. Ab sieben Uhr früh strömten die christlichen und islamischen Vertreter der Dörfer zusammen. Die Menge versammelte sich um den Gouverneurspalast. Um 10 Uhr erschienen die geistlichen und zivilen Oberhäupter. Die griechischen und bulgarischen Bischöfe gaben einander den Bruderkuß. Türken, Griechen und Bulgaren fielen sich in die Arme. Es war ein Rausch der Versöhnung der Rassen und Religionen. Sprecher stellten dem Sultan ein Ultimatum: Wird die Verfassung nicht binnen 24 Stunden wieder in Kraft gesetzt, marschieren das 2. und 3. Armeekorps auf Konstantinopel. Der Sultan zögerte 24 Stunden; in dieser Zeit gab er dem Großwesir Hilmi Pascha den Auftrag, die Mitglieder des Komitees festnehmen zu lassen. Hilmi überzeugte ihn jedoch davon, daß es sich um eine Volksbewegung handle und daß er nachgeben müsse. Alle seine Berater waren der gleichen Meinung. Am 24. Juli morgens kündigte Abdul-Hamid an, daß er die Verfassung von 1876, die »aus gewissen Gründen widerrufen worden sei«, wieder in Kraft setze.[5]

In Mazedonien spielten sich daraufhin unbeschreibliche Szenen ab. In Saloniki wurden Niazi und Enver, die mit ihren Truppen aus den Bergen zurückgekommen waren, mit Musik empfangen. Für Mazedonien war das Ende des *hamidiye*-Regimes gekommen. In Konstantinopel hingegen war man völlig überrascht. Die Bewohner brauchten mehrere Stunden, um zu verstehen, was sie in der Zeitung lasen, und als sie sich entschlossen, die Neuigkeit zu feiern, brachten sie laut ihre Begeisterung für den Sultan zum Ausdruck.[6]

Die Jungtürken selbst hatten ihren Erfolg kaum erwartet. Sie waren von der politischen Atmosphäre Westeuropas geprägt, die durch demokratische und nationalistische Ideen gekennzeichnet war. Sie waren in einem hochherzigen Glauben an den Osmanismus aufgewachsen und hatten im Patriotismus den Anstoß zum revolutionären Handeln gefunden. Die Umstände waren ihnen weit über ihre kühnsten Hoffnungen hinaus günstig; die Männer, die im Juli 1908 in Konstantinopel die Macht ergriffen, hatten als Motivation ihren Haß auf den Imperialismus und ihren Zorn gegen einen Sultan, der die Staatsgeschäfte Ausländern überließ. Als sie plötzlich die Herren eines in Auflösung begriffenen Reichs wurden, besaßen sie keinerlei politische oder wirtschaftliche Ausbildung, keinerlei Erfahrung, keine wirkliche Ideologie – nur einige Formeln, die sie dem Okzident entlehnt hatten, und einen unerschütterlichen Glauben an die türkische Nation.

Die Erklärung des Majors Niazi Bey nach der Meuterei von Monastir faßt diese Haltung zusammen:

»Dieses Land gehört uns, und solange ein Türke am Leben ist, erlauben wir nicht, daß jemand anderer als die Türken hier befiehlt.« Und er fügte hinzu: »Eines der Ziele der Jungtürken ist, allen Nationalitäten und Religionen des Reichs die Freiheit zu geben. Bedingung jedoch ist, daß die Christen auf ihre früheren Ziele verzichten, die die heutige Situation geschaffen haben.«[7] Die Illusion war von kurzer Dauer. Mit den Realitäten der Macht konfrontiert, wurden die Jungtürken rasch Opfer der »Macht der Verhältnisse«.

Das Zentralkomitee des *Ittihad*

Nach 1908 sprach Europa mit einer gewissen mit Furcht gemischten Bewunderung von Jungtürken, Unionisten und vom Rat für Einheit und Fortschritt. Aber wie Liman von Sanders naiv gestand, hatte »dieser Rat immer etwas Mysteriöses. Ich habe nie in Erfahrung bringen können, wieviele Mitglieder er hatte, noch wer sie – mit Ausnahme der Führenden, die jedermann kannte – waren.« Nachdem die Mitglieder des Rates für Einheit und Fortschritt schneller und leichter, als sie es gehofft hatten, an die Macht gekommen waren, wählten sie eine Taktik, die ihr Überleben sicherstellte: Sie regierten im Schatten, kontrollierten das neue Regime, ohne selbst auf der politischen Bühne zu erscheinen, und hielten ihre Organisation geheim.

Die *Ittihad*-Partei (nach dem türkischen Namen des Rates für Einheit und Fortschritt: *Ittihad ve Terraki*) besaß einen Rat von 20 Mitgliedern unter Aufsicht eines Vizepräsidenten, der mit dem Parlament in Verbindung stand, und ein Zentralkomitee als leitendes Exekutivorgan. Diese Struktur wurde 1913 eingeführt, doch oblag die Führung der Partei schon ab 1908 einem Zentralkomitee. Die Zusammensetzung dieses Zentralkomitees und die Veränderungen, die darin bis 1914 eintraten, sind besonders wichtig, da seine Mitglieder – und nur sie – die politischen Entscheidungen trafen. 1908, als sich Niazi und Enver noch nicht sehr stark profiliert hatten und man erst anfing, von Talât, Nazim, Behaeddin Cakir und Carasso zu sprechen, zählte das Zentralkomitee (das auf einem ersten geheimen Kongreß der Partei gewählt worden war) nur acht Mitglieder: Talât, Enver, Hüseyin Kadri, Midhat Şükrü, Ürgüplü Mustafa Hayri, Habib Bey, Ipekli Hafiz Ibrahim und Ahmed Riza.[8]

Das Zentralkomitee wurde 1910 fast vollständig umbesetzt. Es hatte nur mehr sieben Mitglieder, von denen nur Midhat Şükrü und Hayri dem ursprünglichen Komitee angehört hatten. Eyüb Sabri, Ömer Naci, Haci Adil, Dr. Nazim und Ziya Gökalp wurden neben ihnen zu neuen Parteiführern gewählt.[9] Während die Anwesenheit von Dr. Nazim, eines Mitarbeiters Ahmed Rizas, und seines Freundes Ömer Naci keine besondere Bedeutung hatte, obwohl sie schon fanatische Nationalisten waren, zeigte die des Philosophen Ziya Gökalp den Einfluß der türkistischen Fraktion in der Partei. Gökalp war der Theoretiker des Türkismus, dessen Doktrin als erstes das Streben nach der »nationalen türkischen Kultur« forderte, damit die historische Aufgabe der türkischen Nation erfüllt werden könne.[10]

Im Jahre 1911 wurde das Komitee von sieben auf zehn Mitglieder erweitert: Talât kam zurück. Ahmed Nesimi, Ali Fethi und Hüseyin-zade waren die Neugewählten.[11] Die Ernennung Hüseyin-zades kennzeichnet den Anfang des Einflusses der russischen Emigranten. Akçura, ein bewährter Vorkämpfer des Pantürkismus, und Agaev waren 1908 nach Konstantinopel gekommen und 1910 folgten Mehmed Rasul-zade[12] und Hüseyin-zade sowie Tataren aus der Krim und aus Kazan, Aserbeidschaner, Usbeken und Studenten aus Taschkent und Buchara.

1912 verließ der *Ittihad* Saloniki und ließ sich in Konstantinopel nieder. Das Zentrakomitee erweiterte sich auf zwölf Mitglieder, seine Zusammensetzung blieb bis 1916 gleich. Diese zwölf Mitglieder sind daher als die Hauptverantwortlichen für die Ereignisse von 1915 zu betrachten. Vom Komitee von 1908 verblieb nur noch Midhat Şükrü, von dem von 1911 Talât, Eyüb Sabri, Dr. Nazim und Ziya Gökalp. Die sieben neuen Mitglieder waren: Behaeddin Çakir, Said Halim, Dr. Rusuni, Atif Riza, Küçük Talât, Kara Kemal und Emrullah[13].

Es scheint, daß bei den nichttürkischen Historikern dieser Epoche eine gewisse Verwirrung herrscht. Ihnen fällt es schwer, zwischen der politischen Fassade, d.h. dem Triumvirat (Talât, Enver, Cemal) sowie den Ministern des *Ittihad* einerseits und den wirklichen Drahtziehern, d.h. den Mitgliedern des Zentralkomitees, zu unterscheiden. Letztere hielten diese Verschleierung um so lieber aufrecht, als ihre Anonymität ihnen freie Hand ließ. Da es mit Ausnahme des Generalsekretärs, Midhat Şükrü, kein ständiges Mitglied des Zentralkomitees gab – nicht einmal Talât war permanentes Mitglied –, kann man diesem Komitee eine kollegiale Arbeitsweise zuschreiben. Übrigens wäre es schwierig, in ihm eine dominierende Tendenz festzustellen. Gewiß, die Liberalen wie Ahmed Riza oder Habib verließen das Komitee im selben Jahr, in dem überzeugte Nationalisten wie Ziya Gökalp, Nazim und Ömer Naci ernannt wurden. Doch die Wahl Eyüb Sabris, der bis 1918 auf seinem Posten blieb, und Haci Adils zeigt den Wunsch, diesen Einfluß auszugleichen. Außerdem blieben Hüseyin-zade und Omer Naci nur für ein Jahr im Amt. Die Ernennung Behaeddin Çakirs 1912 bedeutet keine politische Verhärtung, denn gleichzeitig trat auch Said Halim ins Zentralkomitee ein. Es ist geradezu erstaunlich, festzustellen, in welchem Maße das Kräfteverhältnis im Exekutivorgan der Partei ausgewogen blieb – trotz einer deutlichen Tendenz des *Ittihad* zu einem unnachgiebigen Nationalismus hin. 1912 zählte die pantürkische Fraktion fünf Mitglieder: Nazim, Çakir, Gökalp, Atif Riza und Cemal. Es ist daher anzunehmen, daß Talât und Şükrü ihre Vorstellungen durchsetzten. Beschlüsse wurden nur im Mehrheitsverfahren gefaßt, und man kann sich denken, wie heiß manchmal diskutiert wurde. Man war es damals nicht gewöhnt, daß die Strukturen einer Partei das Funktionieren eines Staates bestimmen, und in politischen Kreisen schätzte man die Verteilung der Verantwortlichkeiten ziemlich falsch ein. Einig waren sich alle europäischen Politiker jedoch darin, daß sie – zurecht – Talât als die Schlüsselfigur des Regimes ansahen, »als den einzigen, der wirklich außergewöhnliche angeborene Fähigkeiten besaß«.[14] Talât war Politiker, Enver war Soldat – und gleichzeitig das Markenzeichen des Regimes. Zwischen den beiden Männern bestand mehr als ein heimlicher Konflikt, »mehr... als eine geschickt verhehlte persönliche Abneigung. Ja, man kann von einem stillen Ringen um die Macht zwischen beiden Männern sprechen.«[15] Ohne so weit zu gehen, kann man sagen, daß Talât Enver mit viel Geschick so zu zügeln verstand, daß Enver sich doch für den Herrn des Reichs halten konnte. Was Cemal, das dritte Mitglied des Triumvirats, betrifft, so war er gleichermaßen Politiker und Militär, blieb jedoch mehr im Hintergrund.[16]

Das Triumvirat traf in der Partei auf eine Opposition, der es Rechnung tragen mußte. Hatte der Großwesir Said Halim, ein Berufsdiplomat, keine wirkliche Macht, so bildete Halil, der Vorsitzende des Abgeordnetenhauses, ein mäßigendes Gegengewicht zum Einfluß von Talât und Enver; Cavid schließlich, ein sachkundiger und hellsichtiger Wirtschaftswissenschaftler, leitete die Finanzpolitik der Türkei während der zehn Jahre jungtürkischer Herrschaft.[17]

Die Schwierigkeiten, mit denen die Jungtürken zwischen 1908 und 1914 zu kämpfen hatten, erklären nicht folgende paradoxe Erscheinung: Wie konnte sich eine Revolution, die anscheinend für alle Völker des Reichs einen Status der Gleichheit erreichen wollte, so grundlegend ändern, und zwar ohne daß äußere Einflüsse dies zwingend erscheinen ließen? Warum griffen die Jungtürken, deren Hauptverbündete doch 1908 die armenischen Revolutionäre waren, nicht nur das Verfolgungsprogramm Abdul-Hamids wieder auf, sondern machten es sogar zu einem sofortigen, vorrangigen Ziel?

Der Ablauf der Ereignisse ist hier in der Tat weit weniger wichtig als der Wandel der grundlegenden Ideen. Die Ideologie änderte sich, und der Stab wurde über die Armenier gebrochen. Der Osmanismus konnte sie eingliedern, während der Pantürkismus sie ausstieß. In der Tat kann man die Mechanismen des Völkermords nur vor dem Hintergrund des Mythos vom Pantürkismus verstehen. Die Assimilierung der Fremdvölker des Osmanischen Reiches bei Respektierung ihrer Individualität war ein überaus schweres Problem, und als sich bei dem Versuch seiner Lösung ein Element des Irrationalismus einschlich, wurde ein empfindliches Gleichgewicht gestört. Die Notwendigkeit, den armenischen Fremdkörper zu entfernen, wurde vorrangig gegenüber näherliegenden Aufgaben. Wie alle großen Verbrechen der Neuzeit hat sich der Völkermord an den Armeniern nach dem Schema jeder neurotischen Besessenheit abgespielt. Darin gleicht er dem Genozid an Juden, Slawen und Zigeunern durch den Nationalsozialismus.

1908 war der *Ittihad* noch wenig strukturiert. Er war eine Partei von jungen Offizieren, Intellektuellen (Lehrern, Anwälten, Ärzten, Journalisten) und kleinen Beamten. Die meisten Mitglieder gehörten also dem Mittelstand an. Die herrschende Klasse war ihnen feindlich gesinnt. Das Proletariat und die Massen der Bauern schienen gleichgültig gegenüber einer Bewegung, die sie nicht direkt anging. Die erste Aufgabe des *Ittihad* war daher, sich in der Hauptstadt und in den Provinzen zu organisieren, um die Wahlen zu einer gesetzgebenden Versammlung vorzubereiten und ein politisches Programm zu erstellen.[18] In diesem Programm wurde die Hauptfrage des Osmanismus gestellt: Föderalismus mit Autonomie der Provinzen oder Zentralismus, der sich auf administrative Reformen beschränkte; türkischer Nationalismus oder Teilnahme der verschiedenen Völker des Reichs an den großen Entscheidungen? Diese Frage konnte nicht umgangen werden. »Man konnte nicht von Gleichheit und völliger Freiheit (aller Osmanen) ohne Unterscheidung zwischen Nationalitäten oder Religionen sprechen, ... oder von der Gleichheit (aller) vor dem

Gesetz in Hinblick auf die Rechte und Pflichten dem Staat gegenüber«[19] und gleichzeitig einen zentralistischen Staat und die »Aufrechterhaltung der Herrschaft der türkischen Nation« verkünden.[20] Eine tiefgreifende politische Revolution hätte eine Dezentralisierung der Verwaltung erfordert. Indem sie sich ihr widersetzten, wiesen sich die Jungtürken als die Erben des abgelösten Regimes aus. Das Dezentralisierungsprogramm hätte zweifellos einen Frontalzusammenstoß mit dem Konservatismus der politisch völlig ungebildet gebliebenen muslimischen Massen bedeutet, und die Minoritäten selbst waren kaum in der Lage, an einer wirklichen Osmanisierung mitzuarbeiten, die den Verzicht auf ihre Eigenheiten bedeutet hätte. Aber das Komitee zögerte nicht: es wählte die türkische Lösung mit allen Konsequenzen, die diese nach sich zog.

So wurde der Osmanismus wieder aufgegeben, noch ehe er in die Wirklichkeit umgesetzt worden war. Analysiert man die Stellungnahmen der *Ittihad*führer bei den Parteikongressen, so wird man vergeblich den Punkt suchen, an dem die Wende eintrat. Die Kongresse spiegeln vor allem die Schwierigkeiten wider, auf die der Rat für Einheit und Fortschritt bei seinem Kampf um die Macht traf.

Fünf Jahre lang schwächten die Kriege in Albanien, im Jemen, in Tripolitanien und im Balkan, Regierungswechsel und Angriffe der reaktionären Parteien den Rat, der seine Existenz mehrmals bedroht sah. Der Kampf ums Überleben stand für das Komitee lange im Vordergrund.[21] 1910 fand der 2. Kongreß des *Ittihad* in Saloniki statt. Die Delegierten bemühten sich, die Einheit der von Spaltung bedrohten Partei wiederherzustellen. Am Rande des offiziellen Kongresses soll sich Talât bei einer geheimen Zusammenkunft beunruhigt über die Zukunft des Osmanismus geäußert haben: »Ihr wißt, daß die Verfassung die Gleichheit von Muslims und Giaurs (Benennung der Türken für alle, die sich nicht zum Islam bekannten) verkündet. Doch wir glauben und wissen alle, daß dies ein nicht realisierbares Ideal ist. Der Scheriat, unsere ganze historische Vergangenheit, das Empfinden von Hunderttausenden von Muslims und das der Giaurs selbst, die hartnäckig jedem Osmanisierungsversuch widerstehen, bilden ein nicht zu überbrückendes Hindernis für die Herstellung wirklicher Gleichheit. Es kann daher keine Rede von Gleichheit sein, ehe es uns gelungen ist, das Reich zu osmanisieren, was eine langwierige und schwierige Aufgabe ist, die wir – das kann ich jetzt schon sagen – erst erfüllen können, wenn wir endlich der Agitation und der Propaganda in den Balkanstaaten ein Ende gemacht haben.«[22] Der englische Botschafter in Konstantinopel schrieb in einer Analyse dieser Erklärung: »Die derzeitige Politik der Osmanisierung kann man eine Art Zermalmung der nichttürkischen Elemente im türkischen Mörser bezeichnen.«[23] Die genannte Erklärung Talâts findet sich jedoch nicht bei den

Beschlüssen des Komitees von 1910, und man kann um so mehr an ihrer Echtheit zweifeln, als Talât gerade in jenem Jahr nicht Mitglied des Zentralkomitees war.[24]

Auf seinem dritten – dem letzten in Saloniki abgehaltenen – Kongreß verlangte der *Ittihad* in einer Sitzung des Zentralkomitees, daß überall im Reich die türkische Sprache verwendet werde. Dies sei »das Mittel, die islamische Oberherrschaft und die Assimilierung der nichttürkischen Elemente zu erreichen.« Außerdem forderte die Partei die Unterdrückung aller dem Türkismus entgegengesetzten Ideen.[25] Einige Autoren behaupten, daß der Genozid an den Armeniern auf dem Kongreß von 1911 beschlossen worden sei.

Diese Behauptung kann sich auf kein verläßliches Dokument berufen. Der Kongreß von 1911 wurde am 30. September mitten in einer Krise eröffnet. Soeben war der Krieg gegen Italien ausgebrochen. Die Tagesordnung wurde abgesetzt, und die Versammlung nahm die Funktion eines nationalen Verteidigungsrates an, der Freiwillige zu den Fahnen rief und sich um die Mithilfe der nichtislamischen Gruppen bemühte.

Nicht anders war es bei dem Kongreß, der 1912, mitten im Balkankrieg, in Konstantinopel stattfand. Der Versammlung ging es vor allem um eine Analyse der militärischen Lage und die Festlegung einer Wahlstrategie. Der 5. Kongreß begann am 20. September 1913, ebenfalls in Konstantinopel. Bei seiner Eröffnungsrede hob Ali Fethi die Notwendigkeit hervor, durch eine neue Gesetzgebung die wirtschaftliche Erneuerung des Reichs sicherzustellen, Handel und Industrie zu entwickeln und Landwirtschaftsgenossenschaften zu gründen – kurz, das Land zu modernisieren: »Die osmanische Regierung wünscht den Fortschritt und die Entwicklung der verschiedenen Elemente, aus denen sich die Bevölkerung des Reiches zusammensetzt. Dafür muß sie ihre Innenpolitik auf die Verwendung der Lokalsprachen der dominierenden Elemente stützen.«[26] Im Vergleich zu den Forderungen des *Ittihad* von 1911 nahm er damit eine weniger kompromißlose Haltung ein, und seine Stellungnahme konnte als eine Anerkennung nationaler Eigenheiten interpretiert werden.

Weder die Protokolle der Parteikongresse noch die der Geheimsitzungen des Zentralkomitees – deren Echtheit immer noch angezweifelt werden kann – genügen, um die allmähliche Tendenz zu einem immer unnachgiebigeren Nationalismus hin zu erklären. Der fast vollständige Verlust der europäischen Territorien des Reichs und das Aufkommen einer mächtigen reaktionären Partei brachten den *Ittihad* dazu, den Minderheiten gegenüber eine intolerante Haltung einzunehmen, wobei er gleichzeitig seine Treue zum Osmanismus beteuerte. Die grundlegende Ursache für den ideologischen Wandel des *Ittihad* muß man jedoch anderswo suchen: Sie lag in einer starken Durchdringung des osmanischen politischen Lebens durch den Türkismus, in einem kollektiven Wahnzustand, der zuerst die Intellektuellen ergriff und nach und nach alle Klassen durchdrang. Der nationalistische Flügel der Partei engagierte die Massen für den Türkismus. Später waren es dann die Massen, die die ganze Partei in eine Explosion des Rassenfanatismus hineinzogen.

Die Auswirkung des Türkismus auf das politische Leben

Von 1908 bis 1913 durchdrang die türkistische Bewegung die politischen und literarischen Kreise des Osmanischen Reiches. Die Türkisten stützten sich auf den vom *Ittihad* aufgebauten Apparat und gründeten Vereine und Zeitschriften: *Türk Dernegi* und das gleichnamige Organ (1909–1911); 1911 die Vereinigung und die Zeitschrift *Türk Yurdu* (das türkische Vaterland), 1912 den Club *Türk Ocagi* (die türkische Heimstatt), der in der Hauptstadt bald 3000 Mitglieder zählte; die Zeitschriften *Bilgi* (Erkenntnis) und *Halka Doğru* (Der Weg zum Volk) 1913. »Hinter den verschiedenen Namen dieser angeblich unpolitischen Vereinigungen und dieser Schriften verbirgt sich in Wirklichkeit die fieberhafte Aktivität einer klar umrissenen militanten Gruppe.«[27] Gemeint waren damit: Yusuf Akçura, der Dichter Mehmed Emin, Ahmed Agaev, Ali Hüseyin-zade, der Historiker Fuad Köprülü, Ismail Gasprinski (der auf der Krim geblieben war, aber an verschiedenen Zeitschriften mitarbeitete), die Schriftsteller Celâl Sahir und Halid Edip.[28] Die Gründer der Zeitschrift »*Genç Kalemler*« (Die jungen Schriftsteller) von Saloniki (Ziya Gökalp, Ali Canip und Omer Seyfettin) schlossen sich ihnen ab 1912 an.[29]

Mit russischer Finanzhilfe gestartet, war *Türk Yurdu* die bekannteste all dieser Zeitschriften; ihre Lektüre liefert die wichtigsten Informationen über den Türkismus. Ihr Chefredakteur, Yusuf Akçura, bestimmte den Ton der Zeitschrift. »Seine Artikel (waren) der harte Kern von *Türk Yurdu*« und faßten ihre Ziele zusammen: Betonung der rassischen Identität von Tataren und Türken, Verherrlichung des Patriotismus und Wiederherstellung der turanischen Gemeinschaft in den Grenzen des 13. Jahrhunderts. Die Zeitschrift räumte auch den Ideen Ismail Gasprinskis und Agaevs breiten Raum ein, deren Ideologie derjenigen Akçuras gedankenverwandt und im übrigen antiklerikal war.[30] Die Ideologie von *Türk Yurdu* gründete auf den von Hüseyin-zade geprägten und von Ziya Gökalp wieder aufgenommenen Leitbegriffen: Türkisierung, Islamisierung, Modernisierung.

An den Universitäten wurden Lehrstühle für Türkologie eingerichtet, an denen Sozialwissenschaften und Pantürkismus gelehrt wurden.[31] Über die theologischen Schulen erfaßte der Türkismus sogar die religiösen

Kreise und die *softas,* die kurz zuvor noch fanatische Panslawisten gewesen waren. Der Türkismus breitete sich unter den Bauern und im Proletariat aus: zum erstenmal wurde Arbeitern und Händlern bewußt, daß sie Türken waren. Es war nun von türkischen Arbeitern, von türkischen Handwerkern die Rede. Eine großangelegte fremdenfeindliche Kampagne führte zum Boykott ausländischer Geschäfte. Mit einem Kapital von einer Million Pfund wurde die türkische Nationalbank gegründet und eröffnete Zweigstellen in Anatolien. Man machte den türkischen Kapitalisten Vorwürfe, die in ausländischen Banken oder Industrien investierten. Freilich mußten die Jungtürken nach den ersten Konkursen rasch auf den Boden der wirtschaftlichen Tatsachen zurückkehren und sich eingestehen, daß sie auf die Führung der Wirtschaft kaum Einfluß hatten, da diese fast ganz in ausländischen Händen lag. Doch diese Feststellung verstärkte lediglich ihren Fanatismus.[32]

Nach der Einnahme von Adrianopel durch Enver[33] erklärten fast alle Kabinettsmitglieder, sie seinen *Ocagisten.* Der Kultusminister ernannte nur noch Pantürkisten zu Universitätsprofessoren; sämtliche Lehrpläne von der Grundschule bis zu den *medresses* (d. h. Theologieschulen) wurden abgeändert. Agaev wurde zum Schulinspektor in Konstantinopel ernannt und bemühte sich, den Unterricht der türkischen Geschichte und Literatur zu reformieren.

Talât, der zu jener Zeit Innenminister war, ernannte die Beamten je nach ihren pantürkistischen Überzeugungen. Ihren Höhepunkt erreichte die pantürkistische Agitation kurz vor Ausbruch des Ersten Weltkrieges. Patriotische Journalisten sagten den Fall des russischen Reiches und die Geburt eines turanischen Reiches auf seinen Ruinen voraus. Eine phantastische Flutwelle, die aus der Tiefe des kollektiven Unbewußten eines Volkes hervorbrach, ergoß sich in wildem Fluß über alle Schichten der türkischen Gesellschaft.

Diese Entwicklung wurde zu spät bemerkt. Während man in den europäischen Kanzleien noch darüber diskutierte, ob es notwendig sei, das Osmanische Reich seiner Besitzungen zu entledigen, war dieses in Wirklichkeit bereits tot. Wie der Phönix, der aus der Asche ersteht, hatte die neue Türkei Europa bereits verlassen und war in ihre ursprüngliche Heimat – nach Asien – zurückgekehrt. Der Verlust von Mazedonien, Albanien und von anderen, völkisch heterogenen und von rassisch und religiös homogenen Staaten umgebenen Gebieten, die somit schwer gegen äußere Gefahren zu verteidigen waren und von den Türken unter militärischer Gewaltherrschaft gehalten werden mußten, war für die Türken ein Vorteil. Nach Lage der Dinge konnte die Türkei ihre statische Haltung nur dann ablegen und sich modernisieren, wenn sie Belastungen, die sich aus ihrer imperialistischen Position ergaben, loswerden konnte. Die Tatsache, daß man schon seit dem 18. Jahrhundert auf ihren letzten Atemzug wartete, ließ sie gestärkt aus ihren Territorialverlusten hervorgehen.[34] Mit Libyen, Bulgarien, Bosnien-Herzegowina und Rumelien verlor das Osmanische Reich die europäische Türkei fast vollständig – beinahe ein Viertel des Staatsgebiets und fünf Millionen Bewohner. Nach der Abtrennung der balkanischen Minoritäten wurden die Türken die größte Volksgruppe des Reiches; das Zentrum ihrer nationalen Existenz verlagerte sich zurück nach Anatolien. Doch dieses Opfer, das sie recht bereitwillig akzeptierten, sollte das letzte sein. Die Errichtung eines multinationalen Staates erwies sich als unmöglich, und die Jungtürken konnten nicht zugeben, daß sie so etwas eigentlich auch gar nicht versucht hatten. Die Fremdvölker begriffen jedoch rasch, daß »nicht alle Osmanen Türken sind«. Vor allem zu den Arabern – sie waren 5½ Millionen gegenüber 12½ Millionen Türken im ganzen Reich – sagte man: »Ihr und Eure Rasse seid Untertanen der Türken. Haben wir nicht Euer Land mit dem Schwert erobert? ... Ihr und Eure Nation müßt die Tatsache anerkennen, daß Ihr Türken seid, und daß sowohl eine arabische Nation wie ein arabisches Vaterland Dinge sind, die es nicht gibt.«[35]

Was die Griechen, die Albaner und die Juden anlangte, so blieben sie zwar türkische Bürger, wurden aber nie Mitglieder der türkischen Nation. Sie sollten ein Fremdkörper in einem türkischen Nationalstaat bleiben, der sie, um homogen zu werden, ausstoßen mußte.

Schließlich zwang diese Revision der türkischen Politik zu einer weiteren Feststellung. Der Feind der Türkei, der sie im Norden und im Osten umgab, der sie im Namen des Panslawismus aus Europa vertrieben hatte, der sich, um Zugang zum Mittelmeer zu haben, die Meerengen aneignen wollte – dieser Todfeind war Rußland. Zwischen Rußland und der Türkei gab es nur eine Grenze: Armenien, das von Kurden und Armeniern besiedelte Gebiet. Mußte das nicht bedeuten, daß die Armenier eine Gefahr für die neue Türkei darstellten, da sie sowohl an der asiatischen Grenze Anatoliens als auch in Gebieten siedelten, denen die Eroberungspläne des Pantürkismus galten? Wenn ein Volk nach Jahrhunderten der Lethargie so plötzlich erwacht, wenn es von einem so heftigen nationalistischen Fieber befallen wird, wenn überdies materielle Interessen hinzukommen – dann schreckt es vor keinem Verbrechen zurück, wenn die Staatsraison es fordert.

All dies sind freilich eher Hypothesen als Schlußfolgerungen. Zu fragen bleibt: War der Pantürkismus indirekte Ursache des an den Armeniern verübten Genozids? Muß man hinter den Tiraden eines Gökalp und hinter den Stellungnahmen eines Akçura oder eines Agaev mehr sehen als nur Äußerungen unkontrollierten Überschwangs? Waren die Politiker, die für die Geschicke des Osmanischen Reiches verantwortlich waren, einem Wahn verfallen? Glaubten sie wirklich, dem Pantürkismus den Weg zu bereiten, indem sie die Armenier ausrotteten? Hier liegt zweifellos der Kern des Problems. Der Historiker, der es nicht gewöhnt ist, das Eindringen des Mythos in das politische Leben eines Landes in Rechnung zu stellen, sucht handgreiflichere Gründe und kann diesen abrupten Sprung von der Vernunft zum Wahn nicht verstehen.

Und doch, es ist der Mythos, der die Maßlosigkeit bewirkte, ohne die es keinen Völkermord gibt. In den Jahren vor dem Ersten Weltkrieg hat über der Türkei ein Wind des Wahnsinns geweht. Das erschlaffte und dann aufgerüttelte Osmanische Reich wurde schließlich von den schrecklichen Konvulsionen des Pantürkismus befallen. Die Vision eines neuen, großen türkischen Reiches wurde von den Türken nicht wie eine kaum vorstellbare Utopie aufgenommen, sondern wie ein vorrangiges Ziel, das schnellstens erreicht werden mußte. Erfahrene Politiker machten Schwärmereien von Dichtern und Kassandrarufe selbsternannter Propheten zur Grundlage ihrer Programme. Eine unreife, zerbrechliche Partei begeisterte sich für eine große Mission und lieferte sich den Höllenkräften des Mythos aus. Sowie sich die türkischen Nationalisten dem Kampf für den Pantürkismus angeschlossen hatten, lenkten sie ihren Blick nach Transkaukasien, das nun als potentieller türkischer Lebensraum galt. Es gibt keine andere Erklärung für die Ausrottung der Armenier in der Türkei, diesen so schweren und so folgenreichen politischen Frevel, der noch heute auf der Türkei lastet.

12. Die armenische Frage wird neu gestellt

1908 hatten die armenischen Parteien nichts von den Plänen des Komitees in Saloniki gewußt, und die plötzliche Veränderung der politischen Situation traf sie unvorbereitet. In der Hauptstadt gerieten die Armenier in einen Freudentaumel. Von einem Tag zum andern schien es keinen Haß, keine Rassendiskriminierung mehr zu geben. Jeder glaubte, er sei nun osmanischer Vollbürger. Wochenlang feierte man überall im Osmanischen Reich das große Fest der Brüderlichkeit. Die über diesen plötzlichen Wandel verblüfften europäischen Journalisten beschrieben ausführlich die verschiedenen Festlichkeiten: »Die bemerkenswerteste und bedeutungsvollste Demonstration war die der Armenier, die am Abend des 3. August (Julianischer Kalender) in den Straßen von Smyrna einen großen Umzug veranstalteten. An der Spitze marschierten die gerade erst freigelassenen armenischen Häftlinge. Auf einem über und über mit Blumen geschmückten Wagen wurden ein türkischer Soldat und ein Armenier, die sich an der Hand hielten, von einer sehr hübschen Armenierin bekränzt, während auf einem anderen Wagen ein Muslim, ein Grieche und ein Israelit eine weitere sympathische Gruppe bildeten – eine ganz ungewohnte, neue Gruppierung, so neu wie die Inschriften ›Freiheit, Gleichheit, Brüderlichkeit‹, die auf den osmanischen Flaggen standen, und neu wie die von der Militärmusik gespielte Marseillaise und alles, was man seit drei Wochen im Zeichen der wieder in Kraft gesetzten Verfassung in der Türkei sieht und hört.«[1]

Am bewegendsten war die Demonstration, die am Sonntag, dem 9. August (Julianischer Kalender) in Konstantinopel stattfand. Einem Aufruf der Kadetten der Militärschule folgend, begab sich die Menge zum armenischen Friedhof Feriköy und fiel vor dem Hügel, unter dem die Opfer der Massaker von 1896 bestattet waren, auf die Knie. Die Armenier antworteten am 13. August auf diese hochherzige Geste, indem sie die Menge aufforderten, sich unter den Klängen des osmanischen Nationalmarsches und der seit 30 Jahren verbotenen »Hymne an die Freiheit« des Sultans Abdul-Aziz zu den Taxim-Gärten zu begeben. Dort wurden mehrere Reden gehalten, die Solidarität und Brüderlichkeit priesen und die türkischen Märtyrer an die Seite der armenischen stellten. Man jubelte dem aus dem Pariser Exil zurückgekehrten armenischen Rechtsanwalt Zohrab und dem erst am Vortag aus dem Exil in Damaskus zurückgekommenen Marschall Fuad Pascha zu. Man schrie, weinte und umarmte sich.[2]

Die opernhafte Illusion von der Versöhnung der Rassen war nur von kurzer Dauer. Bald mußten die Armenier einsehen, daß sie nur den Herrn gewechselt hatten.

Getreu ihren Versprechen gegenüber dem *Ittihad* befahl die *Daschnak*-Partei gleich nach der Ausrufung der Konstitution den *fedais,* den Kampf aufzugeben und die Waffen abzulegen – ein Befehl, der oft nur ungern ausgeführt wurde. Bei den Wahlen erhielten die Armenier entgegen den offiziellen Versprechen, die ihnen gemacht worden waren, nur zehn Sitze. In den östlichen *vilayets* hatte sich nichts geändert. Die meisten Beamten kümmerten sich nicht um die Verfassung, die kurdischen *aghas* verübten weiter ihre Untaten, und das Steuererhebungsverfahren blieb willkürlich wie zuvor. Vor allem aber konnte man in den verschiedenen Provinzen das Entstehen von organisierten Gruppen beobachten, die zu einem rücksichtslosen Massaker an den Armeniern bereit waren. In Bitlis, Erzurum, Van, Harput, Sivas und Diyarbakir häuften sich Ausschreitungen und Gewalttaten.[3]

Hier hatte die Verkündung der Konstitution nur eine Konsequenz gehabt: das Wiedererwachen des noch kaum eingeschlafenen Hasses. Am alltäglichen Leben der Armenier in den östlichen *vilayets,* diesem höchst unsicheren Leben voller Elend, Zwang und Schikanen kann man ermessen, welch ein Abgrund klaffte zwischen den Reden der Jungtürken im Exil, den Versprechen des *Ittihad* und dem reaktionären Bodensatz der Lokalverwaltungen, die entschlossen waren, die Verfassung nicht anzuwenden. Obwohl es ihm gelungen war, die Wahlen zu gewinnen, war es dem Rat für Einheit und Fortschritt nicht wirklich gelungen, in den Provinzen eine solide Basis zu gewinnen. Die Armenier in den östlichen *vilayets* lebten weiterhin in der Angst vor einem allgemeinen Massaker. 1909 fand ein solches Massaker statt – anderswo, in Kilikien – ohne daß man sagen könnte, ob es sich um ein letztes Aufflackern der traditionellen *hamidiye*-Politik handelte oder um ein Vorspiel zum Völkermord von 1915.

Die Massaker in Kilikien

An den in Kilikien verübten Massakern[4] kann man das Ausmaß des armenischen Problems ermessen. Das Gebiet, in dem diese Ereignisse stattfanden, liegt zwischen den Hafenstädten Alexandrette und Latakia. Der Boden ist dort so reich, daß Wein, Baumwolle, Orangen- und Maulbeerbaum, Weizen und Gerste im Überfluß gedeihen. Man stand am

Anfang der Mechanisierung der Landwirtschaft, die Industrie entwickelte sich, und die Linie Berlin–Bagdad sollte die Ebene durchqueren. Dieses Land konnte vertrauensvoll in die Zukunft blicken. 1909 waren von 400 000 Bewohnern etwa 100 000 Armenier.[5]

1895 war die Gegend verhältnismäßig wenig betroffen, wohl wegen der Nähe der reichen, stark von Europäern frequentierten Stadt Mersin, in der ein englisches oder französisches Truppenkorps rasch an Land gehen konnte. Die Armenier hatten den größten Teil des lokalen Handels in ihren Händen und machten sich auch daran, den Agrarsektor zu beherrschen. Nach der Ausrufung der Verfassung glaubten sie naiv, wirkliche Rechte erworben zu haben. Sie hielten zahlreiche Versammlungen, Vorträge und Theateraufführungen ab und klagten vor Gericht, wenn ihnen Unrecht zugefügt wurde – kurz, sie traten aus dem Schatten, in den sie sich bislang aus Furcht zurückgezogen hatten. Freilich erweckte ihr Wohlstand bald den Neid der Türken. Als mehr oder minder bewußtes Echo dieser Rivalität – und als Antwort auf die Forderungen der Hohen Pforte – überschwemmten die Lokalbehörden Konstantinopel mit Depeschen über angebliche armenische Verschwörungen. Diese Anklagen scheinen um so weniger berechtigt, als die örtlichen Sektionen der *Hintschak*- und der *Daschnak*-Partei auf jegliche revolutionäre Aktion verzichtet hatten und sich nach und nach in politische Verbände verwandelten, die übrigens herzliche Beziehungen zu den lokalen Ablegern des Rates für Einheit und Fortschritt, die sich ab 1908 in den *vilayets* gebildet hatten, unterhielten. Notabeln unter der Führung eines gewissen Abdul Kadir sahen beunruhigt, wie das armenische Element seine Stellung konsolidierte, und schlossen sich in geheimen Verbänden und antikonstitutionellen Gruppen zusammen. Diese – bald bewaffnete – reaktionäre Bewegung konnte sich um so schneller entwickeln, als sie sich rasch des Schutzes des neuen *vali*, Cevad Bey, und der Unterstützung des Militärkommandanten Remzi Pascha (des Organisators der Massaker von Maraş 1895) erfreute. Die ständige Aufhetzung der Bevölkerung gegen die Armenier mit Hilfe plumpster Provokationen hatte zur Folge, daß im *vilayet* ab Februar 1909 völlige Anarchie herrschte. Die Spannungen wuchsen noch, als der Kommissar Zor Aly, der von Konstantinopel beauftragt war, die konterrevolutionäre Bewegung der Hauptstadt mit der Kilikiens zu koordinieren, nach Adana zurückkam. Um den 15. März ahnten sowohl Armenier als auch Türken, daß das Massaker unmittelbar bevorstand, und bewaffneten sich entsprechend. Die Zwischenfälle häuften sich um so mehr, als man sich der Erntezeit näherte, während 50 000 meist türkische und kurdische Arbeiter in die Ebene von Adana herabkamen, um die Ernte einzubringen, die die Speicher der armenischen Grundbesitzer füllen sollte. Ein kleiner Vorwand genügte, um das Pulver zu zünden. Ein türkischer

Beamter drückte es so aus: »Wir warten, bis der Bienenstock mit Honig gefüllt ist; dann kommt die Gelegenheit, ihn zu leeren.«[6]

Am 6. April tötet ein junger Armenier in berechtigter Notwehr zwei Türken. Die Maschinerie ist in Gang gesetzt: Die Bestattung wird ausgenützt, um die Bevölkerung aufzuhetzen, die die Auslieferung des Mörders fordert. Die Armenier wenden sich an den *vali,* der Waffen an die Türken verteilt, damit sie sich vor den Armeniern schützen können. Die türkischen Häuser werden markiert, damit man sie bei der großen »Säuberung« erkennen kann. Am 13. April[7] sind die türkischen Viertel und die Moscheen voller bewaffneter Männer, die den weißen Turban der »Gläubigen« tragen. Am 14. April, kurz nach dem Osterfest, gehen die Armenier wieder auf den Markt, öffnen die Schulen ihre Tore. Plötzlich erfährt man, daß die Türken mit Hilfe der Polizei Armenier angreifen, die sich sogleich in ihrem Viertel verschanzen. Mittags fallen die ersten Schüsse; die Plünderung folgt. Soldaten besetzen die Minarette der Moscheen und feuern auf die Armenier, deren Viertel, in dem sich die Selbstverteidigung organisiert, umstellt ist. Der Anschein des Widerstands flößt dem *vali* Angst ein; er schickt Telegramme an die *mutessarifs* und *kaimakams* der Gegend und ruft die *redifs* herbei. Sie kommen dem Angreifer am folgenden Tag zu Hilfe. Am Abend des 15. April erreichen die Armenier, denen die Munition ausgeht, einen Waffenstillstand; am Vormittag des 16. April werden die Kampfhandlungen eingestellt.

Zum gleichen Zeitpunkt werden die Städte und Dörfer der Ebene in gleicher Weise verwüstet. In Alexandrette, Maraş, Antep und Mersin hingegen gelingt es den *kaimakams,* die zum Schutz der christlichen Bevölkerung notwendigen Maßnahmen zu ergreifen.

Im Laufe dieser Tage werden über 200 Dörfer von der Karte gelöscht und mehr als 20 000 Menschen ermordet – zumeist Bauern und Landarbeiter, die zur Ernte aus dem Gebirge gekommen waren. Die Ernten werden vernichtet oder für die Türken eingeholt. Dies bedeutet den wirtschaftlichen Ruin ganz Kilikiens.[8]

Nach dem 16. April gibt es für Adana eine Atempause von zehn Tagen: Die in Saloniki stationierte Armee marschiert gegen Konstantinopel und schlägt die Konterrevolution nieder. Man kann hoffen, daß sich der Wind zugunsten der Armenier dreht. Am 24. April kommen ein englischer und zwei französische Marineoffiziere – Kommandanten von in Mersin liegenden Schiffen – nach Adana zu einer Unterredung mit dem *vali,* den sie für die jüngsten Ereignisse verantwortlich machen. Die Jungtürken werfen daraufhin den Armeniern vor, sie hätten »in einer inneren Angelegenheit eine Intervention des Auslandes verursacht«.

Am 24. April erobert Mahmoud Şevket Pascha Konstantinopel zurück.[9] Er schickt frische, aus Damaskus und Beirut angekommene Truppen nach

Adana. Die konstitutionellen Truppen haben ihre Posten an den Stadttoren noch nicht eingenommen, als Schüsse aus den Gewehren der Leute des *vali* fallen. Man überzeugt die Soldaten, die die Armenier ohnehin nur widerwillig gegen die Türken verteidigen, davon, daß sie von den Armeniern angegriffen worden seien. Der Erfolg ist durchschlagend. Soldaten und Plünderer stürzen sich auf das armenische Viertel, dessen Bewohner seit dem Waffenstillstand vom 16. April unbewaffnet sind. Brandsätze werden auf die Häuser geworfen, die in Flammen aufgehen. Das Feuer greift auf Schulen über, in die sich viele Familien geflüchtet haben. Auf den Straßen steigern sich die Leidenschaften mit dem Brand, und die Gewalt erreicht ihren Höhepunkt. Flüchtende werden erschossen, man durchschneidet ihnen die Kehle, fesselt sie, übergießt sie mit Petroleum und zündet sie an wie Fackeln. Gehäutete Leichen werden vor Fleischerläden aufgehängt, Menschen auf Pfähle gespießt, andere an Türen oder Brettern gekreuzigt, Kinder in Stücke geschnitten, Säuglingen hackt man die Hände ab. Frauen werden verstümmelt: Juwelenräuber reißen ihnen Hände, Finger oder die Ohren ab. Volle 24 Stunden dauert die große »Säuberungsaktion«. Ein Wirbelsturm von Feuer und Blut fegt über Adana. Am 27. April beginnt die Raserei abzuebben. Vereinzelte Morde und Brände kommen noch bis in die ersten Maitage vor.

Alle Augenzeugen sind sich einig: Niemals hat man ähnliche Greuel gesehen wie in Adana. Während dieser anarchischen Periode (tatsächlich gab es ja in Konstantinopel keine Regierung mehr) fand eine regelrechte Explosion des Hasses gegen die Armenier statt, von denen nur einige überlebten, die sich in die französische Schule, in eine griechische und eine deutsche Fabrik geflüchtet hatten.

Nach den Ereignissen von Adana wälzte die neue Regierung die Verantwortung von sich ab, wozu sich die Situation auch durchaus eignete. Der Sultan war wie zum Sündenbock prädestiniert. Der Innenminister erklärte, er sei entschlossen, unnachsichtig durchzugreifen und die Schuldigen mit größter Strenge zu bestrafen. Im Parlament bedurfte es energischer Bemühungen der armenischen Abgeordneten, damit sich die jungtürkische Mehrheit überhaupt herbeiließ, die Angelegenheit ernst zu nehmen. Endlich beschloß man, finanzielle Mittel für die Betroffenen bereitzustellen und zwei Abgeordnete – den Armenier Babikian und den Jungtürken Yusuf Kemal – an Ort und Stelle zu entsenden. Jeder der beiden führte seine Untersuchung separat durch. Drei Wochen später kam Babikian nach Konstantinopel zurück. Sein Bericht befand die Armenier für völlig schuldlos und stellte die Verantwortlichkeit der örtlichen Behörden und der türkischen Bevölkerung sowie die Voreingenommenheit des Kriegsgerichts, das die Schuldigen bestrafen sollte, fest. Unglücklicherweise starb Babikian, ehe er seinen Bericht im Abgeordnetenhaus vortragen konnte.[10] Yusuf Kemal hingegen befand, daß die Hauptschuld bei den Armeniern gelegen habe, stellte die Schwäche der Behörden fest und gestand der islamischen Bevölkerung mildernde Umstände zu. Sein Bericht wurde nicht veröffentlicht. So begrub das Parlament die Affäre von Adana. Was die Regierung anlangt, so beschäftigte sie sich vor allem damit, die Auswirkungen des Massakers im Ausland abzuschwächen. In der Presse wurde zunächst systematisch geleugnet, daß es überhaupt zu Unruhen gekommen sei; dann gab man nur eine sehr geringe Zahl von Opfern zu und dementierte schließlich offiziel die Teilnahme von »konstitutionellen« Soldaten an dem zweiten Massaker, obgleich am 17. Mai Stephan Pichon, der französische Außenminister, vor dem Parlament erklärt hatte, daß die Truppen, »die abgesandt worden waren, um Attentaten vorzubeugen, oder sie zu bestrafen«, am Massaker teilgenommen hätten.[11] Selbst in den Berichten der Kriegsgerichte, denen »überzeugte und bewährte« Jungtürken vorsaßen, wurden Unwahrheiten über die armenische Revolution verbreitet. Später widerrief die Hohe Pforte ihre Äußerungen und gab zu, daß »die schrecklichen Vorfälle« die Folge eines »Mißverständnisses« seien und daß die Schuldigen in Anwendung des Gesetzes bestraft würden.[12]

In Europa hoffte man, daß der Fall damit abgeschlossen sei. Die Großmächte waren zu sehr mit der Jagd nach Aufträgen und Konzessionen beschäftigt, als daß sie eine Verurteilung des Jungtürken-Regimes hätten ins Auge fassen können. Den Jungtürken ihrerseits war daran gelegen, daß möglichst bald Gras über die Angelegenheit wuchs. Tatsache war, daß das Regime die Armenier nicht offen angreifen konnte. Viele Mitglieder des Rates für Einheit und Fortschritt waren in den Apriltagen in Konstantinopel von ihnen beschützt worden und verdankten ihr Leben der Hilfsbereitschaft armenischer Kollegen. Das Komitee begnügte sich daher damit, einerseits seine brüderlichen Absichten zu beteuern und sich andererseits in Rechtsverdrehungen zu ergehen: Man übte Milde gegenüber den Schuldigen, verweigerte den Opfern indes Schadenersatz.

Auf regionaler Ebene bedeutete das Drama von Adana den wirtschaftlichen Ruin eines Landstrichs und das Verschwinden des Großteils seiner armenischen Bevölkerung. Auf gesamttürkischer Ebene war es ein bedauerlicher Zwischenfall, der glücklicherweise in den Ereignissen vom April 1909 unterging. Auf europäischer Ebene war es eher ein Gerücht, dem man in Anbetracht der damaligen politischen Lage keine zu große Bedeutung beimessen wollte. Im ganzen gesehen handelte es sich bei diesem Massaker um ein Verbrechen, das man im allgemeinen Einvernehmen der Vergessenheit anheimfallen ließ. Dem Historiker kann die Bedeutung dieses Verbrechens nicht entgehen. Es stellt die Verbindung zwischen den Massakern der *hamidiyes* und dem Völkermord der Jungtürken dar. Das

Verbrechen, das in Adana in zwei Etappen stattgefunden hatte und an dem das alte Regime ebenso beteiligt war wie das neue, zeugte vom stets gleichen Verhalten der türkischen Massen den Armeniern gegenüber: Sie waren bereit zu plündern und zu töten, wenn ein offizieller Befehl sie deckte.

Der türkischen Regierung war die armenische Frage im Jahre 1909 nur lästig. Sie hatte noch nicht die Absicht, das Problem durch die Ausrottung der Armenier zu lösen, war aber unfähig, die Türken zu größerer Toleranz zu zwingen, und wollte dies im übrigen auch gar nicht. Immerhin erklärte Dr. Nazim kurz nach den Massakern in Kilikien: »Das Osmanische Reich muß ausschließlich türkisch sein. Die Existenz fremder Elemente bietet einen Vorwand für europäische Interventionen. Diese Elemente müssen mit Waffengewalt türkisiert werden.«[13]

Die Lage in den Provinzen

Die Tatsache, daß sie beschlossen hatten, die Massaker von Kilikien dem gestürzten Herrscher anzulasten, obwohl das neue Regime ohne Zweifel darin verwickelt war, zeigt, daß die *Daschnak*-Partei die feste Absicht hatte, an der Politik des Osmanismus mitzuarbeiten. Die *Daschnaks* waren weiterhin überzeugt, daß der Rat für Einheit und Fortschritt entschlossen sei, die Verfassung buchstabengetreu anzuwenden. Sie nahmen in Konstantinopel an einer Erinnerungszeremonie zu Ehren der türkischen und armenischen Bürger teil, die »ihr Leben der Verteidigung der Revolution geopfert hatten«, und unterzeichneten wenig später (6. September 1909) mit dem Rat für Einheit und Fortschritt ein Papier, das den Willen der Armenier zum Verbleib im osmanischen Vaterland hervorhebt und für die beiden Parteien die Notwendigkeiten der Zusammenarbeit unterstreicht. Dieses Papier wurde von den anderen armenischen Organisationen, die einen klaren Blick für die Realitäten hatten, scharf kritisiert, vor allem von der *Hintschak*-Partei, die ab 1909 in die Opposition gegangen war.[14]

Auf ihrem 5. Kongreß 1909 in Varna sicherte die *Daschnak*-Partei dem *Ittihad* erneut ihre Unterstützung zu. Der gemeinsame Feind war der Zarismus, und die türkischen Kongreßdelegierten schlossen sich in ihrer Verurteilung des Zarismus ihren Kollegen aus dem Kaukasus, aus Persien und der Diaspora an. Diese Haltung entsprach den Perspektiven einer sozialistischen Partei: Man kämpfte gegen den Imperialismus und brachte einer jungen Partei, die das Osmanische Reich erneuern konnte, Vertrauen entgegen. Sie erklärt sich um so leichter, als die II. Internationale der jungtürkischen Revolution positiv gegenüberstand.

Trotzdem sparten die *Daschnaks* nicht an Kritik: »Was die grundlegende Reform anlangt, so hat das neue Regime bisher nichts Nennenswertes erreicht; mit (seinem) engen Konzept eines aggressiven Nationalismus... legt das Regime eine überaus arrogante Unnachgiebigkeit in sozialen und wirtschaftlichen Fragen an den Tag. Trotz der klaren und deutlichen Erklärungen, die wir seit 20 Jahren abgeben und in denen wir jeglichen Gedanken an Separatismus als politischen Unsinn ablehnen, wollen die Führer der jetzigen Türkei die alte *hamidiye*-Politik gegenüber den Armeniern nicht völlig aufgeben.«[15] Auf dem 6. Parteikongreß 1911 wurde der *Ittihad* angeklagt, das konstitutionelle Programm zu verraten. Dennoch bewiesen die Türkisch-Armenier 1912 im Balkankrieg ihre Loyalität, indem sie an der Seite der Türken kämpften. Armenier aus dem Balkan bildeten unter der Führung des *fedai*-Helden Andranik ein Freiwilligenbataillon und unterstützten die Bulgarier gegen die Türken. Die Armenier waren also gespalten.

Die Lage in den östlichen *vilayets* ließ schwerlich eine Änderung der Haltung der Regierung erhoffen. Die Konsularberichte und die in *takrirs* gesammelten Dokumente des Patriarchats (*takrirs* oder »Dienste«: Vom Patriarchat an die Hohe Pforte gerichtete Denkschriften; von Oktober 1912 bis Mai 1913 gab es 176 *takrirs*) beschreiben einen Zustand der Anarchie, »der im Augenblick nicht über das Normale hinausgeht«.[16] Der russische Botschafter in Konstantinopel, de Giers, faßte für seinen Minister Sazonow die Lage wie folgt zusammen: »Das Dekret vom 20. Oktober 1895 ist toter Buchstabe geblieben. Die Lage in der Landwirtschaft wird von Tag zu Tag komplizierter. Der größte Teil der Ländereien wird gewaltsam von den Kurden besetzt, und die Staatsgewalt verhindert dies nicht, im Gegenteil, sie schützt diese Gewaltakte und heißt sie gut. Unsere Konsuln berichten übereinstimmend, daß die Plündereien und sonstigen Übergriffe der Kurden nicht aufhören. Die Ermordung der Armenier und die gewaltsame Bekehrung der armenischen Frauen zum Islam gehen weiter. Die Schuldigen werden nie verfolgt.«[17]

Die armenische Nationalversammlung, die am 21. März 1912 in Konstantinopel tagte, bestätigte die Solidarität aller armenischen Parteien in der Frage der Reformen. Um diese einheitliche Haltung zu unterstreichen, widersetzten sich die *Daschnaks* der Rehabilitierung des Patriarchen Ormanian nicht, dem sie vorgeworfen hatten, er schade den armenischen Interessen.

Nach der türkischen Niederlage auf dem Balkan verschlimmerte sich das Los der Armenier. Tausende von *muhacirs* (aus Thrazien und Mazedonien ausgewanderte Türken) kamen nach Anatolien; sie waren erfüllt von wildem Haß auf die Christen. Ab April 1913 nahmen die Übergriffe der Kurden immer größere Ausmaße an; ungestraft rissen die Kurden die

Ländereien der Armenier an sich. Die türkischen Beamten unterstützten mehr oder minder öffentlich all diese gesetzeswidrigen Handlungen. Aus den Berichten der Konsuln und Patriarchen sprach wachsende Unruhe. In einer am 29. April 1913 dem Großwesir überreichten Denkschrift lenkte der armenische Patriarch dessen Aufmerksamkeit auf die alarmierenden Symptome, die eine noch schrecklichere Katastrophe ankündigten. Unter den islamischen Massen wurde verbreitet, die Christen seien schuld an allem Unglück des Reiches. Da die Armenier die Dörfer verließen und in den Städten Zuflucht suchten, siedelte die Regierung nach und nach *muhacirs* auf dem verlassenen Land an.[18]

Im Mai häuften sich die kurdischen Verbrechen im *vilayet* Bitlis. Am 31. Mai stellte der Patriarch fest, daß sich die Lage von Tag zu Tag verschlechterte: »Da diese Entwicklung zur Vernichtung der Armenier führen muß..., kann ich für die aus der Gesellschaft ausgestoßene armenische Nation nur noch an das Gewissen und die Verantwortlichkeit des osmanischen Volkes und Staates und an das Mitleid der zivilisierten Welt appellieren.«[19] Said Halim, der Großwesir geworden war, antwortete darauf, daß diese Klagen nicht den Tatsachen entsprächen. Er griff die genannten Verbrechen eines nach dem anderen auf, leugnete die einen und spielte die anderen herunter. Er erklärte: »Die Jungtürkische Partei, die die absolute Macht in Händen hält, erkennt ihre alten Verbündeten aus den ersten Jahren nach der Wiedereinsetzung der Verfassung nicht wieder. Die zahlreichen und untereinander zerstrittenen Komitees und Parteien der armenischen Nation – *Daschnaks, Hintschakisten* und andere – sind jedoch geeint in ihrer Opposition gegen die Regierung und in ihrem Willen, zumindest auf diplomatischer Ebene eine Intervention des Auslands herbeizuführen.« Bompard, der französische Botschafter in Konstantinopel, analysierte die Situation im August 1913 so: »Die Regierung ihrerseits nützte die Stärkung ihrer Position und das Desinteresse Europas zur Unterdrückung der Unruhe, die sich bei den Armeniern bemerkbar machte: Sie verbot wiederholt die armenischen Zeitungen Konstantinopels, verhaftete Boyadjian, den früheren Abgeordneten von Sivas, und Pasdermadjiän, den früheren Abgeordneten von Erzurum, die kurz darauf wieder freigelassen wurden, und forderte das Patriarchat auf, die Bischöfe von Siirt und Bitlis durch andere zu ersetzen. Man muß befürchten, daß die jungtürkische Regierung nicht von ihrem alles andere überlagernden Nationalismus lassen kann und den Armeniern nicht die Zugeständnisse machen wird, die notwendig wären, um den inneren Frieden zu sichern, ohne den die nationale Einheit nicht hergestellt werden und auch die territoriale Integrität des Reichs nicht lange erhalten bleiben kann.«[20]

Am 16. August 1913 erklärte der Patriarch: »Die Gewohnheit, Besitz, Leben und Ehre der Armenier als etwas zu betrachten, was man ungestraft verletzen kann, wobei man ihre berechtigten Klagen einfach zu den Akten legt,... hat diejenigen, die diese Übergriffe begehen, davon überzeugt, daß ihnen alles erlaubt ist.«[21]

Ein Bericht des *Hintschak*-Komitees vom 17. September 1913 stellt das Scheitern des neuen Regimes ziemlich eindeutig fest.[22] »Während der letzten fünf oder sechs Jahre hat sich die osmanische Verfassung nicht in einer Weise entwickelt, die für die Zukunft große Hoffnungen machen könnte. Es ist deutlich geworden, daß die neue Verwaltung... die verschiedenen Nationalitäten auslöschen will.« So griffen alle Regierungen, die einander von 1908 bis 1914 folgten – und der *Ittihad* war in ihnen oft in der Minderheit – auf die alten *hamidiye*-Methoden zurück, die in ständiger Verfolgung und Verdünnung der armenischen Bevölkerung durch das Einsickern anderer Elemente bestanden. Wieviele Armenier gab es damals in der Türkei? Antwort auf diese wichtige Frage geben nur zwei einander widersprechende Statistiken: die des Patriarchats von 1912 und die türkische. Nach der Statistik des Patriarchats gab es 1912 2 100 000 Armenier, davon 1 170 000 in den östlichen *vilayets,* 400 000 in Kilikien, 530 000 in der europäischen Türkei. Die türkischen Statistiken geben nur 1 300 000 Armenier an, und davon nur 600 000 in den östlichen *vilayets.*[23] Man kann mit einiger Sicherheit annehmen, daß es in der Türkei mehr als 1,5 Millionen, aber weniger als 2 Millionen Armenier gab, und daß, außer in Van, die armenische Bevölkerung in keinem *vilayet* die Mehrheit darstellte.[24] Es war daher ausgeschlossen, daß die zahlenmäßig unterlegenen Armenier ihre Zukunft in der Unabhängigkeit sahen. Da sie aber doch mehr als nur eine kleine Minorität darstellten, erhofften sie »kulturelle und nationale Autonomie«. Nachdem es ihnen jedoch unmöglich war, ihre Rechte geltend zu machen, griffen auch sie auf eine alte Methode zurück: Sie riefen Europa um Hilfe an. Doch die Lage hatte sich geändert. Man stand am Vorabend des Ersten Weltkriegs. Die Großmächte rüsteten zum Kriege und ergingen sich in einem diplomatischen Hin und Her voller Hektik; sie spannen ein ebenso enggeknüpftes wie empfindliches Netz von Allianzen, in dem die armenische Frage mehr denn je eines der Elemente im imperialistischen Ringen um die Weltvorherrschaft war.

Das russische Reich als Beschützer der Armenier

Ab 1908 hatte sich die Politik der Großmächte gegenüber der Türkei geändert. Man bereitete ihre Aufteilung vor.

Entgegen dem Anschein war der deutsche Kapitalismus am wenigsten kämpferisch. Deutschland arbeitete an der Vollendung der Eisenbahnlinie vom Bosporus nach Bagdad (BBB: Berlin–Byzanz–Bagdad) weiter, die die Einrichtung von Handelsniederlassungen erleichtern sollte. Im November 1910 schlossen der Kaiser und der Zar einen Vertrag: Rußland würde sich dem Bau der Eisenbahn nicht widersetzen, Deutschland wiederum würde sie nicht in Richtung der kaukasischen Grenze verlängern, solange die russische Eisenbahn diese nicht erreicht hätte.[25] Deutschland und Rußland teilten den Nahen Osten in zwei Einflußgebiete auf: Deutschland behielt sich Anatolien und Mesopotamien vor, Rußland Persien und Armenien. Was England anlangte, so wollte es seinen beherrschenden Einfluß am Persischen Golf bewahren und widersetzte sich dem Bau der Eisenbahn bis nach Basra, d. h. ihrer Weiterführung in Richtung zum Golf. Im März 1913 sicherte ein englisch-türkischer Vertrag England gegen eine vierprozentige Erhöhung der Zollgebühren eine Einflußzone in diesem Gebiet zu.[26] Die anderen Mächte waren durch diese Abkommen sehr beunruhigt. Deutschland bemühte sich um die Anerkennung eines »Arbeitsgebietes«.[27] Unter der Voraussetzung, daß die europäischen Interessen gewahrt blieben, wollten Italien und Österreich den Deutschen in der asiatischen Türkei freie Hand lassen. Am 15. Februar 1914 schloß Frankreich einen Vertrag mit Deutschland, demzufolge Kilikien und Syrien von Homs bis Deir-es-Zor am Euphrat als französisches Einflußgebiet galten, während die Gegend um die Eisenbahnlinie Anatolien–Bagdad mit einer neutralen Zone von 60 km um Alexandrette–Aleppo deutsches »Arbeitsgebiet« wurde[28]. Im Juni 1914 wurde ein deutsch-englisches Abkommen unterzeichnet, aufgrund dessen sich England dem Bau der Eisenbahn bis nach Basra nicht widersetzte, dafür aber die Anerkennung der englischen Kontrolle über den persischen Golf eingeräumt bekam. Unnötig zu sagen, daß das Öl bei all diesen Abkommen von großer Bedeutung war.

1914 war die Eisenbahn noch nicht fertig. Es fehlten 825 km von Haidar-Pascha nach Bagdad, darunter zwei völlig unvollendete Abschnitte: Die Tunnels, die das Taurus- und das Amanus-Gebirge durchstechen sollten. Deutschland war weit davon entfernt, eine wirtschaftliche Kontrolle über das Osmanische Reich auszuüben, und seine Investitionen waren geringer als die Frankreichs, Englands und selbst die Österreich-Ungarns. Die Mitglieder der Entente und des Dreibundes spielten also unabhängig von ihrem Bündnisnetz jeweils ihr eigenes Spiel im Osmanischen Reich.

Die russische Politik blieb zwei Zielen treu: sie strebte einerseits eine sichere Grenze mit der Türkei in Transkaukasien an und wollte sich andererseits einen Zugang zum Mittelmeer sichern, also die Meerengen kontrollieren. Rußland hatte in der Tat im Balkankrieg, als die Meerengen abgesperrt waren, die Wichtigkeit dieser Position zu spüren bekommen. Der Transport von Getreide aus der Ukraine kostete auf dem Landweg 25 Prozent mehr; so hatte Rußland 100 Millionen Rubel verloren, und der Diskontsatz der Staatsbank war 1913 um 0,5 Prozent gestiegen.[29] Dieser unmittelbare Schaden, der weit größeren Eindruck machte als die panslawistischen Utopien, führte dazu, daß die Frage der Meerengen für die Russen außerordentliche Bedeutung annahm. Sie mußten daher eine versöhnlichere Haltung einnehmen und zunächst mit der Türkei über die strittige transkaukasische Grenze verhandeln, die untrennbar mit der armenischen Frage zusammenhing. Im Jahre 1912 änderten sich die Beziehungen zwischen Russen und Armeniern. Rußland kehrte sich endgültig von der Politik des Fürsten Lobanow ab, der ein »Armenien ohne Armenier« wollte, und strebte auch nicht mehr die zwangsweise Russifizierung der Armenier in Transkaukasien, die Galitzin propagiert hatte, an. Der Zar und der Vize-König von Transkaukasien, Worontsow-Daschkow, initiierten eine Politik der von Vertrauen getragenen Freundschaft mit den Armeniern.[30] Zum einen wurden die meisten armenischen Anführer freigesprochen und Anfang 1912 freigelassen, zum anderen entschloß sich die russische Regierung, die Verhandlungen über Reformen in den armenischen *vilayets* wiederaufzunehmen, da »aufgrund der dort herrschenden unerträglichen Lebensbedingungen ein Aufstand der Armenier in den an Transkaukasien angrenzenden kleinasiatischen *vilayets* jederzeit möglich war, und da man ein Übergreifen des Aufstands auf die eigene Grenzprovinz befürchtete«.[31] Diese Überlegungen bestimmten die russische Politik gewiß mehr als reiner Humanitarismus. So schlugen Sazonow und de Giers nach über fünfzehnjährigem Schweigen die armenische Akte wieder auf.

In Russisch-Armenien begann eine intensive Propagandakampagne zugunsten der Armenier in der Türkei. Geistlichkeit, Demokraten, patriotische und philanthropische Gesellschaften, die *Daschnak*- und die *Hintschak*-Partei und sogar die Bolschewiken forderten einmütig sofortiges Handeln. Im Oktober 1912 wandte sich der Katholikos Guevorg an den Zaren, versicherte ihn der Treue der Armenier zur Krone und bat ihn, die Frage der Reformen wiederaufzugreifen. Die verschiedenen armenischen Gemeinden Rußlands veranstalteten im November 1912 in Tiflis ein Treffen in der Absicht, die Bemühungen des Katholikos zu unterstützen, ihre Aktion mit den Bemühungen der Armenier im Ausland abzustimmen und in Rußland die Propaganda für eine Lösung des Problems zu verstärken. Ab Ende November hatten die Russen die Initiative in Sachen Reform ergriffen und Sazonow beauftragt, mit Paris und London darüber zu sprechen.[32] Beunruhigt raffte sich die Hohe Pforte zu Taten auf und erstellte im März einen Plan zur Verwaltungsreform in allen – nicht nur den östlichen – *vilayets*. Im Mai wurde de Giers beauftragt, zusammen mit seinen englischen und französischen Kollegen die Basis für einen Reformplan bezüglich der armenischen Frage zu schaffen, für den sich auch die deutsche Regierung zu interessieren begann. Sazonow wandte sich über die fünf russischen Botschafter an die Großmächte und bat sie, unverzüglich auf der Basis des Memorandums vom 11. Mai 1895 das Gespräch zu eröffnen. Er erlangte ihr Einverständnis, aber die Deutschen machten, unterstützt von Österreichern und Italienern, ihre Teilnahme von der Respektierung des Integritätsprinzips für das Osmanische Reich und der Teilnahme der Türken an den Gesprächen abhängig. Im Juni 1913 wurde der Entwurf Mandelstams, des ersten *drogman* der russischen Botschaft in Konstantinopel, nach einigen Änderungen von den Botschaftern des Dreibundes angenommen. Doch die Türken waren schneller als sie. Sie hatten im März 1913 ein neues Gesetz über die Verwaltung der *vilayets* erlassen, das das Osmanische Reich in sechs Inspektionszonen teilte. Dieses Gesetz entleerte den europäischen Plan seines Sinns und verurteilte die Tagung der Kommission für die armenischen Reformen, die vom 3.–24. Juli in Yeniköy stattfand, und auf der Mandelstams Entwurf diskutiert werden sollte, zum Scheitern.[33] Nach acht Sitzungen, bei denen es zu heftigen Debatten zwischen den Delegierten der Entente und denen des Dreibundes kam, trennten sich die Mitglieder der Kommission. Sie hatten nur in einigen Punkten Übereinstimmung erzielt, die die Notwendigkeit einer europäischen Kontrolle zur Durchführung der Reformen, die Entlassung der *hamidiye*-Truppen und das Prinzip der Gleichberechtigung der Sprachen in den Schulen betrafen.[34]

Unverzagt nahm man jedoch die diplomatischen Aktivitäten von neuem auf. Die Türken versuchten, die Großmächte vor vollendete Tatsachen zu stellen, indem sie in Armenien osmanische Generalinspekteure ernannten, denen ausländische Ratgeber helfen sollten. Talât wollte sogar 7000 türkische Soldaten zur Verteidigung der Armenier entsenden.[35] Nachdem sie die Einwanderung der *muhacirs* sehr gefördert hatten, versuchten die Türken 1914, die Volkszählung rasch voranzutreiben, um einen Vorteil aus der Ausrottungspolitik der vorausgehenden Jahre zu ziehen und beweisen zu können, daß die Muslims in drei von sechs *vilayets* (Sivas, Harput, Diyarbakir) in der Überzahl waren und in den drei anderen den Armeniern zahlenmäßig die Waage hielten. De Giers und Wangenheim (der deutsche Botschafter in Konstantinopel), die von den Großmächten beauftragt waren, die beiden Bündnisgruppen zu vertreten, kamen hinsichtlich des Reformprojekts zu einem Einvernehmen. Das Abkommen wurde am 8. Februar 1914 von dem russischen Beauftragten K. N. Gulkewitsch und Großwesir Said Halim unterzeichnet. Es legte die Wiederinkraftsetzung von Artikel 16 des Vertrages von San Stefano fest und bestimmte die Entlassung Englands aus der Mitverantwortung für die armenischen Belange, wie sie in der Konvention von Zypern und im Berliner Vertrag festgelegt worden war.

Der endgültige von den Botschaftern der Großmächte revidierte und von den Jungtürken abgeänderte Plan enthielt die wichtigsten Reformen, die die Armenier seit 1878 forderten. In Anatolien sollten zwei Provinzen geschaffen werden (von Türkisch-Armenien war nicht die Rede); die eine sollte die drei *vilayets* Trapezunt, Sivas und Erzurum umfassen, die andere die vier *vilayets* Van, Bitlis, Harput und Diyarbakir.[36] Jede Provinz sollte einem ausländischen Generalinspekteur unterstellt werden. Dieser sollte die höchste Zivilgewalt darstellen und das Recht haben, alle Beamten mit Ausnahme des Höchstgestellten zu ernennen und abzusetzen. Auf Empfehlung der Großmächte für zehn Jahre ernannt, sollte er nicht aus seiner Provinz abberufen werden können und das Militär seiner Provinz für die Durchführung der Reformen zu seiner Verfügung haben. Außerdem sollte es eine aus Türken und Armeniern gemischte, von einem Europäer befehligte Gendarmerie geben (die Kurden waren davon ausgeschlossen). Christen und Muslims sollten vor dem Gesetz gleich sein. Die armenische Sprache sollte bei Gericht und in der Verwaltung zugelassen sein. Es sollte keinerlei Beschränkung für die Schaffung armenischer Schulen geben.[37]

Obwohl das Abkommen vom 8. Februar nicht alle Hoffnungen der Armenier erfüllte, stellte es doch den praktikabelsten Reformplan dar, der seit der Internationalisierung der armenischen Frage, d. h. seit 1878, vorgeschlagen worden war. Diese Übereinkunft schien sogar eine beginnende Allianz zwischen der Türkei und Rußland anzudeuten. Anfang Mai 1914 begab sich eine von Talât angeführte türkische Mission nach Livadia auf der Krim. Talât bot dem Zaren und Sazonow an, gegen eine Garantie der territorialen Integrität des Osmanischen Reichs die Dardanellenfrage zu regeln.[38]

Im April 1914 wurden Westenenk, der Verwaltungschef von Holländisch-Ostindien, und Major Hoff von der norwegischen Armee als Generalinspekteure eingesetzt. Sie kamen einige Wochen später in Konstantinopel an und unterzeichneten ihren Vertrag mit Talât. Als der Krieg ausbrach, wollte sich Westenenk gerade nach Erzurum begeben, und Hoff war eben in Van angekommen. Obwohl die Türkei nicht kriegführende Partei war, befand es die Regierung nicht für nötig, das Mandat der beiden ausländischen Inspekteure der östlichen Provinzen Anatoliens aufrechtzuerhalten.

Die Entlassung der Inspekteure markierte das Ende der Interventionspolitik der Großmächte in der armenischen Frage. Doch nun, da sich Rußland und die Türkei einer Lösung ihres Konflikts näherten, indem sie sich über ihre gemeinsame Grenze einigten und Rußland einen Zugang zum ägäischen Meer sicherten und gerade als die seit dem 19. Jahrhundert von den Armeniern betriebene Politik endlich Früchte zu tragen schien, brach alles zusammen. Das Abkommen vom 6. Februar war von den Jungtürken sehr schlecht aufgenommen worden. Sie hatten nicht verhehlt, daß sie darin eine Infragestellung der nationalen Souveränität sahen, die sie überaus ernst nahmen. Darüber hinaus fürchteten sie, daß derartige Zugeständnisse an die Armenier die Araber ermutigen könnten, ähnliche Forderungen zu stellen. Am 17. November 1913 traf Cavid in Berlin mit dem russischen Botschafter Swerbeiew zusammen und bestätigte ihm, daß die armenische Frage für die Türkei ein überaus ernstes Problem sei und der Plan der Entente die türkische Souveränität beschneide – dies um so mehr, als die Hohe Pforte entschlossen sei, den Armeniern in größtmöglichem Umfang Rechte einzuräumen.[39] Fest steht, daß der Krieg in Europa das Problem in ein neues Licht stellte und daß das Scheitern der diplomatischen Bemühungen einer gewaltsamen Lösung den Weg bereitete.

13. Die Falle schnappt zu

In der Präsenz der Armenier an ihrer Ostgrenze sah die Türkei eine Herausforderung. Einerseits bereiteten sich die in ihren Ideen des Turanismus befangenen Jungtürken auf einen Kreuzzug vor, der zur Befreiung der muslimischen Völker Transkaukasiens führen sollte. Andererseits wurden die Armenier dank dem Abkommen vom Februar 1914 wieder die Schützlinge der Großmächte, besonders Rußlands. Die Lage war explosiv. Der Eintritt der Türkei in den Weltkonflikt trug nicht zum Abbau der Spannungen bei. Die Zeit schrecklicher Vereinfachungen und Radikallösungen war gekommen.

Der Kriegseintritt der Türkei

Der Erste Weltkrieg brach in einer Atmosphäre aus, die durch Verwirrung und unerwartete, überstürzte Aktionen gekennzeichnet war. Die Umstände, unter denen die Türkei in den Konflikt eintrat, legen dafür Zeugnis ab. »Die deutsch-türkische Allianz von 1914 war nicht der logische Schlußpunkt der sorgfältig ausgearbeiteten Pläne Deutschlands, sondern ein überstürzt vorgenommenes Arrangement.«[1] Die osmanische Regierung stand nicht in einem Satellitenverhältnis zu Deutschland. Vielmehr war sie politisch unabhängig und sondierte vorsichtig das Terrain, bevor sie sich – ein wenig widerwillig und im letzten Moment – auf die Seite der Mittelmächte stellte: Dieses Engagement stand am Ende einer langen multilateralen politischen Offensive, durch die sich die Türkei schließlich vor vollendete Tatsachen gestellt sah.

Im Juli 1914 neigte die Türkei eher der Entente zu, was die Vereinbarungen von Livadia (im Mai)[2], der Besuch von Cemal in Paris im Juli und die Bestellung von Schiffen in England beweist. Selbst der Botschafter Wangenheim, der von der militärischen Schwäche der Türkei überzeugt war, war zu diesem Zeitpunkt gegen die deutsch-türkische Allianz. Auch als Enver am 22. Juli die Initiative zu Verhandlungen mit Deutschland ergriff, war Wangenheim nicht sehr begeistert. Der Kaiser indessen war der Ansicht, daß »im gegenwärtigen Augenblick« (unmittelbar nach dem österreichischen Ultimatum an Serbien) »diese Allianz in Erwägung zu ziehen sei«.[3] Die Verhandlungen wurden alsbald in die Wege geleitet, und am 2. August unterzeichneten Said Halim und Wangenheim in Gegenwart von Talât in Konstantinopel einen Vertrag (in dem im gleichen Moment schon einige Klauseln überholt waren, da am Vortag Österreich Rußland den Krieg erklärt hatte). Der Vertrag sah vor, daß die Türkei in den Konflikt eintreten würde, falls die deutsche Hilfe für Österreich in der serbischen Krise zum Krieg mit Rußland führen würde. Deutschland seinerseits garantierte bis zum 31. Dezember 1918 die Sicherheit der von Rußland bedrohten türkischen Territorien.[4] Die militärische Mission des Liman von Sanders war einer der Angelpunkte dieser Allianz.[5] Von nun an betrachtete Deutschland den Kriegseintritt der Türkei als unbedingt erforderlich und verlangte immer wieder die Eröffnung einer zweiten Front gegen Rußland. Auch an Hinweisen, wie nützlich ein Angriff auf die englischen Besitzungen im Vorderen Orient sein könnte, fehlte es nicht. Die Hohe Pforte allerdings begnügte sich damit, am 3. August eine Generalmobilmachung anzuordnen. Im übrigen behielt sie sich das Recht vor, mit der Entente zu verhandeln, die Haltung Bulgariens und Rumäniens in ihre Überlegungen einzubeziehen und die bevorstehende Lieferung der beiden in England georderten Kriegsschiffe abzuwarten. Als am gleichen 3. August türkische Mannschaften in England eintrafen, um die Schiffe zu übernehmen, wurden diese von der britischen Regierung beschlagnahmt und der eigenen Flotte einverleibt. Deutschland nützte die Enttäuschung der Türken sofort aus und erteilte dem Kommandanten seiner Mittelmeerflotte, Admiral Souchon, den Befehl, mit der »Göben« und der »Breslau«[6] Kurs auf die Dardanellen zu nehmen. Said Halim legte Widerspruch ein. Berlin teilte dies Souchon mit, der das türkische Verbot ignorierte und weiter Kurs auf Konstantinopel nahm. Die Hohe Pforte erklärte sich nunmehr bereit, die Meerenge *allen* Kriegsschiffen zu öffnen, wenn Deutschland keine wirklichen Schutzgarantien gebe. Am 6. August mußte Wangenheim den Forderungen der Hohen Pforte nachgeben: Deutschland wollte nun den Abbau der Ausländern seit dem 16. Jahrhundert zugestandenen Sonderrechte betreiben und den Kriegseintritt Bulgariens herbeiführen. Es verpflichtete sich, keinen Frieden zu schließen, der für die Türkei Gebietsverluste mit sich bringen würde. Deutschland wollte sich für eine Rückgabe der ägäischen Inseln an die Türkei einsetzen. Schließlich war eine Kriegsentschädigung vorgesehen.[7]

Bei der Unterzeichnung des Vertrages war die Hohe Pforte von einer Neutralität Englands ausgegangen. Der Kriegseintritt Englands jedoch stellte eine gefährliche Bedrohung des Osmanischen Reiches dar. Angesichts dieser neuen Lage nahm Enver, der der Urheber des deutsch-türkischen Paktes war, die Verhandlungen mit St. Petersburg wieder auf.[8] Sazonow war bereit, die türkischen Bedingungen anzunehmen (Schutzgarantie für fünfzehn oder zwanzig Jahre und Aufhebung der Sonderrechte für Ausländer). England und Frankreich jedoch lehnten sie ab. Zum einen war man in London und Paris überzeugt, daß sich die Türkei auf die Seite Deutschlands stellen würde. Zum anderen wollte man von einer Abschaffung der Ausländer-Sonderrechte nichts wissen. Schließlich mochte man sich auch nicht bereitfinden, der Türkei die Kontrolle über die Inseln im Ägäischen Meer zu überlassen. Am 8. August mußte die türkische Regierung konstatieren, daß man ihr für ihre Neutralität nur eine Garantie für die Erhaltung ihres Territoriums bot.[9] Wäre die Hohe Pforte sicher gewesen, daß Rumänien und Bulgarien ihrem Beispiel folgen würden, hätte sie sich in diesem Moment auf die Seite der Mittelmächte geschlagen. Talât und Halil begaben sich Mitte August nach Sofia und Belgrad, konnten aber keinerlei Zusicherungen erwirken. Am 10. August liefen die »Göben« und die »Breslau« in die Dardanellen ein.

Nun kam es zu einem heftigen diplomatischen Schlagabtausch zwischen Deutschland und der Türkei. Bestrebt, die Ungeduld der Deutschen auszunützen, schritt die Hohe Pforte zur Tat. Am 8. September wurde die Abschaffung der Ausländer-Privilegien verkündet. Für die Reaktion gibt es keinen Präzedenzfall: Mitten im Krieg taten sich die Botschafter Deutschlands und Österreichs mit jenen der Entente und Italiens zusammen und faßten eine Protestnote ab. Auf anderem Gebiet wurden der Hohen Pforte freilich auch Zugeständnisse gemacht.[10] Obwohl die türkische Regierung als Gegenleistung für ihre Neutralität die Zustimmung der Entente zur Abschaffung der Ausländer-Privilegien erhielt, blieb sie durch den deutsch-türkischen Pakt fest mit Berlin verbunden. Innerhalb der türkischen Regierung schien lediglich Enver zum Kriegseintritt entschlossen. Wangenheim und der Flottenattaché Humann verstärkten ihren Druck. Im Kabinett divergierten die Meinungen: Enver und dann auch Cemal waren für Kriegseintritt; Said Halim und Cavid wollten Neutralität; Talât wollte wie immer vermitteln. Im Zentralkomitee war die Mehrheit pro-deutsch, doch widersetzte sich Dr. Nazim jeder Intervention.[11] Der Großwesir und die »Tauben« konnten nur noch auf einen Aufschub von einigen Wochen hoffen. Schritt für Schritt wurde die Türkei stärker in die Konflikte verstrickt. Am 26. September befahl Enver die Schließung der Dardanellen; Rußland war nun von seinen Alliierten getrennt und mußte sich für seine Versorgung mit Waffen und Munition auf Archangelsk und Wladiwostok beschränken. Enver teilte Anfang Oktober Wangenheim mit, Talât und Halil hätten sich seiner Interventionspolitik angeschlossen; er hoffe, mit Hilfe Cemals die Zustimmung des Kabinetts zu erhalten. Deutschland sollte dafür Finanzhilfe leisten. In einem Geheimgespräch, an dem Wangenheim, Humann, Enver, Talât, Halil und Cemal beteiligt waren, erklärten die Türken, Souchon könne mit dem Einverständnis der Hohen Pforte zu einem Angriff auf die russischen Schwarzmeerhäfen rechnen – was die Hineinziehung der Türkei in den Konflikt bedeuten mußte – sobald die deutsche Regierung zwei Millionen türkische Pfund an Konstantinopel bezahlt habe. Berlin nahm an, und zwei Sendungen von je einer Million wurden nach Konstantinopel geschickt, wo sie am 16. bzw. 21. Oktober ankamen. Am 22. Oktober jedoch hatten sich Talât und Halil anders besonnen und waren nunmehr gegen sofortiges Handeln. Am 24. Oktober kam es zu einer neuen Wendung: Talât hatte seine Meinung wieder geändert, und am Morgen des folgenden Tages gab Enver Souchon grünes Licht für einen Angriff auf Rußland, sobald die Gelegenheit günstig sei.[12] Am 27. lief die türkische Flotte zu Manövern ins Schwarze Meer aus. Am 29. Oktober ließ Souchon Sewastopol, Odessa, Theodosia und Noworosisk beschießen.[13] Anschließend telegrafierte er nach Konstantinopel, daß auf Antwort auf wiederholte russische Angriffe anläßlich der türkischen Flottenmanöver »die Feindseligkeiten heute eröffnet« worden seien.[14]

Die türkische Regierung war mit diesem Vorgehen nicht einverstanden. Said Halim und Cavid zwangen Enver, Souchon zur Feuereinstellung aufzufordern. Am 31. Oktober ließ Talât den österreichischen Botschafter Pallavicini wissen, das gesamte Kabinett mit Ausnahme Envers verurteile den Angriff Souchons. Am 1. November entschuldigte sich die Hohe Pforte mit einer Note[15] bei der russischen Regierung. Unter der Bedingung, daß die »Göben« und die »Breslau« sowie Liman von Sanders mit seinen Militärs nach Deutschland zurückkehrten, erklärte sich Rußland bereit, die türkische Neutralität anzuerkennen.[16] In Konstantinopel begann ein Tauziehen: Wangenheim und Pallavicini erwogen, das Kabinett Said Halim stürzen zu lassen; Talât widersetzte sich; Enver selbst erachtete die Gegenwart des Großwesirs für eine politische Notwendigkeit. In der Nacht vom 1. zum 2. November kam es am Wohnsitz von Said Halim zu einer dramatischen Besprechung. Talât erinnerte ihn daran, daß er durch die Unterzeichnung des Vertrages mit Deutschland eine Verpflichtung eingegangen sei, und sprach ihm die Mißbilligung der Partei aus. Said Halim beugte sich.[17] Rußland, das auf sein Ultimatum keine Antwort erhalten hatte, erklärte am 2. November der Türkei den Krieg. Am 3. November folgten England und Frankreich. Die kleinen mit der Entente alliierten Länder schlossen sich in den folgenden Tagen an. 24 Stunden nach der Kriegserklärung traten Cavid und drei andere Mitglieder des Kabinetts (Handelsminister Suleiman, der Minister für öffentliche Arbeiten Mahmud – ein Zirkassier – und Postminister Oskam – ein Armenier) zurück.

Die Türkisch-Armenier sahen dem Kriegseintritt des Osmanischen Reiches mit großer Sorge entgegen und bemühten sich, ihn zu verhindern. Ihr Einfluß freilich war sehr gering; seit dem Juli 1914 saßen sie praktisch in der Falle. An ihrer loyalen, wenn auch neutralistischen Haltung kann kein Zweifel bestehen, und der türkische Vorwurf eines armenischen Komplotts entbehrt jeder Grundlage.[18] Auf ausdrücklichen Wunsch von Talât fand vom 2. bis zum 14. August 1914 der 8. Kongreß der *Daschnak*-Partei im Theater von Erzurum statt.[19] Noch ehe es zu einer Aussprache kam, erfuhren die Delegierten von der Generalmobilmachung. Ein Ausschuß, der die Haltung der Partei in Hinblick auf die jüngste Entwicklung festlegen sollte, wurde eingesetzt. Der Kongreß näherte sich seinem Ende, als eine von Dr. Behaeddin Şakir, Omer Naci[20] und Hilmi Bey geführte und von georgischen und tatarischen Vertretern begleitete Delegation eine Unterredung mit den drei Armenier-Führern Vramian, Rostom und Aknuni verlangte. Hintergrund für diese Demarche war die Vorbereitung einer Aufstandsbewegung der drei transkaukasischen Völker: Die Tataren waren gewillt, sich gegen die Russen zu erheben; der *Ittihad* hatte Kontakte mit den Georgiern aufgenommen; Jungtürken verlangten von den *Daschnaks,* unter den Armeniern Transkaukasiens eine Revolte anzuzetteln. Diese subversive Bewegung sollte das Eindringen der Türken in Rußland erleichtern. Außerdem sprachen sich die Jungtürken für die Aufstellung armenischer Freiwilligenlegionen aus, die sofort nach der Kriegserklärung mithelfen sollten, die »russischen Brüder« zu befreien«.

Schließlich schlugen die Jungtürken vor, den Tataren und den Georgiern Emissäre beizugeben, die bei der Organisation einer allgemeinen Aufstandsbewegung in Transkaukasien mitwirken sollten. Dieser Aufstand sei unvermeidlich; binnen kurzem würden die Kaukasus-Türken, die Georgier und die Bewohner des Berglands von Daghestan revoltieren, und die Armenier würden sodann gezwungen sein, sich ihnen anzuschließen. Als Gegenleistung sollten die Armenier im zukünftigen, vom russischen Joch befreiten Kaukasien ein autonomes Gebiet unter türkischer Kontrolle erhalten, das die Provinzen Eriwan, Kars, Elisabetpol und *sancaks* (Kantone) der *vilayets* Van, Bitlis und Erzurum umfassen sollte.[21]

Die drei Armenierführer wiesen die türkischen Vorschläge zurück und verwiesen auf die Position ihrer Partei, die für eine Neutralitätspolitik der Türkei eintrat. Im Kriegsfall allerdings würden die Türkisch-Armenier ihr Land verteidigen und loyal ihre Pflicht tun, wie sie sie auch während des Balkankrieges getan hatten. Die türkische Delegation verließ Erzurum, ohne ein greifbares Ergebnis erzielt zu haben. Später führten die Jungtürken in Muş (mit Servet Bey und Işkan), in Erzurum (mit Tahsin Bey) und vor allem in Van, wo Ömer Naji mit dem Abgeordneten Vahan Papazian zusammentraf, weitere Verhandlungen.[22] Von neuem lehnten die armenischen Führer die Angebote der Türken ab, wobei sie ihre Vaterlandstreue betonten. Davon, daß er die Führer einer armenischen revolutionären Partei in solch ein Dilemma drängte, konnte der *Ittihad* nur profitieren. Wenn die *Daschnaks* die türkische Offerte annahmen und die Türken besiegt wurden, würden die Russisch-Armenier von den Russen deportiert werden und aus dem Kaukasus verschwinden. Lehnten sie ab, dann lieferten sie den Türken einen Vorwand, der ihnen erlaubte, sie des Verrats anzuklagen und ihrerseits zu deportieren. Dieser teuflische Plan war zweifellos das Werk von Şakir, Naci und den Pantürkisten des Komitees.

Selbst ein gänzlich nebensächlicher Vorgang war den Türken nicht zu gering, um ihre Anklagen darauf zu stützen. Ende August – also vor dem Beginn des türkisch-russischen Krieges – entschloß sich Armen Garo Pasdermadjian, der Abgeordnete von Erzurum, gegen den Rat der *Daschnak*-Partei, nach Kaukasien zurückzukehren, von wo er früher verbannt worden war.[23] Wie sehr es den Türken an sachlichen Argumenten fehlte, beweist der Versuch, die ganz persönliche Entscheidung eines früheren Russisch-Armeniers auszuschlachten, und damit eine ganze Partei zu kompromittieren.

Als immer deutlicher wurde, daß es zum Krieg zwischen Türken und Russen kommen würde, sandte das *Daschnak*-Büro von Konstantinopel am 23. Oktober an die Provinzkomitees ein Rundschreiben: »Wir möchten eure Aufmerksamkeit auf die Schwierigkeit der Lage lenken, in der sich unser Land infolge des Kriegsgeschehens befindet. Mehr denn je müssen wir alle unsere Kraft darauf verwenden, Unglück von unserem Volk abzuwenden. Unser Beitrag zur Aufrechterhaltung der Ordnung und allgemeinen Sicherheit soll sein, daß wir jeden Anlaß vermeiden, der zu Konflikten oder politischen Mißverständnissen zwischen den verschiedenen Bevölkerungsteilen führen könnte.«[24] Die *Daschnak*-Partei und der Patriarch nahmen die Armenier in die Pflicht, dem Ruf zu den Waffen zu folgen.[25] Wenn es – ebenso wie bei den Türken – einige Deserteure gab, so war ihre Zahl doch gering. Allerdings bot sich örtlichen Behörden nun eine Gelegenheit, mit den Deserteuren auch Unschuldige erschießen zu lassen.[26] Nach der Kriegserklärung zelebrierten die armenischen Prälaten Gottesdienste für den Sieg des osmanischen Vaterlandes, und die *Daschnak*-Partei forderte die Armenier auf, wie vorbildliche Bürger zu handeln und Reibungen mit anderen Völkerschaften des Reiches zu vermeiden.[27] Die *Daschnak*-Chefs, die mit den Jungtürken-Führern freundschaftlich verbunden waren, konnten diese von ihrer Loyalität überzeugen. Aknuni suchte Anfang Oktober Talât auf und berichtete ihm von der beunruhigenden Lage der Armenier in den Provinzen. Talât schickte ein Telegramm nach Erzurum mit der Aufforderung, die Armenier und vor allem die *Daschnaks* gut zu behandeln.[28] Aknuni berichtete der Partei über dieses Gespräch und schloß mit den Worten: »Wir haben also Grund zu der Hoffnung, daß die Regierung unsere Loyalität anerkennt, denn wir sind bereit, alles in unserer Macht Stehende zum Schutz des Osmanischen Reiches zu tun… Die Übergriffe gegen Armenier im Landesinneren scheinen keine Maßnahmen der Zentralregierung zu sein, sondern gehen offenbar von den örtlichen Behörden aus.«[29] Entsprach ein türkischer Sieg den aufrichtigen Wünschen der Armenier? Angesichts der Sympathien, die die in der Diaspora und in Rußland lebenden Armenier für die Entente hegten, ist das wenig wahrscheinlich. Freilich waren sie sich ihrer schwierigen Lage und der Bedrohung, die der türkische Nationalismus für sie bedeutete, bewußt. Die Konsequenz konnte nur loyales Verhalten gegenüber der osmanischen Regierung sein. So kam es, daß nach der Kriegserklärung »die armenische Jugend, von Trommeln und Flöten begleitet, zu den Rekrutierungsbüros marschierte und öffentlich Zeugnis für ihren Patriotismus ablegte«.[30]

Der *Ittihad* allerdings vertrat eine andere Form des Patriotismus, wie die Erklärung vom 11. November 1914 zeigt: »Vergessen wir nicht: Wenn wir uns an diesem Krieg beteiligen, dann nicht nur, um uns selbst vor der Gefahr zu retten, die uns bedroht. Wir verfolgen eine viel wichtigere Absicht: die Verwirklichung unseres nationalen Ideals. Das nationale Ideal unseres Volkes und unseres Vaterlandes ist der Grund, warum wir den Feind vernichten und eine natürliche Grenze herstellen müssen, die uns erlaubt, uns mit unseren derselben Rasse angehörenden Brüdern zu vereinigen. Darüber hinaus befiehlt uns unsere religiöse Einstellung, die islamische Welt von der Beherrschung durch die Ungläubigen zu befreien… Wir kämpfen um unser Vaterland, unsere Religion und unser nationales Ideal.«[31] Am 23. November proklamierten der Sultan und der Şeyh-ül-Islam den *Cihad* – den Heiligen Krieg – und riefen die Muslims der ganzen Welt auf, sich gegen die Ungläubigen zu erheben sowie sich zu regulären Truppen oder irregulären Verbänden zusammenzutun und die Christen zu töten.[32] (Dieser panislamische Aufruf zur allgemeinen Erhebung der islamischen Welt – immerhin waren die christlichen Länder Deutschland und Österreich die Alliierten der Türken – blieb ohne Wirkung und kehrte sich später sogar gegen die, die ihn erlassen hatten: Im März 1917 erklärte der *Şerit* von Mekka den türkischen Unterdrückern den Heiligen Krieg[33]). »Im November 1914 erfolgte die Erklärung des Heiligen Krieges in Konstantinopel mit Hilfe des gesamten bei nationalen Demonstrationen gewöhnlich aufgebotenen Apparates. Die türkische

Polizei organisierte die Demonstrationszüge auf den Straßen; halbprofessionelle Demonstranten und andere verfügbare Statisten erhielten ein paar Piaster Belohnung... In diesem Fall trugen sie grüne Fahnen durch die Straßen, marschierten vor den Botschaften der mit der Türkei verbündeten Nationen auf und zerschlugen schließlich am 20. November sämtliche Glasscheiben und Spiegel des Hotels Toklatian, dessen Besitzer (armenischer Abkunft) einige Zeit zuvor russische Untertanen beherbergt hatte.«[34] Von den ersten Kriegstagen an brachten die Türken in verbreiteten Erklärungen und Rundschreiben überall im Reich ihre militante pantürkische Einstellung zum Ausdruck – ein Zeichen, das für die Armenier nichts Gutes verhieß.

Die »Sonderorganisation«

Die im August 1914 gegründete »Sonderorganisation« war – wie früher in einem ganz anderen Zusammenhang die *hamidiye*-Regimenter – der erste Teil der Vernichtungsmaschinerie. Diese Einheit wurde wenige Tage nach der Generalmobilmachung vom Zentralkomitee aufgestellt. Ihr Auftrag war subversive Tätigkeit bei den Völkern Transkaukasiens und den Kurden beiderseits der türkisch-russischen Grenze; sie sollte »die anstehenden Fragen durch den Einsatz brutaler Gewalt einer Lösung zuführen«.[35] Diese »Sonderorganisation« (oder *teşkilat-i mahsuse*) wurde von Konstantinopel aus von einem dreiköpfigen Generalstab geführt, dem Dr. Nazim, Atif Riza (beide Mitglieder des Zentralkomitees) und Aziz Bey (damals Polizeichef) angehörten. Die Entscheidungen dieses Generalstabs wurden vom Militärgouverneur von Konstantinopel Levad automatisch gebilligt. Die von Aziz und Levad innegehabten Positionen beweisen den polizeiähnlichen, paramilitärischen Charakter der »Sonderorganisation« und machen verständlich, warum sie sich bei strafbaren Handlungen praktisch völliger Immunität erfreute. Dr. Behaeddin Şakir war beauftragt, die Befehle des Generalstabs der Organisation auszuführen. Anfangs August 1914 war er in Erzurum, um die Führer der *Daschnak*-Partei zur Organisierung von Spionagenetzen zu gewinnen, die in Russisch-Armenien operieren sollten. Erzurum, das Hauptquartier der III. Armee, wurde schon vor dem Kriegseintritt der Türkei das Zentrum der turanischen Untergrundbewegung. Behaeddin Şakir war der Chef dieser Organisation. An ihn gingen die chiffrierten Telegramme des Zentralkomitees und das aus Konstantinopel überwiesene Geld.

Die Mitglieder der Organisation wurden aus dem Kriminellenmilieu rekrutiert; unter ihnen befand sich eine größere Anzahl zum Tode verurteilter Verbrecher, die aus verschiedenen Haftanstalten des Reiches freigekommen waren. Aus den schwarzen Kassen des *Ittihad* erhielten sie für ihre Ausbildung und Ausrüstung große Geldsummen. Instruktionen wurden mündlich durch Parteifunktionäre, Abgeordnete oder Generalsekretäre der Provinzsektionen übermittelt, seltener auch durch an Provinzbeamte adressierte Telegramme. Die Mitglieder der Organisation konnten von den *valis* oder anderen Beamten in leitenden Positionen jederzeit blinden Gehorsam verlangen. Im Fall von Widerstand oder mangelnder Kooperation konnten sie diese Beamten absetzen, ja sogar bestrafen. Die im Unionisten-Prozeß vorgelegten Dokumente *(tezkeres)* enthüllen die Funktionsweise der Organisation und ihre Macht: Aus ihnen geht hervor, daß Halil Bey (der Onkel Envers) dem Gouverneur von Smyrna Order erteilte, sämtliche Gefangenen freizulassen[36]; ein Brief Halil Beys an das Kriegsministerium beweist, daß sich die Organisation mit Waffen und Munition aus Armee-Arsenalen ausrüstete[37]; Telegramme von Sekretären oder Delegierten des *Ittihad* in Balikesir (20. November 1914), Samsun (10. Dezember 1914), Bursa (19. Dezember 1914) bezeugen, daß die freigelassenen Gefangenen unverzüglich als Mitglieder der Organisation registriert, in Gruppen eingeteilt, einer Ausbildung unterzogen und dann in ihre Einsatzgebiete, d. h. die östlichen *vilayets,* geschickt wurden. Im Unionistenprozeß gab Atif Riza am 14. April 1919 zu Protokoll, daß er einen Monat vor der Kriegserklärung, also im Oktober, Verbände organisiert hatte, die hinter den russischen Linien eine Revolte der Georgier auslösen sollten. Zum Zeitpunkt der Kriegserklärung habe er sich selbst in Rußland befunden; in Trapezunt gebildete Gruppen hätten bereits russisches Territorium verletzt.

Die Formierung dieser »Sonderorganisation« beweist, daß das Zentralkomitee schon beim Ausbruch des Ersten Weltkrieges, und ehe die Regierung über die Beteiligung der Türkei an diesem Krieg entschied, mit der Verwirklichung des pantürkistischen Programms begonnen hatte. Das Zentralkomitee war entschlossen, zur Erreichung dieses Zieles alle Hindernisse rücksichtslos aus dem Weg zu räumen. Die »Sonderorganisation« war die Speerspitze des Pantürkismus. Ihre Truppen, die *tschetes,* lernten die Völkerschaften Ostanatoliens von Anfang 1915 an kennen, wo sie sich zusammen mit der Gendarmerie, kurdischen Stämmen und anderen *hamidiyes* an der Armenierverfolgung beteiligten.[38]

Die armenischen Freiwilligen in Rußland

So wie die Türken vor ihrem Kriegseintritt Emissäre zu den Völkern Transkaukasiens entsandt hatten, hatten die Russen am Beginn des Krieges den Russisch-Armeniern Garantien gegeben. Aber sie vermieden es, die Türkei zum Kriege zu drängen. Als der Katholikos Guevorg im August 1914 vom Zaren verlangte, er sollte die Durchführung von Reformen garantieren, antwortete ihm Worontzow-Daschkow, die russische Regierung wolle der Türkei keinen Vorwand zum Kriegseintritt liefern, verzichte aber deswegen nicht auf Reformen. »Somit ist es nicht angezeigt, ja gefährlich, auf eine Revolte der Türkisch-Armenier hinzuarbeiten.«[39] Allerdings konferierte schon im August der Vizekönig des Kaukasus in Tiflis mit dem dortigen Bischof Mesrop, dem Bürgermeister Alexander Khatissian sowie Dr. Zavriev, dem Vorstand des armenischen Nationalbüros, und schlug ihnen die Aufstellung armenischer Freiwilligenverbände vor.[40]

Kachaaznuni und Vratzian warnten die Armenier, daß der *Ittihad* mit der Aufstellung dieser Freiwilligenverbände, denen auch frühere osmanische Untertanen angehören würden, Armenier-Verfolgungen in der Türkei rechtfertigen würde. Doch diese Warnung blieb ohne Erfolg; ein spezielles Komitee wurde mit der Rekrutierung der Freiwilligen betraut. Der Zustrom war groß. Vier Gruppen von etwa tausend Mann wurden aufgestellt. Sie sollten Partisanengruppen »ohne organischen Zusammenhang mit den regulären Truppen« bilden, die die russischen Truppen durch ein ihnen nur wenig bekanntes Gebiet führen und Aufgaben einer Vorhut erfüllen sollten.[41] Von der Regierung waren diese Verbände nur unzulänglich ausgerüstet; es war das Nationalbüro, das unter Verwendung von Spenden für ihre Bewaffnung und Verpflegung sorgte. Diese »Legionen« bestanden aus nicht militärdienstpflichtigen Männern – sei es, daß sie das vorgeschriebene Alter noch nicht erreicht oder schon überschritten hatten, sei es, daß sie aus dem Ausland kamen.[42] Bei Kriegsausbruch waren diese »Legionen« einsatzbereit. Die erste Gruppe unter dem Kommando Adraniks wurde zur Nordgrenze Persiens geschickt. Die drei anderen Gruppen kamen an die türkische Grenze – die zweite (befehligt von Dro und Armen Garo Pasdermadjian) bei Van, die dritte und vierte (unter dem Kommando von Hamazasp und Keri) weiter nördlich an der Strecke Sarıkamış-Olti.[43]

Als Nikolaus II. bei Kriegsbeginn die Kaukasusfront besuchte, führte er Gespräche mit politischen und religiösen Armenier-Führern, die ihn begeistert empfingen. So äußerte der Katholikos: »Das Wohl der Türkisch-Armenier kann nur durch ihre endgültige Befreiung aus türkischer Herrschaft und die Schaffung eines autonomen Armeniens unter dem machtvollen Schutz Großrußlands gesichert werden.«

Derartige Äußerungen waren freilich wenig angebracht, wenn man bedenkt, daß zwei Millionen Armenier Faustpfand der türkischen Regierung waren. Jedenfalls beweist dieser aufrichtige, wenn auch ungeschickte Enthusiasmus der Russisch-Armenier, welche Wahl sie getroffen hatten:

Sie setzten auf einen Sieg der Entente. Ein Sieg der Zentralmächte und damit auch des Osmanischen Reiches bedeutete nicht nur die Vernichtung der Türkisch-Armenier, sondern auch ihren eigenen Untergang. Fest steht, daß diese massive Parteinahme der Russisch-Armenier unabhängig von den im Osmanischen Reich lebenden Armeniern, ja, in gewisser Weise gegen sie erfolgte. Man kann also in ihr nicht den Beweis eines Verrats der Türkisch-Armenier sehen. Im übrigen gab es in der türkischen Armee eine georgisch-zirkassische Legion, ohne daß Rußland deswegen im eigenen Land zu Repressalien gegen Georgier und Zirkassier geschritten wäre – ebensowenig wie die Deutschen gegen Polen und Tschechen, die innerhalb der Entente-Armeen Truppenverbände stellten.

Das Desaster von Sarıkamış

Noch am Tag der Kriegserklärung überschritten russische Truppen die Grenze und nahmen das ganze Passene-Tal sowie einen Teil des Tals von Eleşkirt (*vilayet* Erzurum) ein. Die türkischen Truppen sammelten sich bei Erzurum, unternahmen einen heftigen Gegenangriff und bremsten den russischen Vormarsch auf der Linie Erzurum – Sarıkamış. Weiter nördlich hingegen, etwa von Olti ab, marschierten die russischen Truppen, unterstützt von der zweiten armenischen Legion, weiter vor[44]. Die III. türkische Armee, kommandiert von Izzet Pascha und dem deutschen Major Guse, schlug sich jedoch tapfer. Enver, der am 21. Oktober zum Vize-Generalissimus ernannt worden war (Bronsart war sein Generalstabschef), hielt es bald nicht mehr in Konstantinopel. Anfang Dezember begab er sich zum Hauptquartier der III. Armee in Erzurum und nahm die militärischen Operationen im Kaukasus selbst in die Hand. Sein ambitionierter Angriffsplan hatte nicht mehr und nicht weniger als die Besetzung Transkaukasiens zum Ziel, wobei durch eine Zangenbewegung die russischen Truppen von ihrer Basis Kars abgeschnitten werden sollten. Nach der Eroberung der 1878 an Rußland abgetretenen Gebiete – Kars, Ardahan und Batum – wollte er überall im Kaukasus Muslim-Revolten auslösen und den Zugang nach Tiflis und Baku öffnen. Um diesen Plan durchführen zu können, mußte er mit Hilfe des 11. Korps der III. Armee die russischen Truppen in Köprüköy (an der Hauptroute Erzurum–Sarıkamış) binden, während am linken Flügel das 9. Korps die russischen Stellungen von hinten angreifen und das 10. Korps bei Olti die Grenze überschreiten, auf Kars und Ardahan marschieren und Sarikamiş isolieren sollte. Noch weiter links schließlich sollte das als Verstärkung aus Konstantinopel gekommene 1. Korps auf Ardahan vorrücken.[45]

Den Türken, die am 22. Dezember bei eisigem Sturm angriffen, gelang es innerhalb von fünf Tagen, die Eisenbahnverbindung zwischen Kars und Sarıkamış zu unterbrechen. Der russische Oberkommandierende, der den Verlust seiner Kaukasus-Armee befürchtete, ordnete den Rückzug an. Die meisten seiner Generäle weigerten sich jedoch, das Gebiet preiszugeben und leisteten den Türken hartnäckig Widerstand. Enver, der seines Sieges zu sicher war, hatte schwerwiegende logistische Fehler begangen und die Versorgung seiner überanstrengten Truppen vernachlässigt. Er wurde besiegt – weniger freilich von der ebenfalls desorganisierten russischen Armee als von der Härte des armenischen Winters sowie von Typhus und Cholera, die dem 9. und 10. Armeekorps schwer zusetzten. Als die Russen am 4. Januar 1915 zur Gegenoffensive antraten, stand ihnen nur noch das 11. Armeekorps gegenüber. Das 9. und 10. Korps existierte praktisch nicht mehr. Im Norden war das 1. Korps aus Ardahan vertrieben und bis über den Çorok zurückgeworfen worden. Die osmanische Armee trat einen regellosen Rückzug nach Erzurum an. Am 7. Januar überließ Enver das Kommando über die III. Armee dem Obersten Haki Bey und begab sich nach Konstantinopel zurück. Am 12. Januar hatten die Russen ihre früheren Positionen wiedergewonnen. Eine Woche später drangen sie weiter auf osmanisches Territorium vor. Von den 90 000 Mann der III. Armee waren nur 15 000 übrig. Nur 12 000 waren gefangengenommen worden.[46] Die anderen waren gefallen oder an Seuchen gestorben. Auf russischer Seite gab es 16 000 Tote und Verwundete.

Ein Drittel der armenischen Freiwilligen war tot oder verwundet. Das russische Oberkommando zeigte sich mit ihrem Einsatz zufrieden, sparte nicht mit Auszeichnungen und Belobigungen und gestattete die Aufstellung von zwei neuen Freiwilligen-Korps: Das 5. Korps wurde von Vartan kommandiert, das 6. Korps stand unter dem Befehl von Avcharian und setzte sich aus in Amerika und auf dem Balkan rekrutierten *Hintschakisten* zusammen.

Die Schlacht hatte im Gebiet von Sarıkamış schwerste Verwüstungen angerichtet. Mehr als 70 000 Armenier flüchteten nach Eriwan und Tiflis.[47] Statt den erwarteten triumphalen Sieg zu erringen, hatten die Türken eine böse Schlappe einstecken müssen. Auch an der übrigen Ostfront mußten sie Niederlagen hinnehmen: Im Süden der Linie Erzurum–Kars war ein russischer Verband schon im November auf türkisches Gebiet vorgedrungen und hatte bei Karakilise den Euphrat erreicht. Ein anderer Verband rückte unweit der persischen Grenze auf türkisches Gebiet vor und nahm Bayzid ein, von wo aus er Van bedrohte.

Persisch-Aserbeidschan und seine Hauptstadt Täbris waren der Schlüssel für einen Durchbruch zum Kaspischen Meer und eine Invasion Russisch-Aserbeidschans. Da die türkisch-persische Grenze seit einem halben Jahrhundert umstritten war, konnte kein Zweifel daran bestehen, daß dieses Gebiet im Fall eines russisch-türkischen Kriegs zum Schlachtfeld werden würde.[48] Sofort nach Ausbruch des Konfliktes waren die Russen nach Djulfa und Khoi vorgerückt, hatten die Türken zwischen Dilman und Kotur angegriffen und die türkisch-persische Grenze überschritten. Im Dezember bedrohte diese Armee Van direkter als der Verband in Bayazid. Die von kurdischen Kontingenten unterstützten Türken schlugen zurück, indem sie in einer Umfassungsbewegung von Süden her Täbris angriffen. Die überraschten Russen räumten Täbris. Am 30. Januar nahmen sie es wieder ein und drängten im Lauf der folgenden Monate die kurdischen Kontingente nach Süden ab.

Vom Schwarzen Meer bis zum Urmia-See stabilisierte sich die Front gegen Ende des Winters. Die Russen hatten die stärkere Position, nützten sie aber noch nicht aus. Sie bedrohten vor allem Erzurum im Norden und Van im Süden; die von den Türken zurückeroberte Stadt Kotur war ihr wichtigstes Ziel.

An den übrigen Fronten war die Lage ebenso ernst. Im November war ein Angriff auf Suez gescheitert. Im Februar 1915 waren englische und französische Flottenverbände in die Dardanellen eingelaufen. In Konstantinopel brach Panik aus. Die Archive der Hohen Pforte und das Gold der Banken wurden ausgelagert, die Familien hoher Staatsbeamter evakuiert. Die Züge, die den Sultan, die Regierung und die ausländischen Botschafter nach Kleinasien bringen sollten, waren überfüllt. Die Führer des *Ittihad* wußten, daß das Einlaufen der alliierten Flotte ins Marmara-Meer ihren Sturz herbeiführen mußte und daß das Volk ihnen Unglück und Mißhelligkeiten des Reiches anlasten würde. Sie dachten daran, Konstantinopel niederzubrennen, ehe sie sich absetzten. Alle glaubten, daß die englischen und französischen Truppenverbände imstande sein würden, die Meerenge zu passieren. Nur Enver wollte nicht aufgeben und verlangte den weiteren Ausbau der Befestigungen.[49] Nach einem unglücklich verlaufenen Angriff, bei dem sie drei Schiffe verlor, trat die alliierte Flotte jedoch unvermittelt den Rückzug an und bereitete eine Landung auf der Halbinsel von Gallipoli vor. Die Operationen der anglo-französischen Verbände in den Dardanellen waren von ebenso großer strategischer Bedeutung wie die Auseinandersetzungen an der russischen Grenze. Bei erfolgreichem Verlauf hätten sie unmittelbaren Kontakt der Ententemächte mit Rußland hergestellt und dadurch, daß Italien und die Balkanländer auf die Seite der Alliierten gezogen worden wären, den Verlauf des Krieges maßgeblich beeinflußt. Durch ihren Verzicht auf einen Angriff ihrer Marinestreitkräfte und die Entscheidung für eine Invasion der Halbinsel von Gallipoli – eine Operation, die wochenlange Vorbereitungen erforderte – verschafften die Engländer den Türken eine Atempause, die es ihnen erlaubte, wieder Tritt zu fassen.

Die Lage in den armenischen Provinzen
(November 1914 – März 1915)

Treue zum Regime der Jungtürken und Erfüllung der Bürgerpflichten: der Parole der *Daschnak*-Partei wurde bis zum April 1915 Folge geleistet. Der armenische Bevölkerungsteil stellte seine Loyalität zum osmanischen Roten Halbmond durch Dienstleistungen und finanzielle Kontributionen unter Beweis. Die in Deutschland und Österreich lebenden Armenier schlossen sich an. In Wien erklärte der türkische Botschafter und Präsident des Roten Halbmondes, daß »die türkische Regierung an der Treue und Ergebenheit der Armenier niemals Zweifel hegte«.[50] Zu einem Meinungsumschwung bei den Armeniern kam es allerdings, als türkische Truppen auf dem Weg zur russischen Front die armenischen *vilayets* durchquerten und dort unter dem Vorwand kriegsbedingter Requisitionen Plünderungen verübten. In den Dörfern trieben die Soldaten sämtliches Vieh davon, ohne auch nur einen die Wiederaufzucht ermöglichenden Rest zurückzulassen. Lebensmittel ließ die Regierung auf ähnliche Weise beschaffen. Diese Methoden waren so eindeutig illegal, daß türkische Offiziere und Soldaten, die sich darüber völlig im klaren waren, in immer größerem Umfang Waren requirierten, die für die Bedürfnisse der Armee ohne jede Bedeutung waren.[51] Da die Armenier den Großteil der Händler stellten, waren sie die Hauptopfer dieser Requisitionen. Beim Quartiermachen verfuhr man ohne jede Rücksicht auf die Zivilbevölkerung; Offiziere und Soldaten benahmen sich wie Herren über die betroffenen Ortschaften und begingen täglich Raub und Vergewaltigung. Freilich wird das Verhalten der türkischen Soldaten bis zu einem gewissen Maße verständlich, wenn man ihre im allgemeinen trostlos dürftigen Lebensumstände bedenkt.

Im Dezember verschlechterte sich die Lage in den Ostprovinzen. Der Marsch der Türken nach Sarıkamış war von Übergriffen und Massakern begleitet: In Başkale unweit der türkischen Grenze wurden 1600 Armenier und einige Nestorianer von Angehörigen von *hamidiye*-Verbänden ermordet; in Serai und den umliegenden Ortschaften wurden die dort ansässigen Armenier von Gendarmerie und Kurden getötet; im Gebiet von Eleşkirt fiel die armenische Bevölkerung Kurden, Gendarmen und Çetes zum Opfer.[52]

Nach der Schlacht von Sarıkamış jedoch flackerte das Feuer gleichzeitig in allen armenischen Provinzen auf. Überall hetzte die Armee die Bevölkerung mit der Nachricht auf, daß auf russischer Seite auch armenische Freiwillige kämpften. In Erzurum machte sich Empörung Luft, als bekannt wurde, daß Armen Garo, ein früherer Parlamentsabgeordneter, Mitglied einer Freiwilligen-Einheit war. In Sivas, wo der *vali* bereits bei der Ermordung des Vikars des Patriarchen Komplizendienste geleistet hatte, beschuldigte man armenische Soldaten und Bäcker Anfang Februar, Verpflegung der türkischen Armee vergiftet zu haben. Wochen später wurden Armenier, die russischen Gefangenen Lebensmittel gegeben oder ihre Wunden versorgt hatten, des Verrates beschuldigt. Jeder dieser Vorfälle hätte als Vorwand zu einem allgemeinen Massaker dienen können, hätte die Regierung nicht eine konziliante und maßvolle Haltung eingenommen.[53]

Allerdings war Ende Januar 1915 die Entwaffnung der armenischen Soldaten und Gendarmen angeordnet worden – eine Maßnahme, die, wie Vramian in einem Bericht an Talât vom 13. Februar ausführte, »Mißtrauen gegenüber der armenischen Nation erzeugte und zu gespannten Beziehungen zwischen Armeniern und Türken führte«. Überall im Osmanischen Reich wurde bekannt, daß auf eine Regierungsanordnung hin die armenischen Soldaten nicht nur entwaffnet, sondern in Gruppen von 50 bis 100 Mann in Arbeitsdiensteinheiten *(inşaat taburi)* zusammengefaßt wurden. Als Straßenarbeiter und Lastträger waren sie die Arbeitssklaven der türkischen Truppen, deren Ausrüstung und Lebensmittel sie beim Rückzug aus dem Kaukasus zu schleppen hatten. Dann wurde ruchbar, daß da und dort Einheiten von 50 bis 100 Mann, zu je vier Mann aneinandergekettet, in einsame Orte abseits der Städte verbracht und dort erschossen worden waren.[54] Als Vramian in seinem Bericht diese Verbrechen anprangerte, wurden aus der Umgebung von Erzurum und von der persischen Grenze weitere derartige Vorkommnisse bekannt.[55] Darüber hinaus wurden armenische Beamten grundlos beurlaubt und die Pässe, die Armeniern Bewegungsfreiheit innerhalb des Osmanischen Reiches erlaubten, eingezogen. Diese Maßnahme stand in eigentümlichen Gegensatz zur maßvollen Haltung der Regierung während der vorausgegangenen Monate, so daß sich die Frage aufdrängt, wann das Zentralkomitee des *Ittihad* – die einzige Institution, die entsprechende Machtbefugnisse hatte – den Beschluß faßte, die Armenier auszurotten.[56] In Ermangelung von Protokollen über die Sitzungen des Zentralkomitees kann man nur Vermutungen anstellen. Der Kriegseintritt der Türkei hatte das Geschick der Armenier besiegelt. Die Falle, die man ihnen in Erzurum gestellt hatte, mußte zwangsläufig zuschnappen. Die »Sonderorganisation« konnte, auch wenn sie nicht zu diesem Zweck aufgestellt worden war, dafür eingesetzt werden. Mit der Aufstellung von armenischen Freiwilligenverbänden im Kaukasus wurden Deportationen gerechtfertigt. Um die Niederlage in der Schlacht von Sarıkamış zu erklären, erfand man die Legende vom armenischen Dolchstoß in den Rücken der türkischen Armee. In den Provinzen schürte man den Haß, der unter dem Eindruck der türkischen Niederlage ohnehin gut gedieh. Von Februar 1915 an war

159

die Zeit reif. Es ist also wahrscheinlich, daß die Entscheidung des Zentral-komitees zu diesem Zeitpunkt oder Ende Januar fiel, denn für die Vorbereitung eines derart diabolischen Plans brauchte man wenigstens zwei Monate. In einem Klima der Angst, das durch die Bedrohung der Dardanellen und die geographische Isolierung der Türkei entscheidend bestimmt wurde, konnte man mit diesem Plan dem Defätismus der türkischen Bevölkerung entgegenwirken und sie mit dem Feindbild der armenischen Minderheit ablenken, auf die man die Verantwortung für Mißerfolge und Fehlentwicklungen abwälzen wollte.

14. Der Ausrottungsplan

»Jedes einzeln oder im Kollektiv begangene Verbrechen ist, geplant oder nicht, Ausdruck von etwas, was von denjenigen, die es begehen, als Notwendigkeit empfunden wird.«[1] Von dem Augenblick an, da das Verbrechen beschlossene Sache ist, hängt die Art seiner Ausführung von den »Qualitäten« des Verbrechers ab. In dieser Hinsicht fällt dem Zentralkomitee des *Ittihad* die Rolle eines Vorläufers späterer, schrecklicher Entwicklungen zu. Statt der ungeregelten Massaker der Vergangenheit gab es nun eine zentrale, bürokratische Planung, wobei die Leitung der Operationen während ihrer gesamten Dauer bei der Zentrale lag. Auf die Frage »Wie entledigen wir uns der Armenier?« antwortete das Zentralkomitee: Total, auf geeignete Weise, diskret und unter geringsten Kosten und Risiken. Der Zeitpunkt der Ausführung des Plans hing ab von der erfolgten Einrichtung der für den Ausrottungsplan nötigen Strukturen und vom Eintreten von Ereignissen, die als Vorwand benutzbar waren.

Man wollte sich der Armenier entledigen

1. ... *total.* Ziel war die völlige Auslöschung einer Rasse; theoretisch durfte kein einziger Armenier überleben. Talât, der große Drahtzieher, wiederholte es immer wieder: Kein Armenier darf in der Lage sein, Zeugnis von dem zu geben, was geschehen ist. Man geht nicht zu weit, wenn man von der *Endlösung der Armenier-Frage* spricht.

2. ... *auf geeignete Weise.* Dies war das schwierigste Problem. Der Rauch der gebrandschatzten Häuser, das vergossene Blut, Schüsse und Schreie, Verletzte, die sich in Konsulate und Botschaften flüchten – all das erregt Aufsehen und hinterläßt viele Spuren. Deshalb erschien es angezeigt, einen Plan zu fassen, der solche Faktoren möglichst ausschaltete. Der Gedanke, die armenische Bevölkerung zu deportieren, bot sich an. In den östlichen, frontnahen *vilayets* argumentierte man so: Da es in beiden Lagern Armenier gebe, sei es besser, die Türkisch-Armenier von den Russisch-Armeniern zu trennen. So konnte man um Massaker mit Pogromcharakter herumkommen, bei denen es immer Überlebende gab, was nötig gemacht hätte, die Operation alle zehn Jahre zu wiederholen. Statt dessen sollten die Armenier ohne jede Ausnahme aus ihren Heimatgebieten »evakuiert« werden. Da sie im Verlauf der Deportation samt und sonders verschwinden würden, würde es weder Spuren noch die Notwendigkeit einer Wiederholung der Aktion geben.

3. ... *diskret*. Wenngleich die Umstände ideal schienen – die Hauptverantwortlichen für die Internationalisierung der Armenierfrage, Engländer, Franzosen und Russen, waren nun Feinde – war unabdingbar, daß niemand sich dem Endziel der Operation widersetzte, was bedeutete, daß niemand es kennen durfte. Bei der Beantwortung der zu erwartenden Fragen der Mittelmächte und neutraler Länder würde sich die türkische Regierung daher hinter den klassischen Ausflüchten verschanzen: Maßnahmen eines im Kriegszustand befindlichen Landes gegen hochverräterische Bewegungen, internationales Prinzip der Nichteinmischung in die inneren Angelegenheiten eines fremden Landes etc. Im übrigen mußten die Informationskanäle der Ausländer blockiert werden. Vor allem war Fotografieren zu untersagen; einschlägige Dokumente der türkischen Regierung waren geheimzuhalten oder zu vernichten.

4. ... *unter geringstmöglichem Risiko*. Die Türken wußten um Entschlossenheit, Tapferkeit und Disziplin der armenischen Soldaten. Angesichts der Tatsache, daß türkische Truppen an mehreren Fronten feststeckten und ganze Armeekorps aufgerieben worden waren und daß für die kommenden Monate schwere Kämpfe erwartet wurden, konnte es sich der *Ittihad* nicht erlauben, Militärverbände zur Niederschlagung »innerer Revolten« einzusetzen. Jegliche armenische Rebellion mußte daher von vornherein unmöglich gemacht werden – der Erfolg der Operation hing davon ab. Am Tage ihrer Deportation sollten die Armenier führerlos, ohne Soldaten und ohne Waffen erwachen. Die Vorbedingungen dafür waren sehr günstig: Ein großer Teil der männlichen Armenier war zum Militär eingezogen, während die revolutionären Organisationen und die armenische Kirche die Regierung unterstützten, ohne Böses zu ahnen.

5. ... *zu geringstmöglichen Kosten*. Neben politischem Vorteil sollte die Aktion auch noch wirtschaftlichen Nutzen erbringen. Bewegliches und unbewegliches Eigentum der Armenier würde an die Regierung fallen, die sich auch ihre Bankguthaben und Aktien aneignen würde. Geld und Handgepäck der Deportierten würden der Lohn ihrer Mörder sein. Händler, Handwerker und Arbeiter, die für das geordnete Leben ihrer Gemeinden unbedingt nötig waren, sollten aus wirtschaftlichen Erwägungen heraus vorläufig geschont werden, solange bis Ablösung für sie bereitstand.

6. ... *Einrichtung der nötigen Strukturen, Ausnutzung von Vorwänden.* Von März an wurden *valis* und führende Parteifunktionäre mündlich oder durch Telegramm über die Verantwortung informiert, die ihnen zufallen würde. In den östlichen *vilayets* war vor allem die »Sonderorganisation« mit dieser Aufgabe betraut. Im Prinzip sollte nicht die Armee zur Durchführung der Aktion herangezogen werden, sondern die Gendarmerie. Den *valis* und ihren untergeordneten Beamten sollte in Hinsicht auf die

örtlichen Umstände ein gewisser Spielraum zugestanden werden. Das Innenministerium behielt sich das Recht vor, nötigenfalls direkt einzugreifen. Zwei Organisationen wurden eingerichtet: Die »Verwaltung herrenloser Güter«, der Erfassung und Verkauf armenischen Eigentums obliegen sollte[2], und die unter der Leitung von Şükrü stehende »Deportiertenkommission«, deren Sitz Konstantinopel war. Eine zweite Leitstelle des Komitees saß in Aleppo, das als Drehscheibe der Deportation ausersehen war.[3]

Was Vorwände und Rechtfertigungsgründe betraf, so konnten sie notfalls provoziert werden. Jede einzelne Desertion und die geringste örtliche Rebellion waren als Anlaß für »Gegenmaßnahmen« auszunutzen.

Diese Überlegungen waren es, die dem Ausrottungsplan zugrundelagen. Er sah vor, daß in jeder Provinz nach einer gemäß den geographischen Gegebenheiten vorher festgesetzten Chronologie wie folgt verfahren werden sollte:

a) Wie bereits geschildert, wurden in einer ersten Phase die armenischen Soldaten entwaffnet und in Arbeitsdienst-Bataillonen zusammengefaßt. Diese Gruppen sollten nach und nach beseitigt werden.[4]

b) Für Muslims wie Christen sollte die Ablieferung sämtlicher Waffen dekretiert werden; wirklich verlangen würde man sie aber nur von den Christen. Somit konnte die Ablieferungsquote der Armenier als ungenügend bezeichnet werden, was unter dem Vorwand der Zurückhaltung von Waffen die Verhaftung der Notabeln, d. h. der politischen Führer, Priester, Intellektuellen und Vermögenden, erlaubte. Diesen Personen sollten durch Folter Geständnisse abgepreßt werden, die, zusammen mit den sichergestellten Waffen, als Beweise für eine armenische Revolte dienen würden. Danach sollten die Notabeln wie die Soldaten gruppenweise außerhalb der Städte erschossen werden. Dann sollte der *Deportationsbefehl* folgen. Durch Plakate oder Ausrufer bekanntgemacht, sollte er den Betroffenen keine oder nur eine ganz kurze Frist einräumen. Die armenischen Familien würden nur ein Minimum an Gepäck mit sich führen und nur einfachste Transportmittel gebrauchen können oder zu Fuß marschieren müssen. In jeder Provinz würde die Deportation in den Dörfern beginnen (bestimmte, entlegene Dörfer konnte man, wenn es keine unbeteiligten Zeugen gab, gänzlich zerstören) und in den Marktgemeinden und Städten fortgesetzt werden. Zug um Zug würde man mit den Männern, den Vermögenden und den Armeniern apostolischen Glaubens beginnen. Katholiken und Protestanten würden so die Hoffnung hegen, verschont zu bleiben. In Wirklichkeit würde es sich nur um einen Aufschub handeln. Gewiß, es würde ausländische Zeugen geben, und Armenier würden sich in christliche Schulen oder Missionen flüchten. Den Beamten würde es zukommen, höflich, doch bestimmt darauf zu bestehen, daß ihnen aufgrund behördlicher Anordnung alle Armenier überantwortet werden müßten. Von größter Bedeutung würde jedoch sein, daß niemals Ausländer belästigt wurden.

Die *Deportation* selbst war der schwierigste Teil des Plans. Vorgesehen war, daß während eines Zeitraums von etwa acht Monaten Deportiertenzüge die Türkei durchqueren sollten – meist zu Fuß und immer auf Nebenwegen und abseits der Hauptstraßen. Nur in der Nähe von Eisenbahnlinien, d. h. in den westlichen *vilayets,* sollten die Deportierten in Vieh- und Güterwagen transportiert werden. Theoretisch sollten so eininhalb Millionen Personen nach Mesopotamien verbracht werden. – Aber – und davon hing der Erfolg dieses Planes ab – wenn alle *in Frage stehenden Personen* (dies die in den offiziellen Telegrammen verwendete Formulierung) aus ihren Heimatorten evakuiert werden sollten, so sollte nur ein Minimum in den Konzentrationslagern ankommen, d. h. die Wüsten Mesopotamiens erreichen. Die planmäßige Dezimierung der Konvois mußte also unterwegs durchgeführt werden. Die Länge des Weges und die Schwierigkeiten und Entbehrungen der Reise würden bei den Deportierten der östlichen *vilayets* eine natürliche Auslese herbeiführen, vor allem, wenn sie keinerlei Verpflegung erhielten. Freilich konnte es nicht darum gehen, gerade die Stärksten und damit Gefährlichsten überleben zu lassen, weshalb geplant war, der natürlichen Auslese durch Räuber- und Mörderbanden nachhelfen zu lassen. Dies würde Aufgabe der begleitenden Wachtrupps sein, die bei jeder sich bietenden Gelegenheit Deportierte »auf der Flucht erschießen« oder aus sonstigen Gründen niedermachen sollten. Auf kurdischem Gebiet würden die *aghas* ihren Männern von sich aus entsprechende Befehle erteilen. Da deren Gewohnheiten Plünderung und Vergewaltigung mehr entsprachen als systematische Vernichtung, würden Banden von Çetes das Werk vollenden, indem sie ganze Deportiertenzüge niedermetzelten oder selektiv Erwachsene und junge Männer umbrachten. Die kurdische Bevölkerung würde man zur Ausraubung der Konvois auffordern. Jeder, der ein Verbrechen an Armeniern beging – handle es sich um Raub, Vergewaltigung, Körperverletzung oder Mord – würde den Schutz absoluter Immunität genießen. Somit würde, vor allem was die Armenier aus den östlichen *vilayets* betraf, nur eine kleine Anzahl von Überlebenden – vor allem Frauen und Kinder – in der Wüste Mesopotamiens ankommen. Damit sollte der Exodus der Armenier freilich noch nicht zu Ende sein. Die Wüste würde ihnen zum Grab werden: Die Deportiertenlager sollten ständig verlegt und regelmäßig durch Massaker dezimiert werden. Diese Lager sollten ohnehin nur zum Schein errichtet werden, wie ein im September 1915 von Talât an die *valis* gerichtetes Dekret beweist: »Das Recht der Armenier, auf türkischem Gebiet zu leben und zu arbeiten, ist völlig abgeschafft. Die

Regierung, die in dieser Frage die volle Verantwortung übernimmt, hat angeordnet, nicht einmal die Kinder in ihren Wiegen zu lassen.«[5]

Zweifellos wird man einwenden, daß es kein offizielles Dokument der türkischen Regierung oder des »Rates für Einheit und Fortschritt« gibt, das diesen Ausrottungsplan enthielte. Es ist somit an der Zeit, die delikate *Frage der Quellen*, d. h. der Beweise für den Genozid, zu untersuchen. Die Geheimhaltung, die jedes von einer Regierung angeordnete kriminelle Vorgehen umgibt, bringt es mit sich, daß offizielle Dokumente nur in ganz seltenen Ausnahmefällen vorhanden sind. Existieren Archive, die solche Dokumente enthalten, werden sie in der Regel vernichtet, wenn die Gefahr besteht, daß sie in feindliche Hände fallen (und die besonderen Umstände, die es den Alliierten ermöglichten, in den Besitz der Archive der nationalsozialistischen Konzentrationslager zu gelangen, stellen eine historische Ausnahme dar). Indessen gibt es ein Werk, das derartige Dokumente enthält: Es handelt sich um die von Aram Andonian zusammengestellten und kommentierten *Memoiren Naim Beys,* des ersten Sekretärs der Deportiertenverwaltung in Aleppo.[6] Diese Memoiren enthalten in der Tat (zum Teil als Fotokopien) chiffrierte Telegramme der türkischen Regierung, deren Absender meist Talât selbst war und die Naim Bey entschlüsselte. Selbstverständlich stellt sich die Frage der Echtheit dieser Dokumente: Sie wurde 1921 bei der Vorlage von fünf der Original-Telegramme beim Teilirian-Prozeß in Berlin bestätigt.[7] Gleiches gilt für den einzigen in der Türkei durchgeführten Prozeß, bei dem der *Ittihad* der genannten Verbrechen beschuldigt wurde. Es war dies der 1919 durchgeführte Unionistenprozeß, dessen in Türkisch abgefaßte Protokolle in der Kongreßbibliothek in Washington einsehbar sind.[8]

Im übrigen kann sich die Anklage auf zwei grundlegende Quellen, nämlich das englische *Blaubuch* und den *Lepsius-Bericht,* stützen. Gewiß, es handelt sich dabei um Quellen zweiter Ordnung, die Konsularberichte sowie Zeugenaussagen von Zivilisten neutraler oder deutscher Staatsangehörigkeit sowie von Armeniern enthalten, die die Deportationen und Massaker überlebten, wobei letztere aus Gründen der Objektivität mit gewissen Vorbehalten zu bewerten sind. Diese aus den verschiedensten Quellen stammenden Berichte wurden 1915 oder 1916 in den beiden Lagern zusammengestellt. Es wimmelt darin von Details: Daten, Zahlen von Opfern, Orts- und Personennamen, Umstände von Festnahmen oder Deportationen etc. Ihre Autoren hatten keinerlei Möglichkeit, untereinander Verbindung zu halten. Beim Vergleich ihrer Aussagen kann man bis auf kleinere Divergenzen, die vor allem Deportierten- oder Totenzahlen betreffen, keinerlei wesentliche Unterschiede feststellen. Alle jedoch – und es gibt hunderte dieser Berichte – offenbaren die Einheitlichkeit und Gleichzeitigkeit dieser Vorgänge und beweisen über jeden Zweifel, daß es sich um ein mit peinlichster Präzision ausgeführtes Programm handelte. »Als entscheidender Punkt geht aus der Untersuchung hervor, daß die bei den Armenier-Deportationen an verschiedenen Orten und zu verschiedenen Zeitpunkten begangenen Verbrechen keine isolierten, örtlichen Vorgänge waren... Eine organisierte Zentralgewalt... hat sie geplant und mittels Geheimbefehlen oder mündlichen Instruktionen zur Durchführung gebracht.«[9]

Das von Lord Bryce zusammengestellte englische *Blaubuch* wurde, zusammen mit einem scharfsinnigen Aufsatz von Arnold Toynbee, 1916 veröffentlicht.[10] Es enthält den größeren Teil der Zeugnisse von Zivilisten aus neutralen Nationen, vor allem amerikanischen, schweizerischen oder dänischen Beamten, Missionaren, Lehrern oder Krankenschwestern, daneben aber auch Briefe von Deutschen oder Berichte von Armeniern, die zu den wenigen Überlebenden gehörten. Dieses Buch ist also eine Art Anthologie aus früheren Publikationen.[11] Wie Lord Bryce erklärte, handelt es sich dabei nicht um »Gerichtsprotokolle«, die auf Aussagen von vereidigten Zeugen im Kreuzverhör beruhen; was hier vorliegt, sind »historische Beweisstücke allererster Qualität, da es sich um die Aussagen von Augenzeugen handelt, deren Korrektheit die Übereinstimmung der Fakten beweist.«

Der *Lepsius-Bericht* enthält Zeugnisse aus erster Hand, die der Pastor seit Jahren sammelte, so bei einer Konstantinopel-Reise 1915, vor allem aber aus den Archiven der Wilhelmstraße, zu denen er Zutritt hatte. Obwohl das Werk 1915, d.h. noch ehe der Genozid zu Ende geführt war, erschien, ist darin der Ausrottungsplan in seinen wesentlichen Zügen bereits umfassend geschildert. Als erster Versuch einer Synthese und Systematisierung bleibt dieses Buch noch heute, über fünfzig Jahre nach jenen Ereignissen, ein unersetzliches Werk.[12]

In *Deutschland und Armenien 1914–1918* veröffentlichte Lepsius später sämtliche die Ausrottung der Armenier betreffenden Dokumente aus den Archiven der Wilhelmstraße.[13] Darüber hinaus gibt es in zahlreichen weiteren diplomatischen Archiven Berichte über den Genozid. Sie wurden veröffentlicht oder sind heute zugänglich, so in Berlin, Wien, London, Paris und Washington. Dazu kommen die Archive des Vatikans, die einigen privilegierten Historikern Einsicht in die Dokumente gestattet haben sollen. Das Material dieser diplomatischen Archive wurde gesichtet und analysiert von Verfassern neuerer Veröffentlichungen, die zu übereinstimmenden Ergebnissen kommen.[14]

Schließlich vervollständigen während des Ersten Weltkrieges oder unmittelbar danach Erinnerungen von Augenzeugen (Morgenthau, Botschafter der Vereinigten Staaten[15], die Journalisten Harry Stuermer[16] und Henry Barby[17] das Material, dem nach 1921 keine wesentlichen Elemente mehr hinzugefügt wurden.[18] Es handelt sich also um Dokumente, die seit mehr als 50 Jahren zugänglich sind und deren Echtheit kein Historiker jemals bezweifelt hat, die eine im Rahmen des Möglichen knappe und klare Beschreibung einer vielhunderttausendfachen Tragödie erlauben, und die es ermöglichen, Leid, Elend und Tod in Tabellen und Zahlen zu fassen. Sie gestatten es, die Wege zu rekonstruieren, über die man die Herden der Deportierten in ihr Verderben trieb. Um diese Darstellungen der Vorgänge zu widerlegen, müßten die Archive der Hohen Pforte den Wissenschaftlern zugänglich gemacht werden. Indessen erhält kein ausländischer Historiker die Erlaubnis, ein offizielles türkisches Dokument, das aus einer Zeit nach den ersten Jahren des 19. Jahrhunderts stammt, einzusehen; selbst bei Dokumenten, die auf die Zeit bis zum Ende des 18. Jahrhunderts zurückgehen, ist dies sehr selten. Die Diskussion über die Faktizität dieses Völkermords hat somit noch gar nicht begonnen, da es keinerlei organisierten Widerspruch gegen die erhobenen Vorwürfe gibt. Türkische Historiker begnügen sich damit, die These der Vorsätzlichkeit dieses Genozids pauschal zurückzuweisen, ohne jedoch die Massaker als solche zu leugnen. Überdies nehmen sie Zuflucht zu der These einer armenischen Revolte, als rechtfertige die Rebellion einiger weniger die Auslöschung eines ganzen Volkes.[19]

Es geht nicht so sehr darum, ob sämtliche Berichte über diese Ereignisse in allen Details korrekt sind. Die Frage ist vielmehr, warum dieser erste Völkermord der Neuzeit, dessen Anprangerung zur Besinnung und zur Verhinderung anderer Genozide hätte führen können und dessen Beispiel von dem verbrecherischsten aller Regime auf so einzigartige Weise nachgeahmt wurde, vorsätzlich ignoriert oder vergessen wird, wie wenn mehr als eine Million Menschen vom Angesicht der Erde verschwinden könnten, ohne daß sich die Menschheit betroffen fühlen und alles tun müßte, um die Wahrheit ans Licht zu bringen.

15. April 1915

Sollte die Operation gelingen, mußten Planung und Vorbereitung geheim bleiben. Eingeweiht wurden nur die *valis,* die örtlichen Parteifunktionäre und die Chefs der »Sonderorganisation«, denen die Durchführung der Aktion obliegen sollte. Als Termin war der April vorgesehen, ein günstiger Zeitpunkt, da das beginnende Frühjahr die Bewegung von Menschenmassen erleichtern würde.

Schon im März war die Atmosphäre zunehmend gespannter geworden. In den *vilayets* Erzurum und Bitlis terrorisierten zurückflutende türkische Truppen die Bevölkerung. Mit dem Befehl der Entwaffnung der armenischen Soldaten nahm die Gefahr eines Massakers immer bedrohlichere Formen an. Im April 1915 entlud sich dann die Spannung an drei verschiedenen Punkten: Zeytun, Van und Konstantinopel. Während es sich in Zeytun um den planmäßigen Beginn der Vernichtungsaktion handelte, kam es in Van wegen der Truppenbewegungen an der Kaukasusfront zu zusätzlichen Konfrontationen, die die Regierung sofort zum Vorwand für die Festnahme armenischer Notabeln in Konstantinopel nahm, die der Auftakt zu den Deportationen aus den östlichen *vilayets* sein sollten.

1. Amanus- und Taurus-Gebiet

Es gab zwei Pfähle im »Fleisch des türkischen Nationalismus«: Zeytun und Sason. Die Regierung konnte es sich nicht erlauben, erneut Truppenbewegungen zu veranlassen, um eine »Rebellion« der Armenier in diesem Bergland zu unterdrücken, das sie so gut kannten und wo eine Handvoll entschlossener Männer einer ganzen Armee standhalten konnte. Während aber Sason zu nahe an der russischen Grenze lag und durch die ständigen Übergriffe der *hamidiyes* schon geschwächt war, war Zeytun noch intakt. Der erste Schlag mußte also Zeytun gelten.

Ende Februar griffen 32 junge Zeytunioten türkische Gendarmen an, die angeblich eine Anzahl armenischer Mädchen vergewaltigt und neun getötet hatten. Desavouiert von der Bevölkerung, die Repressalien fürchtete, flohen sie in ein Kloster. Derartige Vorkommnisse waren in diesem Gebiet an der Tagesordnung. Indessen nützte die Regierung nun die

Gelegenheit, um endgültig mit Zeytun abzurechnen. Am 24. März marschierten fünfhundert türkische Soldaten von Maraş nach Zeytun. Sie wurden begleitet von einer armenischen Delegation, die die Zeytunioten überredete, den Soldaten bei der Suche nach den Aufrührern zu helfen, andernfalls die armenische Bevölkerung Kilikiens für die Vorfälle zur Verantwortung gezogen würde. Am 25. März wurde das Kloster der Heiligen Maria, wo sich die Rebellen verbarrikadiert hatten, angegriffen. Nun geschah etwas Erstaunliches, was den Schluß nahelegt, daß die Regierung den Zeytunioten eine Falle gestellt hatte. Während 400 Soldaten 32 Männer belagerten, gelang es diesen, im Schutze der Nacht zu fliehen, wobei sie 200 bis 300 Soldaten töteten.[2] Am 26. März wurde das bereits verlassene Kloster in Brand gesteckt. Einige Tage später ließ der Kommandant 50 Notabeln der Stadt zu einem Gespräch laden. Die Notabeln begaben sich nichtsahnend in das türkische Lager, wo man sie festnahm. Am 8. April mußten 60 Familien ohne Einräumung einer Frist ihre Häuser verlassen. Auch in der Folge mußten Tag für Tag Armenier ihr Heim verlassen; Frauen und Kinder wurden von den Männern getrennt. Einen Monat später gab es in Zeytun und den umliegenden Dörfern keine Armenier mehr. Die Stadt wurde in Süleymanieh umbenannt und mit bosnischen *muhacirs* bevölkert, die seit März nach Kilikien strömten.

Die Deportation der Zeytunioten war eine erfolgreiche Generalprobe: Von den 8000 Armeniern Zeytuns und den 17000 Bewohnern der umliegenden Dörfer wurden 6000 bis 8000 in die Region von Konya verbracht, die anderen nach Deir es-Zor, das später die »Endstation« der Deportation wurde. Die Kolonnen durchquerten während der Monate April und Mai Maraş, Adana, Tarsus, Aleppo und Antep. Die gesamte armenische Bevölkerung Kilikiens und Syriens bekam so einen Vorgeschmack auf ihr zukünftiges Schicksal. Wie ein Symbol armenischer Erniedrigung führte die Regierung in Kilikien die Kolonnen erschöpfter und ausgehungerter Zeytunioten vor, die in Richtung Konya zogen. In Tarsus durften sie Viehwagen besteigen, um dann das Taurus-Gebirge zu Fuß durchqueren zu müssen. In Bozanti, der Endstation der Anatolischen Eisenbahnlinie, mußten sie einige Wochen bleiben, um den Transport der zur Verteidigung der Dardanellen aus Syrien nach Konstantinopel herangeführten Truppen nicht zu behindern. Als sie endlich ausgehungert in Konya ankamen, verbot der *vali* jegliche Hilfeleistung und ließ sie drei weitere Tage ohne Nahrung. Dann wurden sie nach Karapınar, einer der trostlosesten Wüstensiedlungen in Kleinasien, in Marsch gesetzt. Jeden Tag starben mehr als hundert von ihnen.

Zeytun war noch nicht völlig evakuiert, als der Deportationsbefehl die umliegenden Dörfer ereichte. Anfang Mai begonnen und brutal und ohne

Vorwarnung ausgeführt, wurde die »Säuberung« der Region Mitte Juni beendet. Ein Teil der Deportierten (etwa 7000 Menschen) wurde in das Sumpfgebiet von Sultanieh (bei Konya) geschickt, wo sie, ausgehungert und von Malaria befallen, in überfüllten Kamelstallungen Unterschlupf nehmen mußten. Da es ihnen verboten war, sich von dort zu entfernen, um Arbeit zu suchen, mußten sie auf den Feldern Kräuter und Wurzeln sammeln, um sich davon zu ernähren. Im Juli verließen die Überlebenden Konya und Sultanieh. Die Armenier von Tarsus sahen sie im August auf dem Marsch nach Maraş durch ihre Stadt ziehen. Niemand begleitete sie. Zerlumpte, schmutzige, von Ungeziefer geplagte, ausgemergelte Wracks – das war alles, was von den legendären Zeytunioten, den stolzesten Söhnen der armenischen Nation, übriggeblieben war.

Schon ab Anfang April 1915 also hatte die Regierung Deportierte zu zwei verschiedenen Zielorten in Marsch gesetzt, von denen sich der eine (Konya) als kaum geeignet erwies, während man am anderen viel zu spät daran gegangen war, überhaupt irgendwelche Vorkehrungen zu treffen. So war Zeytun die Generalprobe für die Deportation, und das lange vor der Revolte von Van.

Dört-Yol

Dört-Yol war eine in Meeresnähe gelegene Kleinstadt im Golf von Alexandrette mit fast ausschließlich armenischer Bevölkerung. Als zu Beginn des Winters 1914–1915 die anglo-französische Flotte einige Orte in dieser Region beschoß (vor allem die Stadt Alexandrette und die Zweiglinie der Bagdad-Bahn), beschuldigte die Regierung die Einwohnerschaft von Dört-Yol, den feindlichen Schiffen geheime Signale gegeben zu haben. Im April konstituierte sich ein Kriegsgericht in Dört-Yol, ließ drei Armenier festnehmen und auf dem Adana-Platz hängen.[3] Wenig später wurden alle männlichen Einwohner von sechzehn bis siebzig festgenommen und in die Gegend von Hassan-Beyli verbracht, wo sie Straßenarbeiten verrichten mußten. Um Mitternacht eines der letzten Apriltage führten Soldaten unter dem Vorwand der Kontrolle illegalen Waffenbesitzes willkürlich und zufällig bei ausgewählten Armeniern Hausdurchsuchungen durch. Wenig später wurden sämtliche Überlebenden der Massaker von 1909 verhaftet. Im Mai wurden in Dört-Yol und Adana erneut Armenier am Galgen hingerichtet. In der dritten Maiwoche schließlich wurden 300 bis 400 Personen nach Konya deportiert. Vierzehn Tage später war die Stadt geräumt; Deportiertenzüge waren auf dem Marsch in die Wüste.

Im Norden des *vilayets* Adana gelegen, erfreute sich Hacin eines ähnlichen Rufes wie Zeytun. Diese Stadt konnte möglicherweise zu einem Widerstandsnest werden. Am 14. Mai begab sich der Richter des Militärtribunals von Aleppo nach Hacin und führte längere Gespräche mit Polizeioffizieren. Vom 18. bis zum 20. Mai befahl er die armenischen Notabeln zu sich und verlangte von ihnen die Auslieferung von Waffen und Deserteuren.[4] Wurden sie ihm innerhalb von drei Tagen übergeben, sollte den Einwohnern kein Leid geschehen. Nach einigem Zögern schickten sich die Armenier von Hacin in das Unvermeidliche: Am 23. Mai wurden den Behörden sämtliche Deserteure bis auf drei oder vier sowie zehn Gewehre übergeben. Trotz dieser Demonstration guten Willens rückten noch am selben Nachmittag 2000 Soldaten in die Stadt ein. Vom 27. Mai ab wurde einer der Notabeln nach dem anderen festgenommen. Derart in die Enge getrieben, lieferte die Bevölkerung auch die letzten Deserteure aus und gab weitere 90 Gewehre ab. Der Richter verlangte nunmehr die Ablieferung weiterer Waffen, von denen man aber auch bei Hausdurchsuchungen keine mehr fand. Das genügte, um die Deportation in Gang zu setzen. Sie dauerte den ganzen Sommer. Bewacht von Gendarmen, die sie unterwegs noch ihrer letzten Habe beraubten, marschierten die Deportierten nach Aleppo. Bald darauf waren die Nachbarstädte Şar und Rumlu an der Reihe. Auch in Fekke und Yerebakan südlich von Hacin ließen sich die Beamten nicht erweichen, obwohl die türkische Bevölkerung sich der Deportation der Armenier widersetzte und für ihre Staatstreue verbürgte. *Muhacirs* aus Rumelien zogen mit ihren Familien in die Häuser der Armenier ein.

2. Die Verteidigung Vans

Zusammen mit dem Verweis auf die armenischen Freiwilligenverbände in der russischen Armee ist die angebliche Rebellion von Van das wichtigste Rechtfertigungsargument der Türken. Dieses Argument hält jedoch keiner ernsthaften Nachprüfung stand. Talât räumt in seinen postum erschienenen Memoiren die Deportation der Armenier ein, leugnet aber Vorsatz und Absicht. Die Verantwortung für die Ereignisse fiele den Armeniern zu: »Solche Präventivmaßnahmen wurden während des Krieges in jedem Land durchgeführt. Während aber die bedauerlichen Folgen in den anderen Ländern in den Mangel des Schweigens gehüllt wurden, wurde unser Vorgehen in der ganzen Welt bekannt, weil aller Augen auf uns gerichtet waren.[5] Talât zufolge waren die Deportationen für die Sicherheit eines kriegführenden Landes erforderliche Notmaßnahmen, zu denen man nur geschritten sei, wenn von den Armeniern geübter Verrat zweifelsfrei erwiesen gewesen sei. Die Aufstellung von Freiwilligenverbänden im Kaukasus, die Beteiligung von Türkisch-Armeniern an diesen Einheiten und die haßerfüllte Hetze der ausländischen Armenier-Presse seien die ersten Indizien für diesen Verrat gewesen, die Revolte von Van der letzte Beweis. Es bedurfte nur noch der Fotos von Waffen und durch Folterungen erzwungener Geständnisse, damit man die Armenier in ihrer Gesamtheit der Verschwörung anklagen konnte. Allerdings gibt es noch die Daten und Fakten. Die Deportierungsaktion lief Anfang April an und wurde unabhängig von den Vorgängen in Van nach dem Standardschema weitergeführt. *Schließlich gab es gar keine armenische Revolte in Van, sondern nur eine Selbstverteidigungsorganisation, die sich aufgrund der verzweifelten Lage der Armenier konstituierte.*

Von den 50000 Einwohnern von Van waren 30000 Armenier. Ihr Viertel, genannt »die Gärten«, war sieben Kilometer lang und mehr als drei Kilometer breit und lag im Osten der Stadt. Bald nach dem Juli 1914 wurde der *vali* Tahsin Pascha, der sich den Armeniern gegenüber sehr korrekt verhalten hatte, durch Cerdet, den Schwager Envers, ersetzt, dem der doppelte Titel eines *vali* und des Oberkommandierenden der entlang der Grenze stationierten türkischen Truppen verliehen wurde. Nachdem er sich in Persien ausgezeichnet hatte, wo seine Armee unter der hauptsächlich nestorianischen Küstenbevölkerung der Städte Salmas und Kosrovo wütete[6], forderte Cerdet bei seiner Rückkehr nach Van im März von den Armeniern die Gestellung von 3000 Soldaten. Religiöse und politische Führer traten mit ihm in Verhandlungen ein, die sich bis Mitte April hinzogen. Die Situation war bereits äußerst gespannt: In der Region nördlich des Van-Sees, die eben von den Russen geräumt worden war, zerstörten die Türken innerhalb von drei Tagen (15.–18. April) achtzig Dörfer und ermordeten 24000 Armenier. Südlich von Van kam es zu Zusammenstößen zwischen Armeniern und Türken der Region Çatak. Cevdet forderte Ischkan, einen der drei *Daschnak*-Führer von Van (die beiden anderen waren der Abgeordnete Vramian und Aram Manukian) dazu auf, sich nach Çatak zu begeben und die Unruhen zu beenden. Ischkan, der sofort mit drei weiteren *Daschnakisten* aufbrach, wurde am 16. April unterwegs ermordet. Am gleichen Tag bestellte Cevdet Vramian und Aram in sein Domizil. Vramian leistete der Aufforderung Folge und wurde festgenommen. Aram, der etwas verspätet war, erfuhr vom Schicksal Vramians und kehrte wieder um. Als an den folgenden Tagen türkische Soldaten Gräben um das »Gärten«-Viertel zogen, hoben die Armenier, um sich verteidigen zu können, ihrerseits Gräben aus. Ein Vorfall am 20. April war der Funke, der das Pulverfaß zur Explosion brachte: Als am Abend dieses Tages mehrere türkische Soldaten einer Frau Gewalt antun wollten, schritten zwei armenische Soldaten ein. Als Antwort auf ihr Verlangen nach einer Erklärung wurden sie umgebracht. Von ihren Gräben aus eröffneten die Truppen nunmehr das Feuer. Die Belagerung von Van hatte begonnen. Die Türken hatten den Vorteil der besseren Position. Die 30000 eingeschlossenen Armenier verfügten nur über 1500 bewaffnete Männer, 300 Gewehre und wenig Munition. Trotz der Beschießung gelang es Aram, die Verteidigung zu organisieren.

Endlich hatte Cevdet den Beweis für die armenische Rebellion, den die Führer in Konstantinopel von ihm haben wollten. Er versäumte nicht, den Unruheherd auszuweiten: Um jedes Einlenken unmöglich zu machen, befahl er die Zerstörung der umliegenden Dörfer. Ihre Einwohner wurden getötet, die Häuser in Brand gesteckt. Die Überlebenden flohen nach Van. Statt auch sie töten zu lassen, erlaubte Cevdet 10000 Flüchtlingen den Zugang zum belagerten Armenierviertel, damit sich dort die Lebensmittelvorräte noch rascher erschöpfen sollten. Einen Monat lang war das »Gärten«-Viertel und eine kleine armenische Enklave mitten im Türkenviertel heftiger Beschießung ausgesetzt: 10000 Granaten fielen auf die Stadt, 6000 auf die »Gärten«. Dennoch blieb der Widerstand der Armenier ungebrochen. Es gelang ihnen sogar, einige Regierungsgebäude zu nehmen. Innerhalb der »Gärten« suchten 4000 Personen in der amerikanischen Mission Zuflucht. Obwohl das Problem ihrer Versorgung fast unlösbar war, halfen ihnen die amerikanischen Missionare und gaben dem Druck und den Drohungen Cevdets nicht nach. Lebensmittel und Munition gingen jedoch zur Neige. Rettung war nur noch von der russischen Armee zu erhoffen, deren armenische Freiwillige ihren Kommandanten baten, die ganze armenische Hochebene besetzen zu lassen. Als sie von den Kämpfen in Van erfuhren, forderten sie eine sofortige Hilfsaktion. Die 2., 3. und 4. Freiwilligenlegion wurde in einer »Ararat-Legion« unter dem Kommando von Vartan zusammengefaßt. Sie schloß sich der regulären Armee des Generals Nikolaiew an, marschierte am 28. April aus Eriwan ab und überschritt am 4. Mai die türkische Grenze. Zwei Wochen später erreichte sie Van. Cevdet zog sich am 16. Mai am südlichen Seeufer entlang nach Vostan zurück.

Zwei Tage vor Anrücken der ersten Freiwilligeneinheit, die die Vorhut der russischen Armee bildete, besetzten die Armenier von Van die Festung und öffentliche Gebäude.[7] Aram wurde zum Gouverneur des besetzten Gebietes ernannt.[8] Es gelang den Türken, den Vormarsch der russischen Armee südlich von Van aufzuhalten. Im Juni nützten die Russen eine Beruhigung der Lage aus und rückten in Richtung Bitlis vor. Mitte Juli jedoch folgte ein heftiger Gegenangriff der Türken, die sich bedeutend verstärkt hatten. Angesichts einer türkischen Truppenbewegung in Richtung Malazgirt (nördlich des Van-Sees) mußten die von Einschließung bedrohten Russen Van am 31. Juli räumen. General Nikolaiew forderte sämtliche Armenier der Provinz sowie die Ausländer auf, sich dem Rückzug der russischen Armee anzuschließen. Die Panik war unbeschreiblich: An die 250000 Flüchtlinge brachen unter Zurücklassung all ihrer Habe nach Transkaukasien auf. Das wenige, was ihnen noch blieb, wurde ihnen von Kurden geraubt. 40000 Menschen starben an Hunger oder Erschöpfung oder wurden im Laufe dieses Exodus ermordet. Nur 210000 Armenier kamen im Kaukasus an, wo die Russisch-Armenier nunmehr vor unlösbaren Unterbringungs- und Verpflegungsproblemen standen. Doch wie schrecklich auch die Umstände dieser Flucht im einzelnen waren – wer sie überstand und auch den Seuchen in den Flüchtlingslagern nicht zum Opfer fiel, war gerettet. Mit den 90000 bis 100000 Armeniern aus dem Ostteil des *vilayets* Erzurum, die im Winter 1914–1915 geflüchtet waren, waren diese 210000 Personen die einzige größere Gruppe der Türkisch-Armenier, die überlebte.

Konstantinopel

In der Hauptstadt hatten sich die Beziehungen zwischen den einhundertfünfzigtausend Armeniern und den Türken seit März 1915 zunehmend verschlechtert. Das Verbot des Presseorgans der *Daschnak*-Partei *Azatamart* am 31. März, dem die Verhaftung eines der Redakteure folgte, war das erste Anzeichen der Wiederaufnahme der Verfolgungen. In den drei folgenden Wochen wuchs die Spannung, ohne daß es jedoch zu nennenswerten Zwischenfällen gekommen wäre. Der armenische Patriarch wandte sich mit der Bitte um Hilfe an die einzigen Ausländer, die sich mit Aussicht auf Erfolg bei der Hohen Pforte für sie verwenden konnten, d. h., an die Deutschen. Wangenheim erklärte sich für seine Person bereit, Schritte zu unternehmen, weigerte sich aber, sich in seiner offiziellen Eigenschaft als Botschafter für die armenische Gemeinde einzusetzen. Das wäre, schrieb er am 15. April in einem Brief an Bethmann-Hollweg, eine Einmischung in die inneren Angelegenheiten der Türkei gewesen, die zum einen – da sie das empfindliche Nationalbewußtsein der Türken verletzt hätte – unangebracht und zum anderen auch ungeschickt gewesen wäre, weil damit nur Gegenteil dessen erreicht worden wäre, was die Armenier wollten.[9]

Am 24. April erfolgte eine großangelegte Polizeioperation, bei der alle prominenten Armenier Konstantinopels verhaftet werden sollten. Sie begann bei der Zeitung *Azatamart,* deren Redakteure und Journalisten festgenommen wurden. Am gleichen Tag begann man die Intellektuellen

– Schriftsteller, Dichter und Journalisten – und darüber hinaus auch die prominentesten Ärzte, Anwälte, Wissenschaftler und Priester der Stadt festzunehmen – insgesamt 270 Personen. Ihre Wohnungen durchsuchte man ebenso wie Schulen, Kirchen und sogar das Patriarchat, um nachträglich einen Grund für diese Maßnahme zu finden. An den folgenden Tagen wurden weitere 600 Personen verhaftet.

Nur die beiden armenischen Abgeordneten Vartkes und Zohrab blieben verschont, zweifellos wegen ihrer freundschaftlichen Beziehungen mit den *Ittihad*-Führern, vor allem mit Talât.[10] Talât rechtfertigte ihnen gegenüber die Vorfälle damit, daß die Armenier von Van revoltiert hätten. Diese Nachricht war aber erst kurze Zeit vorher nach Konstantinopel telegrafiert worden. Nur die Regierung war auf dem laufenden, während den Armeniern noch nichts bekannt sein konnte. Daß die Regierung so rasch eine Verhaftungswelle auslösen konnte, bedeutete, daß sie nur auf die erste sich bietende Gelegenheit wartete und schon eine Liste der zu verhaftenden Personen besaß.

An den folgenden Tagen ließen Vartkes und Zohrab nicht locker. Talât versicherte ihnen, daß eine Untersuchung im Gange sei und nur wirklich Schuldige zur Verantwortung gezogen würden. Wenig später verfügte er die Freilassung von acht Personen – zweifellos, weil sich die Botschafter Deutschlands oder neutraler Länder für sie eingesetzt hatten. Bald jedoch wurden den beiden armenischen Abgeordneten klar, was der *Ittihad* mit ihrem Volk vorhatte.[11] Am 21. Mai wurden Vartkes und Zohrab verhaftet. Die 600 bereits erwähnten Notabeln wurden teils nach Ayaş, teils nach Çangrı (Region Adana) gebracht, wo sie vor Gericht gestellt werden sollten. Es kam aber zu keiner Verhandlung; vielmehr wurden die Männer nach Adana, Aleppo und Diyarbakir weitertransportiert, wo sie in kleinen Gruppen getötet wurden.[12]

Um diese Verhaftungen zu rechtfertigen, beauftragte man den *Tanin*, das Presseorgan des Komitees, einen Bericht über ein großes armenisches Komplott zu veröffentlichen. Der Bericht fußte auf einer alten Affäre, nämlich der Verschwörung der Liberalenunion von 1912, an der ägyptische *Hintschakisten* teilgenommen haben sollten; die türkischen *Hintschakisten* indessen hatten ihre Mitwirkung verweigert.[13] Die ägyptischen Revolutionäre waren bereits geraume Zeit vor dem Kriege in Konstantinopel verhaftet worden. Man ließ sie einsitzen, bis man sie 1915 auf dem Bayazid-Platz vor dem Kriegsministerium zusammen mit Armeniern hängte, die man als Mitglieder der *Hintschak*-Partei ausgab: Am 17. Juni kam es zu 17 Hinrichtungen, am folgenden Tag zu 20, am 19. Juni zu weiteren. Diese düstere Komödie zeigt, wie verzweifelt sich die Regierung bemühte, der Öffentlichkeit Beweise für eine armenische Verschwörung zu bieten.

Die Proteste, die die Verhaftungen des 24. April in der Hauptstadt auslösten, zwangen Talât zweifellos, auf die Deportation der in Konstantinopel ansässigen Armenier zu verzichten. Gleichsam unter den Augen der ausländischen Botschafter wäre ein solches Vorgehen zu auffällig gewesen. Im übrigen konnten die in ihrem Viertel zusammenwohnenden Armenier als Geiseln dienen und waren so lebend nützlicher als tot.

In diesem April 1915, dem tragischsten Monat der armenischen Geschichte, offenbarte die Jungtürken-Regierung ihre Absicht, das armenische Volk auszulöschen. Im Bestreben, rasch zu handeln und noch im Frühjahr eine Aktion zu beginnen, die länger als ein Jahr dauern würde, beging die Regierung einen Fehler, als sie bereits Ende März/Anfang April die »Säuberung« der Bergregionen des Taurus und des Amanus anordnete. Der Zwischenfall in Zeytun war zu bedeutungslos, als daß er derartige Maßnahmen gerechtfertigt hätte, während Ende April Cevdet mit der Pseudo-Revolte von Van den erhofften Vorwand lieferte. Auch in Konstantinopel handelten die Jungtürken überstürzt. Van diente als Vorwand für die Auslöschung der armenischen Elite der Hauptstadt, obwohl es faktisch unmöglich war, daß sie mit den Armeniern in Van hätte kollaborieren können. Die Beschuldigungen der Jungtürken waren völlig unhaltbar, und mehrmals verhehlten Talât, Enver und andere Mitglieder des *Ittihad* in privaten Gesprächen nicht, daß es einzig und allein darum gehe, sich der Armenier ein für allemal zu entledigen. Nach der Häufung von Ungeschicklichkeiten im April sah sich der Rat für Einheit und Fortschritt gezwungen, sehr rasch zu handeln, und dies um so mehr, als die russische Offensive bei Van sie ihrer prospektiven Opfer zu berauben drohte. Alle in den östlichen *vilayets* lebenden Armenier sollten innerhalb kürzester Frist deportiert werden: Das war der Befehl, der Anfang Mai 1915 aus Konstantinopel erging.

16. Die Deportation

1. Die östlichen *vilayets*

Sieht man vom *vilayet* Van ab, den die Russen im Mai teilweise besetzten, so wurde zwischen Mai und August 1915 die gesamte armenische Bevölkerung aus den fünf anderen armenischen *vilayets* Erzurum, Bitlis, Harput, Sivas und Diyarbakir sowie aus dem weiter nördlich gelegenen *vilayet* Trapezunt deportiert. Die angewandte Methode, die Wahl der Orte (die vom Kriegsverlauf an der Kaukasus-Front abhing) und der von den Deportiertenzügen eingeschlagene Weg – alles beweist die Existenz einer zentralen Befehlsstelle, die die Informationen erhielt und die Direktiven erteilte. Die Befehlsstelle befand sich in den Büros des Innenministeriums in Konstantinopel, wo Talât Mitgliedern der »Sonderorganisation« präzise Befehle gab, die diese mündlich weitergeben sollten, oder *valis* und örtlichen Führern der »Sonderorganisation« mittels Telegrammen Befehle erteilte. Die Untersuchung der Vorgänge in den einzelnen *vilayets* läßt nicht den geringsten Zweifel an der Existenz eines Plans und einer komplexen Bürokratie, die ihn ausführen sollte.

Vilayet Erzurum

Der *vilayet* Erzurum war eine Grenzprovinz mit 645 700 Einwohnern. Die 215 000 Armenier verteilten sich auf drei Hauptorte und ihre Umgebung: Erzurum an den Quellen des westlichen Euphrat Erzincan, 200 km flußabwärts im Euphrattal und Bayburt nördlich im Çorok-Tal. Weiter südlich erstreckt sich zwischen den beiden Euphrat-Armen das Bergmassiv des Dersim, in dem unabhängige Kurden- und Kızılbaş-Stämme lebten. Die Besetzung des Osttals des *vilayets* durch die Russen hatte annähernd 100 000 Armeniern der Regionen Eleşkirt und Bayazid die Flucht nach Rußland ermöglicht.

Ein Drittel der 60 000 Einwohner von Erzurum waren Armenier. Erzurum war das Hauptquartier sowohl der III. Armee wie der »Sonderorganisation«. *Vali* Tahsin Bey führte sein Amt korrekt; in den ersten Kriegsmonaten bemühte er sich, das Los der Armenier zu lindern, die unter den Übergriffen der *Çetes* und willkürlichen Beschlagnahmungen sehr zu leiden hatten. Im März ließ der Militärkommandant Paselt Pascha die armenischen Soldaten entwaffnen und teilte sie zu Befestigungs- und Straßenarbeiten ein. Nach dem angeblichen Armenier-Aufstand in Van und den Verhaftungen von Konstantinopel ordneten die Jungtürken von Erzurum die Festnahme der *Daschnak*-Führer an. Die Kunde vom erfolgreichen armenischen Widerstand in Van löste eine Welle von Massakern aus, die vor den Russen flüchtende Kurden in Khinis (19. Mai) und etwa 30 südlich von Erzurum gelegenen Dörfern begingen und die 19 000 Opfer forderten.[1] Am 20. Mai befahl der Oberkommandeur der III. Armee, Kiamil Pascha, die Räumung der armenischen Dörfer nördlich Erzurums.[2]

Gegen Ende Mai kehrte Behaeddin Şakir nach Erzurum zurück und leitete – oft gegen den Willen des *valis* Tahsin Bey, der sich seinen Anordnungen jedoch fügen mußte – die Operationen. 600 Notabeln wurden verhaftet. Am 6. Juni wurden die Einwohner von 100 Dörfern von Gendarmen aus ihren Häusern geholt und erhielten den Befehl, binnen zwei Stunden das Land zu verlassen. Einigen davon gelang es, zu den Kurden und *kızılbaş* zu entkommen, die ihnen – das soll besonders betont werden – Zuflucht gewährten. Die übrigen zogen kolonnenweise ab und wurden bald darauf von den *Çetes* getötet. Tahsin mußte die Deportation der Armenier von Erzurum in die Wege leiten. Am 9. Juni gab er ihnen bekannt, sie hätten eine Frist von zwei Wochen zur Regelung ihrer Angelegenheiten. In der Nacht des 16. Juni stellte Militär aus den reichsten Familien eine erste Gruppe zusammen, die binnen weniger Stunden die Stadt verlassen mußte. Die Armenier machten sich in Richtung Diyarbakir auf den Weg, wurden aber auf Anordnung Behaeddin Şakirs zwischen Kiği und Palu fast alle getötet.[3] Am 19. Juni zog ein Konvoi von 500 Familien – 10 000 Personen –, von 400 Gendarmen begleitet, nach Bayburt, wo sich 5000 Deportierte anschlossen. Nach einer vergleichsweise wenig beschwerlichen Reise kamen alle in Erzincan an; die meisten konnten wenigstens einen kleinen Teil ihrer Habe auf Ochsenkarren transportieren. Tahsin Bey hatte darauf bestanden, sie zu begleiten, um ihre Sicherheit zu gewährleisten. In Erzincan beschlagnahmte man die Transportmittel der Armenier; statt nach Sivas führte man sie über Bergpfade in Richtung Kemağ und Eğin. Kurden überfielen sie, entführten Frauen und junge Mädchen und ermordeten einige Deportierte. Nach Ankunft des Zuges in Kemağ trieb man die Männer zusammen, tötete sie und warf die Leichen in den Euphrat. Die Überlebenden langten Anfang Juli zerlumpt und erschöpft in Harput an. Von dort aus setzten sie sich erneut in Marsch; einige wurden im Januar 1916 in Mossul, Rakka und Antep gesehen – an Orten also, die hunderte von Kilometern voneinander entfernt sind.

Am 28. Juli verließen die letzten Deportierten, darunter der Erzbischof der apostolischen Kirche (der später in Erzincan ermordet wurde), der katholische Bischof und der protestantische Pastor Erzurum. Hier blieben nur 50 Arbeiter, Schuhmacher und Schneider, die später getötet wurden, als die Türken angesichts des russischen Vormarsches die Stadt evakuierten.

Im August entsandte die Regierung eine Kommission, deren Aufgabe der Schutz des Besitzes der Deportierten sein sollte. Diese Kommission ordnete den Verkauf der Vermögenswerte an, doch beschlagnahmte das Finanzministerium den Erlös. Um diese Zeit wurde Tahsin durch Münir ersetzt. Als die Russen im Januar 1916 Erzurum erreichten, waren unter den 25 000 Einwohnern nur noch 22 Armenier. Auch in den umliegenden Ortschaften gab es keine Armenier mehr.

Im *sancak* Bayburt lebten 17 000 Armenier. Anfang Juni 1915 begann die »Säuberung«. Der Bischof und sieben Notabeln wurden gehängt, 70 bis 80 andere Notabeln in den benachbarten Wäldern getötet. Die Bevölkerung wurde in drei Gruppen »umgesiedelt«: Die erste Gruppe schloß sich der aus Erzurum gekommenen an; die zweite wurde bis auf Frauen und Mädchen, die entführt wurden, und die kleinen Kinder, die man an die türkischen Bauern verteilte, auf dem Weg nach Erzincan von den *çetes* ermordet; die dritte Gruppe machte sich am 27. Juni auf den Weg. Sie bestand nur mehr aus 400 bis 500 Personen, die von 15 Gendarmen begleitet wurden. Schon beim Verlassen der Stadt wurden sie Opfer eines Überfalls. Die über fünfzehn Jahre alten männlichen Beteiligten wurden getötet, die Frauen entführt. Die Überlebenden – Kinder und Greise – setzten ihren Weg bis in die Ebene von Erzincan fort. Dort wurden die Kinder im Euphrat ertränkt. Die Greise schleppten sich in Richtung Sivas weiter.

In Erzincan gab es mehr als 20 000 Armenier. In einer einzigen Nacht wurden dort 2 000 von ihnen verhaftet, aus der Stadt gebracht und getötet. Als nächstes folgte die Deportation. Wie in Erzurum bestand der erste Zug im wesentlichen aus den reichsten Bürgern. Er trat seinen Weg am 11. Juni an, also vor dem ersten Deportationszug in Erzurum. Diese Kolonne allerdings erreichte tatsächlich Harput. An den drei folgenden Tagen wurde das armenische Viertel vollständig evakuiert. Im Burgfrieden Erzincans wurde ein Sklavenmarkt organisiert, wo Türken aus dem Armenier-Zug »selektionierte« Kinder verkauften. Die Deportierten wurden in Richtung Kemağ Boğaz (15 km Luftlinie von Erzincan) in Marsch gesetzt, wo der Euphrat in eine tiefe Schlucht stürzt. Dort wurde die Karawane von vorne durch Kurden, von hinten durch türkische Soldaten überfallen. Die Opfer wurden in vier Stunden von den Kurden niedergemetzelt. Die Leichen warfen sie in den Fluß, um jede Spur zu verwischen. Während der folgenden Tage organisierten die türkischen

Soldaten in den umliegenden Getreidefeldern, wohin sich einige Greise geflüchtet hatten, eine Menschenjagd.

Um diese Zeit kamen regelmäßig neue Deportiertenzüge in Kemağ Boğaz an. Man band diese Armenier an den Händen aneinander und warf sie teils lebendig, teils nachdem man sie getötet hatte, über Felswände hinab. So endete der große Deportiertenzug aus Erzurum und Bayburt, und das war auch das Schicksal von 3000 Frauen und Kindern aus Mamakatum. Ein paar Karawanen, die aus kaum mehr als einer Handvoll Frauen und Greisen bestanden, zogen von Kemağ aus nach Eğin, Arapkir, Harput, Diyarbakir und Mossul weiter.

Von den 215000 zur Deportation verurteilten Armeniern des *vilayets* Erzurum überschritten nur wenige die Grenzen der Provinz. Im Juli 1915 gab es in diesem *vilayet* nur noch ein paar hundert Armenier. Die Leichen der Getöteten trieben den Euphrat hinunter, blockierten die Mühlen, vergifteten das Wasser. Spülte der Fluß sie an das Ufer, wurden sie von Hunden verschlungen; schwemmten sie die Fluten auf Sandbänke in der Mitte des Flusses, wurden sie die Beute der Geier. Am 1. Juli mahnte der Kommandant des 4. Armeekorps, Cemal Pascha, den *vali* von Diyarbakir dringend, die Toten begraben zu lassen. Am 3. Juli antwortete ihm der *vali*, diese Aufgabe falle nicht in seine Zuständigkeit und der Euphrat fließe ohnehin nur an der Grenze des *vilayets*. Dennoch war man höchsten Orts aufmerksam geworden: Am 11. Juli forderte Talât die *valis* und *mutessarifs* von Harput, Diyarbakir, Urfa und Zor auf, dafür zu sorgen, daß die am Straßenrand liegengelassenen Opfer nicht mehr in Schluchten, Seen und Flüsse geworfen und außerdem ihre nicht beiseite geräumten Habseligkeiten verbrannt würden.[4] Letztendlich erwies sich der Genozid als eine schwierige, schlecht durchgeführte Aktion. In Van wurden die Armenier durch die Russen gerettet. In Erzurum kam es bei *çetes* und Kurden zu einem gewaltigen Chaos; der Deportationsbefehl wurde nicht ordnungsgemäß ausgeführt. Für die Zukunft beabsichtigte man aus diesen Fällen zu lernen.

Vilayet Bitlis

Östlich des Van-Sees gelegen, befand sich dieser *vilayet* Ende Mai mitten im Kampfgebiet. Ziel der Russen war es, den Süden des Sees zu umgehen und auf Bitlis vorzurücken, was allerdings die Türken vereiteln konnten. 780000 Armenier lebten in dieser Provinz, vor allem in der Ebene von Muş, im Bergland von Sason und in den Städten Bitlis und Siirt. Seit Kriegsbeginn hatte der *vali* Mustafa Khalil, der Schwager Talâts, bei den Armeniern immer wieder Hausdurchsuchungen und Beschlagnahmungen durchführen lassen. Im Dezember und Januar wurden armenische Dörfer um Bitlis geplündert. Im April häuften sich derartige Vorfälle in der Ebene von Muş. Am 1. Mai wurden in Muş drei Armenier gehängt, das Armenier-Viertel umstellt. Arbeitsfähige Männer wurden zum Straßenbau zwangsverpflichtet oder getötet. Das war jedoch erst der Anfang. Ende Mai mußte Cevdet Van räumen und eine überstürzte Flucht in Richtung Süden antreten. Mit seinen 8000 Soldaten (denen man den Beinamen »Henkerbataillone« – *kassap taburi* – gegeben hatte) rückte er in Siirt ein und ließ, nachdem auf dem Hauptplatz der armenische Bischof und der chaldäische Erzbischof auf Scheiterhaufen verbrannt worden waren, die Armenier niedermetzeln. Von den 1700 Frauen, die nach Mossul unterwegs gewesen waren, kamen nach achttägigem Eilmarsch nur 600 bis 700 an.[5] Wenig später vereinigte Envers Onkel Halil, der auf dem Rückzug aus Persien war, seine Truppen mit den Cevdets. Zusammen marschierten sie nach Bitlis, das sie Mitte Juni umstellten. Cevdet verlangte von den Armeniern ein Lösegeld von 5000 Pfund und ließ 20 Notabeln hängen. Die 4500 Männer der Stadt wurden gefangengenommen, erschossen und dann in Massengräbern verscharrt, die sie selbst hatten ausheben müssen. Ganze Armenier-Familien begingen Selbstmord. Überlebende junge Frauen und Kinder wurden aus der Stadt gebracht und dort der Menge übergeben oder erschossen. Den Rest dieses »unnützen Volkes« setzte man in Richtung Süden in Marsch.

Die bedeutendste armenische Kolonie der Provinz lebte in den 200 bis 300 Dörfern der Ebene von Muş. Es handelte sich um etwa 60000 Personen, von denen 25000 in Muş ansässig waren. Ende Mai kam es durch den alten Kurden-Häuptling Musa Bey zu organisierten Übergriffen. Musa Bey war schon zu Zeiten Abdul-Hamids berüchtigt gewesen; jetzt führte er, unterstützt von seinem sechzehnjährigen Enkel, eine *çete*-Bande an und verbreitete in der ganzen Region Angst und Schrecken.

Das Massaker von Muş begann am 3. Juli, als Kâzim Bey mit 10000 Mann aus Erzurum anrückte, um die Garnison von Muş zu verstärken. Der *mutessarif* Servet Bey, ein Freund Envers, befahl, daß die Armenier ihre Waffen abliefern und beträchtliches Lösegeld bezahlen sollten. Nach Verhaftung und Folterung der Notabeln entschlossen sich die Armenier zum Widerstand: Sie verbarrikadierten sich in ihren Häusern und organisierten die Verteidigung ihrer Wohnviertel. Als Artillerie ihre »Oberstadt« zusammenschoß, flüchteten sie sich in andere Viertel. Aber es war ein zu ungleicher Kampf: Von einem Viertel zum andern wurden die Aufständischen verfolgt und niedergemetzelt. Eine Anzahl von ihnen zog es vor, mit eigener Hand ihre Frauen und Kinder zu töten und dann Selbstmord zu begehen. Am 4. Juli leistete nur noch ein Stadtviertel, nämlich Zov, Widerstand. Dort hatten sich 10000 bis 12000 Menschen verschanzt, von denen sich etwa die Hälfte im Schutz der Nacht in die Berge retten konnte. Die anderen wurden von türkischen Soldaten und Kurden in Ställen zusammengetrieben, in denen man Stroh aufgehäuft hatte, das man mit Petroleum tränkte und anzündete. Dort starben fast alle eines gräßliches Todes. Die wenigen Überlebenden setzte man in Richtung Urfa in Marsch, ertränkte sie jedoch, ehe sie ihr Ziel erreichten, bei Genc im östlichen Euphrat.

Blieb noch Sason mit seinen 20000 Einwohnern, das bereits 30000 Flüchtlinge hatte aufnehmen müssen. Nach der Entwaffnung der Armenier flüchteten sich die Deserteure in die Berge. Trotz der bei Kriegsbeginn zwischen Kurden und Armeniern ausgetauschten Freundschaftsbekundungen trieben Gendarmen und Kurden als Repressalie 3000 Männer zusammen, die als »Lastträger-Bataillone« abgeführt und zwischen Harput und Palu ermordet wurden. Weiter südlich zerstörten vom *kaimakan* von Pasank befehligte Kurden die zwischen Diyarbakir und Sason gelegenen Dörfer: 4000 Armenier flohen in das Kloster von Arakelotz, wo sie sich verschanzten. Eineinhalb Monate konnten sie sich dort behaupten, bis Wassermangel sie zwang, sich nach Sason zurückzuziehen.

Aufgrund unangenehmer Erfahrungen hatte die Regierung Sason bis dahin unbehelligt gelassen. Ungeachtet des Druckes der armenischen Notabeln, die der *mutessarif* von Muş entsandt hatte, weigerten sich die Armenier von Sason kategorisch, der Anordnung, ihre Waffen abzuliefern, Folge zu leisten. Daraufhin holte der *vali* die Kurden zusammen und forderte sie – nach dem Beispiel von 1894 und 1902 – auf, Sason zu umzingeln. Die Sasonioten jedoch zogen sich, geführt von Rupen und Vahan Papazian (letzterer Abgeordneter von Van) auf den Antağ Dağ[6] zurück. Anfang Juli wurden türkische Kavallerieregimenter zur Unterstützung der Kurden entsandt. Fast den ganzen Monat lang leisteten die Armenier Widerstand. Als am 20. Juli die Munition zu Ende ging, suchten die Sasonioten gruppenweise Zuflucht in den Bergen; die meisten von ihnen wurden getötet oder starben an Hunger oder Erschöpfung. Auf den Höhen des Antağ setzte sich eine letzte Gruppe verzweifelt mit Hieb- und Stichwaffen zur Wehr. Am 5. August traten die Türken zum Angriff auf die verbliebenen Widerstandsnester an. Es gab nur wenige Überlebende, die einen Guerillakampf weiterführten. Dreißig Mann, darunter Rupen und Papazian, konnten die türkischen Linien durchbrechen und erreichten im September Eriwan.[7]

So hatte das Scheitern der russischen Bitlis-Offensive den Tod von 180000 Armeniern des *vilayet* zur Folge. Die Armenier von Muş und Sason hörten den Donner der russischen Kanonen, doch gab es für sie keine Rettung wie vorher in Van. Später, als die 4. russische Armeegruppe und die armenischen Legionen Van wieder besetzten (September

1915) und Vostan (Oktober) sowie Muş (Februar 1916) einnahmen, gab es keine Armenier mehr zu befreien. Bei allen Bemühungen der Armenierverbände Transkaukasiens, die »ein Goldstück für einen Armenier« versprachen, wurden in türkischen und kurdischen Häusern nicht mehr als 5000 bis 6000 zwangs»bekehrte« Frauen und Kinder gefunden.

Die Ereignisse im *vilayet* Bitlis müssen somit außerhalb des allgemeinen Deportationsplanes gesehen werden. Hier wurde die armenische Bevölkerung, der »innere Feind«, mit Hilfe von Kurden durch türkisches Militär ausgelöscht, das sie so seine Niederlage entgelten ließ. Es gab keinerlei Provokation von seiten der Armenier, überall jedoch, wo das möglich war, erbitterten, ja heroischen Widerstand.

Festzustellen bleibt: Die Deportation war als Maßnahme konzipiert, die darauf abzielte, »unsichere« Teile der Bevölkerung von potentiellen Kriegsschauplätzen zu entfernen. Gerade in den Provinzen Erzurum und Bitlis jedoch, wo die Deportation aus diesem Grund zu rechtfertigen gewesen wäre, machte die Regierung kaum einen ernsthaften Versuch, eine Deportation vorzutäuschen, und ließ die Armenier einfach niedermachen.

Vilayet Trapezunt

Im *vilayet* Trapezunt waren die Armenier nur eine Minderheit: 53000 unter mehr als einer Million Einwohner. Das war der Grund, warum die Regierung diese Provinz den sechs ursprünglich armenischen *vilayets* angegliedert hatte. Mit diesem Kunstgriff erreichte sie, daß die Armenier im Gesamtgebiet dieser sieben *vilayets* insgesamt in der Minderheit waren.

In Trapezunt selbst lebten 14000 Armenier. Der *vali* war den Christen (Griechen und Armeniern) durchaus wohlgesinnt, hing aber von Nail Bey, dem Delegierten des Rates für Einheit und Fortschritt, ab, der die Massaker und Deportationen leitete. Nach der Niederlage von Sarıkamış wurden die armenischen Soldaten entwaffnet und den Pionierbataillons an der Straße von Gümüşhane zugeteilt, wo fast alle an Hunger und Erschöpfung zugrunde gingen. Um den 10. Juni herum führte man die 180 Überlebenden aus der Stadt und tötete sie. Dann wurde der armenische Erzbischof festgenommen und auf der Straße nach Erzurum ermordet. Am 24. Juni nahm man 40 Mitglieder der *Daschnak*-Partei fest. Sie mußten Boote besteigen, die sie nach Samsun bringen sollten. Unterwegs enterte Polizei die Schiffe und warf die Armenier ins Meer. Am 26. Juni wurde der Deportationsbefehl in den Straßen angeschlagen.[8] Tausende von Soldaten, Polizeiagenten und *çetes* strömten in die Stadt. Am 4. Juli, dem

Ende der ihnen eingeräumten Frist, wurden die Armenier aus ihren Häusern geholt, in Gruppen zu etwa 100 zusammengefaßt und aus der Stadt geführt, wo die Bewohner der umliegenden Dörfer zu ihnen stießen. Am 6. Juli schaffte die Polizei das Mobiliar aus den 1000 Armenierhäusern von Trapezunt in Lagerhallen. Der Rest wurde während der folgenden Wochen durch die türkische Bevölkerung geraubt. Die Plünderung war nicht unorganisiert: Nazim Bey (der frühere *vali* von Van) wurde zum Präsidenten der »Kommission für herrenloses Gut« ernannt, und der Präsident des Appelationsgerichtes Halil Bey leitete die Kommission, die mit dem Verkauf dieser Güter beauftragt war. Verblieben waren Kranke, Greise, Kinder und einige Beamte, die man später nach Samsun verschiffte – die Boote kehrten nach ein paar Stunden leer zurück. 12000 Personen hatten sich auf der Straße nach Gümüşhane (der einzigen, die in das Landesinnere führte) in Marsch gesetzt. Die meisten wurden etwa zwanzig Kilometer von der Stadt entfernt in Cevizlik von Kurden und *çetes* ermordet. An den folgenden Tagen führte der Deyir-Neni-Fluß unzählige Leichen mit sich; die verschiedenen Transportmittel kehrten leer wieder in die Stadt zurück. Die Überlebenden – einige Frauen, Kinder und Greise – setzten während der folgenden Monate über Erzincan, Arapkir und Malatya ihren Weg nach Aleppo fort, wo sie zu anderen Deportiertenzügen stießen.[9] Als die russischen Truppen am 18. April 1916 in Trapezunt einmarschierten, fanden sie dort nur noch zwei armenische Familien sowie 14 Frauen vor, die von Griechen versteckt worden waren. In den umliegenden Dörfern gab es noch etwa 1000 Armenier.

In Toz, einem Ausflugs- und Ferienort Trapezunts, wurden die Männer zusammengetrieben und an die Wand gestellt, die Frauen vergewaltigt und den Gendarmen überlassen. In Giresun wurden die Männer durch den öffentlichen Ausrufer vor den *konak*[10] befohlen, ins Gefängnis geworfen und später außerhalb der Stadt getötet. Frauen und Kinder wurden Stunden später verhaftet und deportiert. Mehrere Familien begingen Selbstmord. Flüchtlinge ließen sich in den verwaisten Häusern nieder. In Samsun begann die Deportation erst am 24. Juli. Der Erlaß der Regierung war bereits am 24. Juni bekanntgemacht worden. Jeden Tag trieb man etwa 60 armenische Familien über die Straße nach Tokat fort, neben der schon die Leichen ermordeter Notabeln lagen. *Çetes* töteten die Männer; die schönsten Frauen und Mädchen wurden in der armenischen Schule von Çarkla an Türken verkauft. Ein fast nur aus Frauen bestehender Zug von 11000 Personen wurde über Gebirgspfade anderen Deportiertenkolonnen zugeführt.

So wurde man im *vilayet* Trapezunt dem Geist der Regierungsdekrete völlig gerecht, d. h. man tat genau das Gegenteil dessen, was der Buchstabe des offiziellen Textes eigentlich vorsah. Die Deportiertenkonvois wurden zunächst auf Frauen, Kinder und Greise reduziert und dann in der Folge noch regelmäßig »verdünnt«. Die Überlebenden gingen schließlich in den Deportiertenströmen aus den Provinzen Sivas und Harput auf.

Behaeddin Şakir hatte durch Vermittlung Talâts einem Führer der »Sonderorganisation« folgende Order zukommen lassen: »Da hier nichts mehr zu tun ist, begeben Sie sich unverzüglich nach Trapezunt, wo Sie eine wichtige Aufgabe übernehmen werden... Yakub Cemil Bey wird von hier aus zu Ihnen entsandt, um Ihnen die nötigen Erläuterungen und Instruktionen zu geben.[11]

Vilayet Sivas

Im östlich des *vilayet* Erzurum und südlich der Provinz Trapezunt gelegenen *vilayet* Sivas lebten 165000 Armenier. Der Deportationsbefehl erreichte zuerst Merzifon[12] im Norden der Provinz, wo von den 25000 Einwohnern 12000 Armenier waren. Die Aktion lief nach dem gewohnten Schema ab.

29. April: Verhaftung der *Daschnak*-Chefs und der Notabeln.

Mai: Die nicht zum Militärdienst eingezogenen jungen Männer müssen sich Arbeitsbataillonen anschließen.

26. Juni: Verhaftung aller gesunden Männer, die außerhalb der Stadt mit Äxten erschlagen werden.

2. Juli: Der öffentliche Ausrufer verkündet den Deportationsbefehl. Obwohl als Frist drei Tage genannt wurden, wurde er bereits am folgenden Tag ausgeführt. Die Deportierten setzten sich in Gruppen von 500 bis 1000 Personen in Richtung Malatya in Marsch, wurden aber am Ufer des Euphrat niedergemetzelt.

Die revoltierenden Armenier von Amasya wurden zum größten Teil an Ort und Stelle ermordet, die anderen in die Schluchten der Çakalli-Berge verschleppt und getötet. In Tokat wurden nach Verhaftung und Tötung ihrer Männer die Frauen deportiert. Sämtliche Armenier von Gemerek wurden in Richtung Sivas in Marsch gesetzt und unterwegs umgebracht. Die Männer von Zilek fesselte man, trieb sie in Gruppen in die Berge und ermordete sie. Von den Frauen forderte man den Übertritt zum Islam. Als sie sich weigerten, wurden sie mit Bajonetten erstochen; die Kinder wurden verkauft.

In Sivas hatte man im April die Führer der *Hintschak*-Partei (der wichtigsten politischen Gruppierung) verhaftet. Im Juni begann nach der Verhaftung der Notabeln die Räumung der umliegenden Dörfer. Lediglich die armenischen Marktflecken Perkemig und Ulaş, die größten Getreideproduzenten der Region, erhielten eine Frist bis zum Ende der

Ernte. 400 Kinder zwischen zwei und sechs Jahren wurden vergiftet. Die Männer wurden ins Gefängnis geworfen und massenweise im »Felstal« (Taşlıdere) massakriert. In Gruppen von 1000 bis 3000 mußten die Frauen in Richtung Südosten ziehen, schlossen sich den Deportiertenkolonnen aus Samsun, Merzifon und Amasya an und marschierten mit ihnen zu den Todeszonen am Euphrat bei Malatya. In Çarkışla sammelte der bekannte Armenierführer Murad eine Gruppe um sich, die sich in den Bergen von Divrigi gegen die Türken verteidigte. Als seine Kameraden fast alle tot waren, gelang es Murad, Samsun zu erreichen, wo er einen türkischen Bootseigentümer zwang, ihn nach Batum zu bringen.

Im März weigerten sich die Armenier von Şebin-Karahisar im Nordosten des *vilayets* Sivas, türkische Soldaten zu verpflegen. Die Regierung ließ 200 Notabeln festnehmen und hinrichten. Dieses Verbrechen und die Nachricht von den Massakern in den benachbarten Dörfern veranlaßte die Armenier von Şebin-Karahisar im Juni dazu, sich in die Festung zu flüchten und dort ihre Verteidigung zu organisieren. Unter dem Kommando von *Daschnak*- und *Hintschak*-Führern wurden die Armenierviertel bei Nacht geräumt. Die Bevölkerung verschanzte sich in der Festung. Die Kämpfe dauerten zwei Wochen. Von den Türken in Erzurum angeforderte Verstärkungen – 600 mit Kanonen ausgerüstete Angehörige regulärer Verbände, eine Bande von 150 *çetes* und die Garnison von Giresun – nahmen mit an der Belagerung teil. Trotz Wasser- und Munitionsmangel hielten die von dem *fedai* Lukas geführten Belagerten noch eine Woche durch. Dann entschied Lukas, daß gruppenweise die Flucht in die Berge versucht werden solle. Nur wenige schlugen sich bis dorthin durch und leisteten noch einige Monate Widerstand.[13] Als die Türken in die Festung eindrangen, wo sie lediglich noch Frauen und Greise antrafen, kam es zu einem Gemetzel. Nur wenige Frauen überlebten und wurden in Harems verschleppt. Zum Widerstand in Şebin-Karahisar kam es Ende Juni/Anfang Juli, während in den benachbarten *vilayets* die Deportation bereits in vollem Gange war. Als Rechtfertigungsgrund für diese Deportationen kann er somit keinesfalls dienen.[14]

Vilayet Diyarbakir

Von den 500000 Einwohnern dieser Provinz waren 120000 Armenier. Über das Schicksal dieser Menschen, die in einem abgelegenen Gebiet inmitten einer traditionell feindseligen kurdischen Bevölkerung lebten, weiß man nur wenig. Nur im *Lepsius-Bericht* ist davon die Rede.[15] Im Frühjahr 1915 setzte der *vali* Reşid Bey eine »Kommission zum Studium der Armenierfrage« ein, die die Verhaftung von *Daschnak*-Führern und

Notabeln veranlaßte. Die Festgenommenen wurden zum Teil im Gefängnis getötet, zum Teil auf dem Wege in ein vorgebliches Exil in Malatya. Zwischen dem 10. und dem 30. Mai wurden 674 Personen auf Flöße gepfercht, die auf dem Tigris nach Mossul fahren sollten. Alle ertranken. In Palu wurden am 1. Juni 12000 armenische Soldaten, die seit Monaten mit Straßenarbeiten beschäftigt waren, niedergemetzelt. In Diyarbakir leitete der Kurdenführer Ömer Bey die Deportation. Von hier aus marschierten die Deportiertenkonvois teils in Richtung Mardin, teils in Richtung Malatya. Erstere wurden unweit Mardin getötet, die anderen auf der Straße nach Harput. Um die gleiche Zeit wurden 700 junge Armenier zu Arbeiten an der Straße von Diyarbakir nach Urfa befohlen. Der Unteroffizier und die fünf Gendarmen, die sie begleiteten, brüsteten sich später, sie alle alleine getötet zu haben. Der *mutessarif* von Mardin und der *kaimakam* von Lice wurden vom *vali* abgesetzt und dann getötet, weil sie sich weigerten, an dem Massaker teilzunehmen. Armenische und syrische Notabeln verließen in zwei Kolonnen Mardin auf dem Weg nach Diyarbakir, wo sie niemals ankamen. Im Norden des *vilayet* ermordeten Kurden sämtliche Armenier des *sancak* Silvan bis auf ein paar hundert Männer, die sich nach Sason flüchteten. Zwischen Diyarbakir und Harput wurden unweit Çenkuş 1000 Frauen in eine Schlucht geworfen (Yudandere, »die Schlucht, die verschlingt«).

Ein am 15. September 1915 von Reşid an den Innenminister geschicktes chiffriertes Telegramm berichtete von der »Ausweisung« von 120000[16] Armeniern aus dem *vilayet* Diyarbakir. (Diese Ziffer ist höher als die in der Statistik des Patriarchats von 1912 ausgewiesene Zahl, die allerdings den Süden des *vilayet* nicht mit einschloß.)

Vilayet Harput

Diese Provinz liegt, weit entfernt von der Kaukasusfront, mitten in der Türkei. Im Laufe des Juli langten die Überlebenden der Deportiertenzüge aus Erzurum, Trapezunt und Sivas hier an, um ihren Weg in Richtung Malatya fortzusetzen. Was die Armenier der Provinz Harput selbst anbetrifft (166000 der insgesamt 575000 Einwohner), so erlitten sie das gleiche Los wie ihre Schicksalsgenossen in den anderen östlichen *vilayets*. In Harput, wo die Armenier ein Drittel der Einwohnerschaft stellten, ließ der *vali* Salih Bey Anfang Mai die armenischen Notabeln festnehmen und foltern, um Waffenverstecke von ihnen zu erfahren. Anschließend erschoß man sie vor der Stadt. Am 5. Juli wurden 800 Männer verhaftet, gefesselt in die Berge getrieben und dort erschossen. Eine Gruppe von 300 Männern aus umliegenden Dörfern trieb man in ein Tal, wo man sie, an eine Felswand gestellt, erschoß. Wer noch Lebenszeichen von sich gab, wurde mit Bajonett und Messer erledigt. Am 10. Juli kam es in der Umgebung der Stadt zu einem neuen Massaker an mehreren hundert Armeniern. Frauen, Greise und Kinder wurden in der ersten Juli-Hälfte deportiert; 700 Kinder aus dem deutschen Waisenhaus ertränkte man in einem unweit der Stadt gelegenen See. Die Deportierten von Mezre und Hüseynig wurden am 3. und 4. Juli nach Diyarbakir und Urfa getrieben.

In Malatia ersetzte die Regierung den *mutessarif* Nazi Bey, der den Armeniern gegenüber zu viel Rücksicht geübt hatte, durch den Kurden Reşid Pascha, der sich indessen ebenfalls bemühte, die Vertreibung der Armenier hinauszuzögern. Anfang Juli hatte man die männlichen Armenier Malatyas getötet. Die meisten der 2000 Einwohner von Arapkir mußten Boote besteigen und wurden sodann erschossen oder in der Nähe von Gümüşmaden im Euphrat ertränkt. Zum Zwecke vorgeblicher Bauarbeiten wurden die Männer von Adiyaman und den umliegenden Dörfern vor der Stadt auf die Straße geführt und dort erstochen.

In Resne mußten 1800 Personen (d. h. die gesamte Einwohnerschaft) den Ort in Richtung Urfa verlassen. Am Göksu, einem Zufluß des Euphrat, befahl man ihnen, sich zu entkleiden, tötete sie und warf ihre Leichen in den Fluß.

Am Ende dieser knappen Schilderung der Ausrottung der Armenier in den östlichen *vilayets* vermag man, den Plan in seiner Gesamtheit zu erkennen. Denn immer wieder zeigt sich wie ein mörderischer Refrain die gleiche Technik: Ausschaltung der politischen Führer und der Notabeln; Hausdurchsuchungen, Ablieferung der Waffen, Verhaftung und Massenexekution der Männer; Zerstörung der umliegenden Dörfer; schließlich Deportation der Frauen und Kinder. Türken kaufen und ersteigern Frauen und Kinder aus den Konvois. Die Kolonnen der Deportierten lichten sich aufgrund ständiger Übergriffe durch Kurden, *çetes* sowie Gendarmen und sind unablässig Raub und Vergewaltigung ausgesetzt. Nur wenige Überlebende erreichen die »Exilorte«. Die großen Routen der Deportation zeichnen sich ab: Alle aus den Provinzen Trapezunt und Erzurum Vertriebenen kamen durch den Engpaß von Kemaĝ Boĝaz, wo man die meisten von ihnen in den Euphrat warf. Die Überlebenden zogen über Eĝin und Arapkir nach Malatya. Die aus Bitlis Deportierten erreichten über Siirt den Tigris, von wo ihr Weg sie nach Mossul führte. Sie wurden zum großen Teil unterwegs umgebracht oder im Tigris ertränkt. Die Straße Sivas–Harput, über die man die aus den Provinzen Sivas und Samsun Deportierten schleuste, wurde am meisten benutzt und war der Schauplatz einer derartigen Unzahl gräßlichster Szenen, daß sie eine »Hölle der Verwesung« wurde. An den Bäumen hingen unzählige am Hals oder an den Füßen aufgeknüpfte menschliche Leiber. Das Wasser der Brunnen und Flüsse war derart verseucht, daß nicht einmal die Pferde es mehr saufen konnten. Noch 1916 säumten zu Haufen aufgetürmte menschliche Gebeine die Straßen. In der Gegend von Malatya, in Kanlıdere (Tal des Blutes), in Hasan-Çelebi, in Hasan Badrik, an den Ufern des Tokak-Su, vor allem in Kirkgöz, d. h. auf der Achse Sivas–Harput und Harput–Urfa, die der Leidensweg der von der Schwarzmeerküste, Erzurum und Sivas kommenden wie der in Gegenrichtung aus Diyarbakir, Palu, Harput und Arapkir vertriebenen Deportierten war – überall hatte ein derartiges Gemetzel stattgefunden, daß der *vali* von Harput sich beklagte, an allen Straßen der Provinz lägen derart viele Frauen- und Kinderleichen, daß es unmöglich sei, sie auch nur in annähernd vertretbarer Zeit zu verscharren.[17] An den *mutessarif* von Malatya schrieb er: »Die daraus möglicherweise erwachsenden Unzuträglichkeiten bedürfen keiner Erläuterung, und das Innenministerium hat wissen lassen, daß nachlässige Beamte streng bestraft werden. Um alle in unserer Provinz liegenden Leichen ordnungsgemäß begraben zu können, müssen hinreichend viele Gendarmen und auch eine Anzahl von Beamten mit dieser Arbeit beauftragen, und zwar unverzüglich.«[18]

Die Berichte der wenigen Überlebenden ermöglichen ein besseres Verständnis des furchtbaren Schicksals dieser Deportierten, die zweifellos einen raschen Tod ihrer langsamen Agonie vorgezogen hätten. So verließen in den ersten Julitagen 3 000 Armenier Harput. In Malatya stießen aus Tokat, Sivas und Eğin gekommene Kolonnen zu ihnen. Der ganze Zug umfaßte nunmehr 18 000 Personen. Zwei Monate später waren in Aleppo nur noch 185 Frauen und Kinder übrig.[19]

Die Deportierten, die – oft nach zwei- bis dreimonatigem Marsch – Aleppo erreichten, befanden sich in unbeschreiblicher Verfassung: nackt oder völlig zerlumpt und verdreckt. Bei den meisten von ihnen stellten sich paranoide Zustände ein. Vor Erschöpfung vermochten sie nicht mehr, in die Kleider zu schlüpfen, die man ihnen gab. Ein erschreckendes Symptom ihrer Unterernährung war beispielsweise, daß sie, wenn man ihnen den Kopf wusch, oft mit einem Schlag ihr ganzes Haupthaar verloren.

Die Anzahl der Überlebenden jedes Zuges hing weitgehend vom Grad der Menschlichkeit und Gutwilligkeit der Begleitmannschaften ab.[20] Zweifellos gab es in dieser Hinsicht keine präzisen Anordnungen. Das Schema der Ausrottung war vage. Erforderlich war, die Konvois durch Mord, Entführungen und unzureichende Versorgung zu Gruppen zu reduzieren, die immer noch als Beweis für die offizielle Version einer Deportation dienen konnten. Was die eingetretenen Verluste betraf, so gab man zu verstehen, sie seien den harten Kriegszeiten zuzuschreiben.

Stellt man in Rechnung, daß maximal 300 000 Armenier wieder in den

Kaukasus zurückkehren konnten und einige tausend Personen der Deportation und dem Tod entgingen, so muß man annehmen, daß von den 1200000 Armeniern der sieben östlichen *vilayets* 850000 von der Deportationsaktion betroffen wurden. Die Mehrzahl davon wurde an Ort und Stelle oder unterwegs getötet. Eine nicht genau bezifferbare Anzahl von Frauen und Kindern (höchstens 200000) wurde entführt und islamisiert. In Aleppo kamen nicht mehr als 50000 Überlebende an.

In den sieben östlichen *vilayets* fielen der Operation somit etwa 600000 Menschen, d. h. die Hälfte der armenischen Bevölkerung zum Opfer. Für diejenigen, die diesen Todesmarsch überstanden, bedeutete die Ankunft in Aleppo noch keine Erlösung. Weitere Prüfungen erwarteten sie.

2. Anatolische, kilikische und syrische *vilayets*

»In drei Monaten habe ich mehr für die Lösung des Armenierproblems getan als Abdul-Hamid in dreißig Jahren«, rühmte sich Talât später Freunden gegenüber.[21] In der Tat hatte nach drei Monaten, d. h. Ende Juli 1915, die Ausrottung der in den östlichen *vilayets* lebenden Armenier das Problem endgültig gelöst. Gemäß Talâts Erkenntnis »nach dem, was wir ihnen angetan haben, kann kein Armenier mehr unser Freund sein«[22], galt es jetzt noch, die »Situation zu bereinigen«, d. h. alle Armenier in der Türkei zu beseitigen. Nun war es der Regierung nicht möglich, als ernstzunehmende Begründung für die in den anatolischen, kilikischen und syrischen *vilayets* vorgesehenen Aktionen die »Wiederherstellung der Ordnung im Kriegsgebiet durch militärische Maßnahmen, die aufgrund von Verrat und bewaffneter Unterstützung des Feindes durch die Bevölkerung erforderlich sind«[23], vorzuschieben. Sie begnügte sich deshalb damit, ohne weitere Erklärung Provinz für Provinz nach einem genauen Kalender einen allgemeinen Deportationsbefehl zu erlassen. Was die Methoden anbetrifft, so hatte man schon aus den in den östlichen *vilayets* angewandten Techniken gelernt. Ausrottung im Osten, Deportation im Westen – dieses Schema hat durchaus seine Logik. Einerseits hatte man es eilig, in den östlichen *vilayets,* um die es bei der Armenierfrage letztlich ging, reinen Tisch zu machen. Auf der anderen Seite bot sich für die Deportation der 600000 im Westen lebenden Armenier die durch Westanatolien, Kilikien und Syrien verlaufende Bahnlinie an. Man muß sich fragen, was ihr Schicksal gewesen wäre, hätte es diese Bahnlinie nicht gegeben. Die Vertreibung der in der Osttürkei ansässigen Armenier wurde im Juli abgeschlossen, die der im Westen lebenden begann Ende Juli. Es gab also keine Unterbrechung, kein Zögern, keine Gnadenfrist, die man den Opfern zubilligte.

95000 Armenier lebten in diesem *vilayet*. In Angora selbst waren sie in ihrer Mehrheit katholisch (15000). Die meisten sprachen nicht armenisch und hatten niemals politischen Bewegungen angehört oder sie unterstützt. Da man diesen Menschen schwerlich Verrat unterstellen konnte, waren sich *vali* Mazhar Bey, der Befehlshaber der Streitkräfte und der Polizeichef mit den türkischen Notabeln darüber einig, daß man sie in Frieden lassen sollte – um so mehr, als viele Armenier im Bankwesen und Handel eine Rolle spielten. Bei im Juli vorgenommenen Durchsuchungen armenischer Läden wurden weder Waffen noch andere kompromittierende Gegenstände gefunden. Angesichts der mangelnden »Kooperationsbereitschaft der örtlichen Behörden« setzte die Regierung den *vali* ebenso wie den Polizeichef ab und ersetzte sie durch gefügige Beamte. Diese ließen Ende Juli Notabeln verhaften (die man bis auf die Gregorianer dann wieder freiließ) und befahlen die polizeiliche Registrierung sämtlicher Armenier. Sobald die Liste vollständig war, wurden sämtliche der Gregorianergemeinde angehörenden Männer zwischen fünfzehn und siebzig festgenommen und in drei verschiedenen Richtungen vor die Stadt getrieben, wo sie von mit Messern und Beilen bewaffneten Einwohnern und *çetes* getötet wurden. Ende August verhaftete man sämtliche katholischen Armenier und schickte sie nach Assi-Yozgad, wo sie dasselbe Schicksal erleiden sollten wie die Gregorianer. Im letzten Moment allerdings führte eine (zweifellos nach Intervention des päpstlichen Nuntius, Mgr. Dolci, und des österreichischen Botschafters erlassene) Verfügung Konstantinopels dazu, daß ihnen die »Vergünstigung« der Deportation nach Konya und Adana zuteil wurde.[24] Auf eine Intervention des amerikanischen Botschafters hin wurden auch einige Protestanten verschont. Am gleichen Tag wurden Frauen und Kinder zum Bahnhof befohlen, wo man sie vier oder fünf Tage lang in einem Getreidedepot einsperrte. Danach forderte man sie auf, zum Islam überzutreten. Etwa 100 Familien erklärten sich dazu bereit. Ihre Angehörigen unterschrieben ein Dokument, demzufolge sie diesen Schritt aus freien Stücken getan hätten, und wurden auf türkische Familien verteilt. Die Jungen wurden beschnitten und dann in Waisenhäuser verbracht. Den Rest transportierte man mit der Bahn nach Tarsus.

In Kayseri, das 30000 Armenier zählte, wurden Ende Mai 200 Notabeln verhaftet und mehr als 80 von ihnen gehängt. Der Deportationsbefehl wurde Ende Juli verkündet und unverzüglich durchgeführt. Als erstes wurden die umliegenden Dörfer evakuiert; die Männer wurden in Gruppen von 80 bis 100 auf der Straße nach Sivas ermordet, die Frauen und Kinder in sieben Kolonnen deportiert. Südlich von Kayseri wurden in

Talas und Everek[25] die Notabeln verhaftet und gefoltert; anschließend vertrieb man die Bevölkerung.

In Yozgad ließ Ende Juli der neue, fanatisch armenierfeindliche *mutessarif* Kemal sämtliche Männer des *sancak* in ein unweit der Stadt gelegenes Tal führen, wo man sie niedermetzelte. Dann holten die amtlichen Ausrufer Frauen und Kinder zusammen. Dieser Zug wurde an der Stadtgrenze von türkischen Einwohnern überfallen, die die jungen Frauen entführten und den größeren Teil des restlichen Zuges umbrachten. Die Überlebenden erreichten Anfang September Tarsus.[26]

Vilayet Bursa und *sancak* Ismidt

Bursa, das eine blühende armenische Kolonie beherbergte, war eine der letzten anatolischen Städte, die der Deportationsbefehl erreichte. Im Juni waren 170 Notabeln verhaftet und erschossen worden. Im August räumten die Behörden den Armeniern eine Frist von drei Tagen bis zum Verlassen der Stadt ein. Man unterzog sich sogar der Mühe, der Deportation einen Anstrich verwaltungsmäßiger Korrektheit zu geben: Armenische Haus- oder Grundbesitzer mußten vor einem Beamten erscheinen, der sie ein Verkaufsdokument unterschreiben ließ und ihnen einen Geldbetrag überreichte. Dieses Geld nahm ihnen beim Verlassen der Stadt ein Polizist wieder ab, der es den Behörden zurückgab. In den Häusern der Armenier ließen sich *muhacirs* nieder; das Mobiliar wurde zu Schleuderpreisen veräußert. Die Deportation wurde von den Beamten im ganzen *vilayet* zunächst als Finanzoperation begriffen, die es ihnen erlaubte, sich durch immer wieder neue Akte der Erpressung zu bereichern. So konnten reiche Familien Aufschub erwirken, den sie mit ihrem Vermögen bezahlten. Andere hatten mehr Glück: Während aus den Küstenorten wie auch aus Birecik und Adapazar sämtliche Armenier vertrieben wurden, blieben die in Kütahya ansässigen Armenier während der ganzen Dauer des Krieges verschont. Grund war der Einspruch des *mutessarif* Fuad Pascha, der sich der Regierung gegenüber verbürgte, daß es in seinem Distrikt keine »gefährlichen« Armenier gebe.

Mehr als 100000 Armenier aus dem *vilayet* Bursa und dem *sancak* Ismidt wurden per Eisenbahn deportiert. Um die Bahnhöfe von Ismidt, Birecik und Eskişehir herum wuchsen die improvisierten Lager von Tausenden von Deportierten aus dem Boden. Von Zeit zu Zeit wurden Frauen und Kinder (die Männer waren zum größten Teil bereits exekutiert worden; diejenigen, die noch blieben, wurden systematisch von Frauen und Kindern getrennt) in Güter- oder Viehwagen verladen. Sie mußten die Transportkosten bezahlen und wurden je nach verfügbarer

Beförderungskapazität auf die Reise geschickt. Die aus Angora Deportierten wurden von Eskişehir aus weiter über Konya nach Bozanti, der provisorischen Endstation der Eisenbahnlinie, verfrachtet. Nicht selten mußten sie unterwegs aussteigen und ohne Verpflegung Tage oder Wochen bei den Bahnhöfen in improvisierten Lagern warten.

Andere anatolische und thrakische *vilayets*

Wenig bekannt ist vom Schicksal der 14000 Armenier des *vilayets* Kastamonu, dessen Abgeordneter Hassan Fehmi, der *Ittihad*-Delegierte dieser Provinz, ein besonderer Förderer des Ausrottungsprogramms war. Die 25000 Armenier von Konya hingegen wurden vom *vali* Celal Bey geschützt, der im Juli 1915 dort seinen Dienst antrat und vorher Aleppo verwaltet hatte. Bekannt ist lediglich, daß auch diese Gebiete von den allgemeinen Deportationsmaßnahmen betroffen wurden, daß Hassan Fehmi für die in seiner Provinz begangenen Verbrechen und Greuel verantwortlich gemacht werden muß und daß Atif Riza von Dr. Nazim zum *vali* von Konya entsandt wurde, um ihm zu empfehlen, er möge sich bei »einer Frage, die von der Zentrale nach gründlicher Überlegung entschieden wurde«[27], nicht weiter querlegen.

In Smyrna, einer kosmopolitischen Stadt mit griechischer Mehrheit, gab es nur 15000 Armenier (dazu in der Umgebung etwa 10000). Der *vali* Rahmi Bey weigerte sich, den Deportationsbefehl auszuführen. Um Konstantinopel zu beschwichtigen, ließ er die Führer der armenischen Parteien verhaften und deportieren, vermochte aber die armenische Bevölkerung der Provinz während des ganzen Krieges zu schonen. Die Regierung gab den Argumenten des *vali* aus politischen Gründen nach. Da Griechenland noch neutral war, wären Armenierverfolgungen in Smyrna von der griechischen Kolonie als direkte Bedrohung verstanden worden. Liman von Sanders, dessen Truppen in Smyrna stationiert waren, warf 1916 seine Autorität als Kommandierender der V. Armee in die Waagschale und widersetzte sich ebenfalls der Deportation. Am 10. November ließ er den *vali* wissen, daß eine solche Aktion die militärische Sicherheit beeinträchtige und daß er seine Truppen gegen die Polizei einsetzen würde, wenn diese die Armenier deportiere. Diese Einmischung des deutschen Generals in die inneren Angelegenheiten des türkischen Verbündeten löste diplomatische Auseinandersetzungen aus. Aber der Deportationsbefehl wurde schließlich annulliert.

Die 150000 Armenier Konstantinopels verdanken ihr Überleben der gleichen politischen Vorsicht. Die aus den Provinzen in die Hauptstadt Emigrierten wurden hingegen ab April registriert und von Mitte August bis Ende September, ohne Aufsehen zu erregen, deportiert. Der Journalist Harry Stuermer berichtet, daß er täglich Gruppen von Armeniern sah, die von zwei Gendarmen nach Pera begleitet wurden. Die Gendarmen zögerten dabei nicht, von der Straße weg andere Armenier, die nicht auf den Listen standen, ihren Trupps einzuverleiben. Stuermer bezeugt weiter, daß Tag für Tag Frauen und Kinder mit Lastwagen nach Galata gebracht wurden, während Männer zu Fuß zum Bahnhof Haidar-Pascha gehen mußten, von wo man sie am folgenden Tag nach Anatolien transportierte.[28]

Die meisten der in Konstantinopel geborenen Armenier blieben jedoch während des Krieges in der Hauptstadt. Allerdings waren sie vielerlei Schikanen ausgesetzt und mußten trotz allem die Deportation fürchten (etwa 4000 Personen flohen nach Bulgarien und Rumänien). Zusammen mit Smyrna und wenigen anderen Beispielen ist das der einzige Fall einer armenischen Gemeinde, die von der Deportation verschont blieb.

Die übrigen in der europäischen Türkei lebenden Armenier (35000) hingegen wurden von August bis Oktober per Bahn deportiert. Am 20. Oktober verließen die letzten Deportierten Adrianopel (schon seit April hatte man Armenier nach Bulgarien vertrieben).

Vilayet Adana

Während in den Bergen und Hochtälern des vilayet Adana die Deportation im April begann, blieb den Städten in der Ebene eine Gnadenfrist von einigen Monaten. Erst am 20. Juli begann man mit der Erfassung der armenischen Familien von Tarsus. Von Ende Juli an bis zum 8. September wurden Gruppen von jeweils 50 Familien abtransportiert (die Protestanten verließen die Stadt als letzte). Mit dem, was sie von ihrer Habe mit sich tragen konnten, begaben sich die Familien zum Bahnhof und wurden in Personen- oder Güterwaggons gepfercht. Für die 1800 Armenier von Mersin begann die Deportation am 2. August. Da gleichzeitig Militärkonvois abzufertigen waren und im September auch noch die Deportierten aus den östlichen vilayets dazukamen, entstand ein unbeschreibliches Chaos. Angesichts der drohenden Landung der Alliierten beschleunigte man im September die Maßnahmen. Das Durcheinander war aber derart groß, daß auch im November noch Armenier vorhanden waren, denen nunmehr der Befehl zur Einstellung der Deportation zugute kam. Von den 25000 bis 30000 Armeniern von Adana wurden 6000 Anfang September und mehr als 15000 gegen Ende des Monats deportiert. Die Ankunft einer großen Zahl aus dem Norden Vertriebener steigerte noch die

Verwirrung. Sie erlaubte es einigen – vor allem katholischen und protestantischen – Familien, gegen hohe Bezahlung (etwa 10000 Pfund) der
Deportation zu entgehen.

Die Stadt Maraş, die von den Deportiertenzügen von Zeytun und
Umgebung durchquert wurde, ist bis in den August verschont worden.
Am 20. August wurden die Oberhäupter der armenischen Gemeinden
von Maraş zum *konak* zitiert, wo der *mutessarif* ihnen verkündete, daß
mit Ausnahme der Katholiken und Protestanten die männliche Bevölkerung im Alter von über 15 Jahren deportiert werden sollte. Die Maßnahme dauerte fast ein Jahr; erst im Juni 1916 verließen Katholiken und
Protestanten die Stadt.[29] 6000 Armenier konnten während der Dauer des
Krieges in Maraş bleiben. An dem, was in der zweiten Hälfte des Jahres
1915 im *vilayet* Adana geschah, kann man die verbrecherischen Absichten
der Jungtürken-Führer ermessen. In den Dardanellen waren die Kämpfe
in vollem Gange, und die Landung der Alliierten auf der Halbinsel von
Gallipoli bedrohte Konstantinopel. Die einzige Transportmöglichkeit für
die Verstärkungen, die von der in Mesopotamien stationierten VI. Armee
diesem Gebiet zugeführt wurden, war die Anatolienbahn. Dennoch nahm
es die Regierung in Kauf, diese Linie mit Deportiertenzügen zu blockie-
ren. Das bedeutet, daß sie in der hartnäckigen Verfolgung ihrer durch
nichts gerechtfertigten Deportationsmaßnahmen die Sicherheit des Landes aufs Spiel setzte.

Von Juli bis November folgte ein Deportiertentransport dem anderen.
Die körperliche und seelische Verfassung der Opfer wurde immer
schlechter; der Bevölkerung war verboten, ihnen zu helfen. Vor allem in
den Lagern stieg die Todesrate in erschreckende Höhen. Die ständigen
Stockungen der Bahntransporte zwang zur Errichtung mehrerer Lager in
der Nähe der Bahndämme, in denen sich ständig 20000 bis 70000 Menschen drängten. Zwischen Bozanti und Tarsus gab es 10000 Vertriebene;
in Tarsus 20000, in Gülek (bei Tarsus) 10000 bis 15000, in Osmanie
70000, in Mamuret 20000 bis 30000. Unterernährung und Typhus gras-
sierten. Im Lager von Islahie wurden im November täglich 600 Tote
verscharrt; trotzdem lag beim Lagereingang immer ein Leichenhaufen. In
Kotmo bei Aleppo warteten 40000 bis 50000 Menschen auf den Befehl
zum Weitermarsch.

Von Juli bis November 1915 wurden schätzungsweise 200000 bis 300000
Armenier über diese Todesstraßen nach Aleppo, dem Kreuzweg der
Deportation, getrieben.

Der *vilayet* Aleppo lag in arabisch-sprachigem Gebiet. Nur in den Küsten-
dörfern des *Jebel* Musa und in der Stadt Antep überwogen die Armenier.
Bis zum Juli 1915 schützten Korrektheit und Wohlwollen des *vali* Celal
Bey die Armenier vor der Deportation.

Antep liegt zwischen Maraş und Aleppo; von 70000 Einwohnern waren
32000 Armenier. Hier langten im April 1915 die ersten Deportiertenkonvois an, die aus dem *sancak* Maraş, aus Sivas, Malatya, Mardin und
anderen Städten der östlichen *vilayets* kamen. Den Armeniern von Antep
wurde strikt verboten, ihnen in irgendeiner Weise zu helfen. Nur selten
gelang es ihnen, einem Deportierten etwas Nahrung oder Kleidung
zukommen zu lassen. Vom 30. Juli an waren sie selbst an der Reihe. Der
erste Zug wurde am Ausgang der Stadt vom Sohn des *mutessarif* und einer
Anzahl seiner Freunde überfallen und ausgeplündert. Vom 1. August an
ging täglich ein Konvoi ab. Über Killis marschierten die Deportierten
nach Kotmo, von wo sie mit der Bahn nach Aleppo weitertransportiert
werden sollten. Da es jedoch nur wenige Züge gab und jeder davon
lediglich aus 15 Waggons für je 35 bis 40 Personen bestand, wurden
Tausende von Deportierten in ein Lager gepfercht. Andere transportierte
man von Aleppo weiter in Richtung Hama. So wurde in der Zeit vom 1.
bis zum 19. August die armenische Bevölkerung von Antep vertrieben.
Die kleine armenische Kolonie von Killis (zwischen Antep und Kotmo)
erlitt das gleiche Schicksal.

Verwaltungsmäßig gehörte der *Jebel* Musa zum *vilayet* Aleppo. Das war
der Grund, warum die Einwohner dieser sechs Dörfer – fast ausschließlich
Armenier – zunächst verschont wurden. Als sie am 13. Juli der Deportationsbefehl erreichte, wußten sie von kilikischen Deportierten bereits,
welches Schicksal sie erwartete. Sie zogen sich in ihre Berge nordöstlich
der Dörfer zurück, nicht ohne die Bewohner von Kessab (weiter südlich
gelegener Marktplatz) aufgefordert zu haben, sich ihnen anzuschließen.
Die Kessaber jedoch begnügten sich damit, ihnen ihre Waffen zur Verfügung zu stellen, und schickten sich in die Deportation. 5000 Männer,
Frauen und Kinder des *Jebel* Musa verschanzten sich in einer praktisch
unangreifbaren Position. Die Regierung hatte ihnen eine Woche Frist zur
Vorbereitung auf die Deportation gegeben. Die Türken, denen der
Rückzug der Armenier in die Berge nicht entgangen war, griffen nach
Ablauf dieser Frist an. Als der Angriff zurückgeschlagen wurde, wurde
Artillerie und weitere Infanterie herangeführt. Die Türken verloren
einige hundert Mann sowie Waffen und Munition. Nun entschied sich das
Oberkommando, mit 15000 Mann den *Jebel* Musa (Musa Dağ) zu bela-
gern, um die Armenier auszuhungern, die vom Meer her praktisch keine

Hilfe erwarten konnten, da ein Hafen nicht vorhanden war. Dennoch kam am dreiundfünfzigsten Tag Hilfe von dieser Seite. Ein französisches Schiff bemerkte die von den Belagerten gegebenen Signale. Zusammen mit einem weiteren französischen Schiff und einem englischen Kreuzer transportierte es die 4000 Überlebenden nach Port Said. Außer der Verteidigung von Van ist dies der einzige Fall, wo die Armenier erfolgreich bewaffneten Widerstand leisteten.[30]

Anders war es in Urfa, wo Haidar Bey, der Organisator der Massaker von Mardin und Diyarbakir, im Juni *mutessarif* wurde. Zwei Mitglieder der »Sonderorganisation«, Khalil Bey und Ahmed Bey, arbeiteten mit ihm zusammen. Ende Mai, als das Kloster der Stadt überfallen und geplündert worden war, hatten die Einwohner von Urfa beschlossen, Widerstand zu leisten. Bestärkt wurden sie in diesem Beschluß durch die Nachricht von der Ermordung der Abgeordneten Vartkes und Zohrab und der Niedermetzelung armenischer Soldaten, die in Gräben verscharrt wurden, zu deren Aushebung sie von Khalil Beys Leuten gezwungen wurden. Zu einer ersten Zuspitzung kam es am 19. August: Die 28000 Armenier von Urfa flüchteten sich in ihre Wohnviertel und leisteten Widerstand (250 Tote). Die Situation blieb weiter gespannt, bis die Armenier am 23. September den Befehl erhielten, die Stadt zu verlassen. Sie weigerten sich, verschanzten sich und gruben unterirdische Gänge von einem Viertel zum andern. Gewehre – sogar ein Maschinengewehr –, Munition und Lebensmittelvorräte befanden sich in ihrem Besitz. Acht Tage später marschierten Fakri Pascha, der mit 6000 Soldaten aus Diyarbakir kam, und ein kurdischer Bey mit 800 Mann an. Von Graf Wolf von Wolfskehl[31] befehligte Artillerie nahm die Befestigungen der Armenier unter Beschuß und ermöglichte den Truppen die Einnahme der Armenierviertel.

Die Türken rächten sich für den Verlust von sieben Offizieren und 400 Mann, indem sie unter den Verteidigern ein Blutbad anrichteten. Die Überlebenden wurden ohne Ausnahme deportiert und umgebracht. »Welches Schicksal wäre dem Land zuteil geworden, wenn die Armenier viele Urfa gehabt hätten?« soll Fakri Pascha ausgerufen haben.

So erfaßte, beginnend in Zeytun, die Vernichtungsaktion erst den Osten, dann den Westen und schließlich den Süden des Landes. Entsetzliche Barbarei, gnadenlose Vertreibung, Raub, Plünderung, Vergewaltigung, Folterung, unbeschreibliche Greuel – die furchtbaren Tatsachen sprechen eine zu deutliche Sprache, als daß man die Geschehnisse als Exzesse eines übersteigerten Nationalismus oder Übergriffe religiöser Fanatiker bemänteln könnte.

Von einer politischen Clique in Szene gesetzt und mit Vollmachten aller Art ausgestatteten Mörderbanden zur Ausführung übergeben, bot dieser

Völkermord, den man für das Musterbeispiel eines mit wissenschaftlicher Akribie geplanten Genozids halten könnte, in Wirklichkeit ein klägliches Schauspiel von Befehlen, Gegenbefehlen, gespielten Skrupeln und lächerlichen Planungsversuchen. Ströme von Tränen und Blut, von verwesenden Leichen gesäumte Straßen, über die sich Kolonnen von ausgemergelten Deportierten schleppten, eine mitten im Krieg blockierte Eisenbahnlinie, Tausende von Soldaten, die statt an der Front gegen Landsleute antreten mußten, die um ihr Leben kämpften, Alliierte, deren »Freundschaft mit der Türkei« zutiefst erschüttert war und der irreparable wirtschaftliche Aderlaß für ein Land, das nach Jahrhunderten des Despotismus und getarnten Kolonialismus ohnehin am Rande des Abgrundes stand – so beschworen die Pläne der Bürokraten in Konstantinopel ein fast apokalyptisches Chaos herauf. Und auch dies hätte späteren Unrechtsregimes eine Warnung sein können: So perfekt eine Vernichtungsaktion auch geplant sein mag, ihre Urheber werden sie am Ende doch teuer bezahlen müssen. Und immer wird es Überlebende geben, die Zeugnis ablegen von den an ihnen und den Ihren verübten Verbrechen.

17. Die Todeslager

Aleppo

Der Genozid an den Armeniern wurde in Konstantinopel geplant. Erzurum war das Operationszentrum. Aleppo fungierte als Drehscheibe für die Deportation. Diese südlich des Taurus an der Grenzlinie zwischen den türkisch-armenischen und den arabischen Provinzen und etwa in der Mitte zwischen dem Euphrat und dem Mittelmeer gelegene Stadt war ein natürlicher Straßen- und Eisenbahnknotenpunkt. In östlicher Richtung führte eine Linie nach Ras-ul-Ain, in südlicher Richtung über Damaskus, Beirut und Medina zu den heiligen Stätten des Islams. Obwohl die armenische Kolonie dort nur klein war, wählte der *Ittihad* Aleppo als Zielpunkt fast sämtlicher Deportiertenkonvois. Die ersten Zeytunioten kamen dort Anfang Mai 1915 an. Während der drei folgenden Monate ergoß sich der Strom der aus den kilikischen Bergen Vertriebenen in die Stadt (alleine am 30. Juli kamen 2165 Familien mit insgesamt 13155 Personen hier an, von denen 3270 weitergeschickt wurden). Anfang August erreichten nach vierzigtägiger Reise die ersten Deportierten aus Diyarbakir die Stadt: 800 Frauen mit Kindern unter zehn Jahren. Als nächste kamen die wenigen Überlebenden der *vilayets* Harput, Erzurum, Trapezunt und Sivas. Schon Monate vorher vertrieben, erreichten sie Aleppo zusammen mit den per Bahn antransportierten Deportierten der westlichen *vilayets*. Aleppo war für sie allerdings nur Durchgangsstation. Man pferchte sie in außerhalb der Stadt gelegene Lager, ehe sie in zwei Richtungen weitergetrieben wurden: Die Mehrheit nach Osten in Richtung der Wüsten Mesopotamiens, der Rest nach Süden in Richtung Damaskus. Von Mai 1915 bis Ende 1916 wimmelte es in sämtlichen Städten Syriens, d. h. in den *vilayets* Aleppo und Damaskus, von Deportierten, die man ständig von einem Lager ins nächste verlegte.

Unter den Augen ausländischer Zeugen starben in Aleppo Tag für Tag mehr als hundert Deportierte. Um die Stadt herum türmten sich Haufen verwesender Leichen, zwischen denen manchmal noch Sterbende lagen; in zweckentfremdeten Karawansereien vegetierten dem Hunger und den Seuchen preisgegebene Menschen. Die meisten litten an Typhus oder Ruhr und waren nicht mehr zu retten. Nur wenige Armenier, die man als vermeintlich Tote im Straßengraben hatte liegen lassen, konnten sich bei hilfsbereiten Menschen verstecken; manchmal kauften Europäer den türkischen Soldaten junge Mädchen ab. Der *Ittihad* indes führte sein Vernichtungswerk unerbittlich zu Ende.

Ein früherer Sekretär der Deportiertenbehörde von Aleppo, Naim Bey, bezeugte Aram Andonian gegenüber, was er gesehen hatte, und übergab ihm offizielle Dokumente[1]: Telegramme der Ministerien, Anordnungen der Provinzgouverneure, an Mitglieder des *Ittihad* gerichtete Depeschen.

Diese Dokumente erlauben es, die Organisation der Deportation nach Aleppo zu rekonstruieren und die Unerbittlichkeit zu ermessen, mit der Talât und seine Helfershelfer die Ausrottung der Armenier betrieben.

Im Frühjahr 1915 begab sich Midhat Şükrü[2], der Leiter der Deportiertenbehörde, von Konstantinopel nach Aleppo, um dort den Transport der Armenier in die Wüste zu organisieren. Er stieß jedoch auf den Widerstand des Präfekten Celal und des Polizeichefs Fikri, die sich weigerten, dabei mitzuwirken. Lediglich der eigens von Adana nach Aleppo entsandte *Ittihad*-Delegierte Cemal Bey kollaborierte mit Şükrü. Talât setzte Celal ab und ernannte an seiner Stelle Bekir Sami, der ihm aber ebenfalls zu gemäßigt war. Aus diesem Grunde wurde er durch den früheren *vali* von Bitlis Mustafa Abdulhalik ersetzt, der das Vorhaben der Regierung voll und ganz billigte. Unterstützt wurde Abdulhalik durch den stellvertretenden Leiter der Deportiertenbehörde Abdulahad Nuri und seinem Adjunkten Eyüb Sabri.[3] Nach den Anweisungen dieser beiden korrupten und grausamen Männer begann die Verschickung der Deportierten in die Wüste. Die Nüchternheit der offiziellen Dokumente, die Abdulahad Nuri in Aleppo zugingen, zerstreut den letzten Zweifel, der an den Absichten des *Ittihad* bestehen könnte. Die deutlichste Sprache spricht ein Telegramm Talâts vom 15. September 1915:

»An die Präfektur von Aleppo:

Wie bereits mitgeteilt, hat die Regierung auf Anordnung des Cemyet[4] die Ausrottung aller in der Türkei lebenden Armenier beschlossen. Beamte, die sich dieser Entscheidung und diesem Befehl widersetzen, sind aus dem Dienst zu entfernen. So tragisch das Verfahren und die anzuwendenden Mittel auch sein mögen: Der Existenz der Armenier muß ohne Gewissenszweifel und ohne Rücksicht auf Frauen, Kinder und Kranke ein Ende gesetzt werden.«[5]

Im November 1915 gab Talât den Befehl, »mit geheimen Mitteln« jeden aus den östlichen Provinzen stammenden Armenier, der in der Umgebung von Aleppo angetroffen wurde, zu töten. Im Januar 1916 erneuerte er diesen Befehl. *Vali* Abdulhalik entdeckte in Antep aus Sivas und Harput stammende Armenier und beauftragte den *mutessarif,* das Nötige zu veranlassen. Der *mutessarif* antwortete, es gebe in der Tat 500 derartige

Personen, die man »gemäß der bekannten Verfügung ohne Aussicht auf Rückkehr«[6] verschickt habe.

Da das Militär an der Deportation profitieren und die Armenier zu Bau- und Straßenarbeiten heranziehen wollte, beklagte sich die Leitung der Deportierungsbehörde bei Talât. Talât erwirkte daraufhin von Enver eine Depesche, in der dieser die Militärkommandanten aufforderte, sich nicht in die Deportationsmaßnahmen einzumischen (September 1915). Angesichts des Menschenmangels im Land wurde dieser Befehl im Februar 1916 widerrufen.[7].

Die Geheimhaltung der ganzen Operation war von Anfang an illusorisch. Dennoch beharrte der Innenminister auf einer Nachrichtensperre und vor allem auf dem Verbot jeder Veröffentlichung von Fotografien:

»Die diplomatischen Schritte, die die amerikanische Botschaft in letzter Zeit auf Anweisung ihrer Regierung bei uns unternommen hat, lassen darauf schließen, daß sich die amerikanischen Konsuln auf geheimen Wegen Informationen verschaffen. Es wurde ihnen der Bescheid erteilt, die Deportation laufe auf sichere und angemessene Weise ab, doch ließen sich die Amerikaner davon nicht überzeugen. Sorgen Sie also dafür, daß es bei der Evakuierung der Armenier aus Städten und Dörfern zu keinen Vorfällen kommt, die Aufmerksamkeit erregen könnten. Vom Gesichtspunkt der augenblicklichen Politik her ist es von äußerster Wichtigkeit, daß Ausländer, die Augenzeugen dieser Operationen werden, überzeugt sind, daß alleiniges Ziel dieser Deportationen ein Wechsel des Aufenthaltes der Betroffenen sei. Aus diesem Grunde ist es vorerst geboten, nach außen hin sehr vorsichtig zu verfahren und die bekannten Mittel nur an dafür geeigneten Orten anzuwenden. Ich empfehle deshalb, Personen, die Informationen der oben genannten Art liefern oder Nachforschungen anstellen, festnehmen und sie unter Angabe irgendwelcher anderer Gründe vor Kriegsgerichte stellen zu lassen.«[8]

Eine neue Mahnung erging im Dezember: Armenische Zeitungskorrespondenten hatten sich angeblich Fotografien beschafft und sie dem amerikanischen Konsul in Aleppo, Jackson, übergeben. Ein drittes Telegramm vom 29. Dezember beschuldigt ausländische Offiziere (es konnte sich nur um deutsche Militärs handeln), Leichen fotografiert zu haben.[9] Außerdem verbot Cemal Pascha den Ingenieuren der Bagdad-Bahn, Deportiertenzüge zu fotografieren. Die Platten mußten sie innerhalb von 24 Stunden abliefern, widrigenfalls sie vor ein Kriegsgericht gestellt werden sollten.[10]

Da es zu viele Überlebende gab, bemühte sich Talât mit drakonischen Maßnahmen, alle armenischen Zeugen verschwinden zu lassen:

– Verbot der Eheschließung zwischen Türken und Armenierinnen[11] (29. September 1915).

– Verbot des Übertritts zum Islam, von dem nur Armenier ausgenommen waren, die sich »an ihren Exilort begeben«[12] hatten.

– Systematische Ausrottung der Kinder (anfangs hatte der *Ittihad* entschieden, Kinder unter 15 Jahren zu verschonen. Dieses Alterslimit wurde rasch auf sieben Jahre gesenkt). In Bitlis ließ Abdulhalik in gehorsamer Ausführung der Befehle Talâts etwa 1000 Kinder zusammenholen, die vor der Stadt lebend verbrannt wurden. Der anwesenden türkischen Menschenmenge erklärte er: »Für die Sicherheit der Türkei ist es erforderlich, daß der armenische Name in den armenischen Provinzen für immer ausgelöscht wird.« Später ergingen Anordnungen, die empfahlen, nur Kinder zu verschonen, die unter fünf Jahre alt waren, d. h., jene, die später nicht mehr imstande sein würden, sich an das zu erinnern, was sie gesehen hatten. Diese kleinen Kinder sollten, wie zur Zeit der Janitscharen, wie Türken erzogen werden. Zu diesem Zweck wurden in Angora, Kayseri, Damaskus und Beirut Waisenhäuser eingerichtet. Türkische Intellektuelle wie Halid Edip widmeten sich diesem Werk der Türkisierung. Freilich wurde das Gesetz nicht immer eingehalten: Türkische Familien hatten Kinder im Alter von über sieben Jahren als Arbeitskräfte zu sich genommen. Talât befahl, diese Kinder – vor allem in den Ostprovinzen – ausfindig zu machen und sie »an ihren Exilort zu schicken«.[13]

Das Waisenhaus in Aleppo war ihm ein Dorn im Auge: »Dies ist nicht der Augenblick, wo wir unsere Zeit damit verlieren können, Gefühlsduseleien nachzugeben und diese Kinder zu ernähren und ihr Leben zu verlängern«[14] (26. September 1915). Dies war ein durchaus überflüssiger Rat, da der Direktor des Waisenhauses sie langsam verhungern ließ. Nur eine Handvoll behielt er zurück: »Damit diese Einrichtung den Namen Waisenhaus verdient.« Doch Talât ließ nicht locker: »Sie dürfen nur solche Waisen aufnehmen und unterhalten, die keine Erinnerung an die Schrecken haben werden, denen ihre Eltern ausgesetzt waren. Die anderen schicken Sie mit den Deportierten weiter.«[15] (12. Dezember 1915)

»In einer Zeit, wo tausende vertriebener Muslims und Witwen von Märtyrern Schutz und Nahrung brauchen, geht es nicht an, Geld für die Ernährung bekannter Personen [der Armenier] aufzuwenden, die in der Zukunft keinen Nutzen bringen und nur gefährlich sein werden. Sie sind in Übereinstimmung mit unserer letzten Anweisung mit den Deportierenzügen nach Sivas weiterzuverschicken«[16] (23. Januar 1916).

Als einziges wurde – dank der Protektion Cemal Paschas, der ein Freund Dr. Altunians war – das Altunian-Waisenhaus verschont. Abdulahad Nuri plante indessen, diese Kinder im Winter 1915–1916 nach Sivas zu schicken: »Werden die Kinder bei strenger Winterkälte an den bezeichneten Ort verschickt, so ist ihre ewige Ruhe damit gesichert.«[17] Cemal gelang es jedoch, den Intrigen des stellvertretenden Direktors der Deportationsbehörde einen Riegel vorzuschieben und die Waisen in Aleppo zu halten. Als er selbst auf dem Weg zur Palästinafront Gruppen nackter, ausgehungerter Kinder begegnete, befahl er den Militärbehörden, sie aufzunehmen und zu verpflegen. Talât, der Wind davon bekam, schickte einen Ausrottungsbefehl an die Präfektur von Aleppo:

»Unter dem Vorwand, daß sie von der Deportationsbehörde versorgt werden, sind die auf Anordnung des Kriegsministers vom Militär versorgten Kinder des bekannten Personenkreises unauffällig und ausnahmslos zu töten. Bericht an uns«[18] (7. März 1916).

Wenn Beamte Skrupel empfanden oder die ihnen auferlegte Verantwortung fürchteten, beeilte sich Talât, sie zu beruhigen: Völlige Straflosigkeit sei ihnen sicher. »Kommt es unterwegs zu Übergriffen der Bevölkerung gegen den bekannten Personenkreis, die der Verwirklichung des von der Regierung angestrebten Zieles dienen, so ist eine gerichtliche Verfolgung ausgeschlossen« (3. Oktober 1915).

Für den Fall, daß Armenier noch Beschwerden erhoben, beschied er: »Sagen Sie den Klägern, sie sollen ihr Recht an ihrem Exilort verlangen«[19] (9. Dezember 1915).

Die syrischen und mesopotamischen Wüsten

Sie waren Kugeln und Messern entkommen und hatten Foltern, Hitze, Kälte, Hunger und Durst überlebt. Daran gemessen war die »natürliche Auslese«, die an ihrem »Exilort« stattfinden sollte, für die Deportierten eine vergleichsweise angenehme Aussicht. Sie alle wurden von Aleppo aus in die Wüste getrieben; es war kein Problem, diese fast nur noch aus Frauen und Kindern bestehenden Menschenmassen von einem Lager zum andern zu schieben, »bis von tausenden nur noch hunderte und von hunderten nur noch ein kleiner Haufen übrig blieb, den man weiterjagte, bis es ihn nicht mehr gab. Damit war das Ziel der Reise erreicht.«[20]

So verschluckte der Wüstensand die letzten Armenier.

Ende Dezember 1915 war die Deportation beendet. 500000 Menschen befanden sich in dem Dreieck zwischen Aleppo, Damaskus und dem Euphrat. Theoretisch sollte dieses Gebiet das Neue Armenien sein. Was aber bedeutete ein Wüstenklima für diese Menschen, die in Gebieten mit gemäßigtem Klima gelebt hatten und darüber hinaus physisch und materiell völlig erschöpft waren, wenn nicht den Tod? Genau dies gehörte zum Plan der Regierung.

Es gibt keine Chronik dieser letzten Etappe des armenischen Leidensweges. Dennoch erlauben Berichte ausländischer Zeugen (hauptsächlich deutscher), diesen Leidensweg zu verfolgen. Die beiden von der Regierung ausersehenen Hauptlager waren Damaskus im Süden von Aleppo und Deir es-Zor am Euphrat (»von Aleppo sechs Tagesreisen per Wagen entfernt«). Im Endeffekt gab es an diesen Straßen und auch noch jenseits der genannten Städte eine ganze Anzahl von Lagern. Zwischen Aleppo und Deir es-Zor sah ein Zeuge in einem bergigen Wüstenland ein baumloses, wasserloses Lager, in dem hungernde und dürstende Armenier zum größten Teil auf dem bloßen, glühend heißen Sand lagen. Täglich starben fünf oder sechs. Vom August bis Dezember 1915 wurden etwa 130000 Deportierte in Richtung Damaskus in Marsch gesetzt. Am 12. August kam der erste Zug dort an. Es folgten pro Woche zwei bis drei Gruppen in der Stärke von ein paar 100 bis 2000 Personen. Etliche Trecks zogen noch weiter in Richtung Mala'an. Die anderen wurden in Erwartung neuer Marschbefehle auf einem Gelände in Kahdem (unweit Damaskus) angehalten, wo es nur einige Zelte gab. Weiter nördlich befand sich in Homs ein Lager mit 20000 Deportierten; im Lager von Hama waren 10000 bis 12000 Personen. Eine Augenzeugin notierte im Februar 1916, »die in Hama, Homs und in der Gegend von Damaskus befindlichen Deportierten (sind) in einer besseren Lage. Man läßt sie, wo sie sind, und sie können sich um ihren Lebensunterhalt bemühen«.[21]

Die Armenier von Furnus (bei Zeytun) kamen nach vierwöchigem Marsch, d.h. im Mai 1915, im Deir es-Zor an. Sie wurden in sämtlichen Zimmern und auf den Terrassen und Gängen einer verfallenen Karawanserei untergebracht. Die Gruppe bestand zum größten Teil aus Frauen und Kindern. Wie eine Viehherde waren sie hier ohne Geld und ohne Nahrung zusammengepfercht und wußten nicht, was weiter mit ihnen geschehen würde.[22]

Als im November ein türkischer Armeearzt armenischer Abstammung von der Regierung beauftragt wurde, die Deportiertencamps zu besuchen, war er über das Gesehene derart entsetzt, daß er beschloß, am Ende seiner Inspektionstour zu fliehen, um sein Wissen weitergeben zu können: Als er Jerablus besichtigte, waren çetes gerade dabei, 300 junge Mädchen aus Diyarbakir, Mardin und Harput als Sklavinnen zu verkaufen. In Meskene, wo die von Aleppo kommende Straße den Euphrat erreicht, besuchte er, von zwei türkischen Gendarmen begleitet, ein Lager, in dem 5000 aus den Ebenen von Kilikien stammende Armenier in Lumpen gekleidet und ohne Obdach vegetierten. Um das Lager herum sah er Tausende von Gräbern, in denen man unter der glühenden Sonne verdurstete Deportierte verscharrt hatte.[23]

Über die Lager zwischen Meskene und Deir es-Zor gibt es nur den Bericht August Bernaus, des Vertreters der Vacuum Oil Company of New York in Aleppo.[24] Er beschreibt darin improvisierte, am ganzen

Euphrat aufgereihte Camps, in denen unter freiem Himmel und jeglicher Witterung preisgegeben tausende von Armeniern fast ohne Kleidung und Nahrung dahinvegetieren. Überall an der Straße waren Erdhaufen und namenlose Gräber zu sehen. Die Überlebenden wurden in Richtung Deir es-Zor weitergetrieben. In Meskene sah Bernau 60000 Armenier, die an Ruhr litten. Weiter im Süden begegnete er mitten im Wüstengebiet bei Abu-Herrera und Hamman hunderten von Halbtoten, die seit Tagen nichts mehr gegessen hatten. In Rakka hatten 5000 bis 6000 Deportierte in Häusern Unterschlupf finden können. In Ziaret und in Zemga waren hunderte von Armeniern am Ufer des Euphrat zusammengepfercht. In Deir es-Zor, am Ende der Todesstraße, gab es keine Armenier mehr. Man hatte sie alle umgebracht.

Im September 1916 gab es am Euphrat zwischen Meskene und Deir es-Zor nur noch 15000 Vertriebene, denen mit Winteranbruch der sichere Tod drohte. Was war aus den etwa 350000 Personen geworden, die von Aleppo aus zu den Wüstencamps gezogen waren? Wo waren die Konvois, deren Ziel Ras-ul-Ain war und die deshalb Aleppo nicht passierten? Diese Armenier hatte man alle getötet. Dem Bericht Naim Beys an Andonian zufolge organisierte die Regierung drei große Massaker: In Ras-ul-Ain, in Intilli und in Deir es-Zor.

In Ras-ul-Ain weigerte sich der *kaimakam* Yusuf Zia, unterstützt von dem Gouverneur von Deir es-Zor, Ali Suad, dem Regierungsbefehl Folge zu leisten und die Deportierten zu töten. Dieser Weigerung lagen freilich weniger edle Motive zugrunde, als es auf den ersten Blick scheinen mag: Er wollte, um sich zu bereichern, die Deportierten in der Landwirtschaft arbeiten lassen und die schönsten Armenierfrauen den Nomadenstämmen der Umgegend zum Geschenk machen. Der *vali* von Aleppo, Abdulahad Nuri, lehnte dies jedoch ab; im Dezember 1915 begab er sich nach Ras-ul-Ain, um diese Machenschaften anzuprangern, und verlangte von Talât die Absetzung Yusuf Zias. Bis Februar 1916 geschah nichts. Dann trat Cevdet, der frühere *vali* von Van und Verantwortliche für die Massaker von Muş und Bitlis, seinen neuen Posten in Adana an. Bei der Durchreise durch Ras-ul-Ain fielen ihm die Zelte der 50000 Deportierten ins Auge, und er befahl Yusuf Zia, sie sämtlich zu töten. Als Zia sich weigerte, telegraphiert er nach Konstantinopel und ließ ihn durch einen seiner Helfershelfer ersetzen: Kerim Refi beauftragte am 17. März 1916 die çetes Arslans (des Vorsitzenden des Stadtrats von Ras-ul-Ain) mit der »Säube-rungsaktion«. Die Deportierten wurden in kleinen Gruppen in die Wüste geführt, wo man sie tötete. Da man die Henkersknechte aber immer wieder für dringendere Aufgaben in Deir es-Zor brauchte, dauerten die Massaker monatelang. Im Juli 1916 gab es noch immer einige armenische Familien in Ras-ul-Ain.

Nördlich von Aleppo hatte die für den Eisenbahnbau verantwortliche Militärverwaltung zwischen Airan und Intilli regelmäßig Armenier aus den Deportiertenkonvois abgezweigt, die Steine brechen und Gleiswege anlegen mußten. In der Hauptsache handelte es sich um Frauen und Kinder – insgesamt etwa 50000 Personen. Talât freilich widersetzte sich jeder Ausbeutung der Arbeitskraft der Deportierten: Er wollte der Totengräber der armenischen Nation sein, nicht Sklavenhändler. Deshalb erteilte er der Präfektur von Aleppo den Befehl, diese Armenier an ihre Zielorte weiterzuschicken; den Kriegsminister beauftragte er, dieser »ungerechten Bevorzugung« ein Ende zu machen. Im Januar erreichten die Ingenieure der Eisenbahngesellschaft einen Kompromiß: Der Ausfall der Armenier hätte den Bau einer der wichtigsten Nachschublinien der türkischen Armee zum Stocken gebracht. So sollten die Männer bis zur Beendigung der Arbeiten zurückbehalten, ihre Familien jedoch weitergeschickt werden. Die meisten Familien blieben indes bis März 1916 in der Gegend, bis Cevdet durch Intilli reiste. Er verlangte den Abmarsch sämtlicher Deportierten und ließ sie zwischen Maraş und Antep niedermetzeln. Nur wenige konnten in Richtung Mardin weitermarschieren. In Ras-ul-Ain angekommen, vereinigten sie sich mit den dort befindlichen Überlebenden und wurden nach der Rückkehr der çetes aus Deir es-Zor von diesen getötet.[25]

Im März 1916 übermittelte Abdulahad Nuri der Deportationsbehörde in Konstantinopel telegraphisch seine Bilanz: 35000 Tote in der Umgegend von El-Bab und Meskene, 10000 in Aleppo (im Lager von Karlik auf den Höhen von Aleppo), 20000 bei Dipsi, Abu-Herrera, Hamman, 35000 in Ras-ul-Ain – insgesamt etwa 100000 Opfer. Es blieben die nach Damaskus und vor allem nach Deir es-Zor deportierten Armenier; es handelte sich dabei um mindestens 200000 Personen (im Bericht des Konsuls Jackson ist sogar von 300000 die Rede). Der neue *mutessarif* von Deir es-Zor, Zeki Bey, der Nachfolger des nach Bagdad versetzten Ali Suad, war entschlossen, sich ihrer zu entledigen. Da er Hilfe brauchte, befahl er die çetes von Ras-ul-Ain hinzu und versprach den Araberstämmen der Umgegend die Habe der Opfer, von der allerdings fast nichts mehr vorhanden war. Die türkische Armee war zu dieser Zeit bereits stark geschwächt.[26] Aus diesem Grund drängte die Regierung die Ortsbehörden dazu, die Deportierten zu liquidieren, um so den Versorgungsweg der VI. Armee zu entlasten[27]: Aleppo und seine Umgebung wurde evakuiert. Die Deportiertenkarawanen trieb man nach Meskene und in Richtung Deir es-Zor. Die Deportierten stammten aus den östlichen *vilayets*. Sie besaßen noch einige Habseligkeiten, und ein Teil von ihnen konnte sich dem Weitermarsch nach Deir es-Zor entziehen, von wo, wie jedermann wußte, niemand zurückkehrte. Einige ließen sich in den Dörfern am

Euphrat nieder. Abdulahad Nuri jedoch gab Auftrag, sie zu vertreiben oder zu töten. Zu Tausenden wurden Armenier niedergemacht und in den Euphrat geworfen. Die Straße von Meskene nach Deir es-Zor sah aus wie ein Schlachtfeld. Trotz allem gab es noch eine kleine Anzahl von Armeniern in Deir es-Zor, und Zeki Bey war nicht gewillt, sie am Leben zu lassen. Er entschied: »Den hier befindlichen Armeniern wird ein neuer Wohnort zugewiesen.« Im August 1916 traten sie in getrennten Gruppen den Marsch durch die Wüste in Richtung Mossul an. Alle gingen in den Wüsten von Marate und Suvar zugrunde. »Da es nicht möglich war, eine solche Anzahl von Menschen zu töten, erzeugte er (Zeki Bey) eine künstliche Hungersnot... Die Deportierten schlachteten zuerst Esel, Hunde und Katzen und aßen dann die Kadaver von Pferden und Kamelen. Später, als sie überhaupt nichts mehr zu essen hatten, kam es verbreitet zu Kannibalismus. Die bedauernswerten Opfer waren dem Wahnsinn verfallen...«[28]

Gegen Ende 1916 war der Genozid an den Türkisch-Armeniern praktisch vollendet. Wie aus deutschen Konsularberichten hervorgeht, gab es im Frühjahr 1917 in Aleppo nur noch 45000 Deportierte, von denen 35000 unter erbarmungswürdigsten Umständen vegetierten (Konsul Rössler). In Beirut war die Lage aufgrund der »Bekehrungen« weniger kritisch. Im Gebiet von Damaskus gab es nach Berichten des deutschen Konsulats noch 30000 Armenier, von denen sich die meisten in jämmerlicher Verfassung befanden. In Mossul schätzte Konsul Winstrow die Zahl der übriggebliebenen Armenier auf etwa 8000 – vor allem Frauen und Kinder. Dazu kamen Frauen und junge Mädchen, die bei Berg- und Wüstenstämmen ein sklavenähnliches Leben führen mußten.[29]

Wie hoch war die Zahl der Toten? Die Armenier sprechen von 1500000. Geht man von 1800000 bis 2100000[30] Türkisch-Armeniern aus, so ergibt sich die Zahl der Opfer aus der Aufzählung der Überlebenden. In den Kaukasus gelangten maximal 300000 Flüchtlinge. Die 4200 Armenier des *Jebel* Musa konnten sich nach Ägypten retten. Nur die Armenier von Konstantinopel und Smyrna entgingen der Deportation – etwa 150000 Personen. Ansonsten konnten nur einige 10000 in ihren Heimatorten verbleiben. Die von den amerikanischen, deutschen und österreichischen Konsuln ins Leben gerufenen Hilfsorganisationen versuchten, die Zahl der 1915 am Leben Gebliebenen zu beziffern: 25000 in Sivas (Armenier aus den Küstengebieten), 20000 in Maraş 1350 Waisen in Aleppo, 2000 in Konya, einige 100 in Harput, Merzifon, Kayseri, Bursa, Tarsus, Adana, 45 in Antep. Es ergibt sich eine Gesamtzahl von unter 600000. Wieviele Frauen und Kinder verschleppt und in türkischen Familien untergebracht wurden, ist freilich schwer festzustellen. Die Verfasser des *Blaubuches* geben als grobes Schema an, 600000 Armenier seien der

Deportation entgangen, 600 000 seien an Ort und Stelle oder im Lauf der Deportation getötet worden und 600 000 an den Deportationsorten ums Leben gekommen.[31] *Niemand jedoch bestreitet, daß der Genozid mindestens 1 200 000 Opfer forderte.* Ob 1 200 000 oder 1 500 000 Tote – hier wurde ein ganzes Volk ausgelöscht.

Gibt es ein bewegenderes Symbol der Agonie und des Mutes des armenischen Volkes als jenes Kind von etwa zehn Jahren, das sich an der Straße nach Deir es-Zor in den Sand eingegraben hatte? Es war stumm: Man hatte ihm die Zunge herausgeschnitten. Wenn eine Deportiertenkolonne vorüberzog, erhob es sich und warnte die Seinen, daß man sie am Ende des Weges ermorden würde. Es hörte mit seinen warnenden Gesten nicht auf, ehe der Zug umgekehrt war. Dann grub es sich von neuem ein, um die nächste Gruppe zu erwarten. Dieses Kind könnte immer noch das Sinnbild Armeniens sein. Seit sechzig Jahren appelliert dieses Volk an die Welt, und seit sechzig Jahren weigert die Welt sich, zu hören.

18. Schuld und Verantwortung

Daß die Jungtürken-Regierung den Kollektivmord am armenischen Volk vorbereitet und durchgeführt hat, ist eine unbestreitbare Tatsache. Geht man über diese unmittelbare Verantwortung hinaus, so stellt sich jedoch eine andere Frage: In welchem Maße sind die Alliierten des Osmanischen Reiches mitschuldig an den innertürkischen Ereignissen von 1915? Sind die Ententemächte, die ja nicht in der Lage waren, auf türkischem Territorium einzugreifen, deswegen entlastet? Anders gesagt: Hat der Krieg bewirkt, daß die Komplizen von ehedem, die doch das türkische Reich in Verfolgung ihres eigenen Vorteils zerstückeln wollten, nun plötzlich in Sünder und Gerechte aufgeteilt werden konnten? War Armenien nicht für alle beteiligten Mächte der lästige Klotz am Bein, der ihre imperialistischen Pläne störte?

Der an den Armeniern verübte Völkermord als »Probelauf« für spätere Genozide, zu denen der Pangermanismus führte – diese für manche vielleicht verführerische These hält den Tatsachen nicht stand. Dieses Verbrechen wurde ohne die Hilfe der Mittelmächte geplant und begangen – auch ohne die Mitwirkung Deutschlands. Diese Feststellung bedeutet indessen keinen Freispruch Deutschlands, das durch seine Passivität einen Teil der Verantwortung auf sich lud. Allerdings waren alle beteiligten europäischen Mächte ausschließlich auf ihren eigenen Vorteil bedacht, und das Verhalten der Alliierten, die sich die Kriegsbeute auf Kosten der Armenier teilten, ist kaum rühmlicher als die Haltung des deutschen Reiches. Riefen die Massaker in den Provinzkonsulaten der europäischen Staaten auch Besorgnis hervor, so drang doch nicht mehr viel davon zu den Botschaftern, und deren Reaktion hatte ohnehin auf die übergeordneten Interessen ihrer Regierungen Rücksicht zu nehmen. In Deutschland manipuliert, in Westeuropa und Amerika propagandistisch ausgeschlachtet, in der Türkei unterdrückt, wurden die Informationen über diese Ereignisse von den interessierten Seiten zu sehr eingefärbt, als daß sie im Bewußtsein der Weltöffentlichkeit ein klares Bild hätten ergeben können. Wegen dieser Manipulation war es schon für Zeitgenossen schwierig, den Beteiligten ihr Maß an Schuld und Verantwortung objektiv zuzumessen. Diese Aufgabe ist auch heute nicht leicht.

»Das haben uns die Deutschen gelehrt *(ta'alim Aleman)*, hört man hier. Es besteht die Gefahr, daß ein unauslöschlicher Makel das Ansehen der Deutschen bei den Völkern des Orients befleckt.« In einem am 8. Oktober 1915 an das Außenministerium in Berlin gerichteten Brief prangerten vier Lehrer der deutschen Realschule in Aleppo die Massaker an und betonten den Widerspruch zwischen ihrer zivilisatorischen Mission und der Nichteinmischungspolitik der deutschen Regierung.[1] Einer dieser Lehrer, Dr. Martin Niepage, zeigt sich verwundert darüber, daß die deutsche Regierung »die türkische Staatsführung nicht zur Vernunft (bringen kann)... Verstehen die Türken denn nicht, daß man ihre Barbarei uns anlastet? Verstehen sie nicht, daß man uns Deutsche entweder der Komplizenschaft schuldig sprechen oder aber verachtenswerter Schwäche zeihen wird, wenn wir vor den Greueln dieses Krieges die Augen verschließen oder angesichts der in aller Welt bekannten Tatsachen einfach schweigen?«[2] Harry Stuermer machte keinen Hehl aus seiner Empörung: »Es ist eben nicht jedes Deutschen Sache, leichten Herzens... die Schande zu ertragen, daß die Weltgeschichte die Tatsache verzeichnen wird, daß die raffiniert grausame Vernichtung eines kulturell wertvollen Volks von anderthalb Millionen mit dem Zeitpunkt der stärksten deutschen Macht in der Türkei zusammenfiel.«[3] Für Henri Morgenthau war der Pangermanismus die Quelle des Übels: »Wer die alldeutsche Literatur auch nur oberflächlich gelesen hat, kennt die besondere Methode, nach der mit Völkerschaften verfahren werden sollte, die den Deutschen im Wege waren: Die Deportation – nicht mehr und nicht weniger. Die Verschleppung ganzer Völker, die wie Viehherden von einem Ende Europas zum anderen verschoben werden sollen, ist seit Jahren Bestandteil der deutschen Eroberungspläne.«[4] In den Äußerungen der türkischen Regierungen (»Die Armenier sind die Quelle allen unseren Übels.« »Ich hatte sie deutlich genug gewarnt.« »Wir kämpften um unsere Existenz.« »Wir hatten das Recht, zur Erreichung unserer Ziele zu den entsprechenden Mitteln zu greifen.« »Nunmehr hat die Türkei nur eine Pflicht: den Sieg zu erringen.«) fand Morgenthau alldeutsche Untertöne. Zu Recht war er der Ansicht, daß die Art, wie man mit den Armeniern verfuhr, nicht den türkischen Traditionen entsprach, und er fragte sich, woher die Jungtürken die Ideen bezogen hatten, deren Endergebnis schließlich die Deportation der Armenier und die Institutionalisierung des Massenmordes war: »Es ist wichtig, festzustellen, daß derartige Methoden in der Gegenwart ausschließlich Deutschland zuzuordnen sind.«[5] René Pinon, der diese Ansicht teilt, unterstreicht in seinem Buch »Die Ausrottung der Armenier – Methode der Deutschen, Ausführung durch die Türken« die deutsche Verantwortung für das Massaker an den Armeniern. Er erinnert daran, daß Paul Rohrbach selbst – der eindeutig ein Freund der Armenier war – 1913 in einem Vortrag vorgeschlagen hatte, »die Armenier, vor allem die Nordarmenier, umzusetzen. Man sollte sie aus ihren Bergen herausholen und in Kolonien entlang der Bagdad-Bahn ansässig machen. Dorthin sollten auch Muslim-Kolonisten aus dem Kaukasus, aus Bosnien und Mazedonien umgesetzt werden. Damit wäre ein direkter Kontakt der türkischen Bevölkerung Anatoliens mit den muslimischen Tataren Transkaukasiens und damit auch mit jenen an der Wolga hergestellt. Des weiteren würde die deutsche Bahnlinie so reichere, wirtschaftlich produktivere Gebiete durchqueren, was den Aktionären der Bagdad-Bahn nur recht sein könnte. Die Armenier würden auf diese Weise zu Wegbereitern deutschen Einflusses, was zu ihrem Vorteil wie zum Vorteil der Türken und der Deutschen wäre...«[6] Auch Herbert Adams Gibbons stellte fest, daß »die Deutschen, und die Deutschen allein, die Nutznießer der Ausrottung des armenischen Volkes«[7] gewesen seien.

Dies ist ein schrecklicher Vorwurf, der, würde er bewiesen, den politischen Kontext dieses Völkermordes völlig verändern würde. In der Tat läßt sich bei der Durchsicht der *Collection de documents sur le pangermanisme*[8] ein Plan zur gewaltsamen Welteroberung feststellen. Dieser Plan fußt auf dem Glauben an die Vorbestimmung der germanischen Rasse und des deutschen Volkes – einer metaphysischen Prädestination bei Fichte und Hegel, einer anthropo-geographischen und geschichtlichen bei Ratzel und Lamprecht, einer kulturellen bei List, Woltmann, Chamberlain und Reimer. Die Moral dieses Plans liegt im Recht des Stärkeren: »Nach seinen Ursprüngen und seiner allgemeinen Bedeutung ist der Kampf für das Recht ein Kampf für das Recht des Stärkeren.«[9] (L. Woltmann) Da »die Völker nur die Wahl haben, entweder Amboß oder Hammer zu sein« (F. Ratzel), »verschwinden die kleinen Völker (und) werden zwangsläufig von ihren größeren Nachbarn geschluckt« (E. Hasse). Klaus Wagner zog die Schlußfolgerung daraus: »Laßt uns also große Zwangsumsiedlungen niedrigerer Völker vornehmen! Die Nachwelt wird es uns danken.«[10]

Zur Vorbereitung dieses Planes unternahmen die Alldeutschen in den Jahrzehnten vor dem Ersten Weltkrieg einen gewaltigen Propagandafeldzug. In seinen großen Linien sah dieser Plan vor, die Nachbargebiete Deutschlands (d. h. Mitteleuropa) unter deutsche Hegemonie zu bringen, sämtliche Balkanstaaten deutscher Vormundschaft zu unterwerfen und wirtschaftliche Kontrolle über das Osmanische Reich zu gewinnen. »Damit wäre der gewaltige Traum Wilhelms II. erfüllt. Durch Anwendung von Gewalt und Ausübung wirtschaftlicher Macht würde Deutschland die Welt beherrschen.«[11] Was bedeutete nun Anatolien für das

Alldeutschtum? Im gleichen Jahre 1898, da Wilhelm II. sich in Damaskus zum Protektor von dreihundert Millionen Mohammedanern erklärte, forderte man »das Recht Deutschlands auf das Erbe der Türkei«.[12] Im gleichen Jahr rechtfertigte Naumann, der Autor von »Mitteleuropa«, in einer »Asia« betitelten Schrift nicht nur die 1895 an den Armeniern verübten Massaker, sondern definierte auch die Ziele Deutschlands in der Türkei: Das Osmanische Reich sollte durch Zufluß von Kapital, Material und Menschen aus Deutschland dem Zugriff der anderen europäischen Mächte entzogen werden.[13] Indessen schwankten die Alldeutschen zwischen zwei Lösungen: Kolonisierung oder wirtschaftliche Ausbeutung. Die Haltung Rohrbachs, der für eine kulturelle Infiltration durch Deutschland »innerhalb der großen Erneuerungsbewegung, die den Vorderen Orient erfaßt hat«, war, galt der Mehrheit der politischen Theoretiker als zu gemäßigt. Für Otto Richard Tannenberg umfaßte der Vordere Orient »Kleinasien, Armenien, Mesopotamien, Syrien, Palästina und Nordarabien«.[14] Für ihn ging es nicht um »kulturelle Durchdringung«, sondern um die Germanisierung der Türkei unter dem Motto: Berlin–Bagdad (»Die Zukunft unseres Volkes hängt von der Verwirklichung dessen ab, was im Bau der Bahn zwischen Berlin und Bagdad seinen Ausdruck findet.«[15] In der Tat waren die Bahnen durch Syrien und Mesopotamien für Deutschland das einzige Mittel, um die britische Expansion im Vorderen Orient auszugleichen. Im übrigen findet man, wenn man von den Utopien bestimmter Alldeutscher absieht, bei anderen – realistischeren – Autoren in dem Begriff »Berlin–Bagdad« die ganze deutsche Türkei-Politik zusammengefaßt. Es wäre zu billig, den Äußerungen von Vorkämpfern des Pangermanismus zu viel Gewicht beizumessen; ihre Ideen wurden von denen, die in Deutschland herrschten, noch nicht geteilt. Vielmehr ist es nötig, den Pangermanismus in seinem historischen Kontext zu sehen. Im 19. Jahrhundert teilten sich drei imperiale Mächte die Welt: England und Frankreich mit ihren Kolonialreichen und Rußland, das sich über zwei Kontinente erstreckte. Unter dem Joch der napoleonischen Herrschaft mit Fichte entstanden, war der Pangermanismus eine Überlebensdoktrin für ein Deutschland, das sich den übermächtigen Kraftfeldern der drei genannten Nationen ausgesetzt sah und beunruhigt den Aufstieg zweier neuer Wirtschaftsgiganten verfolgte – der Vereinigten Staaten und Japans. Deutschland wollte sich nun seinerseits den größten Anteil des Kuchens sichern und sah nur zwei Wege zur Verwirklichung dieser Absicht: 1. Ausbau Mitteleuropas zu einem unüberwindlichen Bollwerk zwischen Rußland und den Westmächten; 2. wirtschaftliche, wenn nicht gar territoriale Eroberung des Vorderen Orients. Die Ausführung dieses Plans blieb beschränkt auf das wirtschaftliche Vordringen in das Osmanische Reich mit Hilfe der Bahnlinie von

Berlin nach Bagdad (die 1914 unvollendet blieb) und die Entsendung einer Militärmission.

Zweifellos stellte der Pangermanismus eine Bedrohung für das politische Gleichgewicht der Welt dar. Eine Analyse dieser Doktrinen erweist eine neue Metaphysik und Moral, die im Keim das enthalten, was Ch. Adler »den erstaunlichsten Versuch der Unterdrückung (fremder Völker), den die Welt je gesehen hat« nannte. Zu seiner Verwirklichung bedurfte der Pangermanismus eines fruchtbareren Bodens, als ihn die politische Situation des Jahres 1915 bot. Er sollte ihn über die Niederlage von 1918 in einem zerstörten und verstümmelten Land finden, als ein falscher Prophet sich Frustration und Verzweiflung eines ganzen Volkes zunutze machte, um zur Eroberung der Welt anzutreten.

Wer in dem Völkermord von 1915 die Verwirklichung alldeutscher Thesen sieht, geht fehl. Es ist ein anderer Eroberungstraum, der für dieses Verbrechen verantwortlich ist. Er entstand – wie der Pangermanismus, der Panslawismus und der Panislamismus – im 19. Jahrhundert und gleicht diesen Doktrinen in seinen Prinzipien und seinem irrationalen Wesensgehalt; er ist ebenso unheildrohend, aber widersprüchlich in seinen Zielen: der Pantürkismus. Die Bedeutung der nationalistischen Revolution der Jungtürken lag nicht nur darin, daß sie das Überleben des Osmanischen Reiches und seine territoriale Eigenständigkeit sichern sollte; darüber hinaus wollte diese Bewegung unter Berufung auf die Mystik rassischer Identität ein neues, noch größeres Reich schaffen. Diese Mystik hatte Gemeinsamkeiten mit der pangermanischen Mystik, die zu ihren Vorbildern zählte. Allerdings dachten die Mitglieder des *Ittihad* niemals daran, Deutschland oder irgendeinem anderen Staat auch nur einen Quadratmeter ihres Reichsterritoriums abzutreten. Die Umstände des Kriegseintritts der Türkei, ihr erklärter Wille, ihre Angelegenheiten selbst zu regeln und sich von der Vormundschaft der Großmächte zu befreien sowie schließlich die Analyse der deutschen diplomatischen Dokumente lassen nur einen Schluß zu: Die Alleinschuld an der Ausrottung der Türken-Armenier kommt der Regierung der Jungtürken zu.

Ist die Verantwortung der deutschen Regierung also die eines »verständnisvollen Freundes der türkischen Massenmörder«? Die deutsche Regierung hat die Massaker weder provoziert noch organisiert, doch als sie sie hätte verhindern können, duldete sie sie und verharmloste sie vor der öffentlichen Meinung. Der einzige Historiker, der bis jetzt die diplomatischen Archive der Mittelmächte wirklich gründlich studiert hat, Ulrich Trumpener, nuanciert diese Verantwortung: »Entgegen den in neuerer Zeit erhobenen Behauptungen mehrerer Autoren wurde die Verfolgung der Türkisch-Armenier, zu der es während des Krieges kam, von der deutschen Regierung weder veranlaßt noch begrüßt. Ohne Zweifel muß man dennoch andere schwere Vorwürfe gegen sie erheben, ebenso wie gegen die Regierung Österreich-Ungarns. Den Staatsmännern der beiden Mittelmächte und manchen ihrer Vertreter in Konstantinopel muß man in politischer Hinsicht überaus dürftige Urteilskraft, auf moralischer Ebene hingegen mitleidlose Härte vorwerfen. Insgesamt fühlten sie sich einzig und allein dem verpflichtet, was für sie politisch vorteilhaft war oder zu sein schien. Obwohl der Beweis des Gegenteils immer zwingender wurde, akzeptierten sie viel zu lange die falschen Behauptungen der Hohen Pforte, daß deren anti-armenische Politik durch größere Aufstände in den östlichen Provinzen erzwungen sei. Mehr noch: Selbst nachdem es augenscheinlich geworden war, daß die ›Sicherheitsmaßnahmen‹ der osmanischen Regierung – zu denen auch die rücksichtslose Evakuierung ganzer Provinzen gehörte – Teil eines wohlüberlegten Planes der Auflösung und Dezimierung der armenischen Bevölkerung in Kleinasien waren, weigerten sich die Regierungen Deutschlands und Österreich-Ungarns weiter beharrlich, in dieser Angelegenheit energische Schritte zu unternehmen. Zwar waren die führenden Politiker in Berlin und Wien empört über die brutale Politik der Türken und richteten zahlreiche Mahnungen und Proteste an die Hohe Pforte. Andererseits war es für sie zu wichtig, daß sich die Türken weiter am Krieg beteiligten, als daß sie das Risiko hätten eingehen wollen, sich ihren Bundesgenossen durch wirklich drastische Maßnahmen abspenstig zu machen. Nicht verschwiegen werden darf allerdings, daß zahlreiche deutsche und österreichisch-ungarische Diplomaten und Konsularbeamte diese opportunistische Politik mißbilligten. Ihre Bemühungen, den brutalen Aktionen gegen die Armenier Einhalt zu gebieten oder sie zumindest abzumildern, waren weit intensiver, als man bisher annahm.«[16] Dieser Ansicht ist zuzustimmen; sie hält sich eng an die Tatsachen und wird durch die derzeit verfügbaren Dokumente bestätigt. In der Hitze der Auseinandersetzungen jener Zeit fiel es den Ententemächten leicht, die Verantwortung für die Massaker an den Armeniern den Mittelmächten zuzuschieben, die sie hätten verhindern können. Den Armeniern eröffnet sich nur diese grausame Wahrheit: Sie, die eine in der Auseinandersetzung der europäischen Mächte mitentscheidende strategische Schlüsselposition einnahmen, waren nicht in der Lage, sich selbst zu verteidigen oder als eigenständiger Partner eine Koalition einzugehen, was sie in diesem Krieg zum Spielball in der Auseinandersetzung der Mächte werden ließ. Die Türken hatten sie zum Tode verurteilt, und niemand dachte ernsthaft daran, sich der Vollstreckung dieses Urteils zu widersetzen. Deutschland wollte nicht um der Armenier willen seine Allianz mit der Türkei gefährden. Es wollte mit diesem Verbrechen nichts zu tun haben und sich die Hände in Unschuld waschen. Auch die Ententestaaten dachten nur an ihre eigenen Interessen, ohne die Rechte der in Kleinasien direkt Betroffenen in Rechnung zu stellen. Sechzig Jahre nach den Ereignissen erlauben die grundlegenden politischen Umwälzungen der Zwischenzeit eine nüchterne Betrachtung der Dinge. Sie muß zu einem anderen Ergebnis kommen als dem »deutsche Methode – türkische Ausführung« René Pinons. Dieser Völkermord war das Werk eines zynischen Pragmatismus, der sich skrupellos einer lästigen Minderheit entledigte, als der Augenblick dafür günstig war. Er wurde von der Türkei begangen und sollte einzig und allein türkischem Vorteil dienen.

Die Diplomatie der Türkei und die Armenierfrage
(1915–1916)

Am 24. April 1915 rief Wangenheim Talât an, um sich nach den Gründen für die Verhaftungswelle in Konstantinopel zu erkundigen. Er wurde mit einem leitenden Herrn des Ministeriums verbunden, der ihm vertraulich eröffnete, es handle sich um Repressionsmaßnahmen, die gegen die Revolte von Van gerichtet seien. Als Wangenheim besorgt dem Wunsch Ausdruck gab, es dürfe nichts geschehen, was wie ein »Massaker an Christen« aussehen könnte, erhielt er zur Antwort, daß »Auswüchse« nicht mit Sicherheit zu verhindern seien.[17] Wenig später erreichten Konsularberichte die Botschaft, die durchweg von der Befürchtung eines allgemeinen Massakers sprachen. Wangenheim beschränkte sich darauf, den deutschen Vizekonsul in Erzurum, Max Erwin Scheubner-Richter, zu ermächtigen, gegen »Massaker« und andere Übergriffe Einwendungen zu erheben, die sich eventuell in diesem Gebiet ereignen würden, wobei er jedoch den Eindruck vermeiden sollte, als wolle er die Armenier schützen.[18] Von diesem Zeitpunkt an bestand für die deutsche Botschaft in Konstantinopel kein Zweifel mehr an den verbrecherischen Absichten der türkischen Regierung. Sie übernahm eine Vermittlerrolle zwischen den empörten Konsuln, deren Elan sie bremsen mußte, und der Hohen Pforte, die sich gegen jede ausländische Einmischung verwahrte. Nach dem 24. April bat Botschafter Morgenthau Wangenheim und Pallavicini[19], bei den Jungtürken zu intervenieren. Die beiden lehnten ab. Pallavicini begnügte sich damit, Talât darauf hinzuweisen, welche nachteiligen Auswirkungen auf die allgemeine Situation »ein unmenschliches Verhalten« der Türkei gegenüber den Christen hätte. Talât bedankte sich und versicherte ihm, nur Schuldige seien zur Rechenschaft gezogen worden[20]. Um Mitte Mai wurde immer deutlicher, daß das türkische Deportationsprogramm von unentschuldbaren Übergriffen begleitet wurde. Am 18. Mai ersuchte Scheubner-Richter, der in der Region Erzurum täglich mit den schrecklichen Vorfällen konfrontiert war, um die Genehmigung, beim

türkischen Militärkommandanten Vorstellungen zu erheben.[21] Wangenheim war einverstanden, wandte sich aber ebensowenig wie Pallavicini
selbst an die Hohe Pforte.

Die Kunde von den Ereignissen verbreitete sich jedoch rasch. Am 24.
Mai klagten die Entente-Staaten die Osmanische Regierung an:

»Die Regierungen Frankreichs, Großbritanniens und Rußlands haben
gemeinsam beschlossen, folgende Erklärung abzugeben:

Im Einvernehmen mit den Vertretern der türkischen Regierung und oft
mit ihrer Hilfe betreibt die türkische und kurdische Bevölkerung seit
einem Monat einen Ausrottungsfeldzug gegen die Armenier. Im einzelnen haben gegen Mitte April Massaker stattgefunden in Erzurum, Ter-
can, Bitlis, Muş, Sason, Zeytun und in ganz Kilikien.

In der Umgebung von Van ist die Einwohnerschaft von mehr als
hundert Dörfern Massenmorden zum Opfer gefallen. In gleicher Weise
verfolgt die türkische Regierung die in der Hauptstadt ansässigen Armenier, ohne daß diese ihnen dazu Anlaß gegeben hätten. Angesichts dieses
neuerlichen, von den Türken begangenen Verbrechens gegen die Menschlichkeit erklären die Entente-Mächte der Hohen Pforte öffentlich, daß sie
die Mitglieder der Regierung sowie alle, die sich an diesen Massakern
beteiligen, persönlich zur Verantwortung ziehen werden.«[22]

Sir Edward Grey hatte diese von Sazonow abgefaßte Erklärung nur
widerwillig unterschrieben. Was Delcassé angeht, so hatte er verlangt,
daß die ursprüngliche Formulierung »Verbrechen gegen das Christentum
und die Zivilisation« durch »Verbrechen gegen die Menschlichkeit und
die Zivilisation« ersetzt werde, um die Muslims in den französischen
Kolonien nicht zu verärgern.[23] Am 26. Mai indessen unterrichtete Talât
den Großwesir offiziell von den ergriffenen Maßnahmen: »Im Frontgebiet
lebende Armenier haben die osmanische Armee, die mit der Verteidigung
der Grenze gegen die Feinde des Landes betraut ist, behindert; sie haben
Truppenbewegungen und Nachschub gestört; sie haben mit dem Feind
gemeinsame Sache gemacht; vor allem haben sie im Landesinneren Teile
der osmanischen Streitkräfte angegriffen sowie osmanische Städte und
Dörfer überfallen und dort geplündert und gemordet. Sie haben es
gewagt, der feindlichen Flotte Verpflegung zukommen zu lassen und ihr
die Lage unserer Befestigungen zu verraten. Da es nötig ist, daß aufrührerische Elemente dieser Art aus der Militärzone entfernt und die Dörfer,
die diesen Rebellen als Zuflucht dienen, evakuiert werden, mußten
gewisse Maßnahmen ergriffen werden...«[24] (Es folgt die Liste der zu
evakuierenden *vilayets* und der Deportationsorte.) Dies ist das erste
offizielle Dokument, das von den türkischen Historikern anerkannt wird.
Allem Anschein nach begann Talât ohne formelle Genehmigung des
Ministerrates mit den Deportationen; beunruhigt über die Reaktion des

Auslandes auf sein Vorgehen entschloß er sich dann offenbar, das Kabinett vor vollendete Tatsachen zu stellen und offizielle Billigung von ihm zu verlangen. Die Regierung entzog sich diesem Ansinnen nicht: Am 27. Mai wurden die Militärbehörden durch ein Dekret ermächtigt, mit des Verrates oder der Spionage verdächtigen Zivilisten nach Gutdünken zu verfahren und die gesamte Einwohnerschaft suspekter Städte und Dörfer zu deportieren.[25] Am 30. Mai veröffentlichte die Regierung einen allgemeinen Deportationserlaß, der noch den Anschein der Menschlichkeit wahren sollte; er sah Maßnahmen zum Schutz von Personen und Gütern sowie die Schaffung besonderer Komitees, die diesen Schutz garantieren sollten, vor.[26] Am 31. Mai wurde Wangenheim von Enver davon in Kenntnis gesetzt, daß er das antirevolutionäre Programm durch verschiedene Anordnungen ergänzen wolle: Schließung armenischer Schulen, Verbot der armenischen Presse, Verbot des Postverkehrs für Armenier, Überführung »verdächtiger Familien« aus den Zentren des Aufstandes nach Mesopotamien. Wangenheim übermittelte diese Entscheidungen der Wilhelmstraße und schlug vor, sie zu akzeptieren.[27] Am 4. Juni wies die türkische Regierung der deutschen Regierung gegenüber die Vorwürfe der Entente-Staaten zurück: Die Präventivmaßnahmen seien nur gegen Aufständische gerichtet. Die Deportationen aus dem Kampfgebiet ergäben sich aus Notwendigkeiten der Landesverteidigung. Die Hohe Pforte fügte hinzu, die Verantwortung für die Ereignisse treffe die Entente-Staaten, welche die Aufstandsbewegung organisiert und geleitet hätten.[28]

Deutschland konnte freilich nicht mehr länger eine Vogel-Strauß-Politik betreiben. Wangenheim erhielt ständig neue, alarmierende Berichte und mußte am 17. Juni Reichskanzler Bethmann-Hollweg eingestehen, daß die Massendeportationen aus den Ostprovinzen nicht nur militärische Gründe hatten und daß Talât kurz zuvor in einem Gespräch mit einem Beamten der Botschaft zugegeben hatte, die Hohe Pforte beabsichtige, sich die Kriegssituation zunutze zu machen, um die ganze armenische Bevölkerung ausrotten zu können, ohne dabei von der europäischen Diplomatie gestört zu werden.[29]

Trotz dieser doch sehr bedeutungsvollen Informationen beschränkte sich Wangenheim darauf, die Konsuln zu Protesten bei Provinzbehörden zu ermächtigen. Außerdem stimmte er der Reise Pastor Lepsius' zu. Lepsius erlangte, da er Einsicht in die Depeschen der Wilhelmstraße nehmen konnte, Kenntnis von Envers Programm und erhielt nach einigem Zögern die Erlaubnis, in Konstantinopel selbst Nachforschungen anzustellen.

Am 26. Juni führte der deutsche Botschafter mit dem Patriarchen Mgr. Terzian, dem *locum tenens* Mgr. Sayegh und Mgr. Jean Naslian eine Unterredung, bei der Wangenheim einräumte, daß die Deportation Züge eines Massakers annehme. Er bedauerte jedoch, sich nicht offiziell in diese »innere Angelegenheit der Türkei« einmischen zu können, da er fürchte, eine derartige Intervention könne sich gegen die Armenier selbst und auch gegen Deutschland richten, dem die Türkei möglicherweise mitten im Kriege die Allianz aufkündigen würde.[30] Allerdings betonte er nach dieser Unterredung Reichskanzler Bethmann-Hollweg gegenüber seine Überzeugung, daß es sich um eine systematische Ausrottung der Armenier handle und daß Deutschland sein Mißfallen zum Ausdruck bringen müsse.[31]

Am 1. Juli machte Pallavicini Talât darauf aufmerksam, daß das Deportationsprogramm einen sehr ungünstigen Eindruck hinterlasse. Wangenheim ging am 4. Juli in einem dem Großwesir unterbreiteten Memorandum noch weiter: Ohne die den Repressionsmaßnahmen zugrunde liegenden militärischen Gründe zu verkennen, könne er die Gewaltakte nicht übersehen, die sie begleiteten. Er forderte, daß unverzüglich »den Provinzbehörden formelle Befehle erteilt werden, die diese veranlassen, Maßnahmen zu ergreifen, die den Schutz von Leben und Besitz der Armenier während des Transportes und an ihren neuen Wohnorten sicherstellen«. Gleichzeitig bat er die Regierung, die wirtschaftlichen Interessen Deutschlands und die Belange der deutschen Wohltätigkeitseinrichtungen in den Provinzen zu berücksichtigen.[32] Am 12. Juli forderte er Maßnahmen gegen den *vali* von Diyarbakir, Reşid. Seine Depesche vom 16. Juli kennzeichnet die Politik der Wilhelmstraße. Wangenheim räumt darin ein, daß er keine Möglichkeit der Einwirkung auf die Türken habe, merkt aber an, daß nach dem Kriege seine Berichte dazu dienen könnten, darzulegen, daß das Reich »die Übergriffe der Türken stets feierlich verurteilt«[33] habe. Von Ende Juli an arbeitet man in der Wilhelmstraße, wo man dem Schicksal der Armenier immer noch gleichgültig gegenübersteht, an einer Dokumentation, die die Vorwürfe der Ententemächte und bestimmter neutraler Staaten widerlegen soll. Diese Dokumentation bemüht sich – allerdings vergeblich –, Beweise für die Existenz einer großen (von der Entente inspirierten) Untergrundbewegung bei den Türkisch-Armeniern aufzuzeigen.

Vom Beginn der Massaker an hatte sich der Botschafter der Vereinigten Staaten Morgenthau persönlich bei Talât und Enver verwendet, um, wenn schon nicht die Einstellung dieser Massaker, so doch wenigstens mildere Repressionsmaßnahmen zu erreichen. In seinem Buch berichtet er – allerdings ohne genaue Datumsangabe – von seinen zahlreichen Unterredungen mit den beiden Ministern, von denen keiner den Versuch machte, seine Verantwortung für die Geschehnisse abzuleugnen. Während ihm Talât als der leidenschaftlichere Anstifter der Massaker erschien, gestand Enver ihm ein, daß man eine einmalig günstige Gelegenheit sehe, sich der Armenier zu entledigen, und entschlossen sei, sie zu nützen. Morgenthaus Demarchen bei Said Halim oder selbst bei Halil oder Cemal war ebensowenig Erfolg beschieden: Das Thema irritierte die Jungtürken, die entschlossen waren, die Haltung ihrer Regierung um jeden Preis zu verteidigen und jede von außen kommende Hilfe für die Armenier zurückwiesen.[34] Morgenthau warf auch Wangenheim vor, er habe sich mehrere Male geweigert, offiziell bei der Hohen Pforte zu intervenieren. Allerdings war das Verhältnis zwischen den beiden Botschaftern so schlecht, daß man Morgenthaus Erklärungen nicht unbedingt für aufrichtig und objektiv halten kann. Die Haltung der deutschen Diplomaten und Journalisten war widersprüchlich. Anfänglich leugnete Graf Bernstorff, der Botschafter in Washington, schlicht und einfach die Existenz der Massaker; dann jedoch unterbreitete er dem amerikanischen Außenminister Bryan einen Bericht des deutschen Generalkonsuls in Trapezunt, der diese Massaker mit armenischem Verrat zugunsten der Russen rechtfertigte.[35] Am 6. Juni verbreitete eine deutsche Nachrichtenagentur eine türkische Erklärung: Es hat niemals Massaker gegeben, da die Armenier die öffentliche Ordnung nicht gestört haben.[36] Paul Weitz, seit 30 Jahren Korrespondent der »Frankfurter Zeitung« und Ratgeber Wangenheims in Konstantinopel, war der Ansicht, Deutschland begehe einen schweren Fehler, wenn es in der Armenierfrage nicht Schritte unternehme. Der Botschaftsrat Neurath teilte diese Ansicht. Der Marineattaché Humann jedoch räsonierte als überzeugter Alldeutscher: »Die schwächste Nation muß untergehen« und unterstützte offen die türkische Haltung.[37] Am 20. Juli löste Prinz Hohenlohe, dessen Gegnerschaft zur türkischen Armenierpolitik bekannt war, Wangenheim als Botschafter ab. Vier Tage später traf am Ende einer Rundreise, die ihn in die Schweiz, nach Bukarest und Sofia – wo er mit Armeniern zusammengetroffen war – geführt hatte, Lepsius in Konstantinopel ein. Erst am 11. August fand sich Enver bereit, ihn zu empfangen. Der Minister wies jedes Hilfsprogramm für die Deportierten zurück und bestätigte von neuem seine Entschlossenheit, mit den Deportationen fortzufahren. Er fügte hinzu, sämtliche Mitglieder der Regierung seien sich einig, »jetzt mit den Armeniern Schluß zu machen«.[38] Dem Pastor blieb nichts anderes übrig, als an Ort und Stelle einige Dokumente zusammenzustellen und nach Deutschland zurückzukehren, um die Öffentlichkeit zu alarmieren. Am 11. August ergriff Hohenlohe ohne Auftrag seiner Regierung die Initiative, richtete eine Protestnote gegen »diese Greuel« an die Hohe Pforte und lehnte »jede Verantwortung für die möglicherweise daraus entstehenden Konsequenzen«[39] ab. Zimmermann[40] bremste ihn – wie auch Rössler, den Konsul in Aleppo, der energische Maßnahmen gegen die Türken forderte. Er weigerte sich, Druck auf den türkischen Botschafter in Berlin auszuüben und eine Pressekampagne in die Wege zu leiten. Allerdings nahm er eine Haltung »kontrollierter Diplomatie« ein, da er nichts tat, um Lepsius zum Schweigen zu bringen, der kirchliche Kreise und die Presse zu alarmieren versuchte. Zimmermann machte kein Geheimnis daraus, daß »ein Bruch mit der Türkei aufgrund der armenischen Frage nicht für opportun erachtet wird. Gewiß ist es bedauerlich, daß dieses *unschuldige Volk* unter den türkischen Maßnahmen zu leiden hat. Jedoch sind uns die Armenier weniger nahe als unsere eigenen Söhne und Brüder, deren opfervoller Kampf in Frankreich und Rußland indirekt durch die militärische Hilfe der Türkei unterstützt wird.«[41]

Im Oktober hielt Lepsius in Berlin eine Versammlung ab. Er warf der deutschen Regierung vor, durch ihr Schweigen ihren wirtschaftlichen und kulturellen Einfluß in der Türkei und ihren moralischen Kredit im Ausland zu zerstören. Diese Versammlung eröffnete die Debatte in der deutschen Presse, vor allem bei den Sozialisten: Zum Teil fand Lepsius Zustimmung, zum Teil erachtete man seine Argumente als wenig überzeugend. Die Wilhelmstraße nahm Anstoß: In einer Pressekonferenz warf ein Sprecher des Ministeriums den Armeniern vor, Agenten der Entente zu sein und klagte darüber, daß die deutsche Presse sie mitten im Kriege unterstütze. Privat freilich schrieb Zimmermann an Wangenheim – der seinen Posten in der Türkei wieder eingenommen hatte – eine öffentliche Erklärung der Hohen Pforte, die feststelle, die deutschen Diplomaten in der Türkei seien stets für die Armenier eingetreten, sei dringend erforderlich.[42] Selbstverständlich lehnten die Türken eine solche Erklärung ab. Zimmermann versuchte, von Morgenthau ein *affidavit* zu erhalten, dem sich Morgenthau jedoch entzog.[43] In Deutschland erregte die Armenierfrage mehr und mehr Aufmerksamkeit. Am 15. Oktober verlangten protestantische Kreise in einer an Bethmann-Hollweg gerichteten Bittschrift sofortige Schritte der Regierung. Zwei Wochen später erließen der Prälat Werthmann und zwei Zentrumsabgeordnete, Mathias Erzberger und Karl Bachem, im Namen der deutschen Katholiken einen Aufruf. Bethmann-Hollweg antwortete am 12. November, er werde alles in seiner Macht Stehende tun, um das Problem seiner Lösung zuzuführen. Er beauftragte Neurath, den Geschäftsträger der deutschen Botschaft in Konstantinopel[44], sich bei der Hohen Pforte nachdrücklich für die Armenier einzusetzen. Diese Order war überflüssig, da Neurath die türkische Regierung ohnehin mit diplomatisch kaum verhüllten Warnungen und Drohungen bombardierte.[45] Als der neue Botschafter, Graf Wolff-Metternich, mit präzisen Weisungen des Staatssekretärs von Jagow seinen Posten antrat[46], ließ er die türkische Regierung unmißverständlich wissen, daß er ihr Verhalten mißbilligte: In den Berichten der Konsuln war von Gerüchten die Rede, denen zufolge die türkische Bevölkerung in zunehmendem Maße der Ansicht war, daß die Deutschen die Massaker deckten. Von Jagow beauftragte den Botschafter, seine Bemühungen noch zu intensivieren. Wolff-Metternich schlug ihm vor, in Deutschland eine Pressekampagne gegen die Armenierverfolgung auszulösen und so seinen Vorstellungen bei der Hohen Pforte noch mehr Nachdruck zu verleihen. Diese Kampagne würde gewiß zu Spannungen zwischen den beiden Staaten führen, doch schätzte der Botschafter die Gefahr, daß die Türkei einen Separatfrieden abschließen könnte, gering ein, da die Ententemächte, vor allem England, sich weigern würden, mit der augenblicklichen osmanischen Regierung zu verhandeln.[47]

Bei einem Gespräch mit Said Halim am 9. Dezember hatte Wolff-Metternich den Eindruck, daß der Großwesir die Massaker mißbilligte, aber nichts dagegen tun konnte, und daß Cemal, der Greuel müde, seinen Einfluß beim Zentralkomitee verwendete, um ihnen ein Ende zu setzen.[48] Am 18. Dezember wandte sich der Botschafter an Talât, der eben von einer Inspektionsreise durch die Provinzen zurückgekehrt war. Der Minister gab zu, daß Unschuldige Opfer der »Sicherheitsmaßnahmen« geworden waren, doch sei das Programm nunmehr beendet; im übrigen sei alles Nötige zum Schutz der Deportierten veranlaßt worden. Darüber hinaus teilte ihm Talât mit, geeignete Stellen hätten Order erhalten, öffentlich zu erklären, daß die deutsche Regierung nichts mit diesem Programm zu tun habe und die Hohe Pforte die uneingeschränkte Verantwortung dafür übernehme.[49] Am 17. Dezember erhielt der deutsche Botschafter von der türkischen Regierung die erste offizielle Note, die das Armenierproblem zum Inhalt hatte. Die Hohe Pforte erklärte darin, daß es sich um eine innere Angelegenheit handle, die ausländische Diplomaten nicht betreffe. Die unternommenen Schritte seien von Anfang an von militärischen Gründen diktiert gewesen und stellten ein legitimes Verteidigungsmittel gegen eine aufrührerische Erhebung dar. Die deutschen Vorhaltungen in dieser Frage seien unannehmbar, um so mehr, als die wirtschaftlichen Aspekte des Problems durch das Gesetz vom 27. Mai 1915 geregelt worden seien.[50] Diese Antwort bedeutete das Ende der direkten deutschen Interventionen; im Laufe der folgenden Monate gab es aus Berlin nur vereinzelte, vorsichtige Reaktionen.

Indem sie eine derart starre Haltung einnahmen und jedes offizielle Zeichen guten Willens verweigerten, spielten die Türken ein riskantes Spiel. Gegen Ende des Jahres 1915 war ihre Lage ziemlich prekär geworden: Die Offensive der Ententemächte an den Dardanellen und an der Kaukasusfront ging weiter; der Krieg und die Ausrottung der Armenier hatten die Wirtschaftskraft des Osmanischen Reiches nachhaltig geschwächt: Die türkischen Häfen waren blockiert, der Eingang von Steuern und vor allem Zöllen zum Teil drastisch verringert, Felder blieben unbestellt, Handelsbeziehungen hatten gelitten. Der Bankrott drohte. Die Jungtürken fürchteten eine Revolution, falls sie Frieden schlossen. Die Umsiedlung der Armenier war fast beendet; nur noch einige hunderttausende Deportierte waren verblieben. Das Jahr 1916 jedoch gab den Jungtürken eine neue Frist. Am 5. Oktober 1915 war Bulgarien in den Krieg eingetreten[51]. Deutschland konnte nun der Türkei Nachschub und Verstärkungen zukommen lassen. Am 17. Januar langte der erste Balkanexpreß in Konstantinopel an. Um die gleiche Zeit zogen sich die Engländer und Franzosen von den Dardanellen zurück. Das Martyrium der Deportierten ging weiter, und Wolff-Metternich fuhr fort, formale Proteste einzulegen. Im März 1916 erhielt Deutschland immerhin eine offizielle Anerkenntnis der Hohen Pforte: Die Armenierverfolgung ging nicht auf einen deutschen Vorschlag zurück. Die Deutschen hatten nichts damit zu tun. Die türkische Regierung betonte, daß sie in dieser inneren Angelegenheit keine ausländische Einmischung dulde, weder von ihren Freunden noch von ihren Feinden. In diesem Text[52] definierte der *Ittihad* das, was, abgesehen von dem kurzen Zwischenzeitraum 1919–1921, die offizielle These aller türkischen Regierungen blieb.

In Deutschland wie in Österreich-Ungarn bemühte man sich in immer stärkerem Maße, den Armeniern zu Hilfe zu kommen. Genannt seien: Die parlamentarische Anfrage Liebknechts am 11. Januar; das an die Wilhelmstraße gerichtete Memorandum Erzbergers, der in Konstantinopel gewesen war, vom 3. März; die Bittschriften der Erzbischöfe von Prag und Wien sowie des Primas von Ungarn an den Ballhausplatz; das vom Schweizer Hilfswerk und der deutschen Mission der Wilhelmstraße unterbreitete Hilfsprogramm für die Deportierten, das von der Hohen Pforte abgelehnt wurde[53], die Intervention der deutschen Obersten Heeresleitung (OHL), in der sie die Deportation der in den unvollendeten Tunnels im Taurus und Amanus beschäftigten armenischen Arbeiter mißbilligte[54]; das Erscheinen des von Lepsius verfaßten Geheimberichtes im Sommer 1916 (20000 Exemplare wurden verteilt, doch mußte die deutsche Zensur nach einer offiziellen Intervention des türkischen Botschafters in Berlin den Druck und die Verbreitung des Berichtes verbieten); der Protestbrief der Großherzogin Luise von Baden an Bethmann-Hollweg, der ihr am 9. September antwortete, daß eine offizielle Stellungnahme die Türken nur zu weiteren Verfolgungen veranlassen würde.[55] Das gleiche Argument brachte der turkophile Journalist Ernst Jäckh in einem Gespräch mit Paul Rohrbach und zwei Vertretern der Deutsch-Armenischen Gesellschaft: auf diese Weise würde nur noch mehr Schaden angerichtet. Am 29. September faßte von Jagow die deutsche Position vor dem Reichstag zusammen: »Wenngleich wir in humanitärer Hinsicht das Schicksal der Armenier beklagen, sind uns unsere Söhne und Brüder doch näher als die Armenier. Sie vergießen ihr kostbares Blut in furchtbaren Schlachten, und ihre Sicherheit hängt von der türkischen Hilfe ab. Die Türken erweisen uns einen großen Dienst, indem sie die Flanken unserer Armee schützen. Sie, meine Herrn, werden mir zugestehen, daß wir unsere Allianz nicht aufgrund der Armenierfrage auflösen konnten.«[56]

Am 10. August 1916 setzte die osmanische Regierung die armenische Verfassung von 1863 außer Kraft. Im übrigen wurden alle Bindungen des Katholikos von Etschmiadzin an das türkisch-armenische Patriarchat aufgehoben. Die Patriarchate von Konstantinopel und Jerusalem wurden aufgelöst, Mgr. Zaven, der Patriarch von Konstantinopel, verhaftet. Der Patriarch von Sis wurde zum alleinigen Katholikos der Türkisch-Armenier erklärt und sein Sitz von Konstantinopel nach Jerusalem verlegt. Die Katholikosate von Sis und Ağtamar wurden aufgehoben.[57]

Am 1. Januar 1917 setzte die osmanische Regierung den Schlußpunkt in der Armenierfrage: Sie kündigte den Berliner Vertrag und seinen Artikel 61, der ohnehin keinerlei Bedeutung mehr hatte, da das armenische Volk nicht mehr existierte.[58]

Am 4. Februar 1917 wurde Talât Großwesir. In seiner Parlamentsrede vom 15. Februar behauptete er, die Regierung habe die Absicht, jedem Osmanli alle seine verfassungsmäßigen Rechte einzuräumen. Am 24. Februar konnte er dem neuen deutschen Botschafter von Kühlmann erklären, er habe die armenischen Kirchenführer davon unterrichtet, daß die aus Sicherheitsgründen im Lauf der beiden vorhergehenden Jahre gegen die Armenier ergriffenen Maßnahmen aufgehoben werden würden. Er versäumte, hinzuzufügen: Weil es keine Armenier mehr gibt. Ein Volk war ausgerottet worden. Deutschland hatte es nicht verhindert.

Freilich, hätte energischerer Einsatz der deutschen Regierung bis hin zur Androhung bewaffneten Eingreifens das Morden beenden können? Tatsache ist, daß sich der *Ittihad* in der ganzen Affäre von ungewöhnlicher Starrsinnigkeit zeigte und darüber seine unmittelbaren politischen Interessen so weit aus den Augen verloren hatte, daß er möglicherweise bis zum Bruch der Allianz mit Deutschland gegangen wäre.

Die Verantwortung der Ententemächte

Deutschland trifft Mitverantwortung, weil es das Vorgehen der Türkei hinnahm. Die Ententemächte jedoch, die die Türkisch-Armenier nicht als ihre Bundesgenossen zu betrachten brauchten, weil sie – entgegen den Anschuldigungen der Türken – nichts für sie getan hatten, verhielten sich, als sei auch ihnen der Untergang dieses Volkes durchaus nicht unwillkommen und begnügten sich damit, am 24. Mai 1915 ihre Mißbilligung dieses

Verbrechens zum Ausdruck zu bringen.[59] Die vollendete Tatsache eines Armeniens ohne Armenier hatten sie jedoch bereits akzeptiert. Die armenische Frage war eine politische Frage; das Verbrechen der einen diente in dem Maße, wie es die Position der Figuren auf dem Schachbrett veränderte, den Interessen aller – vor allem denjenigen Rußlands, das befürchtet hatte, der Krieg würde dem armenischen Nationalgefühl Auftrieb verleihen und möglicherweise zur Bildung eines neuen Pufferstaats an seiner Südwestgrenze unter Verlust russischen Territoriums führen.

Die Verhandlungen zwischen den Ententestaaten über die Aufteilung des Osmanischen Reiches begannen im März 1915, also ehe der Ausrottungsplan ins Werk gesetzt wurde. Die Chronologie der Ereignisse ist hier von größter Bedeutung. Im März 1915 eröffnete Sazanow den Botschaftern Englands und Frankreichs Buchanan und Paléologue, Rußland beabsichtige nach dem Kriege nicht nur, sich freie Durchfahrt durch die Dardanellen zu sichern, sondern die Dardanellen selbst. Zum Ausgleich versprach es seinen Alliierten, ihre Ansprüche auf andere Teile des Osmanischen Reiches zu unterstützen und sicherte ihnen zu, ihnen in Konstantinopel und an den Dardanellen besondere wirtschaftliche Vorteile einzuräumen.[60] Die einzelnen Staaten nannten nun ihre Vorstellungen bezüglich ihrer Einfluß- und Interessengebiete. England verlangte unter anderem die Errichtung eines unabhängigen, aus Arabien und den Heiligen Stätten des Islams bestehenden Muslim-Staates; Frankreich wollte Syrien, den Golf von Alexandrette und Kilikien bis zum Taurus annektieren. Sogar auf den Berliner Vertrag wurde Bezug genommen: Man hatte Bedenken, die zukünftige – auf Zentralanatolien reduzierte – Türkei jeglichen Zugangs zum Mittelmeer zu berauben, und Frankreich mußte seine Gebietsansprüche mit größter Präzision definieren. Von der ersten Note Sazonows vom 4. März bis zur Unterzeichnung des Vertrages am 10. April gab es 37 Verhandlungstage. In diesem Übereinkommen – genannt Vertrag über Konstantinopel und die Dardanellen – erkannten England und Frankreich das Recht Rußlands auf die Dardanellen unter Wahrung ihrer eigenen wirtschaftlichen Interessen an. England übernahm die Schutzherrschaft über die Straße nach Indien, während Frankreich mit Syrien einen Teil des von Armeniern bewohnten Territoriums in Anspruch nahm, und dies genau zu dem Zeitpunkt – am 10. April –, da die Deportationsmaßnahmen im Taurus-Gebirge begannen.[61] Die Russen sahen in den östlichen *vilayets* keine Autonomie der Armenier vor.[62] Die Gegenwart der Franzosen in Kilikien freilich beunruhigte sie. In subtiler Heuchelei entsandte Sazanow am 17. April einen Russisch-Armenier, Dr. Zavriev, der sich in Paris und London für die nationale Eigenständigkeit der Armenier einsetzen sollte. Der Plan, den Zavriev seinen Gesprächspartnern unterbreitete, sah ein nominell unter türkische Herrschaft gestelltes, autonomes Armenien vor, das die sechs östlichen *vilayets* umfassen und sich durch Kilikien – mit Alexandrette als Hafenstadt – bis zum Mittelmeer erstrecken sollte. Den Botschafter Izwolski, der ihm aus Paris telegrafisch von seiner Beunruhigung Kenntnis gab, beschied er allerdings: »Die Gespräche mit den Armeniern sind von rein akademischem Charakter.«[63]

In der zweiten Hälfte des Jahres 1915 hatte Rußland Schwierigkeiten an seinen Fronten in Polen und der Bukowina; an der Kaukasusfront mußte sich die russische Armee im Juli nach der Räumung von Van bis hinter die Grenze zurückziehen, ging aber dann wieder in die Offensive. Im August wurde Van zurückerobert. Im Oktober stabilisierte sich die Front im Süden des Van-Sees; die Russen erreichten Vostan, während im Norden die 1. armenische Legion bei Ardjech in Kämpfe mit den Kurden verwickelt wurde.[64]

Im Oktober löste der Zar den Großherzog Nikolaus Romanow als obersten Heerführer ab und ernannte ihn zum Vizekönig des Kaukasus.[65] Damit brach er mit der Versöhnungspolitik seines Vorgängers und nahm in der Minoritätenfrage eine starr nationalistische Haltung des Großrussentums ein. Im Dezember befahl der oberste Kommandant der Kaukasus-Armee dem armenischen Nationalbüro, die Legionen aufzulösen und sie in die reguläre Armee einzugliedern.[66] Dieser Befehl konnte erst im März ausgeführt werden, da im Januar 1916 der Großherzog eine Offensive gegen die Türken anordnete. Zwei russische Heere griffen an: Das eine marschierte im Norden nach Erzurum, das am 15. Februar eingenommen wurde. Die III. türkische Armee verlor in einem Monat 60 000 Mann und büßte zwei Drittel ihrer Kampfkraft ein. Ihr Kommandeur, Mahmud Kiamil, leitete einen überstürzten Rückzug auf Erzincan ein. Das andere russische Heer umging, unterstützt von armenischen Legionen, im Norden den Van-See, rückte auf Bitlis vor, das am 3. März eingenommen wurde, und besetzte das Muş-Tal. Die Eroberung von Erzurum und Bitlis beraubte die Türken der Operationsbasis für Aktionen in Transkaukasien und eröffnete den Russen die Straßen nach Sivas, Harput und Diyarbakir. Im März erstreckten sich die russischen Linien von dem Gebiet östlich Rize (am Schwarzen Meer) über Erzurum, Muş und das Südufer des Van-Sees bis nach Nordpersien. General Mehmed Vehib Pascha löste Mahmud Kiamil als Kommandant der II. Armee in die Zone Malatya–Diyarbakir–Harput, von wo aus er eine Gegenoffensive vorbereitete. Diese Armee wurde dem Kommando von Ahmed Izzet Pascha unterstellt, der an der Verteidigung der Dardanellen teilgenommen hatte. Aber Enver beging den gleichen logistischen Fehler wie in Sarıkamış: In einem Gebiet, das durch Deportation und Vernichtung der Armenier wirtschaftlich ruiniert war, vernachlässigte er seine Nachhut.

Der russische Kommandant Judenitsch ergriff die Initiative und rückte im Norden auf Trapezunt vor, das er am 18. April einnahm. Dadurch wurde es den Russen möglich, ihre Truppen direkt vom Meer aus zu versorgen. Vehib Pascha konnte nun das russische Vorrücken auf Erzincan nicht mehr aufhalten. Die Stadt fiel am 24. Juli; die russische Armee kontrollierte damit die strategisch wichtige Route Erzincan–Sivas. Diese türkische Niederlage zögerte den Angriff Izzet Paschas im Süden hinaus; Izzets Vormarsch kam im August auf einer Linie Kiği–Muş zum Stehen. Vor Anbruch des Winters 1916–1917 gruben sich die beiden Armeen dann in ihren Positionen ein.[67]

Diese russischen Erfolge an der Kaukasus-Front veranlaßten die Regierungen Englands und Frankreichs, ihre Absichten bezüglich Kleinasiens zu präzisieren. 1924 gaben sowjetische Stellen bekannt, daß Zavriev Ende Dezember 1915 Kontakt mit Cemal Pascha hatte herstellen können. Cemal erbot sich, mit Hilfe der Ententestaaten die Macht in Konstantinopel an sich zu reißen und die Armenier zu retten. Dafür wollte er die Selbständigkeit Syriens und Palästinas, Mesopotamiens, Arabiens, Armenisch-Kilikiens und Kurdistans garantieren. Freilich waren auch andere Verhandlungen im Gang (vor allem die zwischen England und den Arabern); überdies stand Aristide Briand den Vorschlägen Cemals ablehnend gegenüber; die Sache gedieh nicht weiter.[68] Am 1. Februar 1916 begab sich Sir Mark Sykes, ein Nahostexperte des Foreign Office, nach Paris, um mit Georges Picot, dem früheren französischen Generalkonsul in Beirut, Gespräche über die Vorstellungen Englands und Frankreichs bezüglich des weiteren Schicksals des Osmanischen Reiches zu führen. Nach mehrwöchigen Verhandlungen grenzten die beiden Diplomaten schließlich zwei Interessengebiete ab: Die »weiße Zone«, das französische Interessengebiet, umfaßte Kilikien, den Golf von Alexandrette, Libanon und Gebiete entlang des Taurus bis zur persischen Grenze; die »rote«, d. h. englische Zone, umschloß sämtliche osmanischen Besitzungen südlich der »weißen Zone«, vor allem die arabischen Regionen, für die England sich das Recht vorbehielt, unabhängige arabische Staaten unter seiner Kontrolle zu errichten.[69] Nach dem Zustandekommen dieser Übereinkunft begaben sich die beiden Partner nach Petrograd, um Sazonow darüber zu informieren, wobei sie erklärten, daß sie gegen russische Ansprüche auf die armenischen *vilayets* nichts einzuwenden hätten. Sazonow hatte allerdings Vorbehalte gegen eine Kontrolle der Gebiete von Diyarbakir und am Taurus durch die Franzosen. Sykes sah die Lage so: Ein unabhängiges Armenien unter türkischer Oberherrschaft wäre ebenso wie ein Armenien unter internationaler Kontrolle eine Quelle ständiger Intrigen; ein zur Gänze russisches Armenien würde wegen der revolutionären Elemente unter den Armeniern eine Gefahr für Rußland darstellen. Daher mußte Armenien geteilt werden, wobei Frankreich das frühere Königreich Neu-Armenien erhalten sollte. Dieses Territorium würde den Namen »Armenien« erhalten, und den Franzosen würde es zukommen, die mit dem »armenischen Nationalgefühl« verbundenen Fährnisse auf sich zu nehmen. Die Russen würden die jetzt entvölkerten armenischen Gebiete erhalten; die revolutionären Aktivitäten ihrer anarcho-syndikalistischen Russisch-Armenier würden im Klerikal-Konservatismus der Kilikien-Armenier ein Gegengewicht erhalten.[70] Sazonow ließ sich überzeugen und erhielt als Entschädigung Persisch-Armenien und Gebiete, die vor allem von Kurden, Lasen und Kizilbaschen bevölkert waren – Stämmen, die »in Hinsicht auf die Staatssicherheit besser beherrschbar« erschienen. Auch Picot schloß sich Sykes' Argumenten an. Am 17. März informierte Sazonow, der inzwischen das Einverständnis des Zaren hatte, die beiden Botschafter Buchanan und Paléologue, daß man auf dieser Basis verhandeln könne. Er verteidigte dann das Projekt vor einer Ministerialkommission, welcher ein Vertreter des Vizekönigs des Kaukasus angehörte, der ihm zu bedenken gab, daß sich die Armenier diesem Vorhaben heftig widersetzen würden. Sazonow nahm Sykes' Argumentation auf und erklärte nicht ohne Heuchelei, daß, nachdem die Schaffung eines unabhängigen Armeniens nicht möglich sei, die christlichen Armenier unter den Schutz Frankreichs und seiner Kultur eine Sicherheit finden würden, die sie immer entbehrt hätten[71]. Nachdem noch einige Einzelheiten hinsichtlich der Grenzen von »Russisch-Kurdistan« geregelt worden waren, schlossen Frankreich und Rußland am 26. April 1916 einen »Geheimvertrag«, der den Nordosten des Osmanischen Reiches aufteilte: An Rußland fielen die Provinzen Erzurum, Trapezunt, Van und Bitlis »bis zu einem noch zu bestimmenden Punkt an der Schwarzmeerküste westlich von Trapezunt«. Russisch-Kurdistan sollte südlich von Van und Bitlis liegen. Frankreich sollte die Provinzen Kayseri, Zara, Eğin und Harput erhalten. Im Osten sollte die Grenze des zukünftigen arabischen Staates von der Region von Mergever aus entlang einer Bergkette verlaufen, die Persien von der Türkei trennt. Sazonow erklärte bei Vertragsabschluß, daß Rußland die kulturellen und religiösen Rechte der Armenier respektieren werde; allerdings sei die armenische Bevölkerung in den fraglichen Gebieten aufgrund der türkischen Massaker stark zurückgegangen und von der Mehrheit zu einer Minderheit geworden.[72] Ungeachtet aller ihrer den Russisch-Armeniern gegebenen Versprechen dachte die Regierung des Zaren also nur daran, die Grenzen Transkaukasiens auszuweiten und die überlebenden Reste des armenischen Volkes zu teilen.[73]

Das Abkommen zwischen Sykes und Picot wurde in seiner endgültigen Form erst zwischen dem 9. und dem 16. Mai unterzeichnet. England erhielt einen Teil Syriens, Mesopotamien und zwei Häfen an der syrischen

Küste: Akko und Haifa. Frankreich bekam den Rest Syriens, den Libanon, den *vilayet* Adana und den nicht-russischen Teil Kurdistans. In Arabien sollte ein Staat oder eine Konföderation gebildet und in englische und französische Einflußsphären aufgeteilt werden. Palästina – eine »braune Zwischenzone« zwischen der »weißen« und der »roten« Zone – sollte unter internationale Kontrolle gestellt werden. Alexandrette sollte Freihafen werden. Die Bagdad-Bahn wollte man vor Fertigstellung der Strecke Bagdad–Aleppo in der französischen Zone nicht über Mossul und in der englischen Zone nicht über Samara hinaus weiterführen.[74] Der große Nutznießer dieser Abkommen war England. Indem es eine französische Pufferzone zwischen sich und Rußland herstellte, hielt es Rußland endgültig auf Abstand von seinen Ölinteressen im Irak und im persischen Golf.

Diese Geheimabkommen bestätigen, daß die Armenier von den Ententemächten ihren Mördern überlassen wurden und daß niemand daran dachte, ihnen territoriale Selbständigkeit einzuräumen. Sie erhellen die politischen Vorgänge von 1917 bis 1923, einer Zeit, wo der Traum eines unabhängigen Armeniens konkrete Gestalt anzunehmen schien, ehe er sich endgültig zerschlug. Die Opfer der Massaker waren für die Diplomaten ohne moralisches Gewicht. Die von den Türken angebotene Lösung des Armenierproblems wurde von den europäischen Mächten akzeptiert. Wenn man eine Rechnung mit der Türkei zu begleichen hatte, ging es dabei nicht um die Armenier. Das Verbrechen an diesem Volk erleichterte manches, ohne das Gewissen der Großmächte allzusehr zu belasten.

Anfang 1917 war die Armenierfrage, wie sie sich den Großmächten 1878 gestellt hatte, für alle Regierungen gelöst, die am Berliner Kongreß teilgenommen hatten. Die Türken hatten beinahe die gesamte armenische Bevölkerung ausgerottet, die letzten Überlebenden gingen in den Wüsten zugrunde oder hatten sich in Konstantinopel und Smyrna verkrochen. Die Zentralmächte waren eher tatenlose Zuschauer als Komplizen. Die Entente hatte sich über die zukünftige Aufteilung des Osmanischen Reiches geeinigt und Armenien von der Landkarte gelöscht.

19. Die Grenze

Durch die Zerstörung der armenischen Festung glaubten die Jungtürken, sich den Weg nach Zenralasien zu öffnen. Doch diese Hoffnung trog: 1917 kam die Hälfte der östlichen *vilayets* in die Gewalt der russischen Truppen, und Russisch-Armenien, das letzte Hindernis auf dem Weg nach Baku, wurde zu einer unüberwindlichen Sperrmauer. Doch nun warf ein Wibelsturm die Figuren auf dem Schachbrett der Weltpolitik um: Durch die Revolution von 1917 stellte sich die armenische Frage von neuem.

Nach den Ereignissen der Februarrevolution erlaubte die russische Provisorische Regierung die Rückkehr der Armenier in die *vilayets* Van, Bitlis, Erzurum und Trapezunt. 150 000 Flüchtlinge kehrten in ihre zerstörten Heimstätten zurück. Unter russisch-armenischer Verwaltung begann das Leben von neuem.

Die Oktoberrevolution stellte wieder alles in Frage. Die Position der Bolschewiken war klar definiert: Die Armenier hatten ein absolutes Recht auf Selbstbestimmung; Rußland zog sich aus dem Konflikt zurück. Ein Erlaß vom Januar 1918 befahl den Rückzug der russischen Truppen und sah die Bildung einer armenischen Miliz vor, welche die »Sicherheit der Bewohner von Türkisch-Armenien und ihrer Habe« gewährleisten sollte.[1] An Ort und Stelle freilich sah die Lage anders aus: Die drei transkaukasischen Völker erklärten ihre Unabhängigkeit und schlossen sich in einer Föderation, dem »transkaukasischen Kommissariat« zusammen. Das Parlament dieser Föderation (Seym), in dem die drei Parteien – *Daschnak* (Armenien), Sozialdemokraten (Georgien) und *Mussawat* (Aserbeidschan) – vertreten waren, schloß am 18. Dezember einen Waffenstillstand mit den Türken. Anfang 1918 verließ die russische Kaukasus-Armee die armenische Front. Die Aserbeidschaner weigerten sich, gegen die Türken zu kämpfen, und die Georgier beriefen sich auf ihren Pazifismus. Im Vertrag von Brest-Litowsk überließen die Bolschewiken am 3. März die Ostprovinzen den Türken:

»Artikel IV: Rußland wird alles in seiner Macht Stehende tun, um die unverzügliche Räumung der ostanatolischen Provinzen und ihre rechtmäßige Rückkehr zur Türkei in die Wege zu leiten. Ebenso werden die *sancaks* Ardahan, Kars und Batum umgehend von den russischen Truppen geräumt. Rußland... wird der Bevölkerung [dieser *sancaks*] die

Durchführung dieser Reorganisation in Einvernehmen mit den Nachbarstaaten, insbesondere der Türkei, überlassen.«

Im Artikel V verpflichtete sich Rußland, die (aus russischen wie türkischen Staatsangehörigen bestehenden) »armenischen Banden« auf seinem Territorium aufzulösen.

Die Armenier waren nunmehr bei der Verteidigung einer Front von 400 km auf sich alleine gestellt. Es war ein ungleicher Kampf. Die Türken zogen ihre besten Truppenverbände zusammen und warfen die armenische Armee aus Anatolien nach Transkaukasien zurück. Nach erbitterten Kämpfen fiel Kars am 25. April. Die Lage der Armenier war verzweifelt. Die Aserbeidschaner stifteten im Rücken der armenischen Truppen Verwirrung und verlangten auf der Grundlage des Vertrages von Brest-Litowsk Frieden mit den Türken. Auf der einen Seite wollten die Türken, auf der anderen Seite die Aserbeidschaner Russisch-Armenien in die Gewalt bekommen. Am 3. Mai begannen in Batum Verhandlungen. Selbst die Deutschen waren über die türkischen Forderungen erstaunt. »Die völlig überzogenen Ansprüche der Türken... stellen eine latente Verletzung des Vertrages von Brest-Litowsk dar und zielen auf eine Ausrottung der Armenier in Transkaukasien ab.«[2]

Bei Alexandropol und Karakilise wurden die Armenier vernichtend besiegt, hielten sich aber bei Sardarabad. Am 26. und 27. Mai zerbrach der Seym: Georgien und Aserbeidschan erklärten ihre Unabhängigkeit. Am 28. Mai 1918 wurde die Armenische Republik proklamiert. Im Vertrag von Batum erkannte die türkische Regierung am 4. Juni den neuen Staat an, dessen Gebiet auf einen Teil der Regionen Eriwan und Sevan (9000 km²) beschränkt blieb.

Im Sommer 1918 kam es in Deutschland zu Treibstoffmangel. Im Einvernehmen mit dem deutschen Generalstab faßten die Türken zwei Ziele ins Auge: Mossul und Baku. Ende Juni rückte Nuri Pascha, der Bruder Envers, auf Baku vor, das am 16. September fiel: 25000 Armenier wurden getötet, 10000 deportiert.[3] Nun marschierten die Türken im Norden nach Dağestan, im Süden zum Iran. Asien gehörte ihnen. Am 30. Oktober 1918 freilich wurde ihnen durch den zwischen der Türkei und den Ententemächten geschlossenen Waffenstillstandsvertrag von Mudros Einhalt geboten. Die Türkei mußte den Kaukasus und Persien räumen und sich hinter ihre Grenzen von 1914 zurückziehen.

Das Schicksal Armeniens sollte nunmehr internationale Konferenzen beschäftigen. Einige Probleme schienen sich rascher als erwartet zu lösen. In der Nacht vom 1. zum 2. November hatten sich Talât, Enver, Nazim, Şakir, Bedri und einige kleinere Chargen an Bord eines deutschen Schiffes geflüchtet, das sie nach Odessa brachte, von wo aus sie sich nach Berlin begaben. Die neue türkische Regierung machte 1919 den Unionistenführern den Prozeß. Hauptanklagepunkt war die Ausrottung des armenischen Volkes. Die meisten der anwesenden Angeklagten wurden verurteilt und nach Malta deportiert, die anderen in Abwesenheit zum Tode verurteilt. Die Armenische Republik organisierte sich, nahm Kars und Alexandropol wieder in Besitz und proklamierte die Wiedervereinigung Türkisch-Armeniens mit der Armenischen Republik.[4] Zur Friedenskonferenz von Paris entsandten die Armenier zwei Delegationen – diejenige der Armenischen Republik unter Aharonian und die nationalarmenische Delegation unter Boghos Nubar Pascha als Vertreterin der in der Türkei oder in der Emigration lebenden Türken. Präsident Wilson trat für die Armenier ein; die Idee eines armenischen Nationalstaates fand mehr und mehr Anhänger. Im Januar 1920 wurde die Armenische Republik *de facto* anerkannt. In der Konferenz von San Remo beschlossen die Regierungschefs Englands, Frankreichs und Italiens, einen armenischen Staat zu errichten, der mehr als einen Teil der türkischen Ostprovinzen umfassen sollte. Am 10. August 1920 wurde in Sèvres der Friedensvertrag zwischen der Türkei und den Alliierten unterzeichnet:

»Artikel 88: Die Türkei erkennt, wie es die alliierten Mächte bereits getan haben, Armenien als einen freien unabhängigen Staat an.«

»Artikel 89: Die Türkei und Armenien kommen, ebenso wie die hohen Vertragspartner, überein, die Festlegung der Grenze zwischen der Türkei und Armenien in den *vilayets* Erzurum, Trapezunt, Van und Bitlis dem Schiedsspruch des Präsidenten der Vereinigten Staaten von Amerika zu unterwerfen und seine Entscheidung darüber ebenso anzunehmen wie alle jene, die den Zugang Armeniens zum Meer und die Entmilitarisierung des gesamten angrenzenden osmanischen Gebietes betreffen.«

Am 22. November 1920 gab Präsident Wilson seinen Schiedsspruch bekannt und teilte dem armenischen Staat den größten Teil der *vilayets* Van, Erzurum und Bitlis sowie, um ihm Zugang zum Meer zu verschaffen, einen Teil des *vilayets* Trapezunt zu.

Aber wer war der Vertragspartner? Welchen Wert hatte dieses Abkommen, das von einer türkischen Regierung unterzeichnet wurde, die schon nicht mehr repräsentativ war und Gebiete verteilte, die die Alliierten nicht kontrollierten? Man sprach den Armeniern die Unabhängigkeit zu, während sich die Türken daranmachten, sie zu zerstören. Man lullte ein Volk mit Berichten über die Verhandlungen von Sèvres ein. Wer die Verheißungen von Sèvres rühmte, wo die Alliierten doch wußten, daß sie Unerfüllbares versprachen, der verschloß die Augen vor einer ganz anders gearteten Realität: Es war der erste Eiserne Vorhang, der sich senkte, die erste Grenze des Kalten Krieges. Diese Linie ging mitten durch das fiktive Armenien Präsident Wilsons.

In Wirklichkeit entschied sich das Schicksal Armeniens in den Ostprovinzen, dem Zufluchtsort des türkischen Nationalgefühls. Die Unionisten hatten die Szene verlassen. Mustafa Kemal war es, der nun die Fackel des Nationalismus hochhielt. Auf dem Kongreß von Erzurum (23. Juli bis 6. August 1919) gab der »Nationale Pakt« der Entschlossenheit der Türkei Ausdruck, ihre wirtschaftliche und politische Unabhängigkeit *in ihren nationalen Grenzen* zu erreichen. Von diesem Tage an mußten die Armenier jede Hoffnung auf Unabhängigkeit aufgeben. Starr und konsequent wie er war – und das war das Geheimnis seines Erfolges – wich Kemal keinen Schritt vom einmal eingeschlagenen Wege ab. Der »Nationale Pakt« wurde beim Kongreß von Sivas (September 1919) angenommen. Kemal bestätigte dort seine Entscheidung, sich der Schaffung eines unabhängigen Armeniens zu widersetzen. Ein »Nationaler Verteidigungsrat« verwaltete die Ostprovinzen. Am 23. April wurde die Große Nationalversammlung in Ankara (Angora) eröffnet. Sie wurde zur wirklichen Regierung der Türkei. Gewiß, es gab bis zum 1. November 1920 zwei Regierungen: Die Hohe Pforte in Konstantinopel und die Nationalversammlung in Ankara. Allerdings wurden sämtliche Amtshandlungen der Hohen Pforte vom 16. März 1920 an (darunter auch Sèvres) von der Großen Nationalversammlung für null und nichtig erklärt.

In einem Tagesbefehl an seine Soldaten[5] erklärte Kemal Anfang 1920, der Augenblick sei gekommen, die »kaukasischen Barrieren« niederzureißen, und er betraute General Kiazim Karabekir mit dieser Aufgabe.

Doch ehe er seine Beute an sich riß, wollte der »graue Wolf« das Terrain sondieren. Verhandlungen mit den Sowjets, Nützlichmachung der Unionisten, Neutralisierung der Georgier, Allianz mit den Aserbeidschanern – das waren die Hauptelemente der pantürkistischen, von den Nationalisten neu aufgenommenen Strategie. Das Gespräch mit der Sowjetregierung blieb der Stolperstein. Kommunisten unterstrichen das Recht der Völker auf Selbstbestimmung und riefen die türkischen Arbeiter, Soldaten und Bauern dazu auf, ihre eigenen Räte zu bilden. Da sie jedoch den Plan der Teilung des Osmanischen Reiches bei der Konferenz von Paris abgelehnt hatten, genügte es Kemal, sein Spiel vorsichtig zu spielen, indem er eine strategische Allianz mit dem anti-imperialistischen Lager einging und die Bedeutung des *Ittihad* nicht vernachlässigte. Denn die Unionisten spielten noch mit; sie hatten den Panislamismus auf ihre Banner geschrieben, ohne sich der Faszination des Bolschewismus entziehen zu können. Enver war mit Radek zusammengetroffen, den man in Berlin aus der Haft entlassen hatte. Talât, der im Januar 1920 Vorsitzender der Islamischen Befreiungsliga geworden war, bot Kemal seine Dienste an. Kemal war in Afghanistan, wo er die Armee reorganisierte. In Anatolien sammelten sich die früheren Unionisten in der *Karakol*-Gesellschaft, mit der ein Abgesandter der Bolschewisten Ende 1919 Kontakt aufnahm. Im Januar 1920 fand vor der Nase der Alliierten in der Universität von Konstantinopel ein Treffen unter dem Vorsitz von Akçura statt, dem sämtliche führenden Pantürkisten, darunter Halid Edip, beiwohnten. Die Absicht, die armenische Republik auszulöschen, wurde von Akçura, von neuem unterstrichen.[6] Vor allem aber suchte Kemal in Baku Verbindungen mit den Sowjets anzuknüpfen, wobei er nicht versäumte, sich auch der Bundesgenossenschaft der Aserbeidschaner zu versichern. 1919 hatte sich die Armenische Republik auf die Gebiete des Karabağ und von Nakhitschevan und Zangezur (in der Mehrheit von Armeniern besiedelte Territorien) ausgedehnt, was den von Anatolien nach Aserbeidschan führenden Korridor abschnitt. Envers Familie wurde über Moskau nach Baku geschickt: sein Onkel Halil und sein Bruder Nuri, von denen ersterer aus Konstantinopel, letzterer aus dem von den Engländern besetzten Batum geflohen war. Seit Oktober 1919 weilte ein weiterer Unionist, Dr. Fuad Sabit, als offizieller Abgesandter Kemals in Baku. Halil, Sabit und andere Unionisten, darunter Küçük Talât (früheres Mitglied des Zentralkomitees), Baha Sahit, Zeki (der Henker von Deir es-Zor) gründeten Anfang 1920 die Türkische Kommunistische Partei.[7]

Ihr Programm: Sicherstellung des Sieges der Unionisten in Aserbeidschan und sodann in Armenien und Georgien; Absteckung der Marschroute für Verhandlungen zwischen den Nationalisten und Sowjets. Zweifellos kann man sich fragen, wie kommunistisch die Unionisten wirklich waren; jedenfalls erhielt die Türkische Kommunistische Partei das Placet Moskaus. Ende Mai 1920 traf Mustafa Süfi – der Gründer der ersten kommunistischen Zeitung der Türkei, und seit Januar 1918 Propagandabeauftragter für die türkischen Kriegsgefangenen, also ein Mann der Sowjets – in Baku ein. Er löste die Türkische Kommunistische Partei nicht auf, sondern begnügte sich damit, einige Nebenfiguren zu eliminieren. Im September begab sich Enver, der sich ebenfalls Kemal angeschlossen hatte, zum Kongreß der Orientvölker nach Baku. Es war dies ein eigentümliches Treffen, das die Chefs einer Bewegung zusammenführte, deren ideologischer Anstoß von Baku ausgegangen war, und die sich nun von neuem in dieser Stadt einstellten, um unter kommunistischen Vorzeichen den alten Kampf gegen die letzte Bastion der armenischen Nation zu führen.

Im Jahre 1920 kam es zu Gefechten der Roten Armee mit den Truppen Denikins und Wrangels. Die Niederlage der Weißen Armeen brachten Veränderungen der politischen Strategie im Kaukasus mit sich. Außer Batum hatten die Alliierten dort keine Basis mehr. Am 27. April drang die Rote Armee in Aserbeidschan ein, das eine Sozialistische Sowjetrepublik wurde und von der Armenischen Republik die Karabağ-Provinz und die Provinz Zangezur verlangte. Armenien lehnte die Abtretung dieser Territorien ab.

General Karabekir war zum Angriff bereit, doch es war noch zu früh. Kemal mußte erst die Position der Sowjets genauer kennen. Am 26. April 1920, drei Tage nach der Eröffnung der Großen Nationalversammlung, richtete er seine erste Botschaft an den Vorsitzenden des Rates der Volkskommissare, d. h. an Lenin, und der türkische Außenminister Bekir Sami Bey begab sich nach Moskau. Der Prozeß, der zum Vertrag von Moskau führen sollte, war angelaufen.[8] Die Antwort des sowjetischen Außenminister Tschitscherin freilich überraschte die Große Nationalversammlung: Bezüglich der Armenien-Frage gab es in Ankara und Moskau keine Übereinstimmung. Tschitscherin verlangte in Armenien, in Kurdistan, Lasien und Ostthrazien Volksentscheide, an denen auch aus ihrer Heimat vertriebene Bewohner teilnehmen sollten, beharrte also auf dem Selbstbestimmungsrecht der Völker. Darüber hinaus verlangte er von Sami Bey, der am 19. Juli in Moskau angekommen war, daß die Türkei Gebiete an Armenien zurückgebe. »Während man also bereit war, der Türkei sofortige Militär- und Finanzhilfe zu gewähren, gelangten die Verhandlungen über den Abschluß eines Freundschaftsvertrages wegen der Meinungsverschiedenheiten über die Gestaltung der Verhältnisse an der russisch-türkischen Grenze an einen toten Punkt. Die Sowjetregierung erwartete von der Türkei nicht nur den Verzicht auf den durch den Vertrag von Brest-Litowsk wiedergewonnenen Distrikt Kars, sondern verlangte auch die Abtretung einiger Teile der *vilayets* Van und Bitlis an Armenien mit dem Hintergedanken an eine baldige Sowjetisierung Armeniens.«[9] Der Kommunistenaufstand in Armenien, der nach dem Umsturz von Baku im Mai in Alexandropol ausbrach, scheiterte: Der russisch-polnische Krieg stoppte die XI. Rote Armee, die sich bereits im Marsch auf Eriwan befand. Die Lage hatte sich damit völlig verändert.

Als Aspiranten auf den Besitz Armeniens standen sich nun die türkischen Nationalisten und die Sowjets gegenüber. Für die Nationalisten war die Regelung der Armenierfrage von allergrößter Bedeutung. Sie waren von allen Seiten bedroht, vor allem von der griechischen Armee in Thrazien und Anatolien. Dennoch konzentrierte Kemal seine Kräfte an der Ostfront und begnügte sich im Westen mit einer Reststreitmacht, da er überzeugt war, daß Franzosen und Griechen nicht angreifen würden. »Wir müssen die armenische Armee und den armenischen Staat vernichten, die wie schwärende Eiterbeulen im Körper unseres Landes sitzen.«[10] Die Zwangsvorstellung von der Gefährdung durch die Armenier setzte sich durch sämtliche türkische Regime hindurch fort. Diese östliche Front war die Basis, auf dem das ganze Gebäude der türkischen Nation ruhte.

Karabekir hatte im Mai eine sofortige Aktion vorgeschlagen, Kemal den 23. Juni dafür festgesetzt. Nach der Antwort Tschitscherins verschob er den Angriff, um so mehr, als er die Entscheidung der Friedenskonferenz erwartete und einen Konflikt mit den Alliierten vermeiden wollte. Er hoffte, ein Doppelspiel spielen zu können, indem er sich den Russen als Anti-Imperialist, den Alliierten hingegen antisowjetisch darbot. Darüber hinaus wollte er mit einem leichten Sieg seiner Armee über die Armenier dem Nationalgefühl der Türken Rückhalt verleihen. Die Verzögerung nützte er aus, um mittels des Vertrages von Tiflis die Georgier zu neutralisieren. Im Juli räumten die Engländer Batum und gaben so den Zugangsweg zum Kaukasus auf.

Zwei Ereignisse ließen Kemal zu der Überzeugung gelangen, daß es Zeit für ihn war, sich Armeniens zu bemächtigen: Erstens der am 10. August unterzeichnete Vertrag von Sèvres, der die Teilung des Osmanischen Reiches vorsah; auf die in diesem Vertrag festgelegten Dimensionen verkleinert, wäre die Türkei nicht mehr lebensfähig gewesen. Am 14. August gab Kemal seine Absicht bekannt, die drei *sancaks* Kars, Ardahan und Batum zu anektieren: »Zu diesem Zwecke haben wir am 6. Juni der Ostarmee den Befehl erteilt, sich zum Angriff vorzubereiten.« Zweitens der von der III. Internationalen organisierte Kongreß der Orientvölker, der am 1. September in Baku eröffnete wurde. Die Sowjets definierten dort ihre Haltung gegenüber dem türkischen Nationalismus. Zinowiew erklärte dort: »Wir unterstützen mit großer Geduld Gruppen, die sich noch nicht auf unserer Seite befinden und in gewissen Fällen sogar gegen uns sind. So verhält es sich zum Beispiel mit der Türkei, wo... die Sowjetregierung Kemal Unterstützung gewährt.« Doch, fügte er hinzu, »ihre Politik ist nicht die Politik der Internationale. Die Kommunisten unterstützen sie wie jeden revolutionären Kampf gegen die britische Regierung...«[11] Bucharin ging noch weiter: »Das Ziel der gegenwärtigen revolutionären Bewegung (in China, Ägypten, Persien und der Türkei) ist ohne jeden proletarischen Aspekt und hat einzig und allein nationalistische und bourgeoise Ideen zur Basis. Solange diese Ideologien jedoch dem Imperialismus europäischer Staaten feindlich gegenüberstehen, müssen sie ausgenützt werden.«[12] Am 4. September ließ Zinowiew über ein Papier abstimmen, das die Politik der Unionisten verurteilte und vor den Plänen der Panislamisten warnte. Es war dies eine Zurückweisung des politischen Programmes, das Enver in Baku vorlegen wollte.[13]

Kemal war gewarnt: Die Sowjets würden ihm nur im Rahmen seines anti-imperialistischen Kampfes – und die Vernichtung der armenischen Republik gehörte dazu – Duldung gewähren, und sie würden ihre Propaganda unter den türkischen Bauern, Soldaten und Arbeitern fortsetzen.[14] Er ging also kaum ein Risiko ein, als er am 23. September Karabekir den Angriff auf die Armenische Republik befahl. 60 000 Türken marschierten an drei Fronten (Kars, Alexandropol und im Süden des Ararat) gegen Armenien und Nakhitschevan. Kars fiel am 30. September, Alexandropol Anfang November. Die Bilanz der Opfer war schrecklich: 60000 Tote, 38000 Verwundete, 18000 Gefangene alleine in Alexandropol. Sowjetische Historiker kommen auf eine Gesamtzahl von rund 198000 Toten und schätzten die durch Plünderung angerichteten Schäden auf 18 Millionen Rubel. Nach dem Sultan und den Jungtürken befleckten sich auch die Kemalisten mit Blut, indem sie diesen letzten Genozid vollzogen: Es ist nicht erlaubt, von bedauerlichen Vorfällen aufgrund außerordentlicher Kriegsumstände zu sprechen, wenn sich unter den 12000 Opfern in den beiden genannten Städten 80 Prozent Kinder im Alter von fünf bis zwölf Jahren befinden.[15] Die Türken waren nahe daran, auch den letzten Überlebenden der furchtbaren armenischen Katastrophe das Lebenslicht auszublasen.

Nach dem Scheitern eines letzten Vermittlungsversuches durch Mdivani, den Sonderbeauftragten in Ankara, gaben Lenin und Stalin am 27. November den Befehl zur Sowjetisierung Armeniens.[16] Am 2. Dezember trat die *Daschnak*-Regierung – d.h. die Regierung der Armenischen Republik – zurück. Armenien wurde eine Sozialistische Sowjetrepublik. Am gleichen Tag unterzeichneten die *Daschnaks* mit den Türken den Vertrag von Alexandropol, der Armenien praktisch zu einer türkischen Provinz machen sollte. Aber die Rote Armee befand sich am Schauplatz, und die Sowjetregierung erkannte diesen von einer zurückgetretenen armenischen Regierung unterzeichneten Vertrag nicht an. Die Verhandlungen mit den Türken begannen von neuem. Sie führten am 16. März 1921 zur Unterzeichnung des Vertrages von Moskau, der die Verträge von Brest-Litowsk und Alexandropol außer Kraft setzte. Die Sowjetunion akzeptierte die Prinzipien des »Nationalen Paktes«:

»Artikel IV: Die beiden Vertragsparteien konstatieren die Übereinstimmung, die zwischen den nationalen Freiheitsbewegungen der Völker des Vorderen Orients und dem Kampf der Arbeiterschaft in Rußland für eine neue soziale Ordnung besteht. Sie bestätigen feierlich das Recht dieser Völker auf Freiheit und Unabhängigkeit, ebenso wie ihr Recht auf Selbstverwaltung mittels der von ihnen gewünschten Regierungsform.«[17] Rußland überließ die *sancaks* Kars, Ardahan und einen Teil des *sancaks* Batum der Türkei, was eine Abtretung von 25000 km^2 und 272000 Einwohnern bedeutete. Nur der Hafen von Batum blieb bei Georgien, das in eine Sozialistische Sowjetrepublik umgewandelt worden war.[18] Nakhitschevan wurde eine autonome, Aserbeidschan angegliederte Region. Rußland versprach der Türkei wirtschaftliche und militärische Hilfe.

Am 13. Oktober 1921 setzte der Vertrag von Kars einen Schlußpunkt in der Armenierfrage. Die Türkei erhielt noch die Region von Igdir (d. h. die Ararat-Region) zurück. Sie weigerte sich, die armenische Stadt Ani aufzugeben, und der Karabağ wurde eine selbständige Region unter dem Protektorat von Aserbeidschan. Somit waren die Grenzen der Türkei wieder diejenigen von vor 1878. Der Kreis hatte sich geschlossen. Die Sowjets hatten in der Armenierfrage zurückgesteckt. Die Armenische Republik bezahlte die Grenzziehung zwischen Rußland und der Türkei mit ihrer Existenz. Kemal brauchte sowohl diese Barriere an seiner Ostgrenze wie auch die finanzielle und militärische Hilfe der Russen, um sich gegen die griechische Armee wenden zu können. Im Januar 1921 war bei Inönü gerade noch ein Sieg geglückt, und die Schlacht von Sakarya endete erst am 13. September. Die Griechen mußten sich quer durch Anatolien zurückziehen und 1922 Smyrna räumen, wo Kemals Truppen in einem letzten Holocaust die Griechen und Armenier der Stadt niedermetzelten.

In Lausanne trat Kemal 1923 als Sieger auf. Der Vertrag von Sèvres wurde zugunsten der Türken revidiert. »Die Geschichte wird dort vergeblich das Wort ›Armenien‹ suchen.« (Winston Churchill).

Der Genozid war vollendet. Einen Richter hat dieses Verbrechen niemals gefunden. Armenische Rächer sollten das Urteil des Unionisten-Prozesses ausführen. Am 15. März 1921 wird Talât in Berlin von Salomon Teilirian ermordet; Said Halim in Rom am 6. Dezember durch Arshavir Shirakian; Behaeddin Şakir und Cemal Azmi (der *vali* von Konya) am 17. April 1922 in Berlin durch Aram Erkanian und Arshavir Shirakian; Cemal am 25. Juli in Tiflis durch Petros Ter Boghossian und Artashes Gevordjian. Mustafa Kemal ließ 1926 Nazim wegen Beteiligung an einem auf seine Ermordung abzielenden Komplott hinrichten. Das Quartett der Pantürkisten (Agaev, Hüseyin-zade, Akçura und Gökalp) stirbt später eines natürlichen Todes.

Eine Handvoll Mörder gegenüber mehr als einer Million Ermordeter. Die Rechnung stimmt nicht. Bei einem Völkermord stimmt die Rechnung nie. Wollte man Rache Auge um Auge, Zahn um Zahn verlangen, würde man einen tragischen Fehler begehen. Nürnberg hat die Ehre Deutschlands nicht reingewaschen. Es hat zum Verständnis des Phänomens des Nazismus beigetragen. Willy Brandt hat mit seinem Kniefall in Warschau mehr für Deutschland getan, als noch so viele Urteile gegen Nazischlächter das konnten. Der Eichmann-Prozeß hat aufgezeigt, wie weit eine rücksichtslose, unmenschliche Ausrottungsdoktrin gehen kann. Zu wissen ist wichtiger als zu strafen. Und wen soll man strafen – mehr als 60 Jahre nachdem das Verbrechen begangen wurde? Das Verbrechen der Väter darf nicht über die Söhne kommen, doch müssen die Söhne sich ihm stellen.

Mehr als ein halbes Jahrhundert ist vergangen. Fast drei Viertel der Armenier leben heute in der Sowjetunion, der Rest in der Diaspora. Für die einen ist Sowjet-Armenien das armenische Vaterland, das im Augenblick der äußersten Not vor den türkischen Schlächtern gerettet wurde. Die anderen fordern vergeblich das Gebiet der östlichen *vilayets* und Kilikiens für sich – heute in Eriwan, morgen in Van. Doch alle Armenier – und wer dies Verlangen nicht hat, ist kein Armenier – wollen ihren Toten ein würdiges Denkmal setzen, d. h. den historischen Tatsachen zur Anerkennung verhelfen. Die türkische Regierung betreibt hier einen regelrechten Geschichtsterrorismus. Türkische Historiker verzerren und verfälschen die Tatsachen auf eine Weise, die ihre Glaubwürdigkeit untergräbt. Was die Armenierfrage betrifft, so verfälschen die Werke dieser Geschichtswissenschaftler die Tatsachen derart, daß diese Bücher unbrauchbar sind. Nicht zufrieden damit, das armenische Volk ausgelöscht zu haben, beleidigt die türkische Regierung sie noch. Doch Tatsachen haben ein zähes Leben. Die Erinnerung an diesen Völkermord ist unauslöschlich. Eines Tages werden die Türken die armenische Akte von neuem öffnen und das Geschehen ruhiger und unvoreingenommener bewerten müssen. Den Ansatzpunkt eines Dialoges kann man in einem Artikel finden, der unter dem – höchst symbolischen – Signum des Journalisten Ali Talât im November 1975 in der türkischen Wochenzeitung *Politika* erschien: »Wir beklagen uns heute über eine anti-türkische Propaganda, die von den im Ausland lebenden Armeniern betrieben wird. Befassen wir uns doch ein wenig mit dieser Armenierfrage – sehen wir sie einmal von einem anderen Gesichtspunkt. In der Tat, die Organisationen und Gemeinden der in Amerika und Westeuropa lebenden Armenier kommen immer wieder auf die Massaker des Jahres 1915 zurück und klagen die Türken des Völkermords an. Dies fügt dem Ansehen der Türkei in der westlichen Welt Schaden zu. Wie auch immer die Umstände waren..., es gibt eine Wahrheit, die sich nicht leugnen läßt. 1915 fanden hunderttausende von Armeniern in Anatolien den Tod. Trotz allem waren es die *Ittihadisten,* die alleine und direkt für diese Vorgänge verantwortlich waren. Und dennoch soll die türkische Republik, die jetzt 52 Jahre alt wird, weiter die Schuld des *Ittihad* auf sich nehmen? Weder die Vernunft noch die Logik können das akzeptieren. Heute verlangt niemand mehr von Ost- oder Westdeutschland, daß es die Verantwortung für die Massaker der Nazis auf sich nimmt. Niemand klagt Präsident Ford an, weil frühere Generationen von Amerikanern Millionen von Rothäuten niedermetzelten. Die amerikanische Regierung leugnet das nicht und macht keinen Versuch, die Fakten zu dementieren. ... Die Einstellung der Deutschen bezüglich der Judenmorde ist die gleiche. Wäre es nicht besser, etwas logisch zu denken, statt überall und bei jeder

Gelegenheit Türkenfeindlichkeit zu vermuten? Verhielten wir uns so, dann könnten wir uns gegenüber dem Ausland besser verteidigen. Es geht um eine Armenierfrage, die es seit nunmehr 60 Jahren gibt.«

Soll man noch länger warten? Eine unüberwindliche Mauer des Schweigens trennt das armenische und das türkische Volk. Diese Mauer muß niedergerissen werden, damit eine Bewältigung der geschichtlichen Ereignisse möglich wird. Dazu beizutragen, ist Anliegen dieses Buches.

Anmerkungen

Vorwort

1 Die Schreibung der armenischen Namen habe ich so übernommen, wie ich sie in den herangezogenen Dokumenten vorfand.

Einleitung

1 Diese Zeremonie fand am 11. Februar 1973 statt. Anwesend waren u. a. der Bürgermeister von Marseille, Gaston Deferre, und der Staatssekretär im Ministerium für Jugend und Sport, Joseph Comiti. Während der vorangegangenen Monate hatte die türkische Regierung, die von der geplanten Denkmalsenthüllung Kenntnis hatte, Druck ausgeübt, um die Entfernung des Wortes »Genozid« von der an dem Monument angebrachten Gedenktafel zu erreichen. Innenminister Marcellin sprach sich für die Entfernung dieses der türkischen Regierung unangenehmen Wortes aus, und der Präfekt des Departements hatte die für den 30. April 1972 vorgesehene Zeremonie verschoben.

2 Auf der 30. Sitzung der Menschenrechtskommission am 6. März 1974 vom Delegierten Ruandas vorgelegter Bericht: »Was die jüngere Vergangenheit anbetrifft, so kann man auf das Vorhandensein einer sehr umfangreichen Dokumentation über das an den Armeniern begangene Massaker verweisen, das man als den ersten Genozid des 20. Jahrhunderts bezeichnet hat.« (Mit drei Verweisen auf Dokumente – etwas karg für ein so umfangreiches Thema.)

3 Am frühen Nachmittag des 24. Oktober 1975 werden der türkische Botschafter in Paris, Isamil Erez, und sein Fahrer Yener auf der Bir-Hakeim-Brücke von drei jungen Männern ermordet. Wenige Tage vorher war Daniş Tunaligil in Wien ermordet worden.

4 Erklärung des ehemaligen Professors der Universität Ankara Savard (zitiert in *Haratsch* 21. April 1973).

5 Erklärung des tunesischen Delegierten Driss im Wirtschafts- und Sozialrat (6. März 1974).

6 Erklärung des Professors am französischen Nationalen Zentrum für wissenschaftliche Forschung Pertev Naili Boratav (*Le Monde* 7. November 1975).

7 Erklärung des türkischen Delegierten Olcay im Wirtschafts und Sozialrat (6. März 1974); vgl. Protokoll der 1286. Sitzung des Wirtschafts- und Sozialrats (6. März 1974).

8 Im Nürnberger Kriegsverbrecherprozeß lagen dem Gericht im Zusammenhang mit zwei Reden, die Hitler am 22. August 1939 hielt, zwei Dokumente mit

den Aktenzeichen PS-798 bzw. PS-1014 vor. Darin ist nirgends vom Armenier-Massaker die Rede. In der Sitzung am 26. November 1945 ließ das Gericht wissen, daß ihm von einem amerikanischen Journalisten ein drittes Dokument übergeben worden sei, daß es sich dabei jedoch um eine »verstümmelte Kombination« der beiden Reden handle und daß es keinerlei Beweis dafür gebe, daß hier ein authentisches Beweisstück vorliege.

9 Zahlreiche deutsche Konsuln und Offiziere setzten ihre Karriere in der Weimarer Republik und im Dritten Reich fort. Andererseits führte, wie aus dem letzten Kapitel zu ersehen, die Ankündigung der Massaker schon 1915 zu heftigen Reaktionen in deutschen politischen und kirchlichen Kreisen.

1. Armenien

1 Hrand Pasdermadjian, *Histoire de l'Arménie (depuis les origines jusqu'au traité de Lausanne),* Paris 1964, S. 11.

2 L. Leclerc, »La question arménienne«, *Revue de l'université de Bruxelles,* 1896, S. 102.

3 Jacques de Morgan, *Histoire du peuple arménien,* Paris 1919, S. 20.

4 Jean-Pierre Alem, *L'Arménie,* Paris 1962, S. 10.

5 Zum ersten Mal taucht der Name Armenien in einer auf Veranlassung des persischen Königs Darius Hystapis in eine Felswand unweit Behistun gemeißelten Inschrift aus dem Jahre 521 v. Chr. auf. Diese in drei Sprachen abgefaßte Inschrift erwähnt die Niederwerfung des Aufstandes von Urartu.

6 Ihre Gottheiten hatten »weder das gewaltige Format der asiatischen, noch die Anmut der griechischen Götter. Wie das Volk, das sie schuf, waren sie rechtschaffen und liebenswürdig.« Georges Brandès, *L'Arménie et l'Europe,* Genf 1903, S. 17.

7 Konstantin bekehrte sich erst 313 zum Christentum.

8 J. Burtt, *The People of Ararat,* London 1926, S. 29.

9 Letztlich waren die Gegensätze nicht ganz so unvereinbar, und alte Glaubensinhalte paßten sich an die neue Religion an. Anahit, die Unbefleckte, wurde die Heilige Jungfrau, Aramazd Gott Vater, Der Große Vahakn Gottes Sohn.

10 Später hatte es 38 Buchstaben.

11 J. De Morgan, a.a.O., S. 111.

12 Offizielle Religion der Sassaniden – ein modifizierter Zoroasterglauben, in dem der Gott Ohrmazd gegen seinen Zwillingsbruder Ahriman, die Verkörperung des Bösen, kämpft.

13 Katholikos Guleserian, *The Armenian Church,* 1939. Zitiert in Dicknan Boyajian, *Armenia. The Case of a Forgotten Genocide,* New York 1972, S. 88–90.

14 *nakharar* bedeutet etwa »Familienvorstand». Vgl. René Grousset, *Histoire de l'Arménie,* Paris 1974, S. 287.

15 J. de Morgan, a.a.O., S. 124.

16 J. de Morgan, a.a.O., S. 160.

17 H. Pasdermadjian, a.a.O., S. 178.

18 J. de Morgan, a.a.O., S. 245.

19 H. Pasdermadjian, a.a.O., S. 239.

20 Griechen und Armenier unterhielten enge Beziehungen. Armenier waren in Byzanz nicht nur Soldaten, Beamte und Generale, sondern auch Kaiser (Leo V. und vor allem die »mazedonische« Dynastie von Basilios I.).

2. Die Armenier unter dem osmanischen Joch

1 Frédéric Macler, *Autour de l'Arménie,* Paris 1917, S. 183. Nach M. Varandian, *Les Origines du Mouvement arménien,* Bd. I, Genf 1912.

2 H. Pasdermadjian, a.a.O., S. 253.

3 J. Pitton de Tournefort, *Relations d'un voyage du Levant* (1701–1702), Amsterdam, 1718, Bd. II, S. 389.

4 M. Varandian, zitiert von F. Macler, a.a.O., S. 194–195.

5 Edouard Engelhardt, *La Turquie et le Tanzimat ou Histoire des réformes dans l'Empire ottoman depuis 1826 jusqu'à nos jours,* Paris 1882–1884 (2 Bde.), Bd. II, S. 136.

6 Das Patriarchat umfaßte alle nicht-orthodoxen Christen, d.h. vor allem die Monophysiten, die Nestorianer und die Katholiken. Die Israeliten bildeten alsbald eine weitere Gemeinschaft.

7 Die *millets* waren im Osmanischen Reich die religiösen Gemeinden, die sich einer relativen Autonomie erfreuten, dennoch aber der Kontrolle durch die Regierung unterworfen blieben.

8 A. Toynbee, Vorwort zu Viscount Bryce, *Le Traitement des Arméniens dans l'Empire ottoman (1915–1916),* Laval 1917, S. 89–90.

9 K. Basmadjian, *Histoire moderne des Arméniens,* Paris 1917, S. 22–24; F. Tournebize: *Le Shah Abbas Ier et l'Emigration forcée des Arméniens de l'Ararat,* 1911 (zitiert von H. Pasdermadjian, a.a.O., S. 248).

10 E. Dulaurier, »La société arménienne au XIXe siècle. Sa Situation politique, religieuse et littéraire«, *Revue des Deux-Mondes,* 15. April 1854, S. 245.

11 H. Pasdermadjian, a.a.O., S. 268.

12 F. Macler, a.a.O., S. 218.

3. Eine Nation erwacht

1 René Pinon, *L'Europe et l'Empire ottoman. Les aspects actuels de la question d'Orient,* Paris 1908, S. 5.

2 F. Macler, a.a.O., S. 212–213.

3 Louise Nalbandian, *The Armenian Revolutionary Movement,* Berkeley 1963, S. 24.

4 F. Macler, a.a.O., S. 214–216. Nach Macler und Nalbandian war Nerses Katholikos. Pasdermadjian präzisiert, daß er nur Erzbischof von Tiflis war. 1853–1857 war er unter dem Namen Nerses von Aschterak Katholikos.

5 So verließen während des Krieges 1828–1829, als Paskiewitsch mit einer Gruppe von 20000 Mann – darunter mehrere armenische Kompanien – gegen die

Türken marschierte und Erzurum einnahm, 100000 Armenier aus den Regionen Erzurum, Eleşkirt, Bayazid, Kars und Van, um sich in Russisch-Armenien niederzulassen. Die russischen Behörden unterstützten die Emigranten, indem sie ihnen Land gaben. Vgl. H. Pasdermadjian, a.a.O., S. 310.

6 Nach dem von den Türken noch verwendeten Julianischen Kalender, der zum europäischen Kalender eine Zeitdifferenz von 12 bis 13 Tagen aufwies, am 22. Dezember 1830.

7 Engelhardt, a.a.O., Bd. II, S. 58.

8 F. Macler, a.a.O., S. 226, nach Varandian, a.a.O., Bd. I, S. 247–248.

9 K. Basmadian, a.a.O., S. 79.

10 Vgl. den kompletten Text der »Nationalkonstitution der Armenier im Türkischen Reich« in Henry Finnis B. Lynch, *Armenia. Travels and Studies,* London 1901; Bd. I, *The Russian Provinces;* Bd. II, *The Turkian Provinces;* S. 445–467.

11 Paul Rohrbach, *In Turan und Armenien,* Berlin, 1898, S. 195–196. Krimian Hairik leitete 1878 die armenische Delegation in Paris. 1892 wurde er zum armenischen Katholikos gewählt und hatte dieses Amt bis 1907 inne.

12 M.-G. Rolin-Jaequemyns, »L'Arménie, les Arméniens et les traités«, *Revue de droit international,* 1889. Dieser Text war mir nur in seiner englischen Übersetzung (London 1891, S. 16) zugänglich.

13 F. Macler, a.a.O., S. 250.

14 In dieses Jahr fielen der Tod Abdul-Aziz', die Investitur Abdul-Hamids und die Massaker in Bulgarien.

15 Die Darstellung der Ereignisse von Zeytun basiert auf Aghassi, *Zeytun (depuis les origines jusqu'à l'insurrection de 1895),* Paris 1897, und auf L. Nalbandian, a.a.O., S. 68–71.

16 Mit dem Bergland des Karabağ blieb Zeytun im 19. Jahrhundert die einzige Region, in der das armenische Feudalsystem noch bestand.

17 Victor Bérard, *La Politique du sultan,* Paris 1897, S. 129.

18 Victor Langlois, »Les Arméniens de Turquie et les Massacres du Taurus«, *Revue des Deux-Mondes,* 15. Februar 1863, S. 1. 1854 schätzte E. Dulaurier (zitierter Artikel) die Gesamtzahl der Armenier auf vier Millionen: 2500000 in der Türkei, 1200000 in Rußland, 150000 in Persien und 150000 in der restlichen Welt.

19 V. Shariman, *L'Origine de la question arménienne* (Original armenisch), S. 35, zitiert in A. Sarkissian, *History of the Armenian Question to 1885,* Urbana, Illinois, 1938.

20 Im Kloster Varag (Provinz Van) hatte Krimian Hairik die erste armenische Zeitung *Der Adler Vaspourakans* gegründet.

21 L. Nalbandian, a.a.O., S. 80.

4. Der Artikel 61

1 R. Pinon, *L'Europe et l'Empire ottoman,* a.a.O., S. 23. Fürst Gortschakow und Lord Derby waren die Außenminister Rußlands und Englands.

2 Ebenda, S. 16.

3 J. Haslip, *Le Sultan. La tragédie d'Abdul-Hamid,* Paris 1960, S. 123.

4 C. B. Norman, *Armenia and the Campaign of 1877,* London 1878, S. 247, 260, 267–273 und 279.

5 Der höhere Klerus der heimgesuchten Regionen sandte detaillierte Berichte an das Patriarchat von Konstantinopel, das sie der Hohen Pforte übermittelte. Angesichts der Erfolglosigkeit dieser Bemühungen unternahm Patriarch Nerses im Einvernehmen mit der armenischen Nationalversammlung eine Demarche bei Großherzog Nikolaus, dem russischen Generalissimus, dessen Hauptquartier sich 10 km von Konstantinopel entfernt in San Stefano befand (vgl. F. Macler, a.a.O., S. 76). Im Dezember 1876 hatte Mgr. Nerses Varjapetian auf der Konferenz von Konstantinopel dem englischen Delegierten Lord Salisbury einen von Krimian Hairik abgefaßten Bericht über die Armenierverfolgungen in der Türkei übergeben. Da diese Übergriffe jedoch nicht Konferenzthema waren, blieben seine Bemühungen ohne Erfolg. Der gleiche Bericht wurde Großherzog Nikolaus überreicht.

6 Eine besonders detaillierte Studie der Internationalisierung der armenischen Frage findet sich in der Doktorarbeit von Arthur Beylerian, »L'origine de la question arménienne du traité de San Stefano au Congrès de Berlin«, Paris 1972. Eine Zusammenfassung dieser Studie erschien in der *Revue d'histoire diplomatique,* 1973, Nr. 1–2, S. 139–171. Vgl. auch A. Sarkissian, a.a.O.

7 Die Eröffnung des Suezkanals 1869 hatte Englands Handelsbeziehungen mit Indien neue Dimensionen eröffnet. Nichstdestoweniger blieb der Landweg von Bedeutung.

8 Artikel 7 des am 30. Mai 1878 in London von Lord Salisbury und Graf Suwalow unterzeichneten Memorandums.

9 Vgl. den Text der Zypern-Deklaration in D. H. Boyajian, a.a.O., S. 365–366.

10 E. Engelhardt, a.a.O., Bd. II, S. 210–211.

11 Disraeli schrieb 1867 in seinem Roman *Tancred*: »Die Engländer brauchen Zypern, und sie werden es als Kompensation in Besitz nehmen. Sie werden nicht von neuem die Geschäfte der Türken besorgen. Sie brauchen einen neuen Markt für ihre Baumwolle. England wird niemals zufrieden sein, ehe man nicht in Jerusalem Turbane aus Baumwolle trägt.«

12 Depesche Lord Salisburys an Sir H. Layard vom 30. März 1878.

13 D. H. Boyajian, a.a.O., S. 366.

14 R. Pinon, a.a.O., S. 33.

15 H. Pasdermadjian, a.a.O., S. 326. Das Berliner Abkommen war einer der meistverletzten Verträge.

16 Krimian Hairik hatte 1873 unter dem Druck der türkischen Regierung und der armenischen Notabeln von seinem Patriarchenamt demissionieren müssen (vgl. oben, S. 46).

17 So meint zumindesten V. Bérard, a.a.O., S. 146.

18 A. Sarkissian, a.a.O.

19 Vgl. den Text des Memorandums in D. H. Boyajian, a.a.O., S. 367–371.

20 *Der Friede von Berlin und die Protokolle des Berliner Congresses. Authentischer Text,* Leipzig 1878.

21 Vgl. den Text des Protestes in A. Saroukhan, *Journal asiatique,* Paris, 1915, Bd. I, S. 161–169.

22 F. de Pressensé, »La question arménienne«, *Revue des Deux-Mondes,* 1. Dezember 1895, S. 674.

5. Glut unter der Asche

1 J. Haslip, a.a.O., S. 122.

2 André Mandelstam, *Le Sort de l'Empire ottoman,* Paris 1917, S. 188.

3 Pierre Quillard, »Pour l'Arménie«, *Cahiers de la Quinzaine,* 3. Serie, Heft 19, Paris 1902, S. 59.

4 Marcel Léart, *La Question arménienne à la lumière des documents,* Paris 1913, S. 9.

5 Ebenda, S. 10.

6 *Population arménienne de la Turquie avant la guerre, Statistiques établies par le patriarcat arménien de Constantinople,* Paris 1920, S. 9, Anhang A.

7 Vital Cuinet, *La Turquie d'Asie,* Paris 1890–1895, 4 Bde.

8 Professor Vambéry (ein Turkophiler und persönlicher Freund des Sultans!), *Deutsche Rundschau,* Februar 1896.

9 M. Léart, a.a.O., S. 10–11. Die im französischen *Livre jaune* Dokument Nr. 1, 1893 genannten Zahlen (vgl. Anmerkung unten) können kaum aufrechterhalten werden, da der Autor selbst ihre Genauigkeit anzweifelt.

10 Viscount James Bryce, *Le Traitement des Arméniens dans l'Empire ottoman, extrait du Livre bleu,* Laval 1916, Vorwort von Arnold Toynbee, S. 92.

11 Die Nestorianer waren eine seit dem 5. Jahrhundert von Rom getrennte christliche Minderheit und stammten von den zehn nach Assyrien in die Gefangenschaft geführten hebräischen Stämmen ab. Sie lebten nördlich von Mossul im Hochtal des Tigris.

12 James H. Tashjian, *Turkey: Author of Genocide,* Boston 1965, S. 5–6.

13 V. Bérard, a.a.O., S. 209. Erst in der zweiten Hälfte des 19. Jahrhunderts dehnten die Kurden, zweifellos aufgrund demographischen Drucks, den Bereich ihrer Nomadenwanderungen nach Norden und Westen aus, wo sie sich den Winter über niederließen und von den Armeniern Tributzahlungen forderten.

14 M. Zarzecki, »La question kurdo-arménienne«, *Revue de Paris,* 15. April 1914.

15 A. Mandelstam, a.a.O., S. 190.

16 M. Zarzecki, a.a.O.

17 Vgl. die Analyse dieser Bücher in Rolin-Jaequemyns, a.a.O., S. 44–87. 1889 und 1890 erschienen zwei weitere *Blaubücher.*

18 Bericht von M. Saint-John, 11. Oktober 1880, *Blue Book Turkey,* Nr. 6 (1881), S. 196.

19 *Blue Book Turkey,* Nr. 10 (1879), S. 8 und 13–17.

20 *Blue Book Turkey,* Nr. 4 (1880), S. 50.

21 Johannes Lepsius, *L'Arménie et l'Europe. Un acte d'accusation contre les grandes puissances chrétiennes,* Lausanne 1896, S. 82.

22 Der die Finanz- und Justizverwaltung betreffende Text ist eine Zusammenfassung des Artikels von Rolin-Jaequemyns, a.a.O., S. 66–76.

23 Konsul Billietti (Trapezunt) schätzte, daß das nationale Sparvermögen dadurch um 80 bis 90 % reduziert wurde.

24 Der Artikel 62 garantierte die Gleichheit aller Bürger des Reiches vor dem Gesetz.

25 Vgl. den Gesamttext dieser Note in M. Léart, a.a.O., S. 32–37. Am 3. Oktober gab die Hohe Pforte den europäischen Mächten die geplanten Reformen bekannt, tat aber so, als habe sie keine Kenntnis von dieser gemeinsamen Note.

26 Vgl. den Text dieser Note im *Livre jaune,* S. 305–306 (Ministère des Affaires étrangères: Documents diplomatiques. *Livre jaune. Affaires arméniennes (1893–1897) et supplément (1895–1896),* Paris 1897). Roseberys Memorandum wurde von Botschafter Thornton nach dem Sturz des liberalen Kabinetts und ohne Wissen der neuen konservativen Regierung übergeben, die sich von der persönlichen Initiative ihres Vertreters distanzierte. (Vgl. den Artikel von A. Beylerian: »L'impéralisme et le mouvement national arménien (1885–1890)« *Relations internationales,* Nr. 3, Juli 1975, S. 19–54, wo man eine auf Dokumenten aus diplomatischen und privaten Archiven fußende Analyse der armenischen Frage in dieser Zeit findet.)

27 F. Nansen, *L'Arménie et le Proche-Orient,* Paris 1928.

28 A. du Velay, *Essai sur l'histoire financière de la Turquie,* Paris 1903. Bei den zur Disposition gestellten Steuern handelte es sich um Steuern auf Salz, Tabak, Gebührenmarken, Spirituosen, Fischerei und um evtl. Mehreinnahmen aus Zoll- und Patentgebühren etc.

29 G. Gaulis, *La Ruine d'un empire. Abdul-Hamid, ses amis, ses peuples,* Paris 1913, S. 128.

30 J. Haslip, a.a.O., S. 197.

31 Die türkische Armee war zu dieser Zeit mit Martini-Henry-Gewehren ausgerüstet. Mauser-Gewehre wurden später bestellt.

32 Harput ist das frühere Mamuret-ul-Aziz.

33 *Blue Book Turkey,* 1893, Nr. 3 und Nr. 6 und V. Bérard, a.a.O., S. 215–223.

34 Despesche des englischen Konsuls in Erzurum Charles S. Hampton vom 28. Februar 1891, zitiert in M. Mac Coll, »L'Arménie devant l'Europe«, *Revue des Deux-Mondes,* September–Oktober 1896.

35 *Blue Book, Turkey,* Nr. 1 (1890–1891).

36 Die religiösen Verfolgungen begannen 1892: Verbot von Gottesdiensten in Privathäusern; Verbot des Zugangs von Absolventen von Privatschulen (die in ihrer Mehrheit Armenier waren) zu öffentlichen Ämtern; Zensur sämtlicher Bücher, die nicht mit »dem bekannten Wort des Kalifen Omar« übereinstimmten; Verbot der Publikation von Auszügen aus den Evangelien in jedweder Sprache.

6. Die armenische revolutionäre Bewegung

1 Vgl. für eine detailliertere Analyse den langen, reich dokumentierten Artikel von Mme. A. Ter Minassian, »Le mouvement révolutionnaire arménien«, *Cahiers du monde russe et soviétique,* Bd. XIV, Oktober–Dezember 1973, S. 536–607.

2 *Livre jaune,* a.a.O., Dokument Nr. 6, S. 12.

3 Murad Bey, *Le Palais d'Yildiz,* S. 16 (zitiert von V. Bérard, a.a.O., S. 229).

4 M. Varandian, *L'Arménie et la Question arménienne,* Laval 1917, S. 57.

5 Daß die türkischen Behörden der Truppe den offiziellen Befehl erteilten, auf Armenier zu schießen, geschah zum ersten Mal seit Jahrhunderten.

6 L. Nalbandian, a.a.O., S. 84. Mitglieder, die ihren Schwur brachen, wurden mit einem schwarzen Kreuz bezeichnet und getötet.

7 Die Dokumentation über die »Beschützer des Vaterlandes« beruht auf einer einzigartigen Quelle, dem in armenischer Sprache abgefaßten Buch von H. M. Nishkian, *Die ersten Funken. Eine Episode der Erhebung in Erzurum,* Boston 1930.

8 Portukalian, Gründer einer höheren Schule in Van, war in Auseinandersetzungen mit der reaktionären armenischen Fraktion dieser Stadt geraten, die wiederholt seine Schule schließen ließ. Im Zuge der großen Auswanderungsbewegung von 1885, die eine große Anzahl von Armeniern nach Westeuropa und in die Vereinigten Staaten führte, ging er nach Frankreich ins Exil. Im Herbst dieses Jahres schlossen sich neun seiner ehemaligen Schüler zusammen und gründeten die Armenak-Partei. Bezügl. Portukalian vgl. E. Doumergue, *L'Arménie, les Massacres et la Question d'Orient,* Paris 1916, S. 155–161.

9 Vgl. die Zusammenfassung dieses Programmes in L. Nalbandian, a.a.O., S. 97–99. Hauptführer der Armenakaner war Megerditsch Terlemezian.

10 Anschlag auf eine Kurdenversammlung; auf Türken und Kurden; auf einen Polizeibeamten in Van (16. Oktober 1892). *Blue Book Turkey,* Nr. 3 (1896), S. 53–54 und S. 62.

11 Außer Nazarbekian und Frau Maro, Gabriel Kafian, Ruben Khan-Azat, Nicoli Martinian (die beiden letzteren aus Genf), Gevorg Gharadjian und Christopher Ohanian (aus Montpellier), dann Levon Stepanian. Die Gruppe fluktuierte jedoch; einzelne Mitglieder zogen sich zurück, andere kamen hinzu. Einer der Gründer, Gharadjian, verließ sie wenig später, als einer seiner Artikel zurückgewiesen worden war. (Vgl. L. Nalbandian, a.a.O., S. 105–108 und 115).

12 *Hintschak* (Oktober–November 1888). Varianten der Transliteration: Hentschag, Huncheg, Hunchak, Henchak, Hintchag.

13 Erst 1896 gab sich die Partei den offiziellen Namen »Revolutionäre Hintschakistische Partei«. Da das Kabinett Gladstone ihr gegenüber eine wohlwollende Haltung an den Tag gelegt hatte, ließ sich das Propagandakomitee der Partei in London nieder.

14 Die Verfasser des Programms waren in direktem Kontakt mit den russischen revolutionären Bewegungen, vor allem mit Vera Zassulitsch und Georg Plekhanow; Frau Maro war Mitglied der »Narodnaja Volja«. Vgl. weiter unten den Abschnitt über die revolutionären Bewegungen in Rußland.

15 Er war 1888 als Nachfolger von Mgr. Vehapetian zum Patriarchen von Konstantinopel gewählt worden. Vehapetian war Nachfolger von Mgr. Varjapetian, der Ende 1884 überraschend gestorben war.

16 Bei dem Zusammenstoß gab es Tote auf beiden Seiten. Djangulian wurde zu lebenslänglicher Haft verurteilt, 1896 jedoch freigelassen.

17 *Blue Book Turkey*, Nr. 1 (1890–1891), S. 62–63. Stambul war ein Stadtteil von Konstantinopel.

18 Schüler der islamischen religiösen Schulen.

19 V. Bérard, a.a.O., S. 236.

20 Die *Hintschakisten* hatten sich bemüht, den Verdacht der Regierung auf das amerikanische College und die amerikanische Mission abzulenken. Durch ein Mitglied des *Hintschakisten*-Komitees informiert, bat Khosrev Pascha, der Polizeikommandant von Sivas, die Missionare, ihn zu einem »Freundschaftsbesuch« zu empfangen. Dabei sah er ein Druckgerät vom gleichen Typ wie dasjenige, mit dem die Plakate angefertigt worden waren. Vgl. E. Bliss: *Turkey and the Armenian Atrocities*, London 1896, S. 236–240, und P. Quillard, a.a.O., S. 67–68.

21 *Livre jaune*, op. cit., Dokumente 4 und 5, S. 9–10.

22 *Blue Book Turkey*, Nr. 3 (1896), S. 119–123 und 190, und V. Bérard, a.a.O., S. 171–172.

23 P. Quillard, a.a.O., S. 70 und *Blue Book Turkey*, Nr. 3 (1896), S. 197–198.

24 P. Quillard, a.a.O., S. 70–71.

25 Die Armenier sprachen seit Jahrhunderten Neu-Armenisch, während alle Publikationen in Alt-Armenisch abgefaßt wurden.

26 Unter dem Einfluß des Vorsitzenden der Heiligen Synode Poibiedonostew, der von wildem Haß auf das liberale Werk des Armeniers Loris Melikov erfüllt war, hatte die zaristische Regierung nach der Ermordung Alexanders II. 1881 eine panslawistische Politik der Armenierverfolgungen eingeleitet, um sie zu zwingen, sich zur orthodoxen Religion zu bekehren.

27 H. Pasdermadjian, a.a.O., S. 386.

28 L. Nalbandian, a.a.O., S. 145–148.

29 Das Hauptquartier wurde in Trapezunt in Türkisch-Armenien eingerichtet, doch blieb Tiflis das Zentrum der Aktivitäten. Das Zentralkomitee setzte sich aus fünf Mitgliedern zusammen: Christopher Mikaelian, Simon Zavarian, Abraham Dastakian, H. Loris Melikian und Leon Sarkissian. Die *Daschnak*-Partei gab in Tiflis die Zeitung *Droschak* heraus; in Genf publizierte Nazarbekian für die *Hintschak*-Partei weiter eine Monatszeitschrift. *Daschnak* wird auch Dashnak, Dashnag, Tashnak oder Tashnag transliteriert.

30 L. Nalbandian, a.a.O., S. 152–153.

31 Vgl. den Text des Manifests in *The Manifest of the Federation of Armenian Revolutionaries,* veröffentlicht durch das Central Committee of the American Branch of the Armenian Revolutionary Federation, Boston 1934. Von der Nr. 4 an bis 1914 wurde *Droschak* in Genf publiziert.

32 L. Nalbandian, a.a.O., S. 155–161, P. Quillard, a.a.O., S. 71–73, und Gabriel Lazian, *Armenien und die armenische Frage im Lichte der armenisch-russischen Verträge* (in armenischer Sprache), Kairo 1957, S. 285–293.

33 *Droschak,* August–September 1894.

34 Die Yesiden waren eine religiöse Minderheit kurdischer Sprache. Eines ihrer Dogmen war die zukünftige Rehabilitierung des gefallenen Engels.

35 Dieses in Persien gelegene Kloster nahm eine strategische Position an der Route Salmast-Van ein und wurde von einem Geistlichen geleitet, der unter dem Pseudonym Zaki vor allem für seine revolutionären Aktivitäten bekannt wurde. Türken und Kurden unternahmen am 21. Juni 1894 eine Strafexpedition zu dem Kloster, wurden aber zurückgeschlagen.

36 A. Mandelstam, *La Société des nations et les puissances devant le problème arménien*, Paris 1926, S. 272–273.

37 M. Graves, britischer Konsul in Erzurum, am 28. Januar 1893, zitiert im *Blue Book Turkey*, Nr. 6 (1896), S. 222–224.

38 Sir Philipp Currie, Botschafter in Konstantinopel, am 28. März 1894, a.a.O., S. 58.

7. Sason

1 Pseudonym von Hampartsum Boyadjian.

2 *Livre jaune*, op. cit., Dokument Nr. 9–10. Das Kapitel wurde bewußt ausschließlich auf der Basis des *Livre jaune* und der beiden *Blue Books Turkey* von 1895 abgefaßt, wo fünfhundert Seiten alleine diesem Ereignis gewidmet sind. Angesichts der übergroßen Zahl der Zeugenaussagen und ihrer Widersprüchlichkeit schon in diesen offiziellen Dokumenten, die doch das Ergebnis umfangreicher Nachforschungen sind, ist es unmöglich, Einzelerklärungen mit einzubeziehen, deren Objektivität angezweifelt werden könnte.

3 Depesche Paul Cambons an G. Hanotaux vom 20. November 1894, *Livre jaune*, Dokument Nr. 12, S. 18.

4 Er wurde bedroht, sein Haus von einem Gendarmen durchsucht. Auf die heftige Reaktion Paul Cambons hin wurde der Gendarm festgenommen und ein Polizeibeamter entlassen.

5 *Livre jaune*, op. cit., S. 96.

6 *Blue Book Turkey*, Nr. 1 (1894), S. 71, Depesche vom 17. Dezember 1894.

7 Vgl. den vollständigen Text im *Livre jaune*, op. cit., S. 45–56.

8 Ebenda, S. 72–75.

9 *Livre jaune*, Depesche vom 5. August 1895, Dokument Nr. 84, S. 87.

10 F. Nansen, a.a.O., S. 319.

11 V. Bérard, a.a.O., S. 187–188.

8. Die Massaker von 1895

1 Die Wahl Mgr. Izmirlians zum Patriarchen erfolgte am 19. Dezember 1894, als die armenische Gemeinde noch unter dem Eindruck der Ereignisse von Sason stand. Obwohl Mgr. Izmirlian als entschiedener Verteidiger der armenischen Sache galt (man nannte ihn den »eisernen Patriarchen«), hatte der Sultan die Wahl bestätigen müssen.

2 *Livre jaune*, op. cit., Dokument Nr. 91, S. 139.

3 Ein Freund Armeniens, *La Vérité sur les massacres d'Arménie*, Paris, Stock, 1896, S. 27–32. (Zitierte Zeitung *L'Arménie* vom 1. November 1895, und V. Bérard, op. cit., S. 157–159). Der Autor des Manifestes soll Bab-Ali sein.

4 *Livre jaune*, op. cit., Dokument Nr. 101, S. 144.

5 Ein Freund Armeniens, op. cit., S. 29–30.

6 Man schätzt ihre Zahl auf über zweitausend.

7 *Livre jaune*, Dokument Nr. 104, S. 146.

8 Ebenda, S. 143–150.

9 Ebenda, S. 151.

10 Ebenda, Dokument Nr. 12, S. 152.

11 Der *moavin* ist der Beigeordnete des *vali* oder des *mutessarif*. Das Wort bedeutet etwa »Generalsekretär«.

12 Vgl. den vollständigen Text im *Livre jaune*, op. cit., S. 156–162.

13 Ebenda, S. 149.

14 Eine klare chronologische Darstellung der Massaker von 1895 ist nicht möglich, da die verschiedenen Vorfälle fast gleichzeitig stattfanden. Eine separate Analyse der Vorgänge in den verschiedenen *vilayets* ist also vorzuziehen. Die Darstellung der Ereignisse von Trapezunt basiert auf einem 1896 von den sechs Botschaftern veröffentlichten Bericht, der auf der Grundlage der Meldungen der einzelnen Konsuln erstellt worden war. *Livre jaune*, Dokument Nr. 178, S. 199–211. Brief aus Trapezunt vom 27. November 1895, veröffentlicht in: Ein Freund Armeniens, op. cit., S. 32–34.

15 Bericht des französischen Konsuls in Trapezunt, M. Gillière, vom 15. Oktober 1895, Dokument Nr. 10 des Anhangs des *Livre jaune*, S. 7–13.

16 *Livre jaune*, op. cit., S. 199–201, und E. Bliss, a.a.O., S. 415–425.

17 H. Lynch, a.a.O., Bd. II, S. 198–224.

18 *Les Massacres d'Arménie, témoignages des victimes*, Autor anonym (Vorwort von Georges Clemenceau), Paris 1896, S. 43.

19 Ein Freund Armeniens, a.a.O., S. 45 und *Les Massacres d'Arménie*, op. cit., S. 68.

20 *Livre jaune*, S. 202, und *Les Massacres d'Arménie*, op. cit., S. 70–90. Die dem Patriarchat zugegangenen Berichte und die von Armeniern ins Ausland gesandten Briefe sind nach dem Julianischen Kalender datiert, während die Berichte der Konsuln nach dem Gregorianischen Kalender datiert sind. War der Wochentag angegeben, so haben wir Daten nach dem Julianischen Kalender in das System des Gregorianischen Kalenders übertragen.

21 H. Lynch, a.a.O., Bd. II, S. 145–159.

22 *Livre jaune*, op. cit., S. 202–203.

23 Das berühmte Kloster Ağtamar am Van-See war der Sitz eines Katholikosats, das ebenso wie die Katholikosate von Sis und Jerusalem dem Katholikosat von Etschmiadzin unterstand.

24 *Massacres d'Arménie*, op. cit., S. 102–121.

25 *Livre jaune*, op. cit., S. 203–204 und *Les Massacres d'Arménie*, op. cit. S. 122–214.

26 Garabed Thoumaian, *Les Massacres en Arménie*, Paris 1897, S. 96–98. Palu liegt im *vilayet* Diyarbakir.

27 Bericht des französischen Konsuls in Diyarbakir M. Meyrier, Anhang des *Livre jaune*, Dokument Nr. 44, S. 28–33; *Livre jaune*, op. cit., S. 166–170 und S. 204–205 und V. Bérard, a.a.O., S. 55–61.

28 Der im Oktober 1894 zum *vali* von Diyarbakir ernannte Aniz Pascha war für seinen religiösen Fanatismus bekannt. Schon als er *mutessarif* von Mardin war, hatten die europäischen Konsuln seinen Mißbrauch der Macht angeprangert. Als erste Amtshandlung hatte er die Oberhäupter der christlichen Gemeinden gezwungen, eine Dankadresse für seine Nominierung an den Sultan zu richten.

29 *Livre jaune*, op. cit., S. 174–175 und 205–207. Jean-Marie Carzou, *Un génocide exemplaire*, Paris 1975, S. 75–79 (nach dem Tagebuch Mme. Barliers, der Frau des französischen Vizekonsuls).

30 *Massacres d'Arménie*, op. cit., S. 225–226.

31 *Livre jaune*, op. cit., S. 207–209.

32 Bericht des englischen Konsuls Fitzmaurice vom 16. März 1896 (G. Thoumaian, a.a.O., S. 112–114), Ludovic de Contenson, *Chrétiens et Musulmans*, Paris 1901, S. 57–62 und Anhang des *Livre jaune*, op. cit., Nr. 62 und 63, S. 47–51. Clemanceau, a.a.O., S. 238–258.

33 Der Priester spendete 1800 Personen die Kommunion und schrieb diese Zahl an eine der Säulen der Kirche, wo sie entdeckt wurde.

34 Vgl. Bericht Fitzmaurices, Thoumaian, a.a.O., S. 117–125.

35 *Livre jaune*, S. 209–210.

36 Der *mufti* ist ein religiöser Richter. Seine Funktion – sie ist wichtiger als diejenige des *kadi* – ist die letzte Entscheidung strittiger Fragen des zivilen bzw. religiösen Rechtes.

37 J. Lepsius, *L'Arménie et l'Europe*, op. cit., S. 71.

38 J. Lepsius, a.a.O., S. 65.

39 L. Leclère, zitierter Artikel, S. 521.

40 Vgl. unten die Affäre Pater Salvatore.

41 L. Leclère, zitierter Artikel, S. 523, und F. Nansen, a.a.O., S. 321.

42 Islamische Priester, die zu bestimmten Stunden von den Minaretten der Moscheen aus die Gläubigen zum Gebet aufrufen.

43 Clemanceau, zitiert im Vorwort zu *Massacres d'Arménie*, op. cit., S. 11.

44 Bezüglich der türkischen Gefängnisse vgl. J. Lepsius, a.a.O., S. 93–96.

45 Doktoren der islamischen Theologie.

46 A. Vandal, *Les Arméniens et la Réforme de la Turquie*, Paris 1897, S. 21.

9. Das Jahr 1896

1 Anatole France, *Trente ans de vie sociale*, Genf 1971. Brief der Anglo-Armenian Association an die Londoner Konferenz vom 29. Juni 1904, Bd. I, S. 249.

2 *Livre jaune*, op. cit., Dokument Nr. 118, S. 165.

3 Ebenda, Dokument Nr. 135, S. 178.

4 Ebenda, Dokument Nr. 124, S. 173.

5 Ebenda, Dokument Nr. 190, S. 190.

6 Anhang des *Livre jaune,* Affäre Zeytun, S. 52–85, sowie Aghassi, a.a.O., S. 181–318. Aghassi war einer der *hintschakistischen* Anführer des Widerstands von Zeytun.

7 Letztere wurden nach Mersin gebracht, wo sie sich nach Frankreich einschifften. Zu unterscheiden ist zwischen den sechs Mitgliedern des *hintschakistischen* Komitees, die den Aufstand in der Türkei leiteten (vier, genannt die vier Barone, kamen aus Europa, zwei aus Armenien) und den vier Fürsten, die die Häupter der großen Familien von Zeytun waren.

8 *Livre jaune,* op. cit., S. 196 und S. 212–214 und Anhang des *Livre jaune,* Bericht des Oberstleutnants de Vialar, Juli 1896, Nr. 231, sowie Aghassi, a.a.O., S. 247–254.

9 *Journal officiel* vom 23. Februar 1897. Rede von Denys Cochin vor dem Abgeordnetenhaus am 22. Februar.

10 V. Bérard, a.a.O., S. 348–354.

11 *Livre jaune,* op. cit., Dokument Nr. 254, S. 272–278; P. Quillard, *Pour l'Arménie,* S. 131–147 (Bericht des armenischen Zeugen Manaskitsch); G. Auboyneau, *La Journée du 26 août 1896 à la Banque impériale ottomane à Constantinople,* Paris 1921.

12 V. Bérard, a.a.O., S. 355–357.

13 F. Macler, a.a.O., S. 148–149.

14 Einer der beiden heißt Armen Garo Pasermadjian. Sein Sohn, Hrand Pasdermadjian, widmete ihm später die in diesem Buch öfter zitierte *Histoire de l'Arménie.*

15 Sie werden interniert, isoliert und von der Polizei vernommen. Der Minister Hanotaux läßt sie aus dem französischen Staatsgebiet ausweisen: zwei von ihnen werden am 19. September zur Schweizer Grenze gebracht, die fünfzehn anderen reisen am folgenden Tag nach Argentinien ab.

16 *Livre jaune,* op. cit., Dokumente Nr. 243, S. 247 und Nr. 254, S. 272–278. Während dieser Ereignisse war Paul Cambon in Frankreich in Urlaub; die Botschaft wurde von M. de la Boulinière geleitet. Außerdem V. Bérard, a.a.O., S. 2–31.

17 P. Quillard, a.a.O., S. 145–147.

18 H. Pasdermadjian, a.a.O., S. 354–355.

19 *Livre jaune,* op. cit., Dokument Nr. 254, S. 279–280.

20 Ebenda, Nr. 252, S. 271–272.

21 Ebenda, Dokumente Nr. 272 und 273, von Gabriel Hanotaux an Paul Cambon gerichtet.

22 P. Quillard et L. Margery, *La Question d'Orient et la Politique personnelle de Monsieur Hanotaux,* Paris, Stock, 1897, S. 32–35. Hanotaux war ein überzeugter Anhänger Abdul-Hamids, für den er in einem am 1. Dezember 1895 anonym in der *Revue de Paris* erschienenen Artikel eingetreten war. Zum Dank hatte ihm der Sultan den Imtiaz-Orden, den Titel Exzellenz und den Generalsrang verliehen.

23 *Livre jaune,* op. cit., Dokument Nr. 284, S. 313–319.

24 Max Choublier, *La Question d'Orient depuis le Traité de Berlin,* Paris 1897, S. 427.

25 J. Bliss, a.a.O., S. 553–554.

26 J. Lepsius, a.a.O., S. 59.

27 Sir Edwin Pears, *Life of Abdul-Hamid,* New York 1917, S. 239.

28 Laut *Novesty* (St. Petersburg), Januar 1897.

29 P. Quillard und L. Margery, a.a.O., S. 21.

30 P. Rohrbach, a.a.O., S. 194.

31 F. Nansen, a.a.O., S. 325.

32 Ebenda.

33 Pasdermadjian, a.a.O., S. 368.

34 Jean Jaurès erklärte am 22. Februar 1897 vor dem Parlament: »Es sind die Massaker, die die Orient-Frage wieder aufgeworfen haben. Die Massaker haben stattgefunden, weil wir nicht energisch genug Reformen für die Armenier gefordert haben. Die französische Regierung hat sich drei Jahre lang, von 1894 bis 1897, mit leeren Versprechungen, leeren Beteuerungen, leeren Worten und leeren Drohungen begnügt. Doch dahinter verbarg sich die Realität der Unterdrückung, die Realität des Massakers.« Vgl. *Journal officiel* vom 23. Februar 1897 (Sitzung vom 22. Februar).

35 Ihr Chefredakteur, Pierre Quillard, der an armenischen Schulen in der Türkei gelehrt hatte, widmete den größten Teil seiner Tätigkeit der armenischen Sache. Der Redaktionssekretär Jean Longuet unterstützte ihn dabei. *Pro Armenia* vertrat in den folgenden Jahren Frankreich auf den internationalen pro-armenischen Kongressen. Bis Ende 1908 erschien es zweimal monatlich. Von Dezember 1912 bis Dezember 1913 erschien die Zeitschrift unter dem Namen *Pour les Peuples d'Orient,* von Dezember 1913 bis Sommer 1914 erneut unter dem Titel *Pro Armenia.*

36 Die Kaiserwitwe, Tochter der Königin Viktoria, versuchte vergeblich, ihn zu einem Eingreifen zugunsten der Armenier zu bewegen. Vgl. Pasdermadjian, a.a.O., S. 370.

37 *Mechveret* (französische Beilage), 1. Oktober 1896, Nr. 20, vgl. A. Beylerian, zitierter Artikel, S. 52.

10. Der rote Faden

1 Vgl. die Dissertation von Jacques Thobie, *Les Intérêts économiques, financiers et politiques français dans la partie asiatique de l'Empire ottoman (1895–1914),* Université de Paris 1973.

2 V. Bérard, *La Révolution turque,* Paris 1909, S. 277.

3 Statt des traditionellen und obligatorischen Turbans.

4 Rouben Der Minasian, *Armenian Freedom Fighters,* Boston 1963, S. 70–71.

5 Von der armenischen *Daschnak*-Partei auf dem internationalen sozialistischen Kongreß in Kopenhagen vorgelegter Bericht verfaßt von M. Varandian, Genf 1910, S. 26–27.

6 R. Der Minasian, a.a.O., S. 72–75.

7 Ebenda, S. 123–163.

8 P. Quillard, a.a.O., S. 84–88.

9 R. Der Minasian, a.a.O., S. 79–89.

10 P. Quillard, a.a.O., S. 44–49.

11 *Sassoun et les Atrocités hamidiennes,* Genf, 1904. Vom *Droschak* veröffentlichte Sammlung von Zeitungsartikeln.

12 Bericht der Armenischen Revolutionären Föderation auf dem internationalen Sozialistischen Kongreß von London am 25. Juli 1896 (verfaßt in Genf von der Redaktion des *Droschak*). Ab 1896 verliert die *Hintschak*-Partei, geschwächt durch eine Spaltung – die Gründung der reformierten *Hintschak*-Partei in Alexandria –, nach und nach ihren Einfluß in den armenischen Provinzen (behält ihn aber in Kilikien). Von da an sind die revolutionären armenischen Aktionen meist mit denen der ARF gleichzusetzen.

13 Jacques Bayac, Laura Engelstein, René Girault, E. L. Keenan, Avraham Yassour: *Sur 1905,* Paris 1974, S. 112.

14 Plehve verfolgte vor allem die Juden und organisierte die Progrome von Kichinew.

15 Auf ihrem Kongreß in Paris 1900 hatte die II. Internationale einen Beschluß gefaßt, der die sozialistischen Parlamentarier aller Länder aufforderte, für das unterdrückte armenische Volk einzutreten, wo immer dies nötig sei. Anläßlich der Ereignisse in Sason veröffentlichte das Internationale Sozialistische Büro am 18. Oktober 1901 erneut einen Appell, auf den die französischen Sozialisten als erste antworteten. (Vgl. Akten des Kolloquiums »Jaurès et la Nation«, veröffentlicht von der geisteswissenschaftlichen Fakultät der Universität Toulouse, 1965, S. 48. Zum Kongreß von 1900, vgl. Edouard Bernstein: *Les Souffrances du peuple arménien et les Devoirs de l'Europe,* Genf 1902).

16 A. Ter Minassian, zitierter Artikel, S. 559.

17 Die *Daschnak*-Partei hatte zu dieser Zeit 165000 Mitglieder, die sich auf 4000 Sektionen verteilten. Über 3000 davon befanden sich in Rußland, die übrigen in Türkisch-Armenien und in Persien.

18 A. Ter Minassian, zitierter Artikel, S. 559.

19 Jacques Droz, *Histoire générale du socialisme,* Paris 1974, Bd. II; vgl. Kapitel über die II. Internationale von Annie Kriegel, S. 555–583. Vgl. auch Georges Haupt, Michael Lowy, Claudie Weill, *Les Marxistes et la Question nationale (1848–1914),* Paris 1974.

20 A. Ter Minassian, zitierter Artikel, S. 561. Vgl. im Buch von J. Droz, op. cit., das Kapitel von J. Chesneaux über den »Sozialismus in der arabo-asiatischen Welt«, S. 531–552. Zur II. Internationale die grundlegende Studie von Georges Haupt, *La IIe Internationale. Etude critique des textes,* Paris 1964.

21 Richard G. Hovannisian, *Armenia on the Road to Independence,* Berkeley, Los Angeles 1967, S. 19. Die Russische Sozialdemokratische Arbeiterpartei wurde ab 1900 von Lenin geleitet, der nach Genf emigriert war. Im Laufe des 2. Kongresses von 1903 teilt sich die Partei in zwei Strömungen: Bolschewismus und Menschewismus.

22 Christopher Mikaelian, Organisator des Attentats und einer der Gründer der ARF, kam in Bulgarien beim Hantieren mit Sprengstoff ums Leben.

23 Die russische Revolution von 1905 beschleunigte in Persien die Entwicklung

der sozialistischen Bewegung, die 1906 vom Schah liberale Reformen und die Einberufung eines Parlaments erreichte. Eine Konterrevolution wurde 1907 erstickt.

24 H. Pasdermadjian, a.a.O., S. 379.

25 A. Bennigsen und C. Lemercier-Quelquejay, *L'Islam en Union soviétique,* Paris 1968, S. 46.

26 Ali Hüseyin-zade (1864–1941). Geboren in Saljan, in der Provinz Baku. Nach glänzendem Studium in St. Petersburg begab er sich nach Konstantinopel, wo er einer der Gründer der Osmanischen Union war (siehe unten). Wegen seiner politischen Tätigkeit wurde er ausgewiesen. Er flüchtete nach Aserbeidschan und nahm zusammen mit Ahmed Agaev an der nationalistischen Bewegung teil. Nach seiner Rückkehr nach Konstantinopel 1910 bezog er wieder seinen Lehrstuhl an der Militär-Medizinschule und wurde zum Mitglied des Zentralkomitees des *Ittihad* ernannt (1910–1911).

Ahmed Agaev (Aga Oglu) (1865–1939). Stammte aus Schuscha (Aserbeidschan). Studierte in Baku, St. Petersburg und Paris, wo er mit Ahmed Riza und Dr. Nazim zusammentraf. Kehrte nach Baku zurück und emigrierte 1908 nach Konstantinopel. Arbeitete an der französisch geschriebenen unionistischen Tageszeitung *Le Jeune Turc* mit.

27 Serge A. Zenkovsky, *Pan-Turkism and Islam in Russia,* Cambridge, Massachusetts 1960, S. 95. Vgl. auch zum Verständnis der Ereignisse in Baku: J. Baynac, a.a.O., S. 49–97 und S. 99–153.

28 V. Bérard, *L'Empire russe et le Tsarisme,* Paris 1905, S. 257 und S. 267–268.

29 Nach der Formulierung von J. Baynac, a.a.O., S. 98.

30 Siehe unten den Absatz über den Osmanismus.

31 Yusuf Akçura (1876–1933) entstammte einer reichen Industriellenfamilie aus Simbirsk, studierte zuerst in Konstantinopel, dann in Paris. Kam 1903 nach Kazan zurück und spielte eine führende Rolle in pantürkistischen Kreisen. Wanderte 1908 in die Türkei aus und gründete 1911 die berühmte Zeitschrift *Türk Yurdu*. Zu den Kongressen der Muslims in Rußland vgl. S. Zenkovsky, a.a.O., S. 38–39 und A. Bennigsen, a.a.O., S. 54–55.

32 Das Wort *turanisch* ist keine ethnische oder geographische Bezeichnung. Seine ethnische und geographische Interpretation hat daher eine irrationale, metaphysische Bedeutung. Turan, das Land der Turaner, ist ein Land mit öden Gebirgen und weiten Steppen, vielen Seen und großen Strömen. Über Anatolien hinaus dehnt es sich im Süden des Kaspischen Meeres über die nördlichen Provinzen des Iran und im Norden des Kaspischen Meeres bis nach Afghanistan, Usbekistan, Kasakstan, Kirgisistan und Sinkiang zum Altai-Gebirge hin, wo die Wiege der turanischen Rasse stand – Zentralasien, wo die Stämme einst in den großen Reichen Attilas, Dschingis Khans und Tamerlans vereint waren. Osmanli-Türken, Aserbeidschaner, Tataren, Baschkiren, Turkmenen, Usbeken, Kasaken, Kirgisen, Jakuten, Altaier und sogar Mongolen gehören alle der gleichen Rasse an. Alle sind sich ihres Turaniertums bewußt und haben nur einen Wunsch: den uralten Kampf Turas gegen Aria, den Kampf der fünfzig Millionen Turaner gegen das arische Europa wiederaufzunehmen. Vgl. Zarevand (Pseudonym von Zaven und Vartanhie Nalbandian), *United and Independent Turania. Aim and Design of*

the Turks, Leiden 1971, S. 41–43. Das Buch von Zarevand wurde erstmals 1926 veröffentlicht.

33 Bernard Lewis, *The Emergence of Modern Turkey,* London, Oxford, New York, S. 173 (mit vorwiegend türkischer Bibliographie zur Bewegung der Jungen Osmanen).

34 Ernest Edmundson Ramsaur, *The Young Turks. Prelude to the Revolution of 1908,* Princeton 1957, S. 22–25, und T. Tunaya, *Türkiyede Siyasî Partiler (1859–1952)* (Geschichte der türkischen Parteien), Istanbul 1958, S. 108–110.

35 *Hatt-i şerif* und *hatt-i hümayun,* Dekrete, die den *tanzimat* definieren.

36 Paul Fesch, *Constantinople aux derniers jours d'Abdul-Hamid,* Paris 1907, S. 366–376.

37 B. Lewis, a.a.O., S. 203–204.

38 P. Fesch, a.a.O., S. 384–387.

39 Victor Bérard, *La Mort de Stamboul,* Paris 1913, S. 98.

40 Kongreß der Oppositionsparteien des Osmanischen Reiches 1907, Paris 1908, zitiert von E. Ramsaur, a.a.O., S. 124.

11. Der Rat für Einheit und Fortschritt

1 1904 kapitulierte die von den Russen besetzte Stadt Port-Arthur vor den japanischen Streitkräften. Im Januar 1905 befahl der Zar der Garde, auf einen Demonstrationszug von Streikenden zu schießen. Dieser »rote Sonntag« war der Anfang von Unruhen, die erst aufhörten, als der Zar ein konsultatives Parlament, die Duma, zuließ.

2 Ausgangspunkt der Jungtürkenrevolution war das Mazedonienproblem. Zwölf Jahre lang bemühten sich Österreich-Ungarn und Rußland gemeinsam, die verschiedenen Nationalitäten Mazedoniens zusammenzuhalten, doch gab es in diesen Jahren eine ununterbrochene Folge von Attentaten, Massakern und Repressionsmaßnahmen der nationalistischen Gruppen untereinander und der Türken gegen sie. Das Eingreifen Europas (Programm von Mürtzeg 1903) stellte Mazedonien unter Schutzherrschaft. Die anarchischen Verhältnisse dauerten jedoch fort, und die politische Neuorientierung der Großmächte (Dreierabkommen, Treffen zwischen Eduard VII. und Nikolaus II.) besiegelte das Scheitern des österreichisch-russischen Abkommens.

3 B. Lewis, a.a.O., S. 212

4 Abdul-Hamid lebte zurückgezogen in seinem Palast in Yildiz.

5 A. Sarrou, *La Jeune Turquie et la Révolution,* Paris 1912, S. 19–35.

6 Dies gewährte Abdul-Hamid nur einen kurzen Aufschub; 1909 wurde er durch eine Konterrevolution gestürzt.

7 V. Bérard, La Mort de Stamboul, a.a.O., S. 261.

8 T. Tunaya, a.a.O., S. 199. Talât (1874–1921), einer der führenden Köpfe des Rates für Einheit und Fortschritt; ehemaliger Vizedirektor des Fernmeldeamtes in Saloniki; mehrmals Innenminister. Enver (1881–1922) Held der Revolution von 1908, wurde Brigadegeneral und im Januar 1914 Kriegsminister im Kabinett Said

Halim; heiratete im März 1914 eine Nichte des Sultans; wurde am Anfang des Krieges Vize-Generalissimus. Hüseyin Kadri (1870–1934), 1912 und 1914 Abgeordneter von Balikesir. Midhat Şükrü (1874–1947) Gründungsmitglied des Rates für Einheit und Fortschritt von Saloniki; Abgeordneter von Serez (1908) und Drama (1912). Mustafa Hayri (1867–1921) 1911 Justizminister; 1911–1912 und 1913–1914 Evkafs-Minister; Şeyh-ül-Islam von März 1914 bis Mai 1916. Habib Bey, Teilnehmer an dem 1908 von Niazi angeführten Aufstand; 1908 und 1912 Abgeordneter von Bolu. Ipekli Hafiz Ibrahim, seit 1889 in der Opposition; 1908 und 1912 Abgeordneter Albaniens. Ahmed Riza (1859–1950) wurde 1908 und 1912 zum Abgeordneten von Konstantinopel gewählt, war Präsident des Abgeordnetenhauses. Wegen seiner konservativen Ideen und seines geringen nationalistischen Enthusiasmus wurde er 1912 in den Senat abgeschoben. Er kritisierte wiederholt die Politik des *Ittihad*.

9 Eyüb Sabri (1876–1950), einer der militärischen Führer des Aufstandes von 1908. Omer Naci (1880—1916) Politiker und Soldat, stand Dr. Nazim und Behaeddin Şakir sehr nahe. Dr. Nazim (1870–1926), eines der ältesten Mitglieder des Komitees von Konstantinopel; beendete sein Medizinstudium in Paris und arbeitete mit Ahmed Riza zusammen. 1907 nach Saloniki zurückgekehrt, setzte er sich für die Verschmelzung der Gruppen von Paris und Saloniki im Rat für Einheit und Fortschritt ein; er blieb im Hintergrund, seine offizielle Stellung war die eines Direktors des Krankenhauses von Saloniki; 1918 wurde er Unterrichtsminister. Haci Adil (1869–1935), ehemaliger Rechtsanwalt; blieb im Komitee unabhängig und schloß sich keiner Fraktion an. Ziya Gökalp (1876–1924), geboren in Diyarbakir, kam 1896 nach Konstantinopel. Ein Jahr darauf wurde er wegen revolutionärer Tätigkeit nach Diyarbakir verbannt, wo er bis 1909 blieb.

10 Uriel Heyd, *Foundations of Turkish Nationalism. The Life and Teachings of Ziya Gökalp,* London 1950, S. 63. Die Theorie des Türkismus beruhte auf der Ablehnung der drei ideologischen Tendenzen des türkischen Nationalismus: Osmanismus, Panislamismus und Pantürkismus. Sie verwarf den Begriff »Osmanische Nation«, da das Osmanische Reich verschiedene Nationalitäten mit verschiedenen Kulturen umfaßte. Desgleichen konnte der Panislamismus keine nationalistische Doktrin sein, da der Islam eine Religionsgemeinschaft war. Was den Pantürkismus anlangt, dem Gökalp jedoch weiterhin nahestand, so war er nur ein fernes Ziel, und der Türkismus war die erste Etappe auf dem Weg zu ihm. Gökalp entwickelt diese Ideologie in *Die Fundamente des Türkismus,* Ankara 1923. Vgl. auch Richard Hartmann, *Ziya Gökalps Grundlagen des türkischen Nationalismus,* in *Orientalische Literaturzeitung,* September–Oktober 1915, S. 578–610, und Jean Deny, *»Ziya Gökalp« Revue du monde musulman,* 1915, Bd. LXI, S. 1 ff.

11 Ahmed Nesîmi (gestorben 1958) entstammte einer reichen kretischen Familie, studierte an der Hochschule für Politik in Paris, war Schützling des Großwesirs Ibrahim Haki (der 1915 Botschafter in Berlin wurde). Ali Fethi (1880–1943), ehemaliger Offizier; 1912 und 1914 Abgeordneter. Vgl. oben die Biographie Hüseyin-zades.

12 Mehmed Emin Rasul-zade war 1905 einer der Gründer der Türkischen Sozialistischen Partei, der *Hümmet* (gegenseitige Hilfe) gewesen. 1911 gründete er

die *Mussawat*-Partei (Gleichheitspartei), die sich zum Sprecher des aserbeidscha-
nischen Nationalismus machte.

13 Die Liste der Mitglieder des Zentralkomitees findet sich bei T. Tunaya,
a.a.O., S. 198–199; ihre Biographie beruht vor allem auf Feraz Ahmad, *The
Young Turks*, Oxford 1969, S. 166–180. Behaeddin Şakir (1877–1922): Arzt, 1891
wegen revolutionärer Tätigkeit aus Erzurum verbannt; floh nach Ägypten und
Paris, wo er mit Ahmed Riza zusammenarbeitete. Nach der Revolution wurde er
weder Abgeordneter noch Minister. Mehmed Said Halim Pascha (1863–1921):
Enkel von Mehemet Ali und Mitglied der ägyptischen Königsfamilie; 1914 Großwesir. Küçük Talât (Talât der Kleine): so genannt im Unterschied zum Minister
Mehmed Talât (Abgeordneter von Izmir). Kara Kemal, Abgeordneter von Konstantinopel. Atif Riza, Abgeordneter von Bursa. Zehn von diesen zwölf Männern
(ausgenommen Eyüb Sabri und Emrullah) wurden im Unionisten-Prozeß 1919
angeklagt.

14 Henri Morgenthau, *Mémoires de l'ambassadeur Morgenthau*, Paris 1919,
S. 28.

15 Harry Stuermer, *Zwei Kriegsjahre in Konstantinopel*, Lausanne 1917, S. 221.

16 Ahmed Cemal (1872–1922): Absolvierte 1895 die Kriegsschule; wurde der
III. Armee in Saloniki zugewiesen; stieß 1906 zum Rat für Einheit und Fortschritt;
1909 *vali* von Adana, 1911 von Bagdad; 1913 Militärgouverneur von Konstantinopel, 1914 Minister für öffentliche Bauten, dann Marineminister, dann Kommandant der IV. Armee in Syrien.

17 Halil (1874–1948) studierte in Konstantinopel Jura und in Paris Landwirtschaft; stark beeinflußt vom französischen politischen System; zuerst Präsident des
Abgeordnetenhauses, dann von Oktober 1915 bis Februar 1917 Außenminister.
Mehmed Cavid (1875–1926): 1908 und 1912 Abgeordneter von Saloniki; Finanz-
minister und Minister für öffentliche Bauten in zahlreichen Kabinetten.

18 Siehe den Text des politischen Programms des Rates für Einheit und
Fortschritt bei A. Sarrou, a.a.O., S. 40–42.

19 Artikel 9 des politischen Programms des *Ittihad*.

20 Erklärung von Hüseyin Cahid Bey in *Tanin* (25. Oktober 1908). *Tanin* war
das offizielle Organ des *Ittihad*.

21 Konflikte zwischen den Jungtürken und der muslimischen Reaktion bedrohten die Einheit der Jungtürken-Partei. Diese Kämpfe trugen wesentlich zu ihrer
politischen Entscheidung zugunsten eines rigorosen Nationalismus bei, der eifrig
über die Unabhängigkeit des Reiches wachte und sich gegen alles stellte, was diese
Unabhängigkeit beeinträchtigen konnte. Eine derartige Gefahr sah man vor allem
in einer eventuellen Einmischung der Großmächte in Fragen der christlichen
Minderheiten.

22 Brief des englischen Konsuls in Monastir an den englischen Botschafter in
Konstantinopel vom 28. August 1910. (Zitiert von B. Lewis, a.a.O., S. 218).

23 B. Lewis, ebenda, S. 219, mit einer Anmerkung: »Die Herausgeber können
die Echtheit dieses Berichts nicht sicher bestätigen.«

24 F. Ahmad, a.a.O., S. 85 und T. Tunaya, a.a.O., S. 191.

25 C. Zenkovsky, a.a.O., S. 107.

26 *Istanbul* (22. September 1913), zitiert von F. Ahmad, a.a.O., S. 141.

27 Paul Dumont, »La revue *Türk Yurdu* et les musulmans de l'Empire russe (1911–1914)«, *Cahiers du monde russe et soviétique,* Bd. XV, 3–4, S. 315–331 (S. 317).

28 In Baku hatte Halide Edip (1884–1964) eine Bewegung für die Frauenemanzipation gegründet. Als erste türkische Frau, die vor Männern sprach, nahm sie an öffentlichen Versammlungen teil und predigte die Vereinigung aller Türken in den Ocagi-Clubs.

29 In dieser Zeitschrift veröffentliche Ziya Gökalp 1911 sein berühmtes Gedicht *Turan:* »Das Land der Türken ist nicht die Türkei und auch nicht Turkestan: ihre Heimat ist ein weites und ewiges Land: Turan.« »Das Land des Feindes wird verwüstet werden; die Türkei wird wachsen und Turan werden.«

30 P. Dumont, zitierter Artikel.

31 *Asie française,* Bd. XVII, Oktober–November 1917, Nr. 169, S. 72.

32 Zarevand, a.a.O., S. 74–75. Über den Pantürkismus vgl. drei anonyme Artikel in der *Revue du monde musulman,* Bd. XXII, 1913: »Doctrines et programmes des partis politiques ottomans«, S. 151–164; »Les rapports du mouvement politique et du mouvement social dans l'Empire ottoman, S. 165–178; »Le panslavisme et le panturquisme«, S. 179–220.

33 Am 24. Juli 1913, als die Türkei soeben den größten Teil ihrer europäischen Besitzungen verloren hatte, marschierte Enver in Adrianopel ein. Dies verstärkte die Popularität der Jungtürken beträchtlich und sicherte ihnen die Macht.

34 Ahmed Emin, *The Development of Modern Turkey, Mesured by its Press.* (1914 an der Columbia University in New York vorgelegte Dissertation).

35 Dieser Ausspruch eines jungtürkischen Führers vom August 1914 wird in dem Artikel »Le fanatisme panturc«, *Asie française,* Bd. XVII, April–Juni 1917, S. 74, zitiert.

12. Die armenische Frage wird neu gestellt

1 *L'Illustration* (22. August 1908), zitiert in Jean Mécérian: *Le génocide du peuple arménien,* Beirut 1965, S. 12.

2 J. Mécérian, a.a.O., S. 13–14.

3 Am 5. März 1909 greifen in Bitlis 3000 bewaffnete Männer unter dem Vorwand, daß sie eine Armenierin zum islamischen Glauben bekehren wollen, den Bischofspalast an. Der *vali* hetzt die Muslims zum Massaker auf. Dörfer fallen den Plünderern, die kurz zuvor aufgrund der Amnestie freigelassen worden waren, zum Opfer (In diesem *vilayet* werden in einem Jahr 63 Morde begangen). Die Kurden stürzen die islamische Bevölkerung in Verwirrung, indem sie ihnen mit den armenischen *fedai*-Banden drohen, und fordern sie zum Morden auf. In Erzurum werden Ende 1908 die aus Rußland zurückgekehrten Armenier mit drückenden Steuern belegt oder wegen des Verdachtes, sie seien *fedais,* ins Gefängnis geworfen. Die Waffen der Christen werden konfisziert; Türken und Kurden werden sie belassen. In Van werden armenische Ländereien willkürlich beschlagnahmt. Polizisten vergewaltigen Frauen. Die Behörden werden durch ihr Schweigen zu Komplizen der kurdischen Angriffe (28 Morde in diesem *vilayet*). In

Harput befürchten die Armenier, die die Verwaltungsautonomie für die sechs Provinzen fordern, ein unmittelbar bevorstehendes Massaker; ein Verein, dem der *vali* und die wichtigsten Leute aus dem Dorf angehören, hat sich zum Ziel gesetzt, »eine Gelegenheit zu schaffen, um die Armenier zu töten«. In Diyarbakir, wo drei Viertel der Armenier in größter Armut leben, häufen sich Konfiskationen und Übergriffe von seiten der Polizei. Die kurdischen *agas* von Diyarbakir verfügen über neue Mauser- und Martini-Gewehre. Eine Amnestie bringt den Gesetzesbrechern Straflosigkeit. Die Verfassung wird nicht angewendet.

4 Die Schilderung der Massaker in Kilikien fußt auf folgenden Werken: A. Adossidès, *Arméniens et Jeunes Turcs. Les massacres de Cilicie,* Paris 1910. Jean d'Annezay, *Au pays des massacres, Saignée armenienne de 1909,* Paris 1910. Georges Brézol (Pseudonym von Bedros Aznavour), *Les Turcs sont passés par là,* Paris 1911. Mgr. Mouchegh, *Les Vêpres ciliciennes,* Alexandria 1909. W. Ch. Woods, *La Turquie et ses Voisins,* Paris 1911.

5 A. Adossidès, a.a.O., S. 12–15.

6 Ebenda, S. 17.

7 Am 13. April 1913 beginnt in Konstantinopel die Konterrevolution. Abdul-Hamid, der sich auf die Alttürken stützt, versucht das konstitutionelle Regime zu stürzen.

8 Über die Massaker von Tarsus und Umgebung vgl. W. Ch. Woods, a.a.O., S. 158–184.

9 Dies ist das Ende der Konterrevolution und bedeutet die Absetzung Abdul-Hamids.

10 Die Umstände seines Todes waren mehr als suspekt. Bevor er seinen Bericht vorlegte, übergab er ihn den *Daschnaks,* die dennoch weiterhin mit dem *Ittihad* zusammenarbeiteten.

11 A. Adossidès, a.a.O., S. 114–115.

12 Ebenda, S. 118–119.

13 Zitiert in R. Pinon, *Revue des Deux Mondes,* September 1919.

14 Der rechte Flügel der *Hintschak*-Partei und die Gruppe der *Armenakaner* hatten sich mit einer liberalen Gruppe zusammengeschlossen und bildeten die *Ramkavar*-Partei, die jedoch den Jungtürken nahestand.

15 Michael Varandian. Dem internationalen Sozialistenkongreß in Kopenhagen 1910 vorgelegter Bericht, S. 12 und 17–22.

16 Depesche von De Giers vom 11. März 1913. *Orangebuch* Nr. 15. Das russische Orangebuch, das alle Depeschen enthält, die das russische Außenministerium zur armenischen Frage zwischen dem 26. November 1912 und dem 10. Mai 1914 erhalten hat, kann im Quai d'Orsay (französisches Außenministerium) unter der Referenz AE 31; SIM 1512, Turquie, vol. 90 eingesehen werden. Alle Daten sind nach Julianischem Kalender angegeben. A. Mandelstam, *L'Europe et l'Empire ottoman,* op. cit., zitiert ausführliche Passagen daraus. S. 206–245.

17 Depesche von De Giers, 26. November 1912, *Orangebuch* Nr. 1.

18 Depesche von De Giers, Mai 1913, ebenda, Nr. 22. Man darf nicht vergessen, daß es sich auch bei den *mohacirs* um »Heimatlose« handelte, deren Not und Elend beträchtlich war.

19 *Takrir* vom 31. Mai 1913. Wiedergegeben vom französischen Botschafter in Konstantinopel, Bompard, in einer Depesche vom 23. August 1913, AE 81; SIM 1540; Turquie, Bd. 88, Depesche Nr. 628.

20 Gleiche Depesche vom 23. August 1913, ebenda.

21 *Takrir* vom 16. August 1913, AE 81; SIM 1540, Turquie, Bd. 88.

22 Zitiert bei Mahmud Muktar Pascha, *La Turquie, l'Allemagne et l'Europe depuis le Traité de Berlin jusqu'á la guerre mondiale,* Paris 1924, S. 95.

23 Diese Statistiken wurden verschiedentlich publiziert, insbesondere in dem Buch von M. Léart, op. cit., S. 60–63, und in der »Réponse au mémoire de la Sublime Porte«, Armenisches Patriarchat, Konstantinopel, 1919, S. 40–46.

24 R. Hovannisian, a.a.O., S. 37, über die Bevölkerung in den *vilayets* Van und Bitlis, vgl. den Bericht des französischen Vizekonsuls in Van, Zarzecki, vom 11. Oktober 1913 (AE 81; SIM 1450, Turquie; Bd. 89, S. 48–62), wo die Zahlen sowohl in Hinblick auf die Gesamtbevölkerung als auch auf die Anteile nach den verschiedenen Nationalitäten stark abweichen. Zarzecki nennt für Van eine Zahl von 200000 Kurden, das Patriarchat spricht von 72000 Kurden bei einer Gesamtbevölkerung von 350000 bis 400000.

25 Zur gleichen Zeit legte Armen Garo, der Abgeordnete von Erzurum, einen Plan für den Bau einer Eisenbahn durch die armenischen Provinzen ohne ausländische Kapitalhilfe vor. (Vgl. die schon zitierte Dissertation von Thobie, S. 674–694.) Damals wurde bei Auslandsinvestitionen nicht von den Heimatstaaten der Kapitalgeber gebürgt; vielmehr betrieben die Großmächte ihre Teilungspolitik ohne Rücksicht auf die Interessen der Investoren.

26 Harry N. Howard, *The Partition of Turkey. A Diplomatic History. 1913–1923,* New York 1966, S. 51.

27 Der Ausdruck stammt vom Staatssekretär im Auswärtigen Amt von Jagow (Depesche nach Rom vom 15. Juli 1913), ebenda, S. 53.

28 Ebenda, S. 57–58.

29 C. Jay Smith, *The Russian, Struggle for Power (1914–1917),* New York 1956, S. 513.

30 René Pinon, *La Suppression des Arméniens, Méthode allemande, travail turc,* Paris 1916, S. 7.

31 Serge Sazonon, *Fateful Years,* 1909–1916, New York 1928, S. 140–147 (zitiert bei Hovannisian, S. 31).

32 Depesche von Sazonov an de Giers vom 30. November 1912, *Orangebuch* Nr. 2.

33 Protokoll der Konferenz von Yeniköy: AE 81; SIM 1540; Turquie, Bd. 88, S. 61–137.

34 A. Mandelstam, a.a.O., S. 227–234.

35 Depesche von De Giers vom 29. Oktober 1913, *Orangebuch* Nr. 92.

36 Die Teilung der armenischen *vilayets* in zwei getrennte Zonen und die Verminderung des Prozentsatzes des armenischen Bevölkerungsanteils durch Einschluß des *vilayets* von Trapezunt waren Zugeständnisse an die osmanische Regierung.

37 A. Mandelstam, a.a.O., S. 236–242; Viscount Bryce, a.a.O., S. 117–118.

38 H. Howard, a.a.O., S. 72.

39 Depesche von De Giers vom 29. Oktober 1913 und Depesche von Swerbeiew vom 17. November 1913, *Orangebuch* Nr. 92 und Nr. 96.

13. Die Falle schnappt zu

1 Ulrich Trumpener, *Germany and the Ottoman Empire, 1914–1918,* Princeton 1968, S. 16.

2 Vgl. oben die Äußerungen Talâts, Sazonows und Nikolaus II.

3 U. Trumpener, a.a.O., S. 15.

4 Original in: *Akten des Auswärtigen Amts 1867–1920,* Bonn; Mikrofilm in den Archiven der Universität Berkeley (Kalifornien), Ann Arbor (Michigan), Oxford und den Nationalarchiven in Washington. Vertragstext zitiert von H. Howard, a.a.O., S. 86, und Karl Mühlmann, *Das deutsch-türkische Waffenbündnis im Weltkriege,* Leipzig 1940, S. 28–43.

5 Der deutsche General Liman von Sanders war Anfang 1914 zum Generalinspekteur der osmanischen Armee ernannt worden.

6 Die beiden Hauptschiffe der Flotte. Am 4. August hatten sie Bône und Philippeville beschossen.

7 U. Trumpener, a.a.O., S. 28.

8 H. Howard, a.a.O., S. 96. C. J. Smith, a.a.O., S. 69–70.

9 C. J. Smith, a.a.O., S. 72.

10 H. Howard, a.a.O., S. 105. Am 1. Oktober wurden die Zollgebühren um vier Prozent erhöht, ausländische Poststellen geschlossen, das Libanon-Statut außer Kraft gesetzt (womit der Armenier Cujumdjian seines Postens als Gouverneur des Libanon enthoben wurde) und die meisten der den Ausländern herkömmlicherweise zugestandenen Privilegien abgeschafft. In Anbetracht der Vorteile, die die Europäer seit Jahrhunderten aus den ihnen eingeräumten Vorteilen gezogen hatten, kann man diesen Schritt nur als normale Maßnahme des Kampfes gegen den Imperialismus betrachten.

11 U. Trumpener, a.a.O., S. 44. Er bezieht sich dabei auf Dokumente aus deutschen Archiven: Depesche Jäckhs an Zimmermann (Unterstaatssekretär im Auswärtigen Amt) vom 26. September 1914.

12 U. Trumpener, a.a.O., S. 49–54; H. Howard, a.a.O., S. 109–110.

13 M. Larcher, *La Guerre turque dans la guere mondiale,* Paris 1926, S. 3.

14 U. Trumpener, a.a.O., S. 56.

15 Der Versöhnungseffekt war nicht allzu groß: In der Note wurde die russische Flotte beschuldigt, den Konflikt provoziert zu haben.

16 H. Howard, a.a.O., S. 111.

17 U. Trumpener, a.a.O., S. 60. Halil berichtete am darauffolgenden Tag Wangenheim von dieser Zusammenkunft. Vgl. auch die Aussage Said Halims beim Unionistenprozeß.

18 Das türkische Pamphlet *Die Wahrheit über die armenische revolutionäre Bewegung,* Konstantinopel 1916, gibt als Beweise für dieses angebliche Komplott die Erklärungen des Zaren, Sazonows, Sir Edward Greys sowie in Rumänien, Rußland und den Vereinigten Staaten erschienene Artikel armenischer Zeitungen

an und schließt: »Während sie einerseits auf die Schaffung eines unabhängigen Armeniens hinarbeiten (...) machen die Armenier andererseits größte Anstrengungen, dem Sieg der Entente-Mächte zuzuarbeiten. Was letztere betrifft, so lassen sie keine Gelegenheit vorübergehen, die Armenier zur Revolte anzustacheln, um auf diese Weise osmanische Streitkräfte im Landesinneren zu binden« – Behauptungen, die um so weniger der Wahrheit entsprachen, als hier die Türkisch-Armenier absichtlich mit der in den Entente-Ländern lebenden verwechselt wurden.

19 Schon der 7. Kongreß hatte in Erzurum stattgefunden. Die Möglichkeit eines russisch-türkischen Krieges faßte man im Lauf des 8. Kongresses ins Auge. »Wiewohl er den engen Nationalismus des *Ittihad* kritisierte und sehr besorgt über die Feindseligkeit war, die dieser den nicht-türkischen Gruppen des Reiches gegenüber an den Tag legte, erklärte der *Daschnakzuthiun* seine Bereitschaft, alle Bemühungen der Regierung zur Vermeidung des Krieges zu unterstützen.« R. Hovannisian, a.a.O., S. 41 (enthält die türkische und armenische Bibliographie über den Kongreß von Erzurum).

20 Naci war eben zum Generalinspekteur des neuen Komitees ernannt worden, das für die Erhebung Persisch-Aserbeidschans und des Ostkaukasus gebildet worden war. Er starb 1915 in Persien.

21 V. Bryce, *The Treatment of Armenians in the Ottoman Empire,* Dokument Nr. 21, S. 80–82 (Auszug aus einem Artikel der *Gazette de Lausanne* vom 13. Februar 1916). Die Georgier, ebenfalls ein christliches Kaukasusvolk, ließen sich überzeugen. Anfang September 1914 bot ein von Leo Keresselidse geführtes georgisches Nationalkomitee der osmanischen Regierung seine Unterstützung an. Im September 1915 erhielten die Georgier präziser gefaßte Garantien; insbesondere bot man ihnen Russisch-Armenien sowie Kars und Ardahan an. Im Frühling 1915 wurde in Trapezunt eine georgische Legion aufgestellt. Sie kämpfte auf der Seite der osmanischen Armee.

22 Bertrand Bareilles, *Les Turcs,* Paris 1917, S. 290–292.

23 J. Lepsius, *Rapport secret sur les massacres d'Arménie (1918),* Beirut 1968, S. 220.

24 J. Lepsius, a.a.O.

25 Ebenda, S. 221. Der Zugang zum Armeedienst blieb christlichen Untertanen lange verwehrt, wobei sie aber zur Zahlung einer Ausgleichssteuer herangezogen wurden. Als die Regierung 1909 die Wehrdienstpflicht wieder auf sämtliche Untertanen ausdehnte, waren die Christen – vor allem die Armenier –, die die Ableistung dieser Pflicht mit Geld ablösten, zahlreicher als die Muslims. Einerseits war ihnen diese Prozedur seit langem vertraut, zum anderen waren sie im allgemeinen begütert und konnten sich deshalb leichter freikaufen.

26 Wenn es zutrifft, daß es mehr armenische als muslimische Deserteure gab, so sei daran erinnert, daß die armenischen Soldaten in der osmanischen Armee vielerlei Schikanen ausgesetzt waren und insbesondere ihren religiösen Pflichten nicht nachkommen konnten.

27 R. Hovannisian, a.a.O.

28 J. Lepsius, a.a.O., S. 222. Über die Verschlechterung der Lage in Erzurum und besonders an der russischen Front vgl. die Depeschen der deutschen Konsuln

in J. Lepsius, *Deutschland und Armenien, 1914–1918, Sammlung diplomatischer* *Aktenstücke,* Potsdam 1919, Dokumente Nr. 17–22, 24–26.

29 J. Lepsius, a.a.O., S. 223–224.

30 Zarevand, a.a.O., S. 90. In Konstantinopel meldeten sich mehr Armenier als Türken zur Ausbildung als Reserveoffiziere. Die armenischen Soldaten bemühten sich nicht, in die Etappe kommandiert zu werden, sondern wollten mit der Waffe an der Front Dienst tun.

31 Tekin Alp, *Türkismus und Pantürkismus,* Weimar 1915, S. 50–54.

32 Texte in A. Mandelstam, a.a.O., S. 372–373.

33 Ebenda, S. 392–393.

34 Liman von Sanders, *Cinq ans de Turquie,* Paris 1923, S. 45–46.

35 Die die »Sonderorganisation« betreffenden Dokumente wurden aus den Regierungsarchiven entfernt und Anfang 1918 fast sämtlich vom Sicherheitschef Aziz Bey vernichtet. Einige wurden wieder aufgefunden und im Unionisten-Prozeß als Beweismittel eingeführt. Die Darstellung der »Sonderorganisation« basiert auf den Protokollen dieses Prozesses (vgl. Mikrofilme der Kongreßbibliothek, Washington, D. C.).

36 *Tezkere* Nr. 67.

37 *Tezkere* Nr. 68 vom 16. November 1914, woraus hervorgeht, daß dem *teşkilat-i mahsuse* »Zerstörungswaffen« übergeben wurden.

38 Wahrscheinlich ist, daß der *Ittihad* bei der Schaffung der »Sonderorganisation« daran dachte, sie zur »Regelung des Armenierproblems« einzusetzen. In dieser Organisation muß man die Geheimarmee des Pantürkismus sehen, deren Ziele noch über die Ausrottung der Armenier hinausgingen. Daß die *Ittihad*-Führer von vornherein beabsichtigten, sie zu diesem Zweck einzusetzen, ist sehr gut möglich; allerdings hatten sie sich zu diesem Zeitpunkt noch nicht gegen ihre Kollegen im Zentralkomitee durchgesetzt. Im übrigen steht die »Sonderorganisation« in der osmanischen Tradition der *başi-bozuk* (nicht reguläre, mit »schmutzigen« Aufgaben betraute Verbände; sie können nicht mit HNS-Formationen vom Typ der SS-Einsatzgruppen verglichen werden).

39 G. Lazian, a.a.O., S. 174.

40 R. Hovannisian, a.a.O., S. 43.

41 General G. Korganoff, *La Participation des Arméniens à la guerre mondiale sur le front du Caucase, 1914–1918,* Paris 1927, S. 51.

42 Nicht zu verwechseln mit den Armeniern russischer Nationalität, die wie die anderen Russen in der regulären Armee dienten und in großer Zahl am Krieg teilnahmen. Sie wurden zum größten Teil an die europäischen Fronten kommandiert (150000 Soldaten).

43 Archive des *Daschnakzuthiun* (Boston), zitierte von R. Hovannisian, a.a.O., S. 44 und Kapitel IV, Anm. 21.

44 General Korganoff, a.a.O., S. 13.

45 W. E. D. Allen und Paul Muratoff, *Caucasian Battlefields* Cambridge 1953, S. 251–253, und Liman von Sanders, a.a.O., S. 48.

46 Für das Desaster von Sarıkamış vgl. Joseph Pomiankowski (österreichischer Militärattaché in der Türkei), *Der Zusammenbruch des Ottomanischen Reiches,* Wien 1928, S. 103–104; Felix Guse (Generalstabschef der III. Armee), *Die*

Kaukasusfront im Weltkrieg bis zum Frieden von Brest, Leipzig 1940, S. 46–52; M. Larcher, a.a.O., S. 385–390; Allen und Muratoff, a.a.O., S. 256–284.

47 P.-J. La Chesnais, *Les Peuples de la Transcaucasie pendant la guerre et devant la paix,* Paris 1921, S. 32.

48 Unter Ausnutzung der persischen Revolten hatten die Türken von 1905–1912, d.h. unter Abdul-Hamid und nach der Jungtürken-Revolution, den Westteil Persiens besetzt.

49 H. Morgenthau, a.a.O., S. 175–181; H. Stuermer, a.a.O., S. 72.

50 J. Lepsius, *Rapport secret,* op. cit., S. 200.

51 H. Morgenthau, a.a.O., S. 65–67.

52 Henri Barby, *Au seuil de l'épouvante, L'Arménie martyre,* Paris 1917, S. 233–239.

53 So wurde Anfang Dezember, als eine Auseinandersetzung zwischen einem jungen Armenier und zwei Gendarmen zur Plünderung und Brandschatzung des Dorfes Pelu führte, eine aus Munib und dem Abgeordneten von Van, Vramian, bestehende türkisch-armenische Deputation an Ort und Stelle geschickt, um den Sachverhalt aufzuklären. Einige Tage später begaben sich die beiden Männer zur Regelung eines anderen Vorfalls nach Etelen und faßten dort einen Bericht ab, in dem der *kaimakam* beschuldigt wurde, die Kurden aufgehetzt zu haben (vgl. H. Barby, a.a.O., S. 229–234). Als nach Sarıkamış die Emotionen von neuem entfesselt waren, ließ es sich Enver, der eilends nach Konstantinopel zurückgekehrt war, nicht nehmen, die Loyalität der armenischen Soldaten zu rühmen, denen er unterwegs begegnet war, so in Erzincan und Konya, wo er Gelegenheit nahm, dem Bischof zu erklären, »daß die armenischen Soldaten der osmanischen Armee ihre Pflicht auf dem Kriegsschauplatz gewissenhaft tun, wie ich aus eigener Anschauung bestätigen kann«. Außerdem brachte er »der armenischen Nation, deren Ergebenheit gegenüber der Reichsregierung bekannt ist, ... (seine) Befriedigung und Dankbarkeit« zum Ausdruck (in der deutschen Zeitung *Osmanischer Lloyd* vom 26. Januar 1915 zitierte Rede). Enver ging so weit, daran zu erinnern, daß ein armenischer Soldat namens Ohannes Tschawusch ihn und seinen Generalstab in einer sehr kritischen Situation gerettet habe. (Vgl. Lepsius: *Rapport secret,* op. cit., S. 200).

54 H. Morgenthau, a.a.O., S. 262.

55 Von M. O. Dertzakian-Vramian am 13. Februar 1915 Talât überreichte Note (H. Barby, a.a.O., S. 241–247).

56 Die einzige Antwort auf diese Frage findet sich in dem Buch von Melvan Zadeh Rifat, *Das verborgene Gesicht der türkischen Revolution,* Aleppo 1929 (Original in Osmanli, armenische Übersetzung Beirut 1938). Rifat spricht von einer geheimen Zusammenkunft am 15. Februar in Konstantinopel, auf der der Beschluß der Ausrottung der in der Türkei ansässigen Armenier gefaßt worden sein soll. Eine Analyse dieses Buches enthält: Haigasz K. Kazarian, *Minutes of Secret Meeting Organizing the Turkish Genocide of the Armenians* (1965 in Boston publizierte Broschüre). Allerdings enthält dieser Text derart horrende Fehler, daß er als ernstzunehmende Informationsquelle ausscheidet. Es existiert ein weiteres, am 18. Februar 1915 (Julianischer Kalender, d.h. 3. März neuer Zeitrechnung) datiertes Dokument, in dem Talât den Ausrottungsplan unmißverständlich darlegt

(Aram Andonian, *Documents officiels concernant les massacres arméniens,* Paris 1920, S. 98–100). Da dieses Dokument nicht zu den beim Berliner Teilirian-Prozeß 1921 (vgl. unten) für authentisch erklärten Dokumenten gehört, kann auch es nicht als unwiderleglicher Beweis gelten.

14. Der Ausrottungsplan

1 Olga Wormser-Migot, *Le Système concentrationnaire nazi,* Paris, PUF, 1968, S. 589.

2 Im Rahmen des Gesetzes vom 16. Mai 1915 über »Anordnungen bezüglich der von den deportierten Armeniern zurückgelassenen beweglichen und unbeweglichen Güter, Konsequenz des Krieges und der ungewöhnlichen politischen Umstände«, sah diese Verordnung die Vergabe von Häusern und Grundbesitz der Armenier an türkische Flüchtlinge vor (Shavarsh Toriguian, *The Armenian Question and International Law,* Beirut 1973, S. 118).

3 A. Andonian, a.a.O.

4 Da diese erste Phase bereits im Januar begann, ist es schwierig, zu sagen, ob sie bereits Teil eines Ausrottungsplanes war, der damit schon früher gefaßt worden wäre, oder ob es sich nur um eine von Enver nach den Ereignissen von Sarıkamış in den östlichen *vilayets* ergriffene Maßnahme handelte, die dann später als erste Phase der Ausrottung auf alle armenischen Soldaten ausgedehnt worden wäre.

5 A. Andonian, a.a.O., S. 33.

6 A. Andonian, *Documents officiels concernant les massacres d'Arméniens,* op. cit.

7 *Der Prozeß Talât Pascha. Stenographischer Bericht,* Berlin 1921.

8 Unionisten-Prozeß. Auf Mikrofilm gespeicherte Dokumente der Kongreßbibliothek Washington.

9 Anklageschrift des Unionisten-Prozesses.

10 Viscount Bryce und Arnold J. Toynbee, *The Treatment of the Armenians in the Ottoman Empire, Documents presented to Viscount Grey of Fallodon,* London 1916.

11 So *Rapport du Comité arménien de New York sur les atrocités commises en Arménie,* Paris 1915; *Quelques documents sur le sort des Arméniens en 1915,* veröffentlicht vom Comité de l'œuvre de secours de 1915 aux Arméniens, Genf 1916 sowie Artikel in amerikanischen, schweizerischen, ägyptischen Zeitungen; Die Bücher Arnold Toynbees, *The Treatment of Armenians,* op. cit.; *Armenian atrocities: Murder of an nation,* London, New York, Toronto 1915; *The Murderous Tyranny of the Turks,* London 1917, bestätigen das englische *Blaubuch.*

12 J. Lepsius, *Bericht über die Lage des Armenischen Volkes in der Türkei.* Französische Ausgabe: *Rapport secret sur les massacres d'Arménie,* Paris 1919.

13 J. Lepsius, *Deutschland und Armenien,* op. cit.

14 Diese Dokumente werden vor allem in den Büchern von R. Hovannisian und U. Trumpener, op. cit. und dem Werk M. G. Nersisians, *Genotsid arminian y*

osmanskoi imperii. Sbornik dokumentov i materialov, Erivan 19166, zitiert. Vgl. außerdem:

a) *Akten des Auswärtigen Amts, 1867–1920,* Auswärtiges Amt, Bonn; Mikrofilmsammlung der Universität Berkeley (Kalifornien), der Universität Ann Arbor (Michigan), des St. Anthony College Oxford, der National Archives, Washington D. C.

b) Dokumente in den Archiven des österreichisch-ungarischen Außenministeriums, Staatskanzlei, Wien.

c) National Archives, Washington, D. C. (Gruppe 57: State Department; Gruppe 84: Außenministerium).

d) Großbritannien, Auswärtige Angelegenheiten, »The Treatment of Armenians in the Ottoman Empire«, *Mélanges,* Nr. 31, 1916.

15 H. Morgenthau, *Mémoires,* op. cit.

16 H. Stürmer, *Zwei Jahre Krieg in Konstantinopel,* op. cit.

17 H. Barby, *Au pays de l'épouvante,* op. cit.

18 Seitdem sind einige Arbeiten über dieses Thema veröffentlicht worden: J. Mécérian, op. cit.; Moussa Prince, *Un génocide impuni, l'arménocide,* 2. Internationaler Kongreß für Kriminalprophylaxe, Paris 1967, Libanon 1967; J. M. Carzou, op. cit., das eine ausgezeichnete Synthese dieser Dokumente bringt und zahlreiche Auszüge anführt.

19 Diese These wurde von der türkischen Regierung in zwei Broschüren dargelegt: *Vérité sur le mouvement national arménien et les mesures gouvernementales,* Konstantinopel 1916. *Aspirations et Agissements révolutionnaires des comites arméniens avant et après la proclamation de la Constitution ottomane,* Konstantinopel 1917. Unter den Publikationen türkischer Historiker sind zu nennen A. Emin, op. cit., S. 213–222; Yusuf Hikmet Bayur, *Türk Inkilâbi Tarihi* (Geschichte der türkischen Revolution), Ankara 1957, Bd. III, S. 6–10, 35–49, und Esat Uras, *Tarihte Ermeniler ve Ermeni Meselesi* (Die Armenier in der Geschichte und die armenische Frage), Ankara 1950, sowie die drei 1956 in Istanbul erschienenen Bücher Cemal Kutays über die politischen und militärischen Aktivitäten Talâts, Envers und Karabekirs. Das Buch von E. K. Sarkisian und R. G. Sahakian (Armenische Akademie der Wissenschaften Erivan), *Vital Issues in Modern Armenian History* (Übersetzung eines 1963 in armenischer Sprache in Eriwan erschienenen Buches), Watertown (Mass.) 1965, ist eine reich dokumentierte kritische Studie der zeitgenössischen türkischen Geschichtsschreibung und ihrer tendenziösen Interpretation der armenischen Frage.

15. April 1915

1 Franz Werfel: *Die vierzig Tage des Musa Dagh,* Frankfurt/Main 1979.

2 Sie wurden von den türkischen Truppen bis Fundacak verfolgt, wo sie sich noch einige Monate halten konnten. Vgl. Stanley E. Kerr, *The Lions of Maraş,* Albany 1973, S. 18–21.

3 Anscheinend hatte ein Armenier – ein einziger – Signale gegeben.

4 Unter den Armeniern gab es nicht mehr Deserteure als unter den Türken. Im

übrigen waren zu dieser Zeit sämtliche armenischen Soldaten entweder in »Arbeitsbataillonen« zusammengefaßt oder tot. Zweifellos handelt es sich um Soldaten, die aus diesen Arbeitsbataillonen geflohen waren und sich in den Bergen von Hacin verbargen.

5 Talât, »Posthumous Memoirs of Talât Pascha«, *Current History,* New York, XV, November 1921, S. 295.

6 Vom Januar bis Mai 1915 besetzten die durch kurdische Stämme verstärkten türkischen Armeen die Regionen von Täbris und Urmiah. Die Nestorianer (auch Syrier oder Chaldäer genannt) des *vilayets* Van mußten das Schicksal der Armenier teilen und ihnen auf ihrem Exodus zum Kaukasus folgen. (Vgl. Viscount Bryce, a.a.O., S. 99–182; J. Naayem, *Les Assyro-chaldéens et les Arméniens massacrés par les Turcs. Documents inédits recueillis par un témoin oculaire,* Paris, Barcelona 1920).

7 Über die Verteidigung von Van vgl. *La Défense héroïque de Van* (anonym), Genf 1916. M. Larcher, a.a.O., S. 394. F. Guse, a.a.O., S. 62. General Korganoff, a.a.O., S. 23–24. R. Hovannisian, a.a.O., S. 55–57.

8 Über die provisorische Regierung Vaspurakans vgl. *La Défense héroïque de Van,* op. cit., S. 93–99. Aram Manukian war einer der Gründer der Armenischen Republik, deren Innenminister und Beinahe-Diktator er wurde (gest. 1919).

9 *Akten des Auswärtigen Amts,* Türkei, 183, Bd. 36. Wangenheim an Bethmann-Hollweg am 15. April 1915, Nr. 228, zitiert in Lepsius, *Deutschland und Armenien,* op. cit., und Trumpener a.a.O., S. 205.

10 Der Abgeordnete von Muş, Keram Garabedian, wurde gleichfalls verschont. Er lag bereits im Sterben.

11 Talât soll es am 12. Mai Vartkes gegenüber zugegeben haben.

12 Die ersten Opfer, Daniel Varujan und Ruben Sevak, wurden beim Transport von Çangri nach Angora in einer Schlucht ermordet. Dann wurden die Gefangenen von Ayaş aneinandergekettet und durch Schüsse und Säbelhiebe getötet. Zohrab und Vartkes wurden nach Urfa verbracht und in einem Hotel unter Hausarrest gestellt. Nach zwei Tagen veranstaltete der *mutessarif* ein Bankett zu ihren Ehren. Die beiden Abgeordneten begaben sich widerwillig dorthin. Gendarmen nahmen sie fest und brachten sie mit drei anderen Notabeln in einem Wagen nach Kara-Köprü, wo sie getötet wurden. Eine Woche vorher waren 4000 vorher in Urfa und Diyarbakir stationierte Soldaten bei dem kleinen Ort Şeytun-Deressi niedergemetzelt worden.

13 Die Bildung der von Oberst Sadik und Damad Ferid Pascha geleiteten und in Ägypten durch den im Exil befindlichen früheren Großwesir Kiamil Pascha unterstützten Liberalen Unionspartei hatte gefährlichen Druck der Rechtsopposition zur Folge, dem das Komitee begegnete, indem es die Auflösung des Parlaments provozierte (1912) und Neuwahlen herbeiführte, die einen Erdrutsch zugunsten der Unionisten brachten (während des Wahlkampfes wurden sämtliche Versammlungen der Opposition verboten).

16. Deportation

1 Ziel der russischen Heeresführung war eine Linie Hinis–Muş, die als Ausgangsbasis für einen Angriff auf Erzurum dienen sollte.

2 Bericht des Oberleutnants Stange vom 23. April 1915, zitiert in J. Lepsius, *Deutschland und Armenien,* op. cit., S. 138.

3 Vgl. das Telegramm des neuen *valis* von Erzurum Münir Bey, datiert vom 14. Dezember 1915 (Julianischer Kalender), in dem er die von Behaeddin Şakir organisierten Banden der Begehung von Verbrechen anklagt.

4 Dokumente aus dem Unionisten-Prozeß.

5 Vgl. den Bericht des französischen Konsulats in Bagdad vom 11. Januar 1918 mit der Überschrift: »Die Opfer der chaldäischen Nation und die Massaker in Armenien«, MAE – A 394, d. S. 191–192.

6 Der höchste Berg der Region Sason.

7 Vgl. Aramais, »Le massacres et la lutte du Muş-Sason«, nach der in Baku erscheinenden armenischen Zeitung *Arev,* 1916, sowie Vahan Papazian, Memoiren (in armenischer Sprache), 3 Bde., Boston (Bd. 1) und Beirut (Bd. 2 und 3), 1950–1957.

8 Viscount Bryce, a.a.O., Anhang C, S. 659. Vollständiger Text mit Photokopien des osmanli-türkischen Originaldokuments in den Archiven des State Department, Washington. Dieses Dokument ist eines der wenigen offiziellen, auf die Deportation Bezug nehmenden Schriftstücke, von dem ausländische Zeugen Kenntnis erhielten. Es klärt einen Teil des Geheimnisses, das dieses gesamte Programm umgab, und macht bei Berücksichtigung der wirklichen Vorgänge deutlich, in welcher Atmosphäre von Zynismus, Heuchelei und falscher Großzügigkeit diese kriminelle Aktion ablief.

9 Vgl. *Témoignages inédits sur les atrocités turques commises en Arménie,* gefolgt von einem Bericht über die Ereignisse von Şebin-Karahisar, Paris 1920.

10 Rathaus.

11 Dokument des Unionisten-Prozesses.

12 Bemerkenswert, daß die ersten Deportiertenzüge aus denjenigen Regionen abgingen, die am weitesten von ihrem Endziel entfernt waren.

13 Lukas schloß sich sogar bei Bayburt der russischen Armee an.

14 Vgl. *Témoignages inédits sur les atrocités turques en Arménie,* op. cit.

15 Vgl. auch *Episode des massacres arméniens de Diyarbakir. Faits et documents,* Konstantinopel 1920.

16 Dokument des Unionisten-Prozesses.

17 Ebenda.

18 Ebenda.

19 Ein anderer, fast ausschließlich aus Frauen und Kindern bestehender Zug verließ etwa um die gleiche Zeit Hüseynig und erreichte über Diyarbakir und Mardin, nachdem er von Türken und Kurden attackiert worden war, völlig erschöpft Viranşehir. Zwischen Viranşehir und Resulayn verhungerte ein Viertel des Zuges. Ein anderer Konvoi aus der Provinz Erzurum schloß sich dem erstgenannten an und zog mit ihm bis Aleppo; während des ganzen Marsches gab es nur zweimal Brot. Ein dritter, aus Frauen bestehender Konvoi mußte in

fünfundsechzigstündigem Marsch entlang dem Bahndamm die Strecke Resulayn –Aleppo zurücklegen. Die Straße selbst war so mit verwesenden Leichen überhäuft, daß sie nicht mehr benutzbar war.

20 So erreichten von 19000 Armeniern aus Erzurum 11 Aleppo; von 5000 Deportierten aus Harput erreichten nach Durchquerung der Schluchten von Malatya 213 Aleppo. Von 272 aus Adiyaman Vertriebenen (die also nur einen sehr viel kürzeren Weg zurückzulegen brauchten), erreichten hingegen 128 Aleppo. Von einer Gruppe von 698 aus Adiyaman Deportierten waren bei der Ankunft in Aleppo nur noch 327 übrig. Aus dem Dorf Peri nördlich von Harput erreichten von ursprünglich 128 Deportierten 32 Aleppo. Von einem Konvoi von 2500 Personen aus Harput und Umgebung kamen 600 in Deir es-Zor an.

21 H. Morgenthau, a.a.O., S. 294.

22 Ebenda, S. 292.

23 H. Stuermer, a.a.O., S. 41.

24 Mgr. Jean Naslian, *Les Mémoires de Mgr. Jean Naslian, évêque catholique de Trébizonde,* Beirut, Imprimerie Mechitariste, Vienne, 2 Bde., 1955 Bd. 1, S. 355–358. Bis auf die persönlichen Erinnerungen des Bischofs, von denen diese Episode ein Teil ist, wegen der vielen Fehler als Quelle kaum brauchbar.

25 In dieser Stadt war im Februar 1915 ein Armenier durch eine Explosion beim Bau einer Bombe getötet worden. Es ist der einzige bekannte Fall, wo ein Armenier noch vor den Ereignissen des April ein Attentat vorbereitete.

26 Der *mutessarif* Kemal war der einzige Massenmörder unter den Jungtürken, der nach dem Waffenstillstand vor Gericht gestellt, zum Tode verurteilt und gehenkt wurde.

27 Dokument des Unionisten-Prozesses.

28 H. Stuermer, a.a.O., S. 50–52.

29 S. E. Kerr, a.a.O., S. 22–25.

30 Vgl. F. Werfel, *Die vierzig Tage des Musa Dagh,* op. cit., erschienen 1933 in Deutschland und Österreich.

31 Dies ist der einzige bekannte Fall, wo ein deutscher Offizier eine Aktion gegen armenische Aufrührer befahl und leitete.

17. Die Todeslager

1 Wo sich die Originale dieser Dokumente heute befinden, konnte ich nicht feststellen. Anscheinend behielt Anonian, der sich damals in England befand, nach dem Teilirian-Prozeß einige davon, während andere auf sein Verlangen dem Patriarchen von Konstantinopel übergeben wurden.

2 In Andonians Buch ist von einem gewissen Şukri die Rede. Wahrscheinlich handelt es sich um Midhat Şükrü, ständiges Mitglied des Zentralkomitees. Dies ist jedoch nur eine Vermutung.

3 Offenbar namensgleich mit dem Abgeordneten und Mitglied des Zentralkomitees.

4 Anderer Name des *Ittihad.*

5 A. Andonian, a.a.O., S. 145 (Reproduktion des Originals S. 146). Dokument Nr. 3 des Teilirian-Prozesses.

6 Ebenda, S. 111–115.

7 Ebenda, S. 115–116.

8 Telegramm Talâts an die Präfektur von Aleppo vom 18. November 1915. A. Andonian, a.a.O., S. 101–102 (Reproduktion des Originals, S. 7), Dokument Nr. 8 des Teilirian-Prozesses.

9 Armin Wegner, Mitglied einer deutschen Sanitär-Mission und Attaché beim Generalstab des Marschall von der Goltz, übergab seine Fotos dem deutschen Konsul in Alexandrette, Hoffmann. Er soll achttausend Schreckensszenen fotografiert haben, die er nach seiner Rückkehr nach Berlin mehrmals vorführte. Vgl. seinen Offenen Brief vom Januar 1919 an Präsident Wilson (Boyajian, a.a.O., S. 351–358) veröffentlicht im *Berliner Tageblatt* und seinem Buch *Der Weg ohne Heimkehr,* Dresden 1919.

10 A. Andonian, a.a.O., S. 106. Den *valis* der Ostprovinzen sollen vorher derartige Befehle erteilt worden sein.

11 A. Andonian, a.a.O., S. 108–109.

12 Ebenda, S. 148.

13 Ebenda, S. 128.

14 Ebenda, S. 129.

15 Ebenda, S. 132–133 (Reproduktion des Originals S. 8). Dokument Nr. 13 des Teilirian-Prozesses.

16 Ebenda, S. 133. Dokument Nr. 19 des Teilirian-Prozesses.

17 Ebenda, S. 148.

18 Ebenda, S. 138 (Reproduktion des Originals S. 139). Dokument Nr. 21 des Teilirian-Prozesses.

19 Ebenda, S. 141–142.

20 Dr. Martin Niepage in »Quelques documents sur le sort des Arméniens«, Fasc. 2, op. cit., S. 149.

21 Bericht Béatrice Rohners. Viscount Bryce, a.a.O., S. 555, Dokument 142.

22 Bericht Schwester Mohrings, ebenda, S. 566, Dokument 145.

23 H. Barby, a.a.O., S. 163–176; Viscount Bryce, a.a.O., S. 562–565, Dokument 144.

24 Vom 21. September 1916 datierter Bericht an den amerikanischen Konsul von Aleppo J. B. Jackson. *Livre bleu* (französische Übersetzung), op. cit., S. 517, Dokument 73; S. E. Kerr, a.a.O. (Auszüge), S. 272–274.

25 A. Andonian, a.a.O., S. 49–52.

26 Die Evakuierung der Halbinsel Gallipoli wurde am 8. Januar 1916 beendet. In Mesopotamien eroberten die Türken am 28. April 1916 Kut-el-Amara zurück, nützten aber ihren Erfolg nicht aus. Nach dem Tode Marschall von der Goltz' in Bagdad (6. April 1916) wurde die VI. Armee dem Kommando Halil Paschas unterstellt, der nicht die Fähigkeiten des Marschalls besaß. So war vorauszusehen, daß die Engländer ihre Operationen gegen Bagdad wieder aufnehmen würden.

27 Liman von Sanders, a.a.O., S. 157–158. Für Truppen und Verpflegung dauerte der Weg von Konstantinopel nach Bagdad im Mittel zwei Monate.

28 A. Andonian, a.a.O., S. 81–82.

29 J. Lepsius, *Deutschland und Armenien*. Dokumente 329–333.

30 Armenische Bevölkerung vor 1915.

31 Realistischer ist eine Annahme von mindestens 800 000 Todesopfern in den Heimatorten oder während der Deportation und etwa 400 000 Opfern in den Deportiertenlagern.

18. Schuld und Verantwortung

1 *Livre bleu* (französische Übersetzung), op. cit., Dokument 66, S. 483. Auszug aus dem *Journal de Genève* vom 17. August 1916.

2 Ebenda, Dokument 72, S. 573.

3 H. Stuermer, a.a.O., S. 68.

4 H. Morgenthau, a.a.O., S. 52.

5 Ebenda, S. 312–313.

6 Vgl. R. Pinon: *La Suppression des Arméniens,* op. cit., S. 12–13.

7 Herbert Adams Gibbons: *Les Derniers massacres d'Arménie. Les responsabilités,* Paris, Nancy 1916, S. 40. Gibbons war Korrespondent des Bostoner *Monitor.*

8 Titel des großangelegten, unter der Leitung von Charles Andler herausgegebenen vierbändigen Werkes: *Collection de documents sur le pangermanisme:* Bd. I: *Les Origines du pangermanisme;* Bd. II: *Le Pangermanisme continental sous Guillaume II;* Bd. III: *Le Pangermanisme colonial sous Guillaume II;* Bd. IV: *Le Pangermanisme philosophique,* Paris 1915–1917.

9 Zitiert von Ch. Andler, a.a.O., Bd. IV, S. 261.

10 Ebenda, Bd. I, S. 379–381.

11 André Cheradamme, *L'Europe et la Question de l'Autriche au seuil du XXe siècle,* Paris 1901, S. 353.

12 Ch. Adler, a.a.O., Bd. III, S. 150.

13 A. Mandelstam, a.a.O., S. 199–202 und S. 527 (Kritik an Naumann) und H. Morgenthau, a.a.O., S. 315.

14 Zitiert von A. Mandelstam, a.a.O., S. 528.

15 Ebenda, S. 532.

16 U. Trumpener, a.a.O., S. 204–205.

17 *Akten des Auswärtigen Amts* (AA), Bd. 36, Nr. 260.

18 J. Lepsius, *Deutschland und Armenien,* Nr. 31, 33–34 und 36.

19 Botschafter Österreich-Ungarns und Doyen des Diplomatischen Corps in Konstantinopel.

20 U. Trumpener, a.a.O., S. 208–209.

21 Es handelte sich um den gleichen Scheubner-Richter, der in den ersten Jahren der Nationalsozialistischen Bewegung einer der engsten Berater Hitlers wurde. Beim November-Putsch von München 1923 marschierte er neben Hitler und riß ihn, von einer Kugel tödlich getroffen, mit sich zu Boden. Eine Anzahl anderer Deutscher, die während des Krieges als Soldaten oder Diplomaten in der Türkei gewesen waren, spielten später in der deutschen Politik eine Rolle (vor allem von Neurath, der im Dritten Reich Außenminister wurde).

22 Dieser Text ist in »Réponse au mémoire de la Sublime Porte« zitiert; op., cit., S. 5 (Nach dem offiziellen türkischen *Rotbuch* von 1916). Er weist minimale Abweichungen vom Text des Planes der Alliierten auf: Vgl. MAE A 394, 3, S. 97 (vor allem »Verbrechen gegen die Menschheit« statt »Verbrechen gegen die Menschheit und die Zivilisation«, was Delcàssé vorgezogen hätte).

23 MAE A 394, 3, S. 98. Das Wort »Menschheit« ist mit Tinte über das Wort »Christenheit« geschrieben. Katholikos Guevorg hatte sich zuvor an den Präsidenten der Vereinigten Staaten und an den italienischen König Victor Emmanuel gewandt (22. April, ebenda, S. 84). Die russische Botschafter in Washington und Rom hatten diese Demarche unterstützt. Vgl. auch den Brief des Katholikos an Poincaré vom 6. Mai (ebenda, S. 90). Schon am 27. April hatte Sazonow die Vorbereitung der Protestnote der Ententemächte gefordert (ebenda, S. 85–86).

24 Nach Y. H. Bayur, a.a.O., Bd. III, S. 37–38 (zitiert von R. Hovannisian, a.a.O., S. 50).

25 Y. H. Bayur, a.a.O., S. 40 (zitiert von Hovannisian, S. 51).

26 Text in Bayur, a.a.O., S. 40–42. Von ähnlicher Art der in einigen Städten wie Trapezunt angeschlagene Deportationsbefehl (vgl. oben).

27 U. Trumpener, a.a.O., S. 210.

28 Ebenda.

29 J. Lepsius, *Deutschland und Armenien,* op. cit., Nr. 73–76, 78–80.

30 Mgr. J. Naslian, a.a.O., Bd. I, S. 504–505. Auszug aus dem Tagebuch Mgr. Naslians, der während des ganzen Krieges im armenischen Patriarchat von Konstantinopel blieb. Er berichtet hier von den Bemühungen des apostolischen Nuntius Mgr. Dolci, der wiederholt beim deutschen und beim österreichischen Botschafter vorstellig wurde und im Oktober 1915 dem Sultan einen (im September geschriebenen) Brief Benedikt XV. überbrachte, in dem dieser Gerechtigkeit und Milde für die Armenier forderte.

31 U. Trumpener, a.a.O., S. 213. Die deutsche Regierung mußte auch auf die sozialdemokratische Opposition Rücksicht nehmen. Während die Kriegskredite am 4. August 1914 einstimmig, im Dezember 1914 bis auf die Stimme Karl Liebknechts und im März 1915 bis auf zwei Stimmen einmütig bewilligt worden waren, kam es im Juni zu einer Spaltung der deutschen Sozialdemokratie. Haase, Bernstein und Kautsky prangerten die Eroberungspläne der Regierung an und betonten ihre Treue zu den Grundsätzen des Sozialismus.

32 Vgl. den Text in *Deutschland und Armenien,* op. cit., S. 96–97.

33 Ebenda, Nr. 114. Nach einem Herzanfall am folgenden Tag verließ Wangenheim seinen Posten.

34 H. Morgenthau, a.a.O., S. 283–311.

35 R. Pinon, a.a.O., S. 65–66.

36 Ebenda, S. 66.

37 H. Morgenthau, a.a.O., S. 318–322.

38 *Deutschland und Armenien,* ao. cit., Nr. 131. Vgl. auch J. Lepsius, »Mein Besuch in Konstantinopel«, Juli–August 1915, *Der Orient* (1919), S. 21–33.

39 U. Trumpener, a.a.O., S. 218.

40 Unterstaatssekretär im Auswärtigen Amt.

41 A. A. Türkei 183. Bd. 39, Brief Zimmermanns an Dr. Faber (einen der führenden Männer der deutschen Presse) vom 4. Oktober 1915 (zitiert von Trumpener, a.a.O., S. 221–222).

42 U. Trumpener, a.a.O., S. 223–225.

43 Vom Botschafter nicht erwähnt in seinem Bericht über das letzte Zusammentreffen mit Wangenheim, a.a.O., S. 324–327.

44 Wangenheim war am 24. Oktober gestorben.

45 Ebenda, S. 319.

46 Zimmermann war bis zum November 1916 Unterstaatssekretär, wurde dann Außenminister und blieb bis August 1917 auf diesem Posten.

47 U. Trumpener, a.a.O., S. 230–231.

48 Über die unklare Rolle Kemals in der Behandlung der Armenienfrage vgl. J. Lepsius, *Deutschland und Armenien,* Nr. 24, 25, 35, 107, 120, 135, 163 und 193 sowie Viscount Bryce, a.a.O., Dokument Nr. 143, S. 558–560. In Damaskus bemühte sich Kemal, von der türkischen Regierung die Erlaubnis zur Annahme der Hilfe des amerikanischen Roten Kreuzes zu erwirken.

49 U. Trumpener, a.a.O., S. 232.

50 J. Lepsius, *Deutschland und Armenien*, a.a.O., Nr. 218.

51 Über den Kriegseintritt Bulgariens vgl. Guy Pedroncini, *Les Négociations secrètes pendant la grande guerre,* Paris 1969, S. 36–43.

52 *Vérité sur le mouvement révolutionnaire arménien et les mesures gouvernementales,* op. cit.

53 J. Lepsius, *Deutschland und Armenien*, Nr. 249, 251.

54 U. Trumpener, a.a.O., S. 238 und S. 294–296.

55 U. Trumpener, a.a.O., S. 241–242.

56 J. Ellis Barger, »Germany, Turkey and the Armenien Massacres« *Quarterly Review,* 133, April 1920, S. 385–400.

57 A. Mandelstam, a.a.O., S. 284–285; Mgr. Naslian, a.a.O., Bd. I, S. 511.

58 Zarevand, a.a.O., S. 94.

59 Indes hatten die Berichte über die Massaker an den Armeniern in Europa und Amerika eine Welle der Entrüstung und der Solidarität ausgelöst. Der ehemalige Präsident Theodore Roosevelt hatte am 24. November 1915 an den Sekretär des amerikanischen Hilfskomitees für Armenier und Syrier, Samuel P. Dutton, einen Brief gerichtet, in dem er die zögernde Haltung der amerikanischen Politik bezüglich der Greuel anprangerte, deren Opfer die Armenier geworden waren. Dieser Brief wurde am 1. Dezember 1915 von der *New York Times* veröffentlicht. Im übrigen hatten sich armenische Freiwillige von Amerika aus in den Kaukasus begeben, um dort mitzukämpfen. Im November 1916 gab die französische Regierung nach Verhandlungen mit Boghos Nubar Pascha ihr Einverständnis zur Bildung der zu 95 Prozent aus Armeniern bestehenden Orient-Legion, der Flüchtlinge (wie jene von Musa Daǧ), ehemalige Kriegsgefangene sowie in Europa oder Amerika lebende Armenier angehörten. Unter dem Kommando des englischen Generals Allenby kämpfte die Orient-Legion in Palästina und Syrien ruhmreich für Regierungen, die insgeheim den Plan eines selbständigen Armenien bereits zu den Akten gelegt hatten (Aram Turabian, *L'Eternelle Victime de la diplomatie européenne,* Marseille 1929).

60 *Great Britain, Documents on British Foreign Policy, 1919–1939. First Series,* London 1952, Bd. IV, S. 635–636 (zitiert von R. Hovannisian, S. 59).

61 C. J. Smith, a.a.O., S. 238–239.

62 Vgl. die Erklärung des Kommandeurs der Kaukasus-Armee General Judenitsch (April 1915) und das Memorandum des Landwirtschaftsministers Krivoshein (März 1915), der die armenischen *vilayets* mit Russen besiedeln wollte (zitiert von R. Hovannisian, S. 58).

63 C. J. Smith, a.a.O., S. 242; R. Hovannisian, S. 58.

64 G. Korganoff, a.a.O., S. 30–36.

65 Worontsow-Daschkow war krank.

66 R. Hovannisian, a.a.O., S. 63.

67 M. Larcher, a.a.O., S. 399–404; F. Guse, a.a.O., S. 75–88; Allen and Muratoff, a.a.O., S. 331–427; G. Korganoff, a.a.O., S. 36–51; Liman von Sanders, a.a.O., S. 147–156.

68 *Razdel Aziatskoi Turtsii.* Herausgegeben 1924 in Moskau vom Volkskommissariat für Auswärtige Angelegenheiten, S. 141–151. Deutsche Ausgabe: *Die europäischen Mächte und die Türkei während des Weltkrieges: Konstantinopel und die Meerengen,* 4 Bde., Dresden 1930–1932. Über die Verhandlungen mit Cemal vgl. J. D. Smith, a.a.O., S. 354–358.

69 J. D. Smith, a.a.O., S. 358–362.

70 *Razdel Aziatskoi Turtsii* (RAT), op. cit., S. 157–159 (zitiert von J. D. Smith, S. 368–370).

71 RAT, op. cit., S. 172–174 (zitiert von Hovannisian, S. 62).

72 RAT, S. 185–188 (zitiert von Smith, S. 374–380).

73 In Transkaukasien blieb die Lage der Armenier kritisch. Die Hälfte der Flüchtlinge von 1915 war an Hunger und Krankheiten gestorben. Armenische Organisationen leisteten Übermenschliches, um den Überlebenden zu helfen. Erst im Mai 1916 erlaubte die russische Regierung den armenischen Führern, in Petrograd Hilfsmaßnahmen für die Flüchtlinge zu besprechen. Dieses Treffen, an dem Exponenten aller politischen Richtungen teilnahmen, war für die Armenier eine Gelegenheit zum Gedankenaustausch. Männer wie Zawriew traten beunruhigenden Gerüchten bezüglich der Zukunft Armeniens entgegen. Ende 1916 erklärte der Bürgermeister von Tiflis, Alexander Khatissian, bei einem Bürgermeisterkongreß mit dem gleichen Optimismus, mit dem Kriegsende würden die Wünsche der Armenier Wirklichkeit: Türkisch-Armenien werde ein unabhängiges Gebiet unter alliierter Schutzherrschaft werden. R. Hovannisian, a.a.O., S. 67–68.

74 Vgl. Vereinbarungen von Sykes und Picot in *Asie française,* XVII, Nr. 176, August–November 1919, S. 243 ff.

19. Die Grenze

1 R. Hovannisian, a.a.O., S. 99–100.

2 J. Lepsius: *Deutschland und Armenien,* op. cit., Telegramm von Lussows an Berlin vom 12. Mai.

3 Über die militärische Situation in Russisch-Armenien von Februar bis September 1918 vgl. General Korganoff, a.a.O., S. 88–207.

4 Man kann in diesem Zusammenhang nicht von der Republik Armenien sprechen. Nähere Einzelheiten siehe R. Hovannisian, *The Republic of Armenia,* Bd. I, 1918–1919, Berkeley, Los Angeles, London 1971.

5 Es gab immer noch eine türkische Armee; sie war nach dem Waffenstillstand von Mudros nicht entwaffnet worden.

6 Zarevand, a.a.O., S. 115.

7 G. Jäschke, »Le rôle du communisme dans les relations russoturques de 1919 à 1922«, *Orient,* Paris 1963, S. 31–44; P. Dumont, »La fascination du bolchevisme: Enver Pacha et le Parti des soviets populaires, 1919–1922«, *Cahiers du monde russe et soviétique,* XVI (2), April–Juni 1975, S. 141–166. Dieser Artikel basiert hauptsächlich auf einer türkischen Dokumentation: Memoiren General Karabekirs, Cebesoys (1921 bis 1922 Botschafter in Moskau) und Halils.

8 R. J. Hovannisian, »Armenia and the Caucasus in the Genesis of the Soviet-Turkish Entente«, *International Journal of Middle East Studies,* IV, 1973, S. 129–147.

9 G. Jäschke, zitierter Artikel, S. 37.

10 E. K. Sarkisian und R. G. Sahakian, *Vital Issues in Modern Armenian History,* op. cit., S. 46.

11 G. Jäschke, zitierter Artikel, S. 41.

12 Zitiert von Zarevand, a.a.O., S. 117.

13 Nach Baku widmete sich Enver dem Aufbau der Volkssowjet-Partei, die die Wiedereroberung Anatoliens zum Ziel hatte. Nach dem Sieg der Kemalisten bei Sakarya mußte er allerdings auf dieses Vorhaben verzichten. Er sagte sich vom Kommunismus los, schloß sich den aufrührerischen Basmacis an, steigerte sich in einen exzessiven Panturanismus und starb am 4. August, als er sowjetische Maschinengewehrschützen mit dem Säbel angriff. (Vgl. P. Dumont, zitierter Artikel).

14 Mustafa Süfi mußte sich im November mit 14 Agenten nach Kars begeben. Er wurde von Karabekir empfangen, doch Kemal wollte von einer türkischen kommunistischen Partei nichts wissen. Wenig später wurden Süfi und seine Männer in Erzurum verhaftet, von Trapezunt aus nach Rußland eingeschifft und erlitten am 28. Januar 1921 »Schiffbruch« auf offener See. Diese Gewalttat führte zu keiner nennenswerten Beeinträchtigung der russisch-türkischen Verhandlungen.

15 E. Sarkisian und R. Sahakian, a.a.O., S. 55–56 und 66.

16 G. Jäschke, zitierter Artikel, S. 37.

17 Ebenda, S. 38.

18 Ohne Vorwarnung eroberte die Rote Armee innerhalb von zwei Wochen Georgien, obwohl die sowjetische Regierung die Unabhängigkeit dieses Gebietes anerkannt hatte.

Personenregister

279

Vittoria Alliata

Harem

Die Freiheit
hinter dem Schleier

Ullstein Buch 34177

»*Harem* ist das
autobiographische Zeugnis
einer Frau, die zehn Jahre in
der arabischen Welt gelebt hat,
ein Buch, durch dessen Lektüre
wir mehr erfahren können als
durch zahllose Sachbücher
über den Vorderen Orient.«
Corriere della Sera

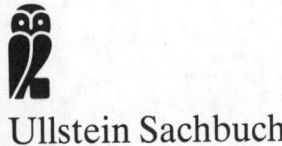

Ullstein Sachbuch

Gideon Rafael

Der umkämpfte Frieden

Die Außenpolitik Israels
von Ben Gurion bis Begin

Ullstein Buch 33043

Die authentische
Darstellung von mehr als
vierzig Jahren israelischer
Außenpolitik. Gideon
Rafael, geboren 1913 in
Berlin, emigrierte 1934
nach Palästina. Bei der
Gründung des Staates
Israel gehörte er zu den
Männern der ersten
Stunde im neugebildeten
Außenministerium, im
diplomatischen Dienst
bekleidete er später hohe
Positionen.

Zeitgeschichte

Kazuyuki Kitamura

Japan – im Reich der mächtigen Frauen

Ullstein Buch 34296

Zu den unausrottbaren europäischen Vorurteilen hinsichtlich fremder Kulturen und Zivilisationen gehört auch das Bild von der japanischen Frau. Durch Tradition und Erziehung dem Manne untertan – so lautet die gängige Meinung über die Stellung der japanischen Frau in Ehe, Familie und Gesellschaft. Der in Japan aufgewachsene und in Europa lebende Autor Kitamura untersucht das europäische Vorurteil und zeigt seine Unhaltbarkeit auf.

»... der Inhalt, eine Fülle von Informationen, die für den europäischen Leser größtenteils neu und unbekannt sein dürften. Der Japaner Kitamura schreibt als ein Insider, der die Materie gründlich studiert hat ...«

Zürichsee Zeitung

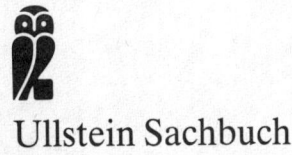

Ullstein Sachbuch

Tariq Ali

Die Nehrus und die Gandhis

Eine indische Dynastie

Ullstein Buch 34421

Mit erstaunlicher Kontinuität wird Indien seit seiner Unabhängigkeit von der Dynastie der Nehrus regiert. Dieses Porträt ihres politischen und privaten Werdegangs ist zugleich eine faszinierende und kritische Geschichte der größten Demokratie der Welt. »Tariq Alis Buch ist ... das bisher gewichtigste Werk zum Thema ›Dynastie Nehru‹.«

FAZ

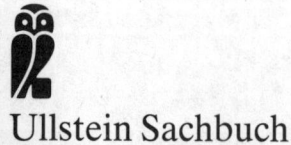

Ullstein Sachbuch

Peter
Scholl-Latour

Allah
ist mit den
Standhaften

Begegnung mit der islamischen
Revolution

Ullstein Buch 34308

»... Es gibt wohl kein anderes
Buch, das die islamische Welt
in ihrer ganzen Weite ... aus
der eigenen Anschauung
des Verfassers zu schildern
vermag ... «
NEUE ZÜRCHER
ZEITUNG

»... Peter Scholl-Latour
erweist sich abermals als der
große Reporter, der das Wort
und das Thema beherrscht.
Der Orientalist deutet
kenntnisreich Wesen und
Zusammenhang. Der
Journalist findet zu prägnanten
Formulierungen. Der Stilist
zeichnet feine, stimmungsvolle
Porträts ... «   FAZ

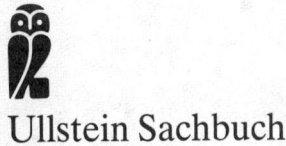

Ullstein Sachbuch

Fariborz Riyahi

Ayatollah Khomeini

Ullstein Buch 27540

Die Ereignisse im Nahen Osten, vor allem in den islamisch geprägten Ländern, zeigen immer wieder, daß diese Region einer der gefährlichsten Krisenherde ist – besonders seit der Machtübernahme des Ayatollah Ruhollah Mussawi Khomeini in Iran Anfang 1979. Riyahi, der bis 1959 in Iran gelebt hat, ist es gelungen, den Werdegang und die Aktivitäten dieser politisch-religiösen Führergestalt umfassend und präzise darzustellen.

Lebensbilder